BIBLIOTHEK ULLSTEIN

1691 – 1723

Die Memoiren des Herzogs von Saint-Simon

VOLLSTÄNDIGE AUSGABE IN 4 BÄNDEN
ZUSAMMEN 1427 SEITEN

HERAUSGEGEBEN UND ÜBERSETZT VON
SIGRID VON MASSENBACH

ERSTER BAND
1691–1704

ZWEITER BAND
1705–1709

DRITTER BAND
1710–1715

VIERTER BAND
1715–1723

ZEITTAFEL UND
BIOGRAPHISCHES PERSONENREGISTER

BIBLIOTHEK ULLSTEIN

BAND III

Die Memoiren des Herzogs von Saint-Simon
1710 - 1715

Übersetzt und herausgegeben von
Sigrid von Massenbach

BIBLIOTHEK ULLSTEIN

BIBLIOTHEK ULLSTEIN
Ullstein Buch Nr. 26216
im Verlag Ullstein GmbH, Frankfurt/M – Berlin

Ungekürzte Ausgabe in vier Bänden

Umschlag- und Kassettengestaltung:
Theodor Bayer-Eynck unter Verwendung
eines Gemäldes von Jean-Baptiste Pater,
© Archiv für Kunst und Geschichte, Berlin
Idee für die Bildrückenkonzeption:
Monika Handschuch
Alle Rechte vorbehalten
Französischer Originaltitel: ›Memoires‹
© 1977 by Verlag Ullstein GmbH, Frankfurt/M – Berlin
Printed in Germany 1991
Verlag Ullstein GmbH, Frankfurt/M – Berlin
Druck und Verarbeitung: Ebner Ulm
ISBN 3 548 26216 3

Oktober 1991

Die Deutsche Bibliothek – CIP-Einheitsaufnahme

Saint-Simon, Louis de Rouvroy Duc de:
[Die Memoiren]
Die Memoiren des Herzogs von Saint-Simon / übers. und hrsg.
von Sigrid von Massenbach. – Ungekürzte Ausg. in 4 Bd. –
Frankfurt/M; Berlin: Ullstein.
Einheitssacht.: Mémoires <dt.>
ISBN 3-548-26218-X
Ungekürzte Ausg. in 4 Bd.
Bd. 3. 1710–1715. – 1991
(Ullstein-Buch; Nr. 26216: Bibliothek Ullstein)
ISBN 3-548-26216-3
NE: GT

Inhalt

(1710). – Erste Gespräche Saint-Simons mit dem Duc d'Orléans.
11

Fortsetzung der Gespräche. – Trennung Orléans' von Mme. d'Argenton beschlossene Sache.
20

Audienz Saint-Simons beim König in eigener Sache. – Resultat: Saint-Simon bleibt am Hofe. – Die Duchesse d'Orléans dankt Saint-Simon.
26

Geburt des späteren Ludwig XV. – Tod von Monsieur le Duc. – Porträt. – Der König entscheidet in dem schon lange währenden Streit seiner Nachkommen um Fragen der Rangfolge.
32

Reaktionen der betroffenen Königskinder auf die neue Rangordnung. – Der König stellt daraufhin die Kinder des Duc du Maine seinen legitimen Enkeln gleich.
37

M. de Vendôme heiratet in aller Stille Mlle. d'Enghien. – Tod des Duc de Coislin.
43

Porträt des Duc de Bourgogne. – Die vom Duc d'Orléans erstrebte Verheiratung seiner Tochter mit dem Duc de Berry muß gegen die Interessen von Madame la Duchesse durchgesetzt werden.
47

Der Duc d'Orléans bittet den König in einem von Saint-Simon entworfenen Brief um die Erlaubnis für die Heirat seiner Tochter.
54

Der König ist für die Heirat gewonnen.
59

Mme. de Saint-Simon zur Ehrendame der zukünftigen Duchesse de Berry bestimmt. 63

Die Hochzeit. – Lage in Flandern: Douai vom Feind eingenommen. – Tod der Mme. de La Vallière. 67

Ereignisse in Spanien. – Der Hof in Valladolid. – Der Erzherzog von Österreich in Madrid zum König ausgerufen. – Das feindliche Heer in Spanien ausgehungert. – Das spanische Heer erringt Siege. 72

Erhebung des Zehnten von jedermann. – Goldmacher und Alchimisten. 77

(1711). – Verheiratung zweier mittelloser Günstlinge der Mme. de Maintenon. 82

Pater Tellier zettelt eine neue Polemik gegen Quesnels theologische Schrift an, eine Affäre, die letzten Endes zur Bulle Unigenitus und der Aufhebung des Edikts von Nantes führen wird. 84

Monseigneur erkrankt an Blattern und stirbt. – Entsetzen bei Hofe. 90

Die heuchlerische Trauer um Monseigneur. – Porträt. – Rolle der Duchesse de Berry. – Trauerzug. 101

Die Duchesse de Berry und die Duchesse de Bourgogne söhnen sich aus. 112

Die Mitglieder der ehemaligen Kabale um Monseigneur. – Fénelon, der ehemalige Erzieher des neuen Dauphin, schöpft Hoffnung. – Der Dauphin. 115

Haltung des Dauphins hinsichtlich der Stellung des alten Adels. 125

Der Duc de Noailles. 127

(1712). – Ein neuer Präsident am Parlament von Paris. – Warnungen: man wolle den Dauphin vergiften. 128

Geheimnisvolle Erkrankung der Dauphine. – Wechsel des Beichtvaters erregt Aufsehen. – Auch der Dauphin erkrankt. – Tod der Dauphine. – Porträt. – Große Trauer. – Tod des Dauphin. – Porträt. 131

Trauerzug nach Saint-Denis. – Auch die Söhne des verstorbenen Dauphins erkranken, nur der jüngere wird gerettet. – Der ehemalige Günstling des Königs, Marschall de Villeroy, an den Hof zurückberufen. – Autopsieberichte widersprüchlich: Giftmord? – Gerüchte belasten Orléans. 140

Situation des Duc d'Orléans. 146

Tod Vendômes in Spanien. – Waffenstillstand mit England. – Montesquiou gegen Prinz Eugen in Flandern erfolgreich. 149

Tod des Duc de Chevreuse. – Porträt. – Tod des Duc de Mazarin. 154

(1713). – Mode-Aperçus. – In Spanien und Frankreich gegenseitige Verzichtserklärung auf die Thronfolge. – Versagen des Duc de Berry vor dem Parlament in Paris, als er eine vorbereitete Rede halten soll. – Frieden von Utrecht. 158

Die Bulle Unigenitus. – Saint-Simons Gespräche mit dem Pater Tellier. 164

(1714). – Tod der Königin von Spanien. – Gerücht: Mme. des Ursins wolle selbst Königin werden. 168

Tod des Duc de Berry. – Porträt. – Wieder Giftgerüchte. 171

Tod der jungen Duchesse de Lorge. – Der Kanzler Pontchartrain erbittet seinen Abschied, ein unerhörter Vorgang. – Nachfolger: Voysin. – Maisons. – Der König erhebt seine Bastarde in den Rang der Prinzen von Geblüt, gegebenenfalls mit Thronfolgerechten. 175

Tod der Königin Anna von England. – Testament Ludwigs XIV. – Unruhe: Stoßrichtung gegen den Duc d'Orléans. – Tod Beauvilliers. – Porträt. 182

Lustbarkeiten der Duchesse du Maine. – Furcht des Duc du Maine.
189

(1715). – Tod Fénelons. – Porträt. 192

Mme. des Ursins verheiratet den König von Spanien ohne französische Mitwirkung in zweiter Ehe mit einer Prinzessin von Parma. – Ludwig XIV. und Mme. de Maintenon sinnen auf Rache. – Folge: Die neue Königin von Spanien jagt, kaum angekommen, Mme. des Ursins mit Schimpf und Schande davon. – Der falsche Gesandte aus Persien in Versailles. 195

Im In- und Ausland erwartet man das Ableben Ludwigs XIV. – Weiteres Schicksal der Mme. des Ursins. 204

Der Duc d'Orléans. – Dubois. – Die Duchesse d'Orléans. 210

Gesellschaftliches Leben der Orléans. – Die Duchesse de Berry. 223

Rolle Villeroys. – Der Duc de Noailles knüpft seine Netze für den Fall der Regentschaft. 228

Saint-Simon Zukunftsperspektiven: Mazarins verderbtes System ändern, dem Adel wieder zu Ansehen und Macht verhelfen. – Schwierigkeit: die absolute Unfähigkeit der zu Hofmarionetten gewordenen Aristokraten. – Gremien sollten bestimmte Staatssekretäre ersetzen. – Noailles für den Finanzrat vorgesehen, Saint-Simon als Mitglied im Regentschaftsrat. 233

Vorteile bei der Einberufung der Generalstände nach dem Regierungswechsel? – Pläne über Pläne . . . 239

Das langsame Dahinscheiden Ludwigs XIV. – Er beauftragt den Duc du Maine, statt seiner eine Revue abzunehmen. 242

Noailles offenbart seine Gelüste, Premierminister zu werden, und sucht Saint-Simon, als dieser ablehnend reagiert, zu Fall zu bringen. – Der König macht durch einen Zusatz zu seinem Testament auf Betreiben des Duc du Maine den minderjährigen Thronfolger vollkommen vom Duc du Maine und von Villeroy abhängig. – Der König nimmt tagelang

Abschied. – Mme. de Maintenon zieht sich nach Saint-Cyr zurück. Tod des Königs. 250

Würdigung Ludwigs XIV. 261

Rückblick: Colberts und Louvois' Konkurrenzverhältnis als Ursache der Kriege unter Ludwig XIV. – Gestörtes Verhältnis Louvois' zu Mme. de Maintenon. – Sein Tod. 272

Rückblick: Bevorzugung der Mittelmäßigen unter Ludwig XIV. – Abhängigkeit des alten Adels. 279

Rückblick: Die Verlegung des Hofes von Paris nach Saint-Germain, später Versailles. – System der Auszeichnungen. – Spitzelsystem. – Das Abfangen und Öffnen von Briefen. – Luxus. – Kritik an des Königs Baulust und an seinem Geschmack. 288

Rückblick: Liebschaften Ludwigs XIV. 299

Rückblick: Herrschaft der Mme. de Maintenon. – Aufhebung des Edikts von Nantes. – Egozentrismus des Königs. 307

Rückblick: Die letzten Jahre. 323

Rückblick: Tageslauf Ludwigs XIV. – Die Ehre, an der Königstafel teilzunehmen. – Nach dem Tod Ludwigs XIV. kaum Trauer bei Hofe.
330

(1710). – Erste Gespräche Saint-Simons mit dem Duc d'Orléans.

Was sich in den ersten vier Tagen des Jahres 1710 zutrug, verdient eine Art Tagebuch, denn ganz abgesehen von dem Anteil, den ich selber daran hatte, waren diese Ereignisse von recht entscheidender Bedeutung. Am Neujahrstag, einem Mittwoch, mußte der Duc d'Orléans zu den offiziellen Zeremonien und Empfängen erscheinen. Ich sah ihn nach der Vesper des Königs. Er führte mich alsbald in ein dunkles, hinter seinem Arbeitszimmer gelegenes Gemach, wo wir uns zunächst etwas stürmisch und zusammenhanglos unterhielten, wie das zumeist nach einer langen Trennung zu sein pflegt. Dann fragte ich ihn, wie er jetzt mit dem König, mit Monseigneur und den Mitgliedern der königlichen Familie stünde. Weder gut noch schlecht, gab er ausweichend zur Antwort, worauf ich ihm erwiderte, diese Auskunft genüge mir nicht. Er erzählte mir nun, daß er dem Kurfürsten von Bayern in Saint-Cloud ein Fest gegeben habe, bei dem zahlreiche Damen, unter anderem auch Mme. d'Arco, die ehemalige Mätresse des Kurfürsten, zugegen gewesen; er habe es also nicht für unschicklich gehalten, auch Mme. d'Argenton einzuladen, was der König, wie er ihm nach einigen Tagen schmollenden Schweigens zu verstehen gegeben, allerdings dennoch zu beanstanden gehabt hätte. Inzwischen aber habe sich sein Unmut gelegt, und er stünde mit ihm wieder wie zuvor. Ich fragte ihn, was er mit dem Ausdruck »wie zuvor« meine, da ich mir nach vier Monaten Abwesenheit nichts darunter vorstellen könne. Darauf redete er allerlei daher wie jemand, der sich nicht genau festlegen will. Ich drang in ihn, und als er sah, daß ich schon mehr von der Sache wußte, fragte er mich, was man mir erzählt habe. Da ich glaubte, nicht hinter dem Berge halten zu dürfen, sagte ich ihm ganz offen, ich wisse genau, daß er sehr schlecht mit dem König stünde, so schlecht sogar, daß man schwerlich noch schlechter stehen könne. Der König sei sehr aufgebracht gegen ihn, vollends aber Monseigneur, der ihn das auch schonungslos spüren ließe.

Fast die ganze Gesellschaft habe sich daraufhin von ihm distanziert, ich hätte darüber so viele üble Geschichten vernommen, daß ich ganz verzweifelt sei. Er hörte mir aufmerksam zu, um mir nach kurzem Stillschweigen alles zu bestätigen, was ich ihm gesagt hatte. Das seien, meinte er, noch immer Auswirkungen seiner spanischen Affäre, die trotz ihrer Belanglosigkeit von einigen Gaunern aufgebauscht und nachträglich mißbraucht worden sei. Leider könne er nun nichts weiter tun als abzuwarten, bis Gras über die ganze Geschichte gewachsen sei. Ich sah ihm scharf in die Augen und erwiderte, es gäbe wohl Dinge, über die mit der Zeit Gras wachsen würde, aber andere würden sich mit der Zeit nur tiefer einprägen. Seine spanische Affäre gehöre unglücklicherweise ihrem Wesen nach zur letzteren Kategorie, und die Erfahrung beweise ihm ja sehr deutlich, daß er vom König und von Monseigneur jetzt weiter entfernt sei als während der ersten Tage nach der offiziellen Beilegung der Affäre. Er gab das zu, beklagte sich aber bitter darüber, daß er von aller Welt so verlassen sei. Ich suchte ihm klarzumachen, daß unter einer solch despotischen Herrschaft der ganze Hof und mit ihm die ganze Gesellschaft ihr Verhalten nach dem des Königs richte; er sei das Vorbild, er gebe in allem den Ton an. Diese Reaktion, die oft niedere Unterwürfigkeit und zumeist reine Schmeichelei sei, sei hier der Ausdruck der Angst, da jeder nur allzugut wisse, aus welchen Gründen der König sich jetzt so anders gegen ihn verhalte, aber so befremdlich und unerhört er seine Vereinsamung auch empfände, er könne sie gerechterweise niemandem zur Last legen, noch könne er auf eine Änderung seiner Lage hoffen, es sei denn durch einen Wandel in der Haltung des Königs ihm gegenüber, womit sich, wenigstens nach außen, das Verhalten Monseigneurs und folglich der ganzen Gesellschaft veränderte. Betroffen über meine Ausführungen schwieg der Duc d'Orléans eine Weile, dann erhob er sich und begann im Zimmer auf und ab zu gehen. Ich erhob mich gleichfalls und musterte ihn, mit dem Rücken an die Wand gelehnt, aufmerksam, als er den Kopf hob, mich ansah und seufzend fragte: »Aber was kann man da tun?« Da sich mir aber eine so gute Gelegenheit bot, ergriff ich sie ohne Zaudern. »Was tun?« fragte ich mit erhobener Stimme, »was tun? Ich wüßte es schon, aber ich werde es Ihnen niemals sagen, und doch wäre es der einzige Ausweg für Sie.« – »Ach, ich verstehe, was Sie meinen«, rief er, »ich verstehe sehr wohl«, und warf sich wie vom Blitz getroffen in einen Sessel am anderen Ende des Gemachs. Unmittelbar gewiß, daß er mich tatsächlich verstanden hatte, aber gleichzeitig erschrocken über das Wagnis, das ich eingegangen, wandte ich das Gesicht zur Wand, um mich wieder zu fassen und um ihm die Verlegenheit zu ersparen, von mir angesehen zu werden. Ich hörte, wie er sich unruhig auf seinem Sessel hin und her bewegte. Angstvoll wartete ich, wie das Gespräch wohl weitergehen würde. Um seinen inneren Kampf abzukürzen, unterbrach ich das Schweigen und gestand ihm, daß ich mich bei meiner Rückkehr von La Ferté tief erschüttert über alles, was ich von seinen Schwierigkeiten vernommen, dem Marschall anvertraut und daß wir gemeinsam beschlossen hätten, ihn aufzusuchen und mit ihm zu reden. Dann schwieg ich wieder, wandte mich abermals ab, damit er sich ungezwungener fühle, murmelte nur von Zeit zu Zeit kurze Sätze vor mich hin: »Es gibt keine andere Möglichkeit. Das ist der einzige Ausweg!« und ähnliches. Nach einer langen Weile erhob sich der Duc d'Orléans und sagte in unbeschreiblich bitterem Ton: »Wissen Sie, was Sie mir da zumuten?« – »Sie sollen Ihre Größe und Würde zurückgewinnen«, erwiderte ich, »und dies ist das einzige Mittel.« Kurz darauf fügte ich hinzu: »Was gäbe ich drum, wenn Bezons hier wäre.«

Da meldete man den Duc de Bourgogne, der zur Neujahrsvisite kam. Der Duc d'Orléans ging hinaus, um ihn zu empfangen. Als er das Zimmer wieder betrat, knüpfte ich das Gespräch vorsichtig wieder an, weniger um ihn zu drängen, als um ihn an das Thema zu gewöhnen. Ich stellte ihm vor Augen, daß diese Art Bindungen ja nicht lebenslänglich dauern können, er sei in einem Alter, wo dergleichen abgeschmackt wirke, und es sei angesichts seiner Situation Zeit, nach so vielen Jahren des Skandals einen Schlußstrich zu ziehen. Er wisse sehr wohl, daß ich ihm niemals moralische Vorhaltungen gemacht hätte, auch wäre es mir niemals eingefallen, ihn zu diesem Schritt zu drängen, wenn nicht die äußerste Notwendigkeit mich dazu zwänge, alle meine Bedenken beiseite zu schieben; ich hätte mir geradezu Gewalt antun müssen, so mit ihm zu reden. Er hörte sich alles an und unterbrach meine Reden nur durch tiefe Seufzer. Als ich dann schwieg, sagte er zu mir, er verstände sehr gut, wie peinlich es mir sein müsse, so zu reden, und er wisse sehr wohl, daß er mir großen Dank schulde. Zufrieden, schon beim ersten Anlauf soviel erreicht zu haben, wollte ich die Sache nicht überspitzen, um ihn nicht zu erschrecken und somit das ganze Vorhaben in Frage zu stellen. Ich ließ also das Gespräch langsam abklingen und verabschiedete mich.

Mit zwei Worten gab ich dem Marschall Bezons Nachricht, daß ich bereits einen Anfang gemacht hätte, und bat ihn, sich am anderen Morgen zur Messe des Königs einzufinden.

Am Donnerstag, dem 2. Januar, erhielt ich, als ich mich ankleidete, die Antwort des Marschalls. Dann ging ich zur Messe des Königs und traf Bezons, der mich schon in der Galerie erwartete. Voller Überraschung hörte er, was sich am Vorabend ereignet hatte. Er war sprachlos über meine Kühnheit; aber obwohl dieses Gespräch schon viel mehr bewirkt hatte, als er zu hoffen gewagt hätte, versprach er sich noch immer keinen Erfolg. Gleichviel war er auch der Meinung, daß man jetzt durchhalten müsse und dem Duc d'Orléans ständig weiter zusetzen und ihn unablässig im Auge behalten müsse, bis wir ihn dahin gebracht hätten, sich selbst zu besiegen, oder bis wir endgültig einsehen müßten, daß wir niemals ans Ziel kämen. Sobald der König wieder in seinen Gemächern war, begaben wir uns zusammen zum Duc d'Orléans. Als wir eintraten, sagte der Herzog lächelnd zu mir: »Gestehen Sie nur, daß Sie nach Bezons geschickt haben.« Ich lächelte gleichfalls und bejahte. Dann erzählte ich Bezons nochmals, was sich am Vorabend ereignet hatte. Bezons lobte meine Entschlossenheit und fügte noch eine kurze, aber treffende Bemerkung hinzu, um den Herzog zum Reden zu veranlassen. Er jedoch stammelte nur unter Seufzen und in höchster Erregung. Nachdem ich ihn eine Weile hatte klagen und vor sich hin träumen lassen, erklärte ich ihm, man dürfe sich keinen Illusionen hingeben, er müsse seine untragbar gewordene Situation ins Auge fassen, müsse trachten, auf irgendeine Weise herauszukommen; doch jeder Weg sei versperrt außer dem, den ich ihm vorgeschlagen; ein hartes und grausames Mittel, aber das einzige. Er müsse sich von jener trennen, die ihn an sich gekettet habe, denn dieses so lang andauernde, skandalöse Verhältnis habe ihn in einen bodenlosen Abgrund gestürzt. Es liege nur bei ihm, durch Umkehr aus seinem Verschulden ein Verdienst zu machen, das ihn in einem Augenblick mehr Gunst und Ehre gewönne, als er je besessen. Der Marschall bestätigte meine Ansichten, dann schwiegen wir wieder.

Der Duc d'Orléans fragte nun, wobei er mich ansah, auf welche Weise wir glaubten, ihm wieder zu Ansehen zu verhelfen, da eine solche Handlung zwar dem König gefallen würde, aber doch ganz und gar nichts zu tun hätte mit dem, was ihm eine so spürbare Ungnade eingebracht habe; denn er habe vor dem Eintreten der anderen ärgerlichen Begebenheiten trotz seiner Liebschaft sehr gut mit dem König gestanden; wie wir es für möglich hielten, daß er mit der Lösung des Verhältnisses auch von all den Anschwärzungen seitens des Hofes und der Gesellschaft entlastet werden könne. Darauf erwiderte ich, er habe durch seinen Lebenswandel selbst diejenigen, die zwar weniger um ihr Gewissen, desto mehr aber um die Ehre der Gesellschaft besorgt seien, in Harnisch gebracht; sobald er also diesen Lebenswandel aufgäbe, würde er nicht nur deren Vorwürfe gegenstandslos machen, sondern darüber hinaus genau die Vorwürfe, die er sich während dieser Zeit zugezogen habe, entkräften. Er habe sich von der Leidenschaft verblenden und in alle möglichen Dinge hineinziehen lassen; seine Beschäftigung mit Wahrsagerei hätte in letzter Zeit solche Ausmaße angenommen, daß man sie als ruchlose und verabscheuenswürdige Gottlosigkeit bezeichne; sogar die Wohlmeinendsten sähen hierin eine Schwäche, die allen seinen schätzenswerten Eigenschaften großen Abbruch tue. Man behaupte, er sei trunken von Herrschgier, einer Herrschgier, die zwar seinem Ehrgeiz entstamme, die jedoch durch gauklerische Weissagungen immer neue Nahrung bekäme; diese Spekulationen hätten ihn mit jenen anmaßenden Hoffnungen erfüllt, die weder von einem vernünftigen Menschen, geschweige denn von einem guten Untertan zu vertreten wären. Hier, sagte ich, sei der Angelpunkt seiner spanischen Affäre samt der üblen Unterstellungen und deren unheilvollen Folgen sowie all der übrigen Greuelmärchen, die ihm wiederzugeben ich mich weigern würde. Er aber bestand darauf. Nachdem ich mich, um seine Neugier zu reizen, noch eine Weile gesträubt, sagte ich ihm, ich wolle, weil er es befehle und weil er sich in einem Zustand befinde, in dem er alles, auch das, was niemand ihm sage, erfahren müsse, ihm zur Kenntnis geben, daß Spitzbuben das Gerücht verbreitet hätten, er stünde im Einvernehmen mit dem Wiener Hof, um die Königin-Witwe von Spanien zu heiraten, mit deren riesigen Geld- und Edelsteinschätzen er sich den Weg auf den spanischen Thron zu bahnen gedächte. Um dahin zu gelangen, würde er seine Gemahlin verstoßen und mit Hilfe des in Rom allmächtigen Kaisers seine Ehe als unwürdig und unter Zwang geschlossen annullieren lassen, somit seine Kinder auch zu Bastarden erklären; die Königin-Witwe, von der er ohnehin keine Kinder zu erhoffen habe, sei so alt, daß er nur noch ihren Tod abzuwarten brauche, um Mme. d'Argenton zu heiraten, der die Sterne eine Krone verheißen hatten. Er könne, sagte ich, von besonderem Glück sagen, daß die Duchesse d'Orléans alles Fährnisse der Schwangerschaft und der Niederkunft überstanden habe, denn die Wiederherstellung ihrer Gesundheit zwinge nun diese Schurken zum Schweigen, die sich andernfalls nicht gescheut hätten, zu behaupten, sie sei vergiftet worden, denn er sei ja nicht zufällig der Sohn von Monsieur und wolle nur seine Mätresse heiraten.

Als der Duc d'Orléans diese Greuelmärchen vernahm, erfaßte ihn unbeschreibliches Entsetzen und tiefer Schmerz, sich auf so grausame

Weise zerrissen zu sehen. Er stöhnte des öfteren, doch ich, der ich diesen Kelch mit einem Zug leeren wollte, erstickte jede seiner Regungen im Keim, um alles auf einmal sagen zu können. Dann schwieg ich, und der Herzog, der ganz außer sich war, gleichfalls. Bezons, bestürzt über das, was er soeben vernommen, hielt die Blicke starr auf den Boden gesenkt und wagte sich kaum zu rühren. Nicht etwa, weil ihm das, was ich gesagt hatte, neu gewesen wäre, sondern weil es ihn verblüffte, eine so ungeschminkte Darstellung mit anhören zu müssen. Nach einer Weile wandte ich mich abermals an den Duc d'Orléans und sagte, da er nun wisse, weshalb die Gesellschaft ihn meide und der König sich so betont von ihm und seiner Familie distanziere, sähe er auch, wie eng der Verzicht auf diese unheilvolle Liebschaft mit der Wiedergewinnung seines Ansehens und seiner Würde zusammenhinge. Sobald er sich aus dieser Verstrickung löse, die durch ihre lange Dauer und aufgrund der Wirkungen, die man ihr zuschrieb, nurmehr Abscheu und allgemeine Entrüstung errege und die sich überdies zu jeder Art von Anschwärzungen eigne, würde er die Wirkungen mit deren Ursache beseitigen; und einmal von diesen Ketten befreit, wäre er außerhalb aller Verdächtigungen. Nun ergriff der Marschall, der bislang geschwiegen hatte, das Wort und schlug in die gleiche Kerbe. Der Duc d'Orléans antwortete nichts und versank in finsteres Brüten. Plötzlich fuhr er auf, als habe ein bitterer Klagelaut ihn aus tiefem Schlummer gescheucht. »Aber wie soll ich mich denn entscheiden?« rief er aus. »Und wie es ihr sagen?«

Diese Reaktion bestätigte meine Hoffnung. Mit ruhigem Ton erwiderte ich, er sei klug genug, um zu wissen, daß der Entschluß augenblicklich gefaßt und unverzüglich ausgeführt werden müsse. Was die Art und Weise betreffe, so bäte ich ihn flehentlich, mir noch einen Augenblick geduldig Gehör zu schenken. Ich, und sicher auch der Marschall Bezons, hielten es für ebenso nutzlos wie gefährlich, die Beziehungen zu Mme. d'Argenton abzubrechen, sofern diese weiterhin bliebe; gefährlich, weil er sich nicht enthalten könne, sie wiederzusehen, wiedersehen und wiederanknüpfen wäre ein und dasselbe; nutzlos, weil er dann weder den König noch die Gesellschaft von der Ernsthaftigkeit seiner Absicht überzeugen würde. Darauf fragte er mich mit Ungestüm, was ich ihm denn zu tun vorschlage, weshalb er sie denn nicht wenigstens aufsuchen dürfe, um von ihr Abschied zu nehmen; denn wenn er sich von ihr trennen würde, so geschähe das weder aus Überdruß noch aus Unzufriedenheit mit ihr. Darauf ich mit kühler Gelassenheit: wenn er sie tatsächlich, wie es ja sein könne, wiedersehen wolle, erübrige sich all unsere Mühe. Der Marschall nahm meine Rede auf, ereiferte sich und erklärte, ein Wiedersehen mache die Bindung nur noch dauerhafter, er möge sich um Gottes willen nicht von dieser Schwäche überwältigen lassen, die er sein Lebtag bereuen würde. Ich pflichtete dem bei und fügte hinzu, mit dieser Art Abschied würde er sie am wenigsten kränken, denn er gebe damit zu erkennen, daß seine Liebe so heftig sei, daß er, einmal entschlossen, sie auszulöschen, es nicht wage, jene wiederzusehen, die diese Gefühle entzündet hatte. Er müsse, fuhr ich fort, unbedingt den König aufsuchen und ihm sagen, er suche bei ihm Zuflucht vor sich selber, er wisse wohl, daß er ihm durch die heftige Leidenschaft, der er sich ausgeliefert habe, höchlichst mißfallen habe; er könne nicht weiterhin in seiner Ungnade leben, er werfe sich also in seine Arme, im Vertrauen auf seine Güte, damit er ihm beistehe, sich wieder aus seiner Verstrickung zu lösen, er bäte ihn, den Augenblick der Einsicht zu nutzen und Mme. d'Argenton den Befehl zu erteilen, Paris zu verlassen, damit deren Abwesenheit ihn vor dem Rückfall bewahre; wenn er in diesem Ton zu seinem Onkel und Schwiegervater spräche, sagte ich, würde dieser sich ganz gerührt in den Vater des verlorenen Sohnes verwandeln.

Der Duc d'Orléans hatte nicht länger Geduld, mir zuzuhören: »Wie, rief er aus, Sie wollen also, daß ich Mme. d'Argenton mit alldem belaste, was man mir zur Last legt? Ich soll mich also auf ihre Kosten loskaufen? Verzeihen Sie mir, aber es erstaunt mich, daß gerade Sie mir einen solchen Ausweg eröffnen!« – »Die Liebe verblendet Sie und macht Sie überempfindlich; aber ich gestehe, das schreckt mich nicht, vorausgesetzt, daß Sie mir in dem einen Punkt, der Ihnen so wichtig erscheint, einen Augenblick Gehör schenken wollen. Sie werfen mir vor, ich wolle Mme. d'Argenton zum Sündenbock machen, und dagegen sperren Sie sich. Ich bestreite gar nicht, daß das meine Absicht war; der Marschall mag unser Richter sein.« Der Duc d'Orléans ereiferte sich noch immer und drang in den Marschall, der, um nichts sagen zu müssen, ständig auf und ab ging, sich zu äußern; er gab uns zu verstehen, daß ihm dieser Vorschlag mißfalle. Ich blieb dennoch bei meiner Ansicht. Ich fragte den Herzog, ob er es leugnen könne, daß er sich durch seine Liebe von allen Pflichten gegenüber seiner Familie sowie gegenüber dem König habe ablenken lassen, um mit einem Haufen niederen Volks einem lasterhaften Leben zu frönen, sich in Vergnügungen und Ausschweifungen zu ergehen, die seinem Rang wie seinem Geist unwürdig, sich Verschwendungen zu erlauben, die die soliden Grundlagen dessen, was man bei einem Privatmann sein Vermögen nennt, angegriffen hätten. Ob er leugnen könne, daß seine Liebschaft ihn in die größten Wirrnisse gestürzt habe; das sei nicht nur Tatsache, sondern überdies allen bekannt; er würde also dem König nichts Falsches noch Neues berichten, wenn er so spräche, wie ich es ihm vorgeschlagen. Seine Furcht, Mme. d'Argenton Unannehmlichkeiten zu bereiten, scheine mir unangebracht, denn sobald er sich erst einmal von ihr getrennt hätte und sie sich außerhalb von Paris befände, könne ihr meiner Ansicht nach nichts Böses widerfahren. Er habe ihr ja bereits Geld genug gegeben, aber er könne ihr auch weiterhin das Leben erleichtern; auch wenn die persönlichen Beziehungen zu Ende wären, könne ja die Protektion dennoch fortbestehen. Der Duc d'Orléans widersprach nicht mehr, und nachdem er erklärt hatte, daß diese Frage erst Bedeutung gewänne, wenn er sich im wesentlichen entschieden habe, was durchaus noch nicht der Fall sei, versank er wieder in dumpfes Brüten, das der Marschall nicht unterbrach und das ich meinerseits auch nicht zu stören gedachte.

Indessen bemerkte ich bald, daß den Herzog noch irgend etwas bedrückte. Verschiedene Male setzte er zum Sprechen an, er stammelte ein paar Worte, führte jedoch keinen Satz zu Ende, so daß ich ihn schließlich fragte, was er noch auf dem Herzen hätte. Ich wolle ihn zwar nicht drängen, doch möge er bedenken, daß er sich fern aller Etikette zweien seiner zuverlässigsten Diener gegenübersehe. Er antwortete nichts, und ich schwieg. Nach langem inneren Kampf sagte er ganz unvermittelt, es gebe da einen heiklen Punkt, über den er nur ungern spräche, denn was ihn am meisten peinige, sei seine Ehe und das öde häusliche Leben, zu dem er nach der Trennung wieder zurückkehren müsse. Das sei sehr verständlich, entgegnete ich; es wundere mich nicht, daß es ihm schwerfalle, sich für eine Lebensweise zu entscheiden, die ihm vollkommen unbekannt sei und deren Annehmlichkeiten zu erfahren er niemals Zeit gehabt hätte. Ich sah den Marschall an und sagte ihm, diese Reaktion hätte ich erwartet, sie würde mich nicht weiter beunruhigen, denn sie sei ganz natürlich, da ja der Duc d'Orléans wider seine Neigung verheiratet und von Anfang an gegen diese Ehe aufgehetzt worden sei, und zwar gerade von jenen, die sie hätten verhindern oder ihm zumindest hätten helfen sollen, seinen Widerwillen zu bekämpfen, nachdem sie ihn dahin gebracht hatten, diese Heirat als das größte Unglück seines Lebens anzusehen. Nun aber sei es an der Zeit, durch Vernunft, Einsicht und Erkenntnis der allgemeinen und besonderen Zusammenhänge dieses Gewebe aus verderblichen Leidenschaften, schlechten Ratschlägen und jahrelanger Gewöhnung zu zerstören, um anderen besseren Gefühlen Platz zu machen, die allein ihm zu seinem Ruhm, zu seiner Ruhe und zu der angemessenen festbegründeten Stellung innerhalb seiner eigenen Familie verhelfen könnten. Bezons pflichtete mir bei; er äußerte sich in anerkennenden Worten über die Duchesse d'Orléans und gab auch mir Gelegenheit, etwas Gutes über sie zu sagen, aber damit erzielten wir keineswegs die erhoffte Wirkung; der Duc d'Orléans schien verstört und versank abermals in ein dumpfes gequältes Schweigen. Schließlich ging er aus sich heraus (und da er volles Vertrauen zu uns hatte, verschwieg er nichts, kein Ereignis und keine Namen, und sagte uns, was wir lieber nicht hätten hören wollen, was aber wohl dennoch gesagt werden mußte. Der Marschall machte einige treffende, aber doch zu allgemeine Einwände; ich dagegen hatte das Glück, zufälligerweise über ein paar handfeste Gegenargumente zu verfügen, denen sich der Duc d'Orléans auch ergab.

Da es bereits spät geworden und wir von der zermürbenden und ungewöhnlichen Anstrengung erschöpft waren, verabschiedeten wir uns. Er bat uns, ihn in dem schrecklichen Konflikt, in den wir ihn gestürzt hatten, nicht allein zu lassen, und wir versprachen, am Nachmittag wiederzukommen.

Fortsetzung der Gespräche. – Trennung Orléans' von Mme. d'Argenton beschlossene Sache.

Als ich kurz vor drei Uhr das Gemach des Duc d'Orléans wieder betrat, war Bezons schon anwesend. Der Herzog ließ mich neben dem Marschall Platz nehmen, den ich fragte, über was sie sich unterhielten. »Immer über das Gleiche und immer in derselben Art und Weise«, gab er zur Antwort, worauf ich erklärte, es sei jetzt an der Zeit, einen ernsten Entschluß zu fassen, um endlich diesen jammervollen Zustand zu beenden. In diesem Augenblick kam, gefolgt von ihrer Gouvernante, Mademoiselle herein. Sie umarmte ihren Vater, der diese Tochter seit ihrer frühen Kindheit zärtlich liebte. Die beiden plauderten ein wenig miteinander, dann bat er sie, wieder zu gehen. Der kurze Besuch bot mir Gelegenheit, neue Waffen zu ergreifen und mich der väterlichen Liebe zu bedienen. Ich wußte, daß der König selber dem Duc d'Orléans vor zwei Jahren Mademoiselle als passende Partie für den Duc de Berry vorgeschlagen hatte. Ich fragte also den Duc d'Orléans, was er zu unternehmen gedächte; da Mademoiselle über vierzehn Jahre alt sei und im Äußeren noch älter wirke, scheine es mir an der Zeit, ihre Vermählung in Erwägung zu ziehen; nach jenen glanzvollen Perspektiven, die der König ihm eröffnet habe, könne jeder andere Schwiegersohn als der Duc de Berry doch nur einen Abstieg für ihn bedeuten; freilich befände er sich in einer Situation, die selbst den Gedanken an eine solche Möglichkeit ausschließe. Um diesen Plan wiederaufleben zu lassen, sähe ich kein anderes Mittel als das von mir vorgeschlagene. Doch der Ton seiner Antwort und seine Haltung bewiesen mir leider nur allzudeutlich, daß er in unserer Abwesenheit neue Widerstandskraft gesammelt hatte. Mir war klar, daß, wenn wir jetzt nicht mit kühnem Handstreich zum Ziel kämen, für den nächsten Tag nichts mehr zu erhoffen stünde.

Ich erhob mich jählings und wandte mich energisch dem Duc d'Orléans zu. Ich könne ihm, erklärte ich, die gerechte Empörung der Öffentlichkeit nicht mehr länger verschweigen. Man habe seine Libertinage in

Ansehung seiner Jugend und vor allem seiner Verdienste stillschweigend geduldet; die Gesellschaft jedoch sei es nun leid, nichts als diese Libertinage zu sehen, der er sich seit so vielen Jahren hingebe und an der weder sein Alter noch sein Verstand, noch seine Einsicht und noch die Stellung, die er innegehabt, etwas hätten ändern können. Man sei nicht willens, bei einem über fünfunddreißigjährigen Mitglied des königlichen Hauses etwas durchgehen zu lassen, was bei jedem anderen längst gerichtlich und polizeilich verfolgt worden wäre. Die Öffentlichkeit, erzürnt, sich in den Hoffnungen, die sie in ihn gesetzt, getäuscht zu sehen, erbittert zudem, in diesen trostlosen Zeitläuften niemanden zu finden, auf den sie setzen könne, sei gleichfalls nicht mehr geneigt, ihn zu schonen, sofern er bei seinen Ausschweifungen und Verirrungen beharre. Sie sei jedoch ebenso rasch wieder bereit, sich ihm zuzuwenden, wenn sie sähe, daß er von diesem Tun ablasse, indem er sich aus dieser schändlichen Verstrickung löse und durch eine seiner Stellung entsprechende Lebensführung schweigend seine Fehler eingestände, sich durch ernste, stete Pflichterfüllung diese Zuneigung wieder verdiene. Während ich so sprach, war ich stets darauf bedacht, den Duc d'Orléans mit dem Blick zu fixieren, und ich merkte, daß mein Ungestüm ihn entschieden beeindruckte. Ich fragte ihn tief besorgt, ob er es nicht doch über sich brächte, Mme. de Maintenon um eine Audienz bitten zu lassen. Er zögerte ein wenig, dann sagte er, dazu könne er sich noch nicht entschließen; dieses »noch« stärkte meine Hoffnungen sehr.

Ich glaubte, ihn jetzt weiter anstacheln zu müssen; ich stand abermals auf und bat ihn, mir noch eine Bemerkung zu gestatten: er habe von jeher gesehen und sehe es noch, welche Aura, welcher Glanz die Minister und Armeegenerale umgebe, jene, denen der König mit seinem Vertrauen und seinen Wohltaten seine besondere und solide Freundschaft bezeuge; das Ansehen, das sie genössen, erfülle die einen mit Neid, die anderen mit Eifer und alle mit Begehrlichkeit; ihn habe die Gunst und das Vertrauen des Königs im Ansehen noch über jene gestellt, doch sähe er auch große Herren, die sich zwar aufgrund ihres Herkommens, ihrer Familien, ihrer Besitztümer und ihrer ererbten Titel ganz selbstverständlich zur Auszeichnung ihres Standes eigneten, die jedoch, von ihren Ausschweifungen besudelt, wegen ihrer Trägheit bei Hofe unbekannt, ihrer eigenen Schande und ihrem Elend anheimgegeben, in übelste Gesellschaft abgesunken, der polizeilichen Aufsicht und der Verachtung des Königs sowie der Öffentlichkeit ausgesetzt, soweit heruntergekommen seien, daß man sich nicht einmal herablasse, sie zu schlagen; ich nannte ihm einige solcher Leute, die man trotz aller ihrer gesellschaftlichen Vorteile im Schlamm versinken sah, bei Namen, und nach dieser Darstellung, die ich so drastisch als möglich zu gestalten suchte, fragte ich den Duc d'Orléans, ob er sich den ersteren oder den letzteren zuzugesellen gedächte; es läge nur bei ihm, der er sich genau zwischen diesen beiden extremen Daseinsformen befände, eine davon für sein künftiges Leben zu wählen, denn nachdem er so viele Jahre verloren, nachdem die spanische Affäre ihm neuerdings noch als Mühlstein am Halse hinge, brächte ihn ein weiterer Sturz lebendigen Leibes ins Grab, wo ihn niemand herausholen könne. Ich schloß meine Ausführungen mit dem Bedauern darüber, daß ein Prinz seines Ranges, seines Alters und seiner Begabungen der Welt auf so törichte Weise verlorengehen solle. Dann wandte ich mich voller Ingrimm dem Marschall zu und warf ihm vor, daß er mich die ganze Suppe allein habe auslöffeln lassen. Der Duc d'Orléans dankte mir mit einem Seufzen, das mich erkennen ließ, wie tief meine Worte seine Seele getroffen hatten. Während der Herzog sich wieder setzte, schlug ich ihm nochmals vor, einen Boten zu Mme. de Maintenon zu schicken. Bezons bot ihm an, draußen nach einem seiner Leute zu suchen. Während wir uns miteinander unterhielten, Bezons und ich, da wir ihn nicht mehr direkt angreifen wollten, sahen wir zu unserem Erstaunen, daß er sich plötzlich erhob, durch das Zimmer rannte, die Tür aufriß und nach seinem Diener rief, worauf sofort einer erschien, dem er leise einen Auftrag erteilte. Um ganz sicherzugehen, fragte ich ihn, ob er zu Mme. de Maintenon geschickt habe. »Aber ja!« erwiderte er mit verzweiflungsvollem Ausdruck. Überglücklich eilte ich zu ihm und dankte ihm. Es sei noch ungewiß, wehrte er ab, ob er tatsächlich mit Mme. de Maintenon spräche. Kurz darauf fragte er, wie spät es sei. Es war neun Uhr. Er wollte wie gewöhnlich zu Monseigneur gehen, den er bei der Princesse de Conti zu treffen pflegte.

Bezons und ich kamen überein, daß man ihn jetzt nicht mehr aus den Augen lassen dürfe, und, obwohl wir beide körperlich und geistig erschöpft waren, trafen wir uns nach dem Souper des Königs nochmals in der Galerie. Ich fragte den Marschall, ob er bereits wisse, was Mme. de Maintenon geantwortet habe. Er entgegnete, Mme. de Maintenon habe dem Duc d'Orléans sagen lassen, daß sie ihn am anderen Morgen in aller Frühe erwarte. Wir verabredeten uns für den nächsten Morgen.

Am Freitag, dem 3. Januar, traf ich Bezons, als ich zur Messe des Königs ging, nirgends. Der König kam aus seinen Gemächern, zehn Schritt vor ihm der Duc d'Orléans. Voller Ungeduld näherte ich mich ihm, aber obwohl ich flüsterte, wagte ich keinen Namen zu nennen. Ich fragte ihn leise, ob er jene Frau gesehen habe. Er bejahte, aber in so mattem Ton, daß ich ihn, da ich fürchtete, er habe sie tatsächlich nur gesehen, fragte, ob er mit ihr gesprochen habe. Im selben Ton sagte er ja. »Und Sie haben ihr alles gesagt?« – »Aber ja, ich habe ihr alles gesagt.« Es war der Tag der Hl. Genoveva, ich mußte also bleiben und die Messe zu Ende hören. Ich verließ die Kapelle noch vor dem König, um Bezons zu suchen, den ich dann in einem der angrenzenden Gemächer fand. Er hatte, wie er mir berichtete, am Vorabend den Duc d'Orléans abgewartet, um ihn nach Hause zu begleiten, war am Morgen zu seinem Lever erschienen und hatte ihn abermals ermahnt und sich dann vor Mme. de Maintenons Tür von ihm verabschiedet.

Der Duc d'Orléans war, als wir bei ihm anlangten, noch nicht wieder zurückgekehrt. Nach ungefähr einer halben Stunde wurde jemand gemeldet, der den Marschall zu sprechen wünschte. Er ging hinaus, und ich blieb allein. Kurz darauf trat der Duc d'Orléans ins Zimmer, er kam von Madame; er führte mich alsbald in sein kleines rückwärtiges Gemach. Wortlos und gleichsam außer sich lehnte er sich an den Kamin. Nachdem ich ihn eine Weile betrachtet hatte, hielt ich es für ratsamer, ihn anzusprechen, als ihn seinen Gedanken zu überlassen. Ich fragte ihn also, ob er mit dem Erfolg zufrieden sei und ob Mme. de Maintenon auf alles eingegangen sei, was er ihr gesagt habe. Er antwortete mit einem so knappen Ja, daß ich ihn fragte, ob er nun auch zum König gehen wolle. Zu meinem Schrecken antwortete er mir im gleichen Ton, daß er nicht hingehen wolle. »Wie denn! Monsieur«, rief ich mit starrer Miene, »Sie werden nicht hingehen?« – »Nein«, erwiderte er mit einem herzzerreißenden Seufzer, »es ist alles erledigt.« – »Es ist alles erledigt?« rief ich. »Was soll das bedeuten? Meinen Sie, es genügt, mit Mme. de Maintenon gesprochen zu haben?« – »Aber nein«, sagte er. »Ich habe bereits mit dem König gesprochen.« – »Mit dem König?« rief ich aus. »Und Sie haben ihm alles gesagt, was Sie ihm sagen wollten?« – »Ja, ich habe ihm alles gesagt.« – »Ach, Monsieur«, rief ich, »welch ein Glück, Sie endlich befreit zu sehen. Wie kam das so plötzlich?« – »Nachdem ich mit Mme. de Maintenon gesprochen hatte, war ich so erregt, daß es mir davor graute, den ganzen Vormittag abzuwarten. Da ich den Entschluß nun einmal gefaßt hatte, wollte ich ihn so rasch wie möglich durchführen. Ich ging also nach der Messe wieder ins Arbeitszimmer des Königs zurück...«

Da erstickte seine Stimme und, vor Schmerz überwältigt, brach er in Tränen aus. Ich zog mich wortlos in eine Ecke zurück. Bald darauf erschien Bezons wieder. Die tiefe Stille und der Anblick, der sich ihm bot, erstaunten ihn. Er sah zu Boden und wagte kaum, einen Schritt zu tun. Ich näherte mich ihm leise und sagte ihm, daß der Duc d'Orléans sich überwunden und mit dem König gesprochen habe. Der Marschall war zunächst vor Überraschung und Freude wie betäubt, dann stürzte er auf den Duc d'Orléans zu und beglückwünschte ihn. Wir schwiegen und wagten nicht einmal, miteinander zu sprechen. Nun erkühnten wir uns, ihn zu fragen, was Mme. de Maintenon gesagt habe. Er erzählte, sie sei ebenso überrascht wie erfreut gewesen, habe ihm versichert, daß diese Umkehr den König wieder vollständig mit ihm aussöhnen würde, und ihm geraten, lieber selbst mit dem König zu sprechen, als jemand hinzuschicken. Auch habe sie ihm versprochen, die Bedeutung seiner Selbstüberwindung dem König gegenüber ins rechte Licht zu setzen und dafür zu sorgen, daß Mme. d'Argenton so behandelt würde, wie er es wünsche und wie auch sie es für angebracht hielte. Keine *lettre de cachet* noch sonst dergleichen. Es solle ihr freistehen, sich nach Gutdünken in ein Kloster, aufs Land oder auch in irgendeine Stadt zurückzuziehen. Auch solle sie nicht gezwungen sein, stets am gleichen Ort zu verweilen. Sie wolle, habe sie gesagt, Mme. de Ventadour holen lassen, um mit ihr alles zu beratschlagen. (Welch eine Rolle für eine Ehrendame Madames und eine Gouvernante der königlichen Enkel!) Nun trieb mich die Ungeduld, ihn trotz seines häufigen Verstummens und seiner Tränenausbrüche zu fragen, wie er mit dem König ausgekommen sei. »Sehr schlecht!« Verblüfft und äußerst betroffen wollte ich wissen, was sich denn ereignet habe. Er sei, erklärte er uns, dem König nach der Messe in sein Arbeitszimmer gefolgt und habe ihn, da ihm das, was er ihm zu sagen hatte, fast die Kehle zuschnürte, sofort gebeten, mit ihm in ein anderes Gemach zu gehen, damit er kurz unter vier Augen mit ihm sprechen könne. Auf diesen erstaunlichen Vorschlag zu so unerwarteter Zeit habe der König ihn mit strenger und hochfahrender Miene gefragt, was er von ihm wolle. Er habe auf einem Tête-à-tête bestanden, worauf der König mit ihm in einen Nebenraum gegangen sei. Dort habe er seinem Schwiegervater erklärt, aus Kummer, ihm zu mißfallen, habe er den Entschluß gefaßt, seine Mätresse fortzuschicken, er möge nun die Güte haben, Mme. d'Argenton zu veranlassen, sich aus Paris zu entfernen, ihr jedoch die Schande des Exils ersparen. Der König sei offensichtlich sehr erstaunt, aber keineswegs besonders erfreut gewesen, habe ihn zwar gelobt, doch in sehr kühlem Ton, habe gesagt, es sei schon längst an der Zeit, diesen anstößigen Lebenswandel zu beenden. Er wolle sehen, was er in der Sache tun könne. Dann sei er unversehens hinausgegangen, als fürchtete er, dieser Erklärung könne noch eine Bitte folgen, der er kein Gehör schenken wolle.

Sosehr mich dieser Bericht verdroß, gab ich dennoch der Hoffnung Raum, daß die distanzierende Kälte des Königs weniger auf eine unbesiegbare Entfremdung als vielmehr auf die ungelegene Zeit und die Überraschung zurückzuführen sei. Und so tat ich also mein Bestes, um den Duc d'Orléans hinsichtlich des Königs mit diesen beiden Gründen zu beruhigen.

Audienz Saint-Simons beim König in eigener Sache. – Resultat: Saint-Simon bleibt am Hofe. – Die Duchesse d'Orléans dankt Saint-Simon.

Am Nachmittag kam ich wieder zum Duc d'Orléans, der noch ebenso erregt war wie am Vormittag. Er sagte mir, inzwischen habe Mme. de Maintenon die Duchesse de Ventadour zu sich gebeten und sie darum ersucht, Mme. d'Argenton die Lage klarzumachen. Dann seien die beiden übereingekommen, die Chausseraye holen zu lasssen, der er seinen Wagen zur Verfügung gestellt habe und die auch unverzüglich erschienen sei. Der Auftrag sei ihr recht hart erschienen, aber die Bitten und die Tränen der Duchesse de Ventadour hätten sie schließlich bewogen, ihrer gemeinsamen Freundin die Veränderung ihrer Lebensumstände mitzuteilen.

Chausseraye war ein vierschrötiges Geschöpf, außerordentlich gescheit und aufgeweckt, ganz der Intrige, den Machenschaften und dem eigenen Vorteil zugewandt. Dem Herkommen nach stellte sie nicht viel dar. Ihr Vater besaß ein kleines Landgut im Poitou, das Chausseraye hieß. Die verwitwete Marquise de La Porte-Vézins, die in der Nachbarschaft wohnte, vernarrte sich in ihn und heiratete ihn. Sie starb 1687 und hinterließ ihm diese Tochter. Der Bruder und die Schwester der Mme. de Vézins, die über deren zweite Heirat entrüstet waren, wollten weder sie noch ihren Ehemann jemals empfangen, und so lebte Mlle. de Chausseraye lange Zeit im Verborgenen, in Angst und Elend. Schließlich erbarmte sich de La Porte-Vézins, ihr Onkel, ihrer und stellte der Familie diese seltsame Kusine vor. Durch ihr Aussehen und ihren Verstand gewann sie bald alle für sich. Da er nicht wußte, was er mit ihr anfangen sollte, und um sie etwas aufzumöbeln und ihr zu etwas Brot zu verhelfen, brachte der Marschall de Villeroy, der bekanntlich bei Mme. de Ventadour alles erreichte, sie mit deren Hilfe als Ehrendame bei Madame unter. Bald wurde sie Madames beste Freundin. Liebeshändel und danach Intrigen und die enge Beziehung zu Mme. de Ventadour verhalfen ihr zu Freunden und verschafften ihr Achtung, so daß man in der Gesellschaft mit ihr rechnete. Sie holte aus den Ministern heraus, was sie wollte: Barbezieux, der Kanzler Pontchartrain, als er noch die Finanzen innehatte, und auch Chamillart verweigerten ihr nichts. Sie brachte es sogar fertig, Desmaretz und Voysin gefügig zu machen und sich mit deren Hilfe zu bereichern. Während der Régence scheffelte sie dann Millionen. Sie war mit Mme. d'Argenton, die sie bei Mme. de Ventadour kennengelernt hatte, eng befreundet, stand mit dem ganzen Klüngel auf bestem Fuß und lebte wie dieser vom Gelde des Duc d'Orléans. Auch der König behandelte sie sehr zuvorkommend und ließ ihr des öfteren beträchtliche Summen zukommen. Ich werde noch bei anderer Gelegenheit auf sie zu sprechen kommen.

Am Samstag, dem 4. Januar, erschien ich nach dem Lever des Königs, sah ihn zur Messe gehen und wieder zurückkehren. Er betrat sein Arbeitszimmer, und ich wartete auf die Audienz, die er mir tags zuvor versprochen hatte. Nach einer Weile öffnete Nyert, der Erste Kammerdiener des Kabinetts, die Tür, spähte umher und sagte mir, als er meiner gewahr wurde, der König lasse mich bitten. Alsbald betrat ich das Arbeitszimmer. Der König war allein und saß am Ende des großen Tisches, um den der Rat sich sonst versammelte; das pflegte der König stets zu tun, wenn er mit jemandem in aller Ruhe sprechen wollte. Ich dankte ihm für die mir erwiesene Gunst, und während ich mich ihm näherte, dehnte ich meine Begrüßung ein wenig aus, um seinen Gesichtsausdruck, der mir streng, und den Grad seiner Aufmerksamkeit, die mir vollkommen erschien, genau zu beobachten. Da er mich nichts fragte, kam ich sofort auf meine Sache zu sprechen. Ich sagte ihm, es sei mir unmöglich, ferner in seiner Ungnade zu leben, ohne zu wissen, womit ich mir diese zugezogen. Er könne mich vielleicht fragen, ob ich mir das nicht einbildete, worauf ich ihm nur antworten könne, daß ich, nachdem ich vier Jahre lang an jeder Reise nach Marly teilgenommen, die völlige Ausschließung davon als unmißverständliches Zeichen der Ungnade sehr schmerzlich empfände, und dies um so mehr, als es mich für lange Zeit der Ehre beraube, ihm meine Aufwartung machen zu dürfen. Der König, der bislang geschwiegen, erwiderte mir mit hochfahrender und abweisender Miene, das habe nichts weiter zu bedeuten. Hätte ich nicht ohnehin gewußt, was gespielt wurde, so hätten sein Tonfall und sein Gesichtsausdruck mir bestätigt, daß er nicht die Wahrheit sagte. Aber ich mußte die Antwort für bare Münze nehmen, und so entgegnete ich, daß die Auskunft, die er mir zu geben geruhe, mich unendlich beruhige. Er möge mir aber dennoch die Ehre erweisen, mich anzuhören. Ich bäte ihn flehentlich, ihm mein Herz ausschütten (genau das waren meine Worte) und ihm von verschiedenen Vorfällen berichten zu dürfen, die mir zu schaffen machten, da ich wüßte, daß man sie mißbraucht hatte, um mich bei ihm anzuschwärzen.

Seit damals (1706), als das Gerücht aufgekommen, er habe mich für den Gesandtschaftsposten in Rom in Erwägung gezogen – woran ich eingedenk meiner Jugend und Unerfahrenheit eigentlich nie geglaubt hätte –, seit damals habe der Neid und die Eifersucht sich gegen mich verschworen, wie gegen jemand, den man beizeiten in die Schranken weisen müsse, weil er zu hoch hinaus will. Seither könne ich sagen und tun was ich wolle, in den Augen meiner Feinde sei alles schuldhaft, sogar noch mein Schweigen. D'Antin vor allem habe mich unablässig angegriffen. »D'Antin«, unterbrach mich der König, jedoch mit sanfterer Miene, »d'Antin hat Sie mir gegenüber niemals auch nur erwähnt.« Ich antwortete, daß mich diese Versicherung sehr freue, doch habe d'Antin mich in der Gesellschaft derart mit üblen Nachreden verfolgt, daß ich hätte fürchten müssen, er habe mir auch bei Seiner Majestät zu schaden gesucht. Nun schien es, daß der König, dessen Gesichtsausdruck sich schon aufzuheitern begonnen hatte, mir mit einem gewissen Behagen zuhörte. Als ich einen neuen Satz mit den Worten »Es gibt da noch jemand« anfing, unterbrach er mich und sagte: »Aber auch Sie, Monsieur, sprechen schlecht von den Leuten und lästern. Und deshalb spricht man eben schlecht über Sie.« Ich antwortete, daß ich mich bemühte, über niemanden etwas Schlechtes zu sagen. Und schon gar nicht über Seine Majestät, eher würde ich sterben wollen; was nun die anderen betreffe, so hielte ich zwar meine Zunge im Zaum, doch gebe es Anlässe, wo man sich etwas ungeschminkter äußern müsse. »Aber«, sagte der König, »Sie kritisieren doch alles, auch die Regierungsgeschäfte, zumal die Niederlagen . . .« Jetzt unterbrach ich meinerseits den König, da ich merkte, daß er immer umgänglicher wurde, und sagte, daß ich nur selten über Regierungsgeschäfte spräche, und dann stets mit größter Zurückhaltung. Allerdings sei mir im Ingrimm über einige Fehlschläge hie und da ein Wort des Tadels entschlüpft. So sei mir etwas widerfahren, das gegen jedes Erwarten großes Aufsehen erregt und mir viel Schaden zugefügt habe. Ich möchte ihn in dieser Angelegenheit zum Schiedsrichter machen und ihn, falls ihm mein Verhalten mißfiele, demütig um Verzeihung bitten.

Ich wußte nur allzugut, daß man einen ausgiebigen und gefährlichen Mißbrauch mit meiner Wette wegen Lille betrieben hatte. Ich war entschlossen, dem König die Wahrheit zu sagen, und ergriff also die Gelegenheit, die er mir bot. Ich erklärte ihm nun, daß ich während der Belagerung Lilles, überzeugt von der Wichtigkeit seiner Erhaltung und in Verzweiflung darüber, mit ansehen zu müssen, in welcher Geschwindigkeit die Feinde sich dort festsetzten, mit welcher Langsamkeit sich unsere Armee, obwohl drei Befehle zum Entsatz entsandt worden waren, in Bewegung setzte; gereizt darüber, fortwährend von einer ruhmreichen und notwendigen Aufhebung der Belagerung reden zu hören, die ich allerdings angesichts der Zeit, die man den Feinden eingeräumt hatte, nunmehr für unmöglich hielt, mich bei einem solchen Disput im Zorn hätte hinreißen lassen, vier Pistolen zu wetten, daß Lille nicht entsetzt, sondern von den Feinden genommen würde.»Nun«, entgegnete der König.»wenn Sie nur im Interesse der Sache gesprochen und aus Ingrimm über den Mißerfolg gewettet haben, so ist das nicht weiter tadelnswert. Aber wer ist jener Mann, von dem Sie noch reden wollten?« – Ich sagte, es sei Monsieur le Duc, worauf er Schweigen bewahrte und nicht wie bei d'Antin erwiderte, daß dieser gar nicht über mich geredet habe. Ich legte ihm in wenigen Worten den Hergang dar, wobei ich es vermied, Madame la Duchesse, seine Tochter, zu erwähnen, um desto besser über Monsieur le Duc herfallen zu können. Der König, der mir in Ruhe zuhörte und der, wie ich bemerkte, von meinen Worten beeindruckt war, erwiderte dann mit der Miene und dem Gehaben eines Mannes, der einen belehren will, es hieße von mir, ich sei stets in Rangstreitigkeiten verwickelt, mische mich dann in alles ein, wiegle die anderen auf und stelle mich an ihre Spitze. Ich antwortete, es sei dies in der Tat einige Male geschehen, ich hätte allerdings nie gedacht, sein Mißfallen damit zu erregen. Auch bäte ich ihn, sich zu erinnern, daß ich mich seit der Affäre der Kollekte, über die ich ihm vor vier Jahren berichtet hätte, in keine derartige Angelegenheit mehr eingemischt hätte. Der freundliche Ton und die Aufmerksamkeit des Königs veranlaßten mich hinzuzufügen, daß mir nun, wiewohl ich mich während meiner langen Abwesenheit ohnehin in nichts hätte einmischen können, von vielen Seiten zugetragen worden sei, man habe anläßlich der Vorfahrtsstreitigkeit zwischen Mme. de Montbazon und Mme. de Mantoue immer wieder von mir gesprochen, ich würde mir also die Freiheit nehmen, ihn zu fragen, was ich denn tun könne, um mich derartigen üblen Nachreden zu entziehen, das Geschwätz sei völlig aus der Luft gegriffen.»Daran können Sie ermessen«, erwiderte der König mit wahrhaft väterlicher Miene, »was man in der Gesellschaft von Ihnen hält. Und Sie müssen wohl oder übel zugeben, daß Sie diesen Ruf auch ein wenig verdienen. Wenn Sie gar nicht erst mit all diesen Rangstreitigkeiten angefangen hätten oder zumindest sich nicht gegen jede Neuerung ereifert hätten, hätte man all das auch niemals behaupten können. Das sollte Ihnen eine Lehre sein, wie sehr Sie bestrebt sein müssen, durch kluges, folgerichtiges Verhalten solche Redereien gegenstandslos zu machen und zu keinerlei Geschwätz mehr Anlaß zu geben.« – Ich antwortete, gerade darum hätte ich mich seit vier Jahren unablässig bemüht und wolle es auch fernerhin tun. Dann nahm ich Gelegenheit, ihm meine Ergebenheit zu bekunden und meine Bereitschaft, stets sein Gefallen zu erregen. Ich bat ihn inständig, er möge geruhen, mir kundzutun, wenn ihm etwas mißfiele, um die Sache sofort zu klären, entweder um meine Unwissenheit zu verzeihen oder zu meiner Belehrung, oder auch, um zu erfahren, daß mich keinerlei Schuld träfe. Als er merkte, daß nichts mehr zu besprechen war, erhob er sich. Nun bat ich ihn, er möge meiner wegen der Wohnung gedenken, damit ich ihm meinem Wunsch gemäß weiterhin seine Aufwartung machen könne: er erwiderte, es sei keine frei, und begab sich mit einer anmutigen Viertelwendung in seine angrenzenden Gemächer. Ich verbeugte mich tief und verließ durch die Tür, durch die ich eingetreten, nach einer Audienz, die mehr als eine halbe Stunde gedauert, die alles, was ich hatte erhoffen können, übertraf, gleichfalls den Raum.

Ich ging geradenwegs zu Mareschal, um mich zu bedanken und ihm zu berichten, wie sich alles abgespielt hatte. Er war entzückt und beglückwünschte mich. Nun suchte ich den Kanzler auf und eilte alsdann zu Mme. de Saint-Simon, um sie aus ihrer Ungewißheit zu erlösen, eine Ungewißheit, die sich in große Freude verwandelte; war sie es doch, die mich dem Kanzler und all meinen Freunden ans Herz gelegt und die mich gezwungen hatte, diesen letzten Versuch zu machen, der so erfolgreich war, daß der König mich seither nicht nur gut, sondern mit einer für mein jugendliches Alter bemerkenswerten Auszeichnung behandelt hat; denn obwohl ich bereits fünfunddreißig Jahre zählte, war ich in seinen Augen – zumal als Mann ohne Amt und ohne nähere Beziehung zu ihm – nicht mehr als ein junger Fant. Das Ganze ist ein Beispiel, welch ein Kleinod ein Mann besitzt, der eine kluge und tugendsame Frau hat!

Chausseraye hatte sich von der Duchesse de Ventadour aus Versailles unverzüglich nach Paris zu Mme. d'Argenton begeben; aber sie traf sie nicht an und erfuhr, sie sei zum Spiel und zum Abendessen bei der Princesse de Rohan, von wo sie erst spät zurückkommen würde. Chausseraye ließ ihr ausrichten, sie habe mit ihr zu sprechen und erwarte sie bei sich zu Hause. Als Mme. d'Argenton noch immer keine Anstalten machte, schickte Mlle. de Chausseraye abermals nach ihr und ließ sie holen. Sie erklärte ihr nun, das, was sie ihr mitzuteilen habe, sei so schwerwiegend, daß sie den Auftrag lieber nicht übernommen hätte, und machte so viele Umschweife, als habe sie einen Todesfall anzukündigen; so sprach sie eine Weile vor tauben Ohren. Schließlich aber verstand man sie. Schluchzen, Jammergeschrei und Geheul hallten durchs ganze Haus und verhießen der zahlreichen Dienerschaft, die nicht fester stand als die Herrin, das Ende ihrer Glückseligkeit. Nach langem Schweigen versuchte Chausseraye die Verlassene zu trösten. Sie sprach von der ihr verbliebenen Anhänglichkeit, von der Freizügigkeit, die ihr zugesichert sei.

Inzwischen hatte die Duchesse d'Orléans die Duchesse de Villeroy beauftragt, mir zu sagen, wie ungeduldig sie meinen Besuch erwarte. Nachdem ich einige Tage hatte verstreichen lassen, während deren auch der Duc d'Orléans mich ständig drängte, sie aufzusuchen, verabredete ich mit der Duchesse de Villeroy eine Zeit. Da es Abend war, als ich bei ihr gemeldet wurde, zogen sich die wenigen Vertrauten, die noch anwesend waren, zurück. Sie lag, von der kürzlichen Geburt ihrer Tochter geschwächt, auf einem kleinen Ruhebett, neben das man mir einen Stuhl stellte, auf dem ich Platz nahm. Es war erstaunlich, was alles sie mir an Liebenswürdigkeiten sagte. Sie gab ihrer Freude und Dankbarkeit in so gewählten und treffenden Worten Ausdruck, daß es mich überraschte. Vor allem dankte sie mir, daß ich ihr solchen Dienst erwiesen, ohne sie näher gekannt zu haben, und bewunderte die Großmut – das war der Ausdruck, dessen sie sich bediente –, sie nur gemieden zu haben, um ihr desto besser helfen zu können. Fest entschlossen, alles gemeinsam zu versuchen, den Duc d'Orléans wieder der Gesellschaft zuzuführen, trafen wir bereits bei dieser Zusammenkunft verschiedene Absprachen. Dabei stießen wir auf größere Schwierigkeiten, als wir gedacht hatten. Gleichviel gelang es mir, zur großen Überraschung des Hofes und zum größten Ärger von Madame la Duchesse, ziemlich rasch, den Duc d'Orléans zu veranlassen, in einträchtiger, ja, für seine Verhältnisse liebreicher Weise mit seiner Gemahlin zu leben. Nachdem ich dergestalt der Urheber dieser Vereinigung geworden war, wurde ich nunmehr der stete Vermittler und stand auf gleich gutem Fuß mit beiden. Ihre Feinde begannen die Auswirkungen zu fürchten, und die meinen erzählten herum, ich hätte hier das Heft in der Hand.

*Geburt des späteren Ludwig XV. – Tod von Monsieur le Duc. –
Porträt. – Der König entscheidet in dem schon lange währenden
Streit seiner Nachkommen um Fragen der Rangfolge.*

Samstag, den 15. Februar, wurde der König um sieben Uhr morgens,
eine Stunde früher als gewöhnlich, geweckt, weil ihm mitgeteilt werden
sollte, daß die Duchesse de Bourgogne bereits in den Wehen liege. Er
kleidete sich eilig an, um zu ihr zu gehen. Sie ließ ihn nicht lange warten:
drei Minuten und drei Sekunden nach acht Uhr brachte sie zur allgemeinen Freude einen Duc d'Anjou, den heute regierenden Ludwig XV.
zur Welt.

Bald darauf ereignete sich ein Todesfall, der die Gesellschaft gleichermaßen erschreckte und erleichterte. Monsieur le Duc wurde schon
seit langem von einem seltsamen Übel geplagt, das ihn zuweilen in epileptische Zustände und Lähmungen versetzte, die jedoch nur kurze Zeit
dauerten und die er so sorgsam zu verbergen pflegte, daß er einen seiner
Diener davonjagte, weil dieser mit anderem Dienstpersonal darüber
gesprochen hatte. Seit kurzem litt er fortwährend an oft sehr heftigen
Kopfschmerzen. Diese Unpäßlichkeit schmälerte die Freude, die er
empfand, sich endlich von einem so schwierigen Vater und von einem
Schwager, der das Unglück seines Lebens gewesen, befreit zu sehen.
Seine Mutter, der er Achtung und sogar Neigung entgegenbrachte,
drängte ihn nun, an Gott und an seine Gesundheit zu denken. Schließlich versprach er ihr, beides zu tun, jedoch erst nach dem Karneval, bei
dem er sich noch den Lustbarkeiten hingeben wollte. Am Rosenmontag
ließ er Madame la Duchesse nach Paris kommen, wegen der Empfänge
und Audienzen und um ihr und vielen Damen, die er alle in der Nacht
zum Faschingsdienstag auf den Ball zu führen gedachte, zwei Soupers
zu geben.

Am Montag abend ging er ins Hotel de Bouillon und von dort zum
Duc de Coislin, der seinerseits sehr krank war. Er fuhr in einer unbeleuchteten Karosse mit nur einem Lakaien auf dem Rücksitz. Als er aus
dem Palais Coislin kam und den Pont Royal überquerte, fühlte er sich

so elend, daß er zum Klingelzug griff und seinen Lakaien aufforderte, sich neben ihn zu setzen. Er fragte ihn, ob sein Mund verzerrt sei, und ließ dem Kutscher sagen, er solle vor der Hintertreppe seiner Garderobe halten, denn er wollte vermeiden, daß die im Hotel Condé versammelte Gesellschaft ihn zu sehen bekäme. Doch schon unterwegs verlor er die Sprache und das Bewußtsein; er stammelte gerade noch irgend etwas, als sein Lakai und ein Straßenkehrer, der gerade dastand, ihn aus der Karosse zogen und ihn vor die Tür seiner Garderobe schleppten, die sie jedoch verschlossen fanden; woraufsie so lange und so heftig klopften, daß die ganze Gesellschaft herbeieilte. Man brachte ihn auf der Stelle zu Bett. Die schleunigst hinzugezogenen Ärzte und Priester walteten vergeblich ihres Amtes. Er gab kein Lebenszeichen mehr von sich, verzog nur noch das Gesicht zu schrecklichen Grimassen, und so starb er um vier Uhr früh am Fastnachtsdienstag.

Mitten im Festesrausch, umringt von prächtigen Masken, betäubt von Überraschung und benommen von dem Anblick, der sich ihr plötzlich bot, verlor Madame la Duchesse dennoch keine Sekunde ihre Geistesgegenwart. Obwohl sie mit M. du Maine auf gespanntem Fuße stand, spürte sie das Bedürfnis nach seiner Gegenwart. Deshalb schickte sie, kaum man Monsieur le Duc zu Bett gelegt hatte, nach Versailles, um ihn, den Comte de Toulouse und die Princesse de Conti, ihrer aller Schwester, holen zu lassen, wohingegen sie dem Duc und der Duchesse d'Orléans, mit denen sie sehr schlecht stand und von denen sie nichts zu erwarten hatte, keine Nachricht zukommen ließ. Daß sie d'Antin nicht vergaß, versteht sich von selbst. Während sie also jene erwartete, weinte sie sogar, aber jeder wußte, daß die Ursache ihrer Tränen nicht dieser Kummer war, sondern die schmerzliche Erinnerung, die im geheimen seit einem Jahr an ihr zehrte, und der Gram über die zu spät erfolgte Befreiung.

Am anderen Morgen begab sich die Princesse de Conti zu Monseigneur, und um acht Uhr früh kamen der Duc und die Duchesse d'Orléans, die mittlerweile auch benachrichtigt worden waren, zu Madame la Duchesse, wo sich alles in bestem Einvernehmen zwischen ihnen abspielte. Der Duc d'Orléans, Duc du Maine und der Comte de Toulouse gingen alsbald zum König, wo sich einen Augenblick später Monsieur einfand. Überrascht, sie zu so früher Stunde zu sehen, fragte der König, was es denn gebe. M. du Maine ergriff für alle das Wort, woraufhin der König dem Duc d'Enghien das Gouvernement, die Charge und die Pension seines Vaters zuerkannte und ihm erklärte, daß auch er, obwohl erst siebzehn Jahre alt, sich Monsieur le Duc nennen dürfe.

Man ist Monsieur le Duc in meinen Aufzeichnungen schon mehrfach begegnet. Er war von nahezu zwergenhaftem Wuchs, nicht fett, aber recht stämmig, hatte einen massiven Schädel und ein furchterregendes Gesicht. Seine Haut war fahlgelb, die Miene fast immer grimmig, jedenfalls derartig hochmütig und verwegen, daß man sich nur schwer an den Anblick gewöhnen konnte. Er war geistreich, belesen, verfügte überdies über ausgezeichnete Manieren, Höflichkeit und, wenn er wollte, sogar Anmut; aber er wollte nur selten. Er war weder so geizig noch so ungerecht, noch so kriecherisch wie seine Vorfahren; er war ebenso tapfer und bewies im Kriege Ausdauer und Geschicklichkeit. Er besaß auch die nötige Verschlagenheit und List, um seinen Rang durch Usurpation zu erhöhen und mit Kühnheit zuzupacken. Seine perversen Neigungen schienen ihm ein Verdienst, und die Racheakte, die er des öfteren ausübte und die einen Privatmann teuer zu stehen gekommen wären, als eine ihm zukommende Apanage. Er war ein ständig rotierendes Mühlrad, vor dem jeder floh, da man sich nie sicher fühlte; einmal wegen der ungeheuerlichen Beschimpfungen, zum anderen wegen der grausamen Scherze und Spottlieder, die er jederzeit zu improvisieren verstand und die den Leuten im Gedächtnis blieben. Deshalb zahlte man ihm in gleicher Münze und oft noch grausamer heim. Freunde hatte er keine, aber eine Reihe guter Bekannter, höchst befremdliche Typen und zumeist recht gewöhnlich, da auch er selbst so gewöhnlich war, wie ein Mann seines Standes es nur sein kann. Diese vermeintlichen Freunde mieden ihn; er jedoch lief ihnen nach, um der Einsamkeit zu entrinnen, und wenn er sie bei irgendeinem Schmaus entdeckte, fiel er wie der Teufel über sie her und machte ihnen eine Szene, weil sie sich vor ihm versteckt hätten. Ich habe mehr als einmal erlebt, wie verzweifelt der Bischof von Metz, M. de Castries und andere darüber waren. Seine angeborene Maßlosigkeit trieb ihn zu ständigem Mißbrauch von allem und zu jener Art Unverschämtheit, die geeignet ist, mehr die Tyrannen als ihre Tyrannei verabscheuungswürdig zu machen. Das häusliche Durcheinander, die ständigen Ausbrüche wildester Eifersucht, der wütende Gram über deren Wirkungslosigkeit, der unaufhebbare Widerspruch zwischen ehelichem Zärtlichkeitsbedürfnis und Zorn, die für einen so aufbrausenden Mann peinvolle Qual der Impotenz, die Verzweiflung über die Bevorzugung, die der Prince de Conti bei seinem eigenen Vater genoß, sowie die Begeisterung, die dieser Prinz allenthalben erregte, während er selbst in der Öffentlichkeit keinen Anklang fand, alle diese Furien marterten ihn unaufhörlich und bewirkten, daß er jenen Tieren glich, die nur geboren zu sein scheinen, um andere zu verschlingen und das Menschengeschlecht zu bekriegen: somit dienten ihm diese Beleidigungen und Ausbrüche, in denen er sich gefiel und die seinem ungeheurem Dünkel zur Gewohnheit geworden, letzten Endes nur zur Entspannung. Doch so furchterregend er war, er war noch um vieles zerquälter. Jeder, der diesen Prinzen gekannt hat, wird mein Porträt nicht übertrieben finden, und es gab niemand in der ganzen Gesellschaft, der seinen Tod nicht als persönliche Erleichterung empfunden hätte.

Ich weilte in Versailles, als ich in der Frühe beim Erwachen erfuhr, daß Monsieur le Duc gestorben war. Ich ging zur Messe des Königs und begab mich dann zum Duc d'Orléans, der mich alsbald zur Duchesse d'Orléans führte, die sich zurückgezogen hatte, um zu warten, bis das Empfangszimmer sich von den Beileidsbesuchern leerte. Die beiden erzählten mir nun von dem Besuch, den sie soeben Madame la Duchesse abgestattet hatten, und von dem anschließenden Gespräch, das der Duc d'Orléans mit dem König wegen der Stellung der Prinzessinnen von Geblüt geführt hatte. Man muß wissen, daß die Duchesse d'Orléans eine ungeheuer stolze Frau war; eingedenk ihrer illegitimen Geburt hätte sie mit ihrem Rang als Petite Fille de France zufrieden sein müssen; aber der Gedanke, daß ihre Kinder nur einfache Prinzen von Geblüt waren, peinigte sie; so erfand sie einen dritten Stand zwischen der Krone und den Prinzen von Geblüt mit einem Arrière-petit-fils. Sie ließ ihre älteste Tochter ganz einfach »Mademoiselle« nennen, zunächst nur im Palais-Royal, dann bürgerte sich dieser Name in Paris ein, die Gesellschaft gewöhnte sich daran, und der König erhob keinen Einspruch. Mademoiselle war noch nicht offiziell in die Gesellschaft eingeführt, aber schon alt genug, um ebenso wie die anderen Mitglieder des königlichen Hauses ihren Namen unter Heiratsverträge zu setzen. Dabei kam es zu Vorrangstreitigkeiten; die Duchesse d'Orléans wollte nicht zulassen, daß Mademoiselle in der Reihenfolge hinter den Prinzessinnen von Geblüt stünde. Diese setzten sich zur Wehr, und um nicht nachgeben zu müssen, wurde keiner dieser Verträge von Mademoiselle unterzeichnet. Der Anspruch war somit zur Realität geworden. Das erregte großes Aufsehen, und es kam zu heftigen, immer maßloser werdenden Auseinandersetzungen zwischen der Duchesse d'Orléans und Madame la Duchesse. Da starb plötzlich Monsieur le Duc. Aus natürlichem Widerwillen und aus Furcht, die Benachteiligten zu erzürnen, schob der König die Entscheidung über die Rangstreitigkeiten immer wieder hinaus. Nun aber war sie unvermeidlich geworden.

Der König hatte die verschiedenen diesbezüglichen Eingaben nicht wieder gelesen und war ganz überzeugt von der letzten, die Monsieur le Duc ihm wenige Tage vor seinem Tod überreicht hatte. Gleichviel wollte er sie dem Duc d'Orléans zur Einsicht geben, um ihm eine Stellungnahme zu ermöglichen. Dieser aber hielt es aus Trägheit und Gleichgültigkeit für unnötig, sie zu lesen, auch meinte er, seinen letzten schriftlichen Darlegungen sei nichts weiter hinzuzufügen. So kannte er die Eingabe von Monsieur le Duc gar nicht, aber gerade diese hatte den König zu der Überzeugung gebracht, daß Mademoiselles Anspruch haltlos sei. Dennoch stellte er die Sache zur Debatte, um jedem die Möglichkeit zu geben, sich dazu zu äußern, weil es ihm letzten Endes gleichgültig war, wer von seinen Bastarden obsiegte. Monseigneur, der den Duc d'Orléans seit langem haßte und Madame la Duchesse liebte, stimmte spontan für die Gemahlinnen der Prinzen von Geblüt. Der Duc de Bourgogne, der sich von den älteren und solideren Prinzipien beeindrucken ließ, war derselben Meinung. Der Duc de Berry sagte, wie man sich denken kann, überhaupt nichts dazu. Somit wurde beschlossen, daß die unverheirateten Filles de France, mit Ausnahme der Dauphine oder der ältesten Königstochter vor den Gemahlinnen ihrer jüngeren Brüder den Vorrang hätten, daß jedoch die Petites-Filles de France hinter den Ehefrauen der Fils-de-France rangierten und daß die Ehefrauen der Prinzen von Geblüt vor allen Töchtern der Petits-fils-de France und der Prinzen von Geblüt, die älter waren als deren Ehemänner, den Vorrang hätten.

Am anderen Morgen verkündete der König seinen Beschluß im Staatsrat, wo er großen Beifall fand, und dann öffentlich.

Reaktionen der betroffenen Königskinder auf die neue Rangordnung. – Der König stellt daraufhin die Kinder des Duc du Maine seinen legitimen Enkeln gleich.

Die Duchesse d'Orléans schützte, um niemanden sehen zu müssen, eine Migräne vor und blieb in ihrem Zimmer, tags darauf entfloh sie nach Saint-Cloud. Abgesehen von dem Kummer, abschlägig beschieden worden zu sein, und dem Ärger, Madame la Duchesse obsiegen zu sehen, empfand sie noch einen tieferen Gram darüber, daß all ihre Projekte betreffs Namen und Rang der Arrière-Petits-fils-de France nun gescheitert und daß ihre Kinder zu einfachen Prinzen von Geblüt erklärt worden waren, ohne Unterschied zu den übrigen Prinzen von Geblüt. Das wurmte sie. Sie beschloß zu schmollen und sich vom König fernzuhalten. Da Fastenzeit war, hörte der König dreimal wöchentlich eine Bußpredigt an, zu der auch die Prinzessinnen sich einfanden. Die Duchesse d'Orléans jedoch verbot ihrer Tochter, den Gottesdienst zu besuchen. Um dem Ganzen die Krone aufzusetzen, gedachte sie sich nach Paris zu begeben, einmal um sich in unverkennbarer Weise vom König zu distanzieren, zum anderen um sich nach der Niederlage der Mme. d'Argenton zum erstenmal im Palais-Royal zu trösten und abzulenken. Der Erfolg übertraf alle ihre Erwartungen. Sie herrschte am Hofe des Duc d'Orléans, wo man sie zuvor kaum je wahrgenommen. In ihren Gemächern versammelte sich alles, was in Paris Rang und Namen besaß. Die Schicklichkeit, die ihr verbot, sich so kurze Zeit nach Monsieur le Ducs Tod in der Öffentlichkeit zu zeigen, verhalf ihr zu einem weiteren Vergnügen, sie setzte sich nun in die kleine, eigens für Mme. d'Argenton geschaffene Loge, und hatte somit auf der ganzen Linie über diese gesiegt. Nach acht solchen glanzvollen Tagen mußte sie nach Versailles zurückkehren, wo ihre Reise keinen nachteiligen Eindruck hinterlassen hatte.

Der Duc du Maine, der über die Regelung zwischen den Prinzessinnen von Geblüt empört war, glaubte an das Mitgefühl des Königs appellieren zu können. Da das Feld frei war, meinte er, die Gelegenheit sei günstig; denn nachdem der Prince de Conti, Monsieur le Duc und Monsieur le Prince gestorben waren, gab es nur mehr unmündige Kinder, von denen das älteste gerade siebzehn Jahre zählte und sich unter der Vormundschaft d'Antins befand; der Duc d'Orléans war lässig, gleichgültig, mangelhaft unterrichtet und gerade erst wieder mit dem König und seiner Gemahlin versöhnt, die ihrerseits gefühlsmäßig und in ihrer ganzen Einstellung mehr Bastard war als ihr Bruder; somit gab es keine direkten Interessenten, jedenfalls keine, die rangmäßig höher standen als er und ihn hätten in Schwierigkeiten bringen können. Was die Thronerben betraf, so kam es dem König nicht darauf an, diese zu brüskieren, ohne daß einer von ihnen, angefangen bei Monseigneur, auch nur den leisesten Widerspruch zu erheben gewagt hätte. Die übrige Gesellschaft war ein zur Marionette gewordener Hof, daran gewöhnt, jedes Joch zu ertragen und einander in Schmeicheleien und Erniedrigungen zu überbieten. M. du Maine gedachte also, sich den Augenblick zunutze zu machen, um für seine Kinder mit einem Schlag all das zu erreichen, was er an Ehrungen und Rangerhöhungen nur schrittweise mit der Zeit durch Usurpation, Einführung von Bräuchen und mündlichen Zusicherungen für sich erworben hatte. Sein wichtigster Rückhalt war Mme. de Maintenon, die ihn erzogen, der er Mme. de Montespan aufgeopfert, die er dann mit aller ihm zur Verfügung stehenden List umgarnt und die ihn ihrerseits mit völliger Hingabe zärtlicher liebte als jede Amme. Mit ihrer Hilfe hatte er sich aus seinem Nichts zu seiner jetzigen glänzenden Stellung emporgearbeitet, die einer zur Königin gewordenen Mme. Scarron vollkommen berechtigt erschien. Deshalb wünschte auch sie die Rangerhöhung seiner Kinder und war gleich ihm der Ansicht, daß weder die Prinzen von Geblüt, die entweder verstorben oder unmündig waren, noch der heruntergekommene versklavte Hof die geringste Bedeutung besäßen. Es fiel ihm nicht schwer, sie zu überzeugen, daß bei einer Willensäußerung des Königs weder seitens der Thronerben noch seitens des Duc d'Orléans Widerstand zu erwarten sei.

Aber trotz aller Schwäche, die der König für seine Bastarde und zumal für diesen hier hegte, und so absolut er auch war oder zu sein sich befleißigte, so bewerkstelligte er, abgesehen von der Verheiratung seiner Töchter und der Verleihung von Gouvernements und Ämtern an seine Söhne, alles, was er für jene tat, nur langsam, gleichsam inoffiziell, ohne schriftliche Fixierung, durch Usurpation von Bräuchen und halbwegs fast wider Willen. Es war immer das gleiche Lied. Auch diesmal der gleiche Widerstand, das gleiche Bewußtsein von der

Ungeheuerlichkeit des Ansinnens und schließlich die gleiche, fast widerwillige und stets fast formlose Zusage. Es war jedoch nur ein kurzes Geplänkel, denn es begann am 4. März, dem Todestag von Monsieur le Duc, nach der Entscheidung über den Rang der Prinzessinnen von Geblüt und endete bereits am 16. März mit dem Sieg von M. du Maine.

Sobald die Sache zwischen dem König, Mme. de Maintenon und M. du Maine beschlossen war, ging es darum, die Entscheidung bekanntzugeben, und diese Bekanntgabe zeitigte den ungewöhnlichsten und einzigartigsten Auftritt dieser langen Regierungszeit. Am Samstag, dem 15. März, betrat der König nach dem Abendessen sein Arbeitszimmer, dann schritt er gravitätisch in sein zweites Gemach, ging auf seinen Lehnsessel zu und ließ, ohne Platz zu nehmen, langsam den Blick über die ganze Gesellschaft schweifen, um ihr, ohne irgend jemand persönlich anzureden, mitzuteilen, er habe den Kindern des Duc du Maine den gleichen Rang und die gleichen Ehren verliehen, deren M. du Maine sich erfreute. Dann begab er sich unverzüglich ans andere Ende des Raumes, um Monseigneur und den Duc de Bourgogne zu sich zu rufen, und nun demütigte sich dieser so stolze Monarch, dieser so strenge und herrische Vater zum erstenmal in seinem Leben vor seinem Sohn und seinem Enkel. Er bitte sie, seine Thronerben, sagte er, sie möchten sich einverstanden erklären mit dem Rang, den er den Kindern des Duc du Maine soeben verliehen habe. Da er alt und sein Tod nicht mehr allzufern sei, lege er ihnen diese Kinder aufs wärmste ans Herz; er hoffe, daß sie diesen dann nach seinem Ableben ihre Obhut angedeihen ließen. Dergestalt verbreitete er sich noch eine Zeitlang; die beiden Prinzen standen indes seltsam berührt, dicht aneinander geschmiegt und den Blick zu Boden gesenkt, reglos vor Staunen, stumm wie die Fische da. Der König, den das offensichtlich enttäuschte und der sie zum Reden zu zwingen gedachte, rief M. du Maine herbei. Der kam vom anderen Ende des Raumes, wo nun jeder in tiefstem Schweigen verharrte. Der König legte ihm den Arm auf die Schulter, wobei er sich auf ihn stützte und ihn somit nötigte, sich zu den beiden Prinzen herabzubeugen, denen er nun nochmals sagte, er rechne damit, daß sie ihrem Bruder und Onkel nach seinem Ableben allen Schutz zukommen ließen; er bitte sie inständig darum und aufgrund ihrer Gutherzigkeit und ihrer Neigung zu ihm erwarte er dieses Entgegenkommen von ihnen; zum Schluß forderte er sie auf, sie möchten ihm ihr Wort darauf geben. In diesem Augenblick sahen die beiden Prinzen einander an, ohne recht zu wissen, ob das, was geschah, Traum oder Wirklichkeit war, und immer noch, ohne ein Wort zu erwidern. Bis sie dann, vom König noch stärker bedrängt, ein paar nichtssagende Sätze zu stottern begannen. Verlegen über ihre Verlegenheit und sehr betreten darüber, daß sie keine klare Äußerung vernehmen ließen, wollte M. du Maine sich ihnen zu Füßen werfen. Da trat der König zu ihnen und flehte sie tränenden Auges an, jenen sofort in die Arme zu schließen und ihn somit ihrer Freundschaft zu versichern. Als das geschehen, setzte er ihnen abermals zu, ihm ihr Wort zu geben, den Rang, den er eben verliehen, nicht wieder zu annullieren. Und die beiden Prinzen, die ob dieser so ungewöhnlichen Szene zusehends mehr in Verwirrung gerieten, versuchten sich mit einigem Gestammel, so gut sie konnten, aus der Affäre zu ziehen.

Ich erspare mir jeden Kommentar zu diesem groben Verstoß, ganz zu schweigen von der Nichtigkeit eines derart abgepreßten Versprechens. Ich begnüge mich, das aufzuschreiben, was ich wortwörtlich vom Duc de Beauvillier erfuhr, dem der Duc de Bourgogne alles, was sich an diesem Morgen abgespielt hatte, berichtete. Man hörte es auch von Monseigneur, der seinen Vertrauten davon erzählte, wobei er nicht verhehlte, wie sehr er über diese Rangerhöhung schockiert war: er hatte den Duc du Maine niemals geliebt und war stets verletzt gewesen über die unterschiedlichen Gefühle, die der König ihnen beiden entgegenbrachte. Als sie noch Kinder waren, hatte der Duc du Maine ihn zwar nicht eigentlich beleidigt, doch recht schonungslos behandelt im Gegensatz zum Comte de Toulouse, der sich Monseigneurs Freundschaft zu erwerben verstanden hatte. Was den armen Duc de Bourgogne anlangt, so wußte ich recht bald, was er über diese ungeheuerliche Neuerung dachte.

Nachdem die beiden Prinzen noch immer keine klare Antwort gegeben hatten, glaubte der König, nichts weiter von ihnen erhoffen zu können, doch ohne die geringste Verstimmung zu zeigen, ließ er sich auf seinem Lehnstuhl nieder, und nun wirkte wieder alles völlig normal. Kaum aber hatte er sich gesetzt, bemerkte er das düstere Schweigen, das ringsum herrschte; so fühlte er sich also bemüßigt, sich nochmals über diese Rangerhöhung zu äußern und hinzuzufügen, er sähe es gern, wenn jeder sein Einverständnis zu erkennen gäbe, indem er es dem Duc du Maine bekunde; der dann auch alsbald von jedem ganz ernsthaft beglückwünscht wurde. Die Öffentlichkeit nahm die Erklärung mit ziemlicher Skepsis auf. Bei Hofe wagte niemand, seine Meinung dazu zu sagen, aber jeder tuschelte über diese Sache, und jeder verabscheute sie. Kritik zu üben wäre, wie man wohl wußte, nicht nur nutzlos, sondern frevlerisch gewesen, und seit sich herumgesprochen, was sich im

Arbeitszimmer des Königs ereignet und daß der König jedermann aufgefordert hatte, M. du Maine zu beglückwünschen, hätte niemand gewagt, sich dem zu entziehen. Bei den ersten Rangerhöhungen M. du Maines hatte man sich noch ereifert. Auf diesem Gipfel jedoch traute sich niemand auch nur das leiseste Wort zu sagen, und die Menge strömte zu ihm, um ihm mit trauriger Miene eine knappe Verbeugung zu machen, was eher einem Bußgang als einer Beglückwünschung gleichsah.

Ich meinerseits war, wie gesagt, seit kurzem wieder mit dem König ausgesöhnt, und er hatte mich bei jener Audienz besonders ermahnt, mich in allem, was Rangfragen betreffe, besonders zurückzuhalten. Ich hatte den Bastarden niemals, bei keiner der Rangerhöhungen, meine Aufwartung gemacht. Nun erlebte ich, wie Herzöge, ausländische Fürsten, kurzum jedermann sich dorthin begab. Ich sah ein, daß ich durch mein Fernbleiben weder ihren Rang noch ihre Freude herabmindern, mich selber jedoch vollends zugrunde richten würde. Also beschloß ich, den bitteren Kelch zu leeren, und ging hin, um wie die anderen und tunlichst inmitten vieler anderer M. und Mme. du Maine eine knappe Verbeugung zu machen, worauf ich mich alsbald wieder zu entfernen gedachte. Es waren so viele Leute auf einmal zugegen, daß sie gar nicht wußten, wen sie anhören sollten, und während sie Komplimente entgegennahmen und die ersten Ankömmlinge umherführten, entschlüpften bereits die letzten, mit denen auch ich mich davonmachte. Die höfische Unterwürfigkeit und der Terror ließen es empfehlenswert scheinen, den Comte de Toulouse ebenfalls aufzusuchen, und die gleichen Überlegungen, die mich bewogen hatten, zu M. und Mme. du Maine zu gehen, lenkten meine Schritte auch zu ihm.

Der König war zu sehr darauf bedacht, auch über die kleinsten Kleinigkeiten unterrichtet zu werden, als daß ihm diese Flut des Unmuts hätte entgehen können, geschweige denn daß er den Kummer Monseigneurs und des Duc de Bourgogne übersehen konnte. Schlechte Laune und Reue bemächtigten sich seiner. Der Duc du Maine und mit ihm Mme. de Maintenon bebten, denn sie argwöhnten, er würde seinen Beschluß vielleicht widerrufen; sie schickten sich also an, dem auf dreiste Weise vorzubeugen.

Sie priesen dem König den Gehorsam, den er selbst im engsten Kreis gefunden, wofür die Beflissenheit, mit der die Menge ihre Glückwünsche dargebracht, und die Freude, die alle Welt über die soeben verliehene Gunst bekundete, der beste Beweis seien. Durch diesen Schachzug machte der Duc du Maine sich die einem sklavischen Hofstaat entrissenen Huldigungen zunutze, indem er damit dem König an seiner empfindlichsten Stelle schmeichelte und ihn so weit brachte, daß er nicht mehr wußte, was er glauben sollte.

M. de Vendôme heiratet in aller Stille Mlle. d'Enghien. – Tod des Duc de Coislin.

Die Monate März und April waren den Bastarden äußerst günstig. In Spanien bat man abermals dringendst um M. de Vendôme, der da eingeschränkt und zurückgezogen in Anet vor sich hindämmerte und darauf brannte, die Erlaubnis zu bekommen, diesem Ruf zu folgen. Überdies hoffte er, daß seiner Heirat mit Mlle. d'Enghien, die M. und Mme. du Maine ihm in den Kopf gesetzt hatten, mit der sie jedoch, solange Monsieur le Prince und Monsieur le Duc noch am Leben waren, nicht zu Rande gekommen waren, nun nichts mehr im Wege stünde. Mlle. d'Enghien zählte bereits dreiunddreißig Jahre und war abschreckend häßlich; ihr Leben hatte sich bisher in den Hinterzimmern des Hôtel de Condé und in größter Dürftigkeit abgespielt, so daß sie nichts sehnlicher wünschte, als diesem Dasein durch irgendeine Heirat zu entrinnen. Zwar hatte die Dürftigkeit mit dem Tod von Monsieur le Prince ein Ende genommen, aber da Madame la Princesse noch lebte, von der sie sich nur durch eine Heirat befreien konnte, dauerte die Langeweile an. M. du Maine hatte sich ausgedacht, M. Vendôme mit einer Prinzessin von Geblüt zu vermählen, um dem Bastardtum immer größeres Ansehen zu verleihen. M. Vendôme, der eigentlich nie die Absicht gehabt hatte, eine Ehe zu schließen, war geschmeichelt von der Ehre, der Schwiegersohn von Monsieur le Prince zu werden, aber verärgert, weder von diesem als solcher noch aufgrund seiner Ungnade von Monsieur le Duc als Schwager akzeptiert zu werden. Und er fühlte sich erst recht bewogen, diese Verbindung einzugehen. Der König gab seine Einwilligung, verlangte aber, daß die Hochzeit in aller Stille und ohne allen Aufwand gefeiert würde. Keiner der beiden Neuvermählten empfing irgendeinen Glückwunsch, weder vom König noch von einem anderen Mitglied der königlichen Familie. Niemand sprach über diese Heirat, sie war wie ein nicht stattgehabtes Ereignis. Was hätte diese Hochzeit einige Jahre früher für ein Aufsehen erregt, und welch ein Gegensatz war das nun zu den glanzvollen Feierlichkeiten, mit denen M. de Vendôme empfangen wurde, als er aus Italien zurückkehrte!

Der Duc de Coislin überlebte seinen Freund, Monsieur le Duc, nur kurze Zeit. Er war der einzige Mensch gewesen, der jenen hätte einschüchtern können, der ihm nichts durchgehen ließ und ihm zuweilen die furchtbarsten Szenen machte, ohne daß jener auch nur zu mucksen gewagt hätte. Der Verstorbene war sehr gescheit, im höchsten Grade außergewöhnlich und vollkommen unangepaßt. Es freute ihn, wenn der Anschein noch die Wirklichkeit übertraf; immer voller witziger Bonmots, sehr amüsant, auch boshaft und zuweilen gefährlich, versagte er sich in dieser Hinsicht nichts; er verabscheute das Kriegshandwerk, das er vor langem schon aufgegeben hatte, sowie den Hof, an dem er fast nie mehr erschien; folglich stand er mit dem König, um den er sich kaum kümmerte, recht schlecht, dafür um so besser mit der Gesellschaft, und zwar mit der besten, die er seinerseits nicht suchte, von der er jedoch gesucht wurde. Er tat sich etwas darauf zugute, niemanden als erster zu grüßen, und erklärte die Gründe auf so amüsante Weise, daß man nur darüber lachen konnte. Als der König den Bau von Trianon vollendet hatte, beeilte sich alle Welt, das Lustschloß zu bewundern. Roquelaure fragte den Duc de Coislin, welchen Eindruck ihm Trianon gemacht habe, worauf jener erwiderte, er habe gar keinen, weil er es nicht gesehen habe. »Natürlich«, antwortete Roquelaure, »ich weiß schon, weshalb. Trianon hat Ihnen nicht von sich aus seine Aufwartung gemacht.«

Der Duc de Coislin war bekanntermaßen vollkommen impotent, und ebendeshalb ruinierte er sich mit einer Komödiantin, die ihn bis zu seinem Lebensende beherrschte und der seine Familie sowie die wenigen Menschen, die zu seinen Freunden gehörten, ständig den Hof machen mußten. Er war, als er starb, seit langem verwitwet; sein Bruder, der Bischof von Metz, und seine Schwester, die Duchesse de Sully, waren seine Erben. Seine Herzogs- und Pairswürde ging also völlig rechtmäßig auf seinen einzigen Bruder, den Bischof von Metz, über. Doch der Comte de Roucy, der sehr töricht, aber desto brutaler und dazu auf die albernste Weise anmaßend war, fand es empörend, daß ein Bischof Duc und Pair werden sollte. Er ging zu Monseigneur, dem er sagte, es sei ja lächerlich, den Bischof von Metz mit Degen und Federhut auftreten zu sehen, und tat so, als ob ein Priester und Bischof nicht Duc und Pair sein könne. Doch der König, sowenig er auch über dergleichen Fragen unterrichtet war, wußte genau, daß der Bischof von Metz nach dem Tode seines Bruders Duc und Pair werden könne. Aber er hatte, wenngleich er es nicht wahrhaben wollte, etwas gegen den Bischof von Metz. So kamen ihm die lächerlichen Einwände des Comte de Roucy und die Unruhe, die dieser in einer unwissenden, alles auf sich beziehenden Hofgesellschaft stiftete, sehr gelegen. Er machte sich die Situation zunutze und wies den Bischof von Metz auf die unbarmherzigste Weise und unter dem Vorwand, nichts übereilen zu wollen, ab.

Eine weitere Belastung des Bischofs von Metz ergab sich aus der Tatsache, daß er eines Tages zusammen mit dem Duc de La Rocheguyon, dem Duc de Villeroy und M. de Castries die soeben vollendete neue Kapelle besichtigen ging, und zwar in Begleitung Fornaros. Dieser Fornaro, ein angeblicher sizilianischer Herzog, war ein sehr geistreicher Mann, den M. de La Feuillade aus Italien mitgebracht hatte und der seit der Amnestie von 1702 nicht mehr nach Sizilien zurückzukehren wagte, weil er beschuldigt wurde, seine Frau vergiftet zu haben. Er blieb also bei La Feuillade und wurde der Erzieher seines Sohnes. Nach dem Tode des Marschalls de La Feuillade fand er Mittel und Wege, sich bei M. de La Rochefoucauld einzunisten, ohne indessen bei ihm zu wohnen. Und in dieser Umgebung begann er, den Standesherrn hervorzukehren. Er verstand sich meisterlich aufs Zeichnen, verstand auch einiges von Architektur. So ließ er in Liancourt, wo man bisher nicht einmal ein einfaches Haus hatte erbauen können, ein zauberhaftes Lustschloß erstehen. M. de La Rochefoucauld war gänzlich hingerissen und rühmte Fornaro allenthalben. Er veranlaßte, daß jener offiziell auf die Liste der Höflinge für Marly eingetragen wurde. Dort sprach der König des öfteren mit ihm über seine Gebäude und Fontänen. Die Gespräche waren so angeregt, daß Mansart von Angst und Eifersucht gepackt wurde. Eines Tages wurde Fornaro beschuldigt, Zuträgerdienste zu leisten, und in der Tat jagte La Rochefoucauld ihn fort. Der König erfuhr davon, machte La Rochefoucauld Vorwürfe und zahlte Fornaro eine doppelte Pension. Dieser stand mit dem König besser als je zuvor, wurde allerdings von der Gesellschaft gemieden, ja sogar verachtet. Der Bischof von Metz wollte also, wie ich schon sagte, in Gesellschaft der genannten Herren die neue Kapelle besichtigen. Sie nahmen Fornaro mit, um dessen fachmännisches Urteil zu hören. Aber der Bischof von Metz, der über die Vorfälle in Orléans ohnehin schon gereizt war, ließ sich nun angesichts der prunkvollen Malereien und der Menge all der vergoldeten Skulpturen und Ornamente zu der Bemerkung hinreißen, es wäre besser und Gott wohlgefälliger, der König würde seine Truppen, die vor Hunger stürben, bezahlen, statt auf Kosten des Volkes, das unter der Steuerlast elendiglich zugrunde ginge, solchen üppigen Aufwand zu treiben. Er hätte diese Moralpredigt noch weiter ausgedehnt, wäre ihm M. de Castries nicht ins Wort gefallen, um ihn vor Fornaro zu warnen. Doch hatte er schon zuviel gesagt, und am gleichen Abend erfuhr der König all seine Äußerungen. Die Briefe, die der Bischof von Metz über die Vorgänge in Orléans an seine Freunde schrieb, waren auch nicht viel zahmer. Seit M. Louvois das fatale Mittel gefunden hatte, die öffentliche Vertrauensseligkeit und das Briefgeheimnis zu vergewaltigen, bekam der König ständig Auszüge aus den Briefen, und das war stets ein neuer Anlaß zu Wutausbrüchen, weil diese Art der Information ihn um so mehr erboste, als sie es ihm verwehrte, direkten Gebrauch von seinen Kenntnissen zu machen: somit gefiel er sich nun darin, sich mehr als ein Jahr lang grausam an dem Bischof von Metz zu rächen.

Porträt des Duc de Bourgogne. – Die vom Duc d'Orléans erstrebte Verheiratung seiner Tochter mit dem Duc de Berry muß gegen die Interessen von Madame la Duchesse durchgesetzt werden.

Einige Tage nach der Rückkehr nach Versailles weilte ich, wie ich es oft zu tun pflegte, einen Nachmittag in Vaucresson, dort hatte der Duc de Beauvillier sich ein angenehmes Refugium geschaffen, wo er gewöhnlich jeden Donnerstag und Freitag zubrachte. Wie wir so plaudernd im Garten einhergingen, kam das Gespräch auf den Duc de Bourgogne. Ich verhehlte ihm meine Gedanken nicht. Er bat mich, meine Ansichten schriftlich niederzulegen; eine solche Darstellung, meinte er, könne vielleicht für den Duc de Bourgogne von größtem Nutzen und ihm selbst als Hinweis dienlich sein. Er versicherte mir, daß er nur mit meinem Einverständnis von diesem Schriftstück Gebrauch machen werde. Ich behielt eine Kopie, von der ich hier einen kurzen Auszug wiedergeben möchte.

Fraglos hatte der Duc de Bourgogne von Natur aus einen beängstigendes Temperament. Er war so jähzornig, daß er am liebsten seine Uhren zertrümmert hätte, wenn ihr Schlag ihn an etwas gemahnte, was er nicht tun wollte, und daß er sich auf die seltsamste Weise gegen den Regen auflehnte, sobald dieser ihn an einem Vorhaben hinderte. Widerstand versetzte ihn, wie ich in seiner frühen Jugend oft beobachten konnte, in äußerste Wut. Überdies spürte er ein triebhaftes Verlangen nach allem, was dem Körper und dem Geist unbekömmlich ist. Seine Spottlust wirkte um so grausamer, je geistreicher und sarkastischer sie war, denn er verstand es, jede Lächerlichkeit sofort anzuprangern. Zu alledem gesellte sich eine körperliche und seelische Erregbarkeit, die bis zum Ungestüm ging, so daß er als Kind nur etwas zu lernen vermochte, wenn er zwei Sachen gleichzeitig betrieb. Dem Vergnügen war er mit heftiger Leidenschaft zugetan, und stets und ständig bewies er einen unsagbaren Dünkel und Stolz. Es ist wahrlich ein Wunder, in wie kurzer Zeit Frömmigkeit und Gnade einen völlig anderen Menschen aus ihm gemacht haben. Meine Anerkennung ist also wörtlich zu nehmen. Dieser Prinz, der von jeher Neigung und Begabung für alle abstrakten Wissenschaften gezeigt hatte, setzte diese nun an die Stelle der Lustbarkeiten, die ihn zwar immer noch verlockten, die er – und sogar die harmlosesten – gerade deshalb fortan mit größtem Entsetzen floh. Hinzu kam bei diesem Novizen, der nach Vollkommenheit strebte und der die menschlichen Grenzen nicht kannte, eine, wenn man so sagen darf, sklavische Beachtung der christlichen Lehre und eine Schüchternheit, die ihn, da er ständig fürchtete, Gott zu beleidigen, und nicht wußte, was er sagen sollte, der Gesellschaft entfremdete und in zunehmend größere Zurückgezogenheit trieb; denn nur wenn er allein war, fühlte er sich frei, und die Beschäftigung mit den Wissenschaften füllte ihn vollkommen aus, abgesehen davon, daß ein beträchtlicher Teil dem Gebet gewidmet war. Der Zwang, den er sich seinerzeit hatte antun müssen, um so viele Untugenden, so viele Gemütsbewegungen zu bekämpfen, das Verlangen nach Vollkommenheit, die Unwissenheit, die Furcht und ein bei einer solchen Konversion zunächst stets mangelndes Unterscheidungsvermögen ließen ihn auch in seiner Tugendausübung jedes Maß überschreiten, bewogen ihn zu betonter Ernsthaftigkeit und verliehen ihm, ohne daß er sich dessen bewußt wurde, die strenge Miene eines Sittenrichters; was Monseigneur gänzlich von ihm fernhielt und sogar den König verärgerte. Ich gebe für sein Verhalten nur ein Beispiel, das für hundert steht, das zwar einem lobenswerten Grundsatz entsprach, jedoch den König vor den Kopf stieß und den ganzen Hof empörte. Etwa zwei oder drei Jahre zuvor sollte am Dreikönigstag in Marly ein Ball stattfinden; der Duc de Bourgogne war fest entschlossen, in keiner Weise daran teilzunehmen, was er beizeiten zu verstehen gab, so daß der König, der das übel vermerkte, noch Gelegenheit fand, ihm zuzureden, zunächst in scherzhaftem Ton, dann leicht verstimmt und zuletzt vollends verärgert, denn er war beleidigt, sich von seinem Enkel verurteilt zu sehen. Aber weder die Duchesse de Bourgogne noch ihre Damen noch der Duc de Beauvillier vermochten den Prinzen umzustimmen. Er sagte nur, der König sei der Herr, es läge ihm selbst fern, etwas, das der König täte, zu tadeln, aber Epiphanias sei durch die Berufung der Heiden und die Taufe Christi ein für die Christen besonderes Fest. Er hielte es für seine Pflicht, einen so heiligen Tag nicht zu entweihen, indem er zugunsten einer solchen Veranstaltung die erforderlichen Andachtsübungen vernachlässige. Man konnte ihm noch so lange erklären, daß er, wenn er den Vor- und Nachmittag in der Kirche verbracht und weitere Stunden in seinem Gemach gebetet, getrost den Abend darauf verwenden könne, dem König die Achtung und das Entgegenkommen zu bezeugen, die er ihm als Untertan und als Enkel schulde: es war alles vergebens; abgesehen von der Stunde, die er beim Souper des Königs verbrachte, schloß er sich den ganzen Abend in seinem Zimmer ein. Diese Ernsthaftigkeit wurde noch verstärkt durch die in der Jugend erlernte Buchstabengläubigkeit und Gründlichkeit, die ihn hemmten und seine Gesprächspartner befangen machte, da er stets den Eindruck erweckte, er habe es eilig, sie zu verlassen, weil er Wichtigeres zu tun habe und mit ihnen nur seine Zeit verlöre, die er besser verwenden könne. Andererseits glich er ungemein jenen jungen Seminaristen, die sich für die strenge Disziplin, der sie unterworfen, in der Pause durch möglichst viel Lärm und Kindereien schadlos halten, da in ihren Anstalten jede andere Art von Vergnügen verboten ist. Der junge Prinz liebte die Duchesse de Bourgogne leidenschaftlich und mit aller Ausschließlichkeit; dennoch scherzte er, wie ein Seminarist in der Pause, mit ihren Hofdamen, die sich wie törichte Backfische benahmen.

Man findet in dieser kurzen Charakterisierung Gründe für manches, was ich über den Duc de Bourgogne äußerte, und man versteht, warum ich meinte, die Frömmigkeit dieses Prinzen, der fast nur noch religiösen Argumenten zugänglich war, müsse etwas weltzugewandter werden. Seine beiden ersten Feldzüge waren ihm vorzüglich bekommen, da sie ihn von den Personen, die ihm Furcht, und jenen, die ihm Liebe einflößten, entfernten; er kam zu sich selbst, war ungehemmter, und die Aufgaben, vor die der Krieg ihn stellte, befreiten ihn von seinen religiösen Skrupeln, so daß er durch den Eifer, die Aufmerksamkeit und den Scharfsinn, die er nun bewies, zu größten Hoffnungen berechtigte. Aber sein dritter Feldzug gereichte ihm, wie ich seinerzeit berichtete, zum Unheil. Die Schwäche dieses Prinzen war seine unangebrachte Schüchternheit, seine mißverständliche Devotion; so wurde in traurigster und unwiederbringlicher Weise der Hammer zum Amboß und der Amboß zum Hammer.

Der Duc de Beauvillier und auch der Duc de Chevreuse lobten meine Darlegung sehr, wollten eine Abschrift haben und versprachen mir fest, diese unter keinen Umständen aus der Hand zu geben.

Ich habe, als ich über die Trennung des Duc d'Orléans von Mme. d'Argenton berichtete, bereits erwähnt, wie sehr der Duc und die Duchesse d'Orléans sich wünschten, Mademoiselle mit dem Duc de Berry verheiratet zu sehen.

Aber die Hindernisse, die sich dieser Heirat entgegenstellten, waren gleichermaßen zahlreich wie schwerwiegend. Da war zunächst dieser leidige Krieg, die völlige Verarmung des Königreiches, die es unmöglich machten, die unerläßlichsten Dinge bereitzustellen. Alsdann die Jugend und das Naturell des Duc de Berry; er war sehr sanft, gerade erst vierundzwanzig Jahre, hatte ungeheure Furcht vor dem König und war, obwohl er ständig irgendein Techtelmechtel begann, bisher stets außerstande gewesen, eine wirkliche Liebschaft einzugehen, was ihn von seinen Skrupeln hätte heilen können. Schließlich wäre auch eine Heirat mit einer ausländischen Prinzessin erwägenswert erschienen. Aber der schwierigste Punkt war die persönliche Situation des Duc d'Orléans, mit dem der König sich noch immer nicht ganz ausgesöhnt hatte und dem Mme. de Maintenon jenes grausame Bonmot in Spanien niemals ganz verzeihen würde. Die öffentliche Meinung und der Hof mißbilligten es ohnehin schon, so viele legitime Prinzen so nahe mit den Bastarden vereint zu sehen. Und schließlich handelte es sich um Monseigneurs Sohn, und zwar um den Lieblingssohn, während Monseigneur seit der Affäre von Spanien unablässig seinen Haß gegen den Duc d'Orléans bekundete und von den persönlichen Feinden dieses Prinzen beherrscht wurde, von Feinden, die, da sie ihrerseits Anspruch auf eine Verbindung mit dem Duc de Berry machten, alles aufbieten würden, um eine Heirat zwischen Mademoiselle und dem Duc de Berry zu hintertreiben.

Diese mannigfachen großen und kleinen Hindernisse, gegen die M. und Mme. d'Orléans nicht das geringste zu unternehmen vermochten, bewirkten, daß beide in starrer Tatenlosigkeit, in hoffnungslosem Wunschdenken verharrten, ein Zustand, der das ärgste aller Hindernisse war und den es als ersten zu beseitigen galt. Ich werde auch hier mit der gleichen Wahrhaftigkeit sprechen, wie ich von anderen spreche. Aus rein persönlichem Interesse wünschte ich von Herzen, daß es zu einer Heirat zwischen dem Duc de Berry und Mademoiselle käme. Leider aber sah ich, daß offenbar alles zu einer Heirat mit Mlle. de Bourbon tendierte. Die bestehende Beziehung zwischen Madame la Duchesse und Monseigneur war meiner Ansicht nach schon bedrohlich genug, und sie würde nach der Heirat ihrer beider Kinder noch bedrohlicher werden; denn dann gewönne Madame la Duchesse eine unbegrenzte Macht über Monseigneur und würde in der Zukunft zweifellos M. und Mme. d'Orléans und mich und auch den Duc de Bourgogne auszumerzen versuchen.

Ich stand also vor einem fatalen Dilemma: entweder von jetzt an und noch mehr für die zukünftige Regierung das zu befürworten, was mir am meisten widerstrebte, oder aber diejenigen, denen ich mich am engsten verbunden fühlte, in den Abgrund stürzen zu sehen. Mein einziger

Trost blieb die Hoffnung auf eine ausländische Heirat, die dem Duc de Berry angemessen gewesen wäre und die wenigstens diesen Nachkommen der Krone vor der Befleckung mit dem Bastardtum bewahrt hätte.

Während ich so das Für und Wider erwog, wandte ich meinen ganzen Eifer darauf, die Dinge genau zu prüfen. Ich durchschaute die Machenschaften von Madame la Duchesse, die jedes Mittel ergriff und nichts unversucht ließ, um Mlle. de Bourbons Heirat zu sichern, zu beschleunigen, ja sogar übers Knie zu brechen. Sie hatte dem König bereits den Gedanken an eine Heirat mit einer fremden Prinzessin ausgeredet, so daß er diese Möglichkeit gar nicht mehr erwog; der Frieden, meinte er nun, sei noch zu fern, um die Verheiratung eines gesunden und kräftigen Prinzen, dem seine Neigung zu Frauen Skrupel einflöße, solange aufzuschieben; und überdies fand er es dann auch bequemer, nicht in der Ferne, sondern in seiner eigenen Familie die Wahl zu treffen.

Ich begriff also, daß, wenn ich enttäuscht in der Hoffnung auf eine ausländische Heirat müßig die Zeit verrinnen ließe, Mlle. de Bourbon stetig an Boden gewönne. Seit man sich zu einer innerfamiliären Heirat entschlossen hatte, sah ich ein, daß das Bastardtum nicht zu vermeiden war, und diese Erkenntnis bestimmte mich zum Handeln.

Ich kam zu der Ansicht, daß es nur ein Mittel gab: Kabale gegen Kabale zu stellen und dann geschickt und kraftvoll vorzugehen. Der eigentliche Hemmschuh waren der Duc und die Duchesse d'Orléans, die sich tatenlos in Wünschen verzehrten, diese wiederum in völliger Lässigkeit ertränkten. Ich stellte ihnen die Ambitionen von Madame la Duchesse vor Augen, ich gab ihnen schonungslos zu verstehen, wie sich ihrer beider Situation schon unter dieser Regierung gestalten würde, sofern jene zum Zuge käme, und wieviel schlimmer es nachher würde. Ich appellierte an ihren Stolz, ihre Eifersucht und ihren Unmut. Ist es nicht fast unglaublich, daß ich ihnen gegenüber all dessen bedurfte?

Je weniger ich von jenen zu erhoffen hatte, die das größte Interesse an der Sache hätten haben müssen, um so mehr befleißigte ich mich, anderswo Rückhalt zu finden und aus etlichen verschiedenen Bestrebungen eine einzige mächtige Kabale zu schmieden, die gewaltsam das Ziel anstrebte, das ich im Auge hatte. Mit gewaltsam meine ich, in ihrem eigenen Interesse, diesem ersten oder vielmehr einzigen Antrieb aller großen Bewegungen bei Hofe.

Die Duchesse de Bourgogne, die mit der Duchesse d'Orléans befreundet, aber mit Madame la Duchesse beinahe verfeindet war, hatte mehr als ein Interesse daran, Mademoiselle den Vorzug zu geben.

Durch die Heirat des Duc de Berry mit Mlle. de Bourbon hätte Madame la Duchesse Monseigneur noch enger an sich gebunden und nach seiner Thronbesteigung eine Macht ausgeübt, der sich alles hätte beugen müssen. Die Duchesse de Bourgogne wäre mehr und mehr in den Hintergrund gerückt. Monseigneurs ohnehin schon bestehende Entfremdung zum Duc de Bourgogne hätte sich weiter verschärft. Zu diesem größten Interesse trat ein weiteres, ebenso empfindliches und ebenso begründetes; die Duchesse de Bourgogne kannte den König genau; sie wußte sehr wohl, wie sehr er sich von neuen Gesichtern beeindrucken ließ. Sie hatte also alle Ursache, die Wiederholung ihres eigenen Falles zu fürchten, ich meine eine Prinzessin, die in derselben Beziehung zum König stünde wie sie, die ihn, da sie jünger als sie selbst war, durch neue Scherze und Kindereien zerstreuen könnte und die von ihrer Mutter, Madame la Duchesse, gegängelt, über alles auf dem laufenden wäre; eine solche Schwägerin würde zur gefährlichsten Spionin in ihrem engsten Kreise; durch sie würden die harmlosesten Dinge in Gift verwandelt, sie wäre eine leidenschaftliche und dominierende Rivalin, der in Rücksicht auf die Zukunft jedermann zulächeln würde, eine Gleichgestellte, mit der man sich ständig zu messen hätte; sie wäre überdies die Gemahlin des Lieblingssohnes, dessen ungezwungene Fröhlichkeit dem Vater wie dem Großvater soviel besser gefiel als das Frömmlertum des Duc de Bourgogne.

Diese beiden Interessen, die sich sowohl auf die Annehmlichkeiten wie auf die Stellung bezogen, auf die Gegenwart wie auf die Zukunft, kurzum auf alles, was das Leben lebenswert macht und wofür die Duchesse de Bourgogne mehr als irgend jemand sonst ihres Alter und ihres Ranges empfänglich war, mußten ihr dennoch immer wieder ins Bewußtsein gebracht werden, um nicht im Strom flüchtiger Alltagsvergnügungen unterzugehen. Sie selbst war sich über die Situation durchaus im klaren, sie wußte, wie entscheidend es für sie war, als Schwägerin nur eine Prinzessin zu haben, die weder imstande noch willens war, sie in den Schatten zu stellen, und über die sie auf alle Fälle die Oberhand behielte; aber soviel Geist, soviel gesunden Menschenverstand die Duchesse de Bourgogne auch besaß, sie war zu jung und zu lebhaft, um die Tragweite all dieser Dinge ganz zu ermessen.

Ich sah mich also nach anderen, geeigneteren Hilfskräften um, deren persönliches Interesse ebenfalls in der Bevorzugung Mademoiselles lag. Die Duchesse de Villeroy schien mir besonders geeignet. Sie war seit langem über die Wünsche der Duchesse d'Orléans unterrichtet. Ich gab ihr zu verstehen, daß diese Wünsche zu ohnmächtig seien und daß jetzt dringend etwas geschehen müsse. Als eine weitere beachtliche Hilfskraft erschien mir Mme. de Lévis. Sic verband viel Geist mit einer Standhaftigkeit, die unter Umständen derjenigen der Duchesse de Villeroy gleich, ja zuweilen sogar überlegen war. Hatte man diese beiden Frauen für sich, gewann man leicht eine dritte, ein wenig schwächere, aber dennoch durchaus verwendbare; es war Mme. d'O, die aus besonderen Gründen zu den engsten Vertrauten der Duchesse de Bourgogne gehörte.

So zufrieden ich auch über diesen Rückhalt war, glaubte ich dennoch, zu diesen noch weitere Personen hinzuziehen zu müssen. Man durfte nichts auslassen, da der Duc de Berry eine Festung war, die man nur durch Unterminierung und im Sturm erobern konnte. Ich sprach also ernstlich mit dem Duc de Beauvillier und dem Duc de Chevreuse und deren beiden Ehefrauen. Ich stellte ihnen die hoffnungslose Entzweiung des Hofes vor, den unwiederbringlichen Ruin des Duc de Bourgogne, wenn Mlle. de Bourbon die Gemahlin des Duc de Berry würde, die Gefahr, die sich daraus in der Zukunft für den Staat ergäbe, den unvermeidlichen Haß zwischen den Brüdern, die bisher so einig gewesen, ein Haß, der als das Werk ihrer beider Ehegattinnen aus dieser Situation entstände. Die Überzeugungskraft meiner Worte brachte sie zum Nachdenken. Ich merkte, daß ich nicht zu tauben Ohren redete; das war schon ein Erfolg bei Leuten, die so behutsam, so zögernd waren, die sich offenbar Gleichmut und Ohnmacht geschworen hatten, die sich aber zuweilen daran erinnerten, daß sie darauf kein Gelübde abgelegt hatten. Nachdem ich diese Seite für mich gewonnen hatte, wandte ich mich einer anderen zu, nämlich den Jesuiten. Es war mir nicht entgangen, daß sie dem Duc d'Orléans eine gewisse Neigung entgegenbrachten, die ich zu unterstützen suchte.

Dergestalt waren die Machenschaften, die ich aus Freundschaft für jene, denen ich mich verbunden fühlte, aus Haß auf Madame la Duchesse und im Gedanken an meine gegenwärtige und zukünftige Situation anzettelte und mit genauer Berechnung in Gang zu halten verstand.

Der Duc d'Orléans bittet den König in einem von Saint-Simon entworfenen Brief um die Erlaubnis für die Heirat seiner Tochter.

Gegen Ende der Fastenzeit hatte die Duchesse de Bourgogne, die den König und Mme. de Maintenon zu sondieren suchte, letztere sehr geneigt und den König nicht abgeneigt gefunden. Als nun eines Tages Mademoiselle den König in den Gemächern der Mme. de Maintenon besuchte, wo sich zufällig auch Monseigneur befand, äußerte sich die Duchesse de Bourgogne sehr positiv über jene und bemerkte, als Mademoiselle wieder gegangen war, mit der scheinbaren Unbefangenheit, in der sie sich zuweilen zu gefallen beliebte: »Sie wäre doch eine passende Frau für den Duc de Berry.« Monseigneur wurde rot vor Zorn und erwiderte scharf: »Das wäre genau das Rechte, um den Duc d'Orléans für seine spanischen Affären zu belohnen«, worauf er jählings das Zimmer verließ, was die Gesellschaft, die dergleichen von einem sonst so gleichgültigen und zurückhaltenden Prinzen nicht erwartet hätte, in großes Staunen versetzte. Die Duchesse de Bourgogne, die das nur gesagt hatte, um Monseigneur in Gegenwart aller herauszufordern, spielte ihre Rolle unbekümmert zu Ende. Mit erschrockener Miene wandte sie sich zu Mme. de Maintenon und fragte: »Liebe Tante, habe ich eine Dummheit gesagt?« Statt ihrer antwortete der König; er war gereizt und erklärte sehr energisch: Madame la Duchesse solle sich nicht einfallen lassen, Monseigneur weiterhin so aufzuhetzen, sonst bekomme sie es mit ihm zu tun. Ganz bewußt goß nun Mme. de Maintenon noch mehr Öl aufs Feuer. Sie staunte über den ungewöhnlichen Zornesausbruch Monseigneurs und meinte, Madame la Duchesse könne ihn, da sie ihn schon so weit gebracht, vielleicht noch völlig verwandeln und zu noch weit ärgeren Ausbrüchen reizen. Das Gespräch ging hin und her und endete schließlich in Betrachtungen und Emotionen, die Mlle. de Bourbon mehr zum Schaden gereichten, als Monseigneurs Freundschaft für Madame la Duchesse ihr nutzen konnte.

Dieser Zwischenfall, über den die Duchesse de Bourgogne die

Duchesse d'Orléans alsbald unterrichtete, wurde mir von letzterer sofort mitgeteilt und bestärkte mich in dem Gedanken, daß man den König gegen Madame la Duchesse mißtrauisch machen müsse, indem man ihm zu verstehen gab, daß ihr Zugriff auf Monseigneur allgemach Formen annähme, die sich mehr und mehr seiner Kontrolle entzögen, und dies insbesondere, wenn es ihr gelänge, Mlle. de Bourbon mit dem Duc de Berry zu verheiraten! Man durfte keine Gelegenheit verabsäumen, dem König Furcht einzuflößen; man mußte ihm einprägen, daß er fortan mit Monseigneur zu rechnen und daß er also Madame la Duchesse zu schonen habe, daß er es nicht wagen dürfe, den beiden etwas zu verweigern, nicht sosehr, weil Monseigneur von sich aus Wünsche äußere, sondern weil Madame la Duchesse ihm solche Wünsche vorschreiben würde, so daß er, der bisher absolute und unangefochtene Beherrscher seiner Familie, im Alter unter Vormundschaft geriete und sich durch Beschränkungen eingeengt sähe.

Ich sorgte dafür, daß die Duchesse de Villeroy und Mme. de Lévis die Duchesse de Bourgogne, M. de Beauvillier, den Duc de Bourgogne, daß der Marschall de Boufflers, Mme. de Maintenon, der Pater Tellier den König selbst ständig in Unruhe hielten. Währenddessen nahte die Karwoche. Ich benutze diese Zeiten immer, um nach La Ferté zu reisen, von wo ich dann geradenwegs nach Marly zurückkam.

Als ich in Marly eintraf, fand ich alle in größter Erregung. Der König, dem man mitgeteilt hatte, Paris und die Öffentlichkeit seien sehr empört, daß er in diesen schweren Kriegszeiten, wo man nicht einmal das Nötigste beschaffen könne, solche Ausgaben für Marly zu tätigen wage, fühlte sich diesmal ernstlich angegriffen. Er, der sonst seinen Gesichtsausdruck und seine Gesten so gut beherrschte, vermochte seinen Unmut nicht zu verbergen. Der Hof bebte in Vorahnung irgendeines Unheils, das bekanntzugeben man sich nicht entschließen konnte. So vergingen vier oder fünf Tage. Schließlich erklärte der König mit einem gewissen Ausdruck von Schadenfreude, daß er die Damen in Marly nicht mehr verköstigen wolle, daß er wie in Versailles, so auch hier, fortan allein zu Mittag äße und das Abendessen an einer Tafel mit sechzehn Gedecken einnehmen würde. Er fügte in schneidendem Ton hinzu, daß er trotz allem seine Arbeit nach Marly zu verlegen gedächte. Die Ersparnisse waren indessen gleich Null; die Feinde spotteten über diese Einschränkungen, die Klagen des Volkes verstummten nicht, und die Unterbrechungen der laufenden, oft wichtigen eiligen Staatsgeschäfte wurden durch die Verlängerung und Häufigkeit dieser Reisen, von denen der König sich Freiheitsgewinn versprochen hatte, nur um so größer.

Mit Schrecken beobachtete ich, was sich Madame la Duchesse, die Mlle. Bourbon und Mlle. de Charolais, ihre Lieblingstöchter, nach Marly mitgebracht hatte, alles herausnahm; mir war klar, daß die Umstände, je mehr Zeit man verlöre, desto mißlicher für Mademoiselle würden. Auch der Pater Tellier, der zwei Tage in der Woche in Marly verbrachte, sowie M. de Beauvillier pflichteten mir bei. Nachdem ich alles aufeinander abgestimmt und mich des Erfolges der verschiedenen Bemühungen sowie der Bereitschaft Mme. de Maintenons versichert hatte, schlugen wir, die Duchesse d'Orléans und ich, dem Duc d'Orléans vor, er solle mit dem König sprechen. Zuerst sträubte er sich; aber nachdem er anderthalb Tage lang fast unaufhörlich bearbeitet worden war, konnte er unseren Einwänden nicht mehr widerstehen: er erklärte ganz arglos, er wisse nicht, wie er ein solches Gespräch beginnen solle. In dieser Kriegszeit sei jede Heirat an sich schon lächerlich, und die Heirat seiner Tochter noch verrückter und lächerlicher als irgendeine andere. Die Duchesse d'Orléans war durch eine unumwundene Absage wie vor den Kopf geschlagen. Ich hingegen geriet in Zorn; ich entgegnete, es würden täglich so viele nutzlose Albernheiten befürwortet, daß er wohl einmal eine zu seinen Gunsten erhoffen könne und sich nicht zu scheuen brauche, sie zu erbitten, weil gerade diese Sache so wichtig für ihn sei; ich sprach zu tauben Ohren. Nachdem wir lange herumgeredet hatten, gestand er offen, daß er nicht den Mut habe, etwas zu sagen, und daß jeder Versuch dieser Art nur fehlgehen könne. Darüber war die Duchesse d'Orléans vor Überraschung und Schmerz förmlich versteinert. Also ergriff ich das Wort und schlug dem Duc d'Orléans vor, er könne, wenn er schon nicht mit dem König sprechen wolle, ihm wenigstens schreiben und ihm den Brief selbst überreichen. Dieser Vorschlag gab der Duchesse d'Orléans Leben und Sprache zurück; sie stimmte zu; und der Duc d'Orléans erklärte sich bereit. Ich fürchtete seine erneuten Bedenken und drängte ihn, auf der Stelle zu schreiben.

Als er hinausgegangen war, fragte mich die Duchesse d'Orléans mit betrübter Miene: »Sie lassen ihn also im Stich? Wäre es nicht besser, Sie schrieben den Brief?« Sie bat mich, ich möge den Text aufsetzen. Ich folgte also dem Duc d'Orléans, der, als er in seinem Gemach angekommen, seine Diener nach Tinte und Papier ausgeschickt hatte, die dann beides herbeibrachten. Er schlug mir vor, den Brief zusammen zu entwerfen. Aber schon nach den ersten Zeilen wies ich ihn auf die Unstimmigkeit hin und bat ihn, er möge seinerseits einen Brief aufsetzen und ich einen anderen; dann könne er am Ende auswählen, verbessern oder irgend etwas hinzufügen. Worauf ich zu schreiben begann. Als ich die Hälfte meines Briefes vollendet hatte, fiel, während ich die Feder in die Tinte tauchte, mein Blick zufällig auf ihn, und ich sah, daß er nicht ein einziges Wort geschrieben hatte, sondern mir – in aller Ruhe auf seinem Stuhl hingelagert – beim Schreiben zusah. Er erklärte mir, daß es ihm noch schwerer fiele, sich schriftlich zu äußern als mündlich, worauf mich jeder weitere Einwand unnötig dünkte.

Ich habe versucht, in diesem Brief alles unterzubringen, was eine rasche Entscheidung herbeiführen konnte. Der Brief erinnert voller Ehrfurcht und Vertrauen zunächst in ergreifenden Worten daran, daß der Gedanke an diese Heirat zuerst vom König ausgegangen war, dann folgt eine Aufzählung all der üppigen Wohltaten, die Madame la Duchesse und M. du Maine unlängst empfangen hatten; darauf ein treffender, aber verbindlich vorgebrachter Vergleich, der zeigt, wie nackt und bloß der Duc d'Orléans daneben wirkt, wobei der König mit einem diskreten Hinweis an die soviel höhere Geburt des Duc d'Orléans erinnert wird und daran, daß er selbst ihn verheiratet hat. Es wird keinerlei Recht daraus abgeleitet, da die Kinder des Duc d'Orléans ebenfalls die Enkel des Königs seien, dies war die wirksamste Schmeichelei für den König. Ich versuchte mit Milde und Selbstverleugnung die Gründe der verschiedenen Rangstreitigkeiten aufzudecken und zu beweisen, daß es für all das nur eine Entschädigung gäbe, nämlich diese Heirat.

Sobald ich den Brief beendet hatte, las ich ihn dem Duc d'Orléans vor, der ihn hervorragend fand. Nun ging es darum, dieses Schreiben dem König zu übergeben, und das war keine Kleinigkeit. Dazu bot der Zufall jeden Freitag und Samstag recht günstige Gelegenheit. Doch die außerordentliche Schüchternheit, die der Duc d'Orléans dem König gegenüber hegte, bewirkte, daß jener sich keine Gelegenheit zunutze machte, obwohl er den Brief fortwährend in der Tasche mit sich trug.

An einem Freitag, der Pater Tellier befand sich in Marly und d'Antin war – welch ein Glück! – nach Paris gefahren, traf ich den Duc d'Orléans im Salon, als der König gerade von der Messe zurückkam, um sich zu Mme. de Maintenon zu begeben. Ich fragte also den Duc d'Orléans, wie lange er den Brief noch herumzutragen gedächte, und ich sagte ihm, ich wüßte sehr wohl, wie tadelnswert die Duchesse de Bourgogne und selbst Mme. de Maintenon sein Zaudern fänden. Endlich verließ der König die Gemächer von Mme. de Maintenon, um sich in seine eigenen zu begeben. Nun drängte ich den Duc d'Orléans, hineinzugehen und den Brief abzugeben. Ich hatte gerade drei oder vier Vaterunser lang im Vorraum gesessen, als ich zu meiner Überraschung den Duc d'Orléans erblickte, der in größter Eile durch den Raum rannte und verschwand. Ich konnte mich wie alle anderen nur flüchtig erheben und alsbald wieder setzen und war recht beunruhigt über das, was sich in dieser Kürze hatte ereignen können.

Der König brauchte ziemlich lange, um sich umzuziehen. Endlich erschien er und begab sich in seine Gärten, wohin ich ihm folgte. Während des Spaziergangs beobachtete ich ihn aufmerksam, aber er verhielt sich genau wie immer, so daß ich über das weitere Schicksal des Briefes sehr besorgt war. Nach einigen Rundgängen blieb der König neben Madame la Duchesse am Karpfenteich stehen. Der Duc d'Orléans versuchte sich ihm zu nähern; plötzlich wandte der König sich um und schlug eine andere Richtung ein. Ich hielt mich im Hintergrund, der Duc d'Orléans ebenfalls, denn wir warteten ungeduldig darauf, miteinander sprechen zu können. Er sagte mir, er habe seinen Brief abgegeben, der König sei zunächst überrascht gewesen, habe ihn gefragt, was er wolle, worauf er erwidert habe, es sei etwas, über das zu sprechen ihm schwerfalle; darauf habe der König ihm versichert, daß er den Brief mit größter Aufmerksamkeit lesen wolle; dann sei er, um die Spannung zu erhalten, hinausgegangen, und in der Tat habe er, als er sich umwandte, gesehen, daß der König seinen Brief öffnete. Nach diesem kurzen Bericht begaben wir uns beide wieder zum Gefolge des Königs. Ich fühlte mich sehr erleichtert, die Sache so weit gediehen zu sehen, und wartete, wie ich gestehe, nicht ohne innere Erregung auf den Erfolg meiner Bemühungen. Das Warten währte nicht lange: am nächsten Tag erfuhr ich vom Duc d'Orléans, der König habe ihm gesagt, er habe seinen Brief zweimal gelesen und es habe ihn gerührt, daß er ihm lieber habe schreiben wollen, als mit ihm zu reden; er würde ihn gerne zufriedenstellen, aber Monseigneur sei so schwierig; er wolle also einen günstigen Moment abwarten, um mit jenem über die Angelegenheit zu sprechen; man müsse ihn mit Sanftmut zur Einwilligung bewegen.

Der König ist für die Heirat gewonnen.

Schon als diese Heirat zum erstenmal ernsthaft in Erwägung gezogen wurde, fragte mich die Duchesse d'Orléans in unmißverständlichem Ton, wen man wohl zur Ehrendame ihrer Tochter machen könne, wenn diese mit dem Duc de Berry verheiratet wäre. Ich wußte sofort, worauf sie anspielte, und gab knapp und deutlich zur Antwort, man solle erst einmal die Ehe schließen, die Ehrendame würde sich dann immer noch finden. Darauf schwieg sie, der Duc d'Orléans sagte kein Wort, und ich wechselte das Thema. Aber als wir zwei Tage, bevor ich jenen Brief aufsetzte, angelegentlich über die Heirat sprachen, sah sie mich plötzlich scharf an und sagte: »Übrigens, wenn diese Sache gelingt, wären wir nur allzu glücklich, wenn wir Mme. de Saint-Simon zur Ehrendame haben könnten.« – »Madame«, erwiderte ich, »Ihre Neigung für Mme. de Saint-Simon veranlaßt Sie, so zu reden. Aber sie ist viel zu jung und ganz ungeeignet für einen solchen Posten.« – Die Duchesse d'Orléans unterbrach mich sofort, um Mme. de Saint-Simons Loblied zu singen. Nachdem ich ihr einige Zeit zugehört, unterbrach ich sie meinerseits, um ihr abermals zu erklären, daß Mme. de Saint-Simon in keiner Weise geeignet sei. Es war alles vergebens. Die fortwährenden Nachfragen der Duchesse d'Orléans beunruhigten mich außerordentlich und noch mehr Mme. de Saint-Simon. Wir verabscheuten beide gleichermaßen einen Posten, der derart unter unserer Würde und unserer Herkunft lag; und obwohl wir wußten, daß der königliche Stolz unbedingt eine wirkliche Herzogin forderte, wollten wir unsererseits alles tun, um diesem Geschick zu entgehen.

Da man beschlossen hatte, Monseigneurs Sohn im engsten Familienkreis jenseits allen Staatsinteresses und aller Friedenspolitik zu verehelichen, sollte wenigstens der fünfzigjährige Vater einen Vorteil davon haben. Ich sagte bereits, wie weit er persönlich davon entfernt war, dem Duc d'Orléans etwas Gutes zu gönnen, und in welchem Maße er jenen

Leuten ausgeliefert war, deren doppeltes Interesse darin lag, diese Abneigung zu erhalten und zu vermehren, aber es läßt sich nicht verhehlen, daß auch die Duchesse d'Orléans nicht viel besser mit Monseigneur stand, nur daß sie, im Gegensatz zu ihrem Gemahl, selbst daran schuld war. Monseigneur, dessen Beziehungen zu der Princesse de Conti allgemach sehr abgekühlt waren, da ihre Langeweile und sauertöpfische Art ihm ständig Unbehagen bereiteten, wußte nicht, was er mit sich anfangen sollte, denn die Prinzen, und dieser insbesondere, können niemals allein bleiben. D'Antin, der vielleicht eine bessere Meinung von der Duchesse d'Orléans als von Madame la Duchesse hatte, wollte ihn der ersteren zuführen, und in der Hoffnung, sie würde sich dafür dankbar erweisen, verabsäumte er nichts, um diese Beziehung herzustellen. Monseigneur konnte sich aus den Fesseln der Princesse de Conti nur befreien, wenn er bei einer der beiden anderen Bastardtöchter des Königs eine Zuflucht fand, und es war ihm damals ganz gleichgültig, bei welcher von beiden, da er weniger seinen eigenen Entschlüssen als vielmehr dem Zufall oder dem Antrieb anderer folgte. Die Duchesse d'Orléans, die über eine so glückliche Konstellation hätte entzückt sein müssen, war körperlich und geistig derart träge, daß sie nur die Belastung fürchtete, den Aufwand, die Vergnügungen, die sie veranstalten, die körperlichen Anstrengungen, denen sie sich hätte unterziehen müssen, um auf die Jagd, in die Oper und auf kleine Reisen zu gehen; sie wäre dann nicht mehr die Gottheit gewesen, die man anbetete, sondern die Priesterin einer höheren Gottheit, der ihr Haus als Tempel diente. Das vermochte ihr Dünkel vielleicht noch weniger als ihre Trägheit zu dulden. Ihre Selbstgefälligkeit hinderte sie an jedem politischen Kalkül im Hinblick auf die Zukunft, die dank der Gesundheit des Königs noch sehr ferne erschien. Sie blieb allen Bitten d'Antins gegenüber taub, kam den wiederholten Annäherungsversuchen Monseigneurs so kühl entgegen, legte, wenn sie ihn bei sich empfing, eine solche Lässigkeit an den Tag, daß er das mit einigem Verdruß bemerkte und sich Madame la Duchesse auslieferte, die ihn mit lächelnder Anmut und voller Heiterkeit empfing und nur daran dachte, sich diese glückliche Fügung zunutze zu machen, um Monseigneur völlig an sich zu binden, was ihr dann auch in jeder Weise gelang.

Sechs oder sieben Tage nachdem wir aus Marly zurückgekehrt waren, drängte ich den Duc d'Orléans, er solle, und sei es auch nur kurz, mit dem König über den Brief sprechen, den er ihm überreicht hatte. Nach einigem Zögern entschloß er sich eines Morgens dazu. Ich saß allein mit der Duchesse d'Orléans in ihrem kleinen Gemach, als er hereintrat und ganz fröhlich erzählte, der König habe ihn gar nicht erst zu Worte kommen lassen, sondern sofort erklärt, er sei mit seinem Brief einverstanden und willens, diese Ehe zu stiften, nur müsse er noch Gelegenheit finden mit Monseigneur, dessen Widerstand er so oder so zu besiegen gedächte, in der rechten Weise über diese Heirat zu reden.

Kurz darauf weilte ich in Saint-Cloud. Wir gingen im Park spazieren, der Duc d'Orléans und die anwesende Gesellschaft, und auch Mademoiselle. Durch einen Zufall war ich plötzlich mit Mme. Fontaine-Martel allein. Sie gehörte zu meinen guten Freunden, war mit allen sehr verbunden, und sie war es, wie ich schon berichtet habe, die mich wieder mit dem Duc d'Orléans zusammengebracht hatte. Sie ahnte also nach allem, was sie beobachten konnte, bereits, daß sich etwas anspann, und sie zweifelte nicht, daß es um die Heirat von Mademoiselle ging, und ergriff nun die Gelegenheit, mir vertraulich mitzuteilen, es wäre gut, diese Hochzeit, wenn sie überhaupt zustande kommen solle, zu beschleunigen, denn man schreckte vor nichts zurück, um die Sache endgültig zu vereiteln. Und ohne sich lange bitten zu lassen, teilte sie mir mit, welche Scheußlichkeiten man über die Beziehungen von Vater und Tochter verbreitete. Mir standen die Haare zu Berge, und ich wußte nun deutlicher als je, mit welchen Dämonen wir es zu tun hatten, wie eilig es war, zu einem guten Ende zu kommen.

In der Tat rief der König am nächsten Tag, einem Sonntag, Monseigneur endlich in sein Kabinett und unterbreitete ihm diesen Heiratsplan. Er tat das in einem väterlichen Ton, aber auch im Ton des Königs und Herrn. Er mischte gerade noch so viel Freundlichkeit, wie angenehm wirkt, hinein, daß jeder Mut zum Widerstand hinfällig wurde, eine besondere Redeweise, deren sich der König stets mühelos bedienen konnte. Monseigneur zauderte, der König drängte, indem er sich die Verwirrung seines Sohnes zunutze machte. Mehr kann ich nicht darüber berichten, weil ich keine Einzelheiten vernommen habe. Schließlich willigte Monseigneur ein und gab dem König sein Wort. Aber er erbat sich die Gunst, die Bekanntgabe noch einige Tage hinausschieben zu dürfen, damit er Zeit habe, sich daran zu gewöhnen und sich in seinem Entschluß zu festigen, ehe die Angelegenheit in aller Munde wäre. Der König räumte dem Gehorsam seines Sohnes die erbetene Zeitspanne ein, verlangte ihm nochmals ein Wort ab, um jede Anzettelung von Kabalen zu verhindern, und bat ihn, sich möglichst bald zu überwinden und ihn zu benachrichtigen, sobald er glaube, die Bekanntgabe ertragen zu können. Nachdem nun der Würfel gefallen war, teilte es der König, der unendlich erleichtert war, eine Stunde später seinem Neffen mit, erlaubte diesem, der Duchesse d'Orléans die gute Nachricht zu überbringen, und billigte es, daß er auch mit der Duchesse de Bourgogne und Mme. de Maintenon darüber sprach, aber nur im geheimen. Der Duc d'Orléans fiel vor ihm auf die Knie, denn er war allein mit ihm, bekundete ihm seine aufrichtige Dankbarkeit und flehte ihn an, ihm zu erlauben, diese große Freude auch schon Mademoiselle vermitteln zu dürfen.

Am Montag, dem 2. Juni, einen Tag nachdem der König mit Monseigneur gesprochen hatte, bat er den Duc de Berry unter vier Augen zu sich und fragte ihn, ob er bereit wäre, sich zu verheiraten. Dieser war so begierig darauf wie ein Kind, das glaubt, nun erwachsener und freier zu werden, zumal man ihn von beiden Seiten in diesem Verlangen bestärkt hatte; aber der Duc de Bourgogne, und insbesondere die Duchesse de Bourgogne, hatten ihn allgemach so weit gebracht, daß er vor Mlle. de Bourbon eine leise Furcht empfand und Mademoiselle begehrte. Er lächelte also und antwortete in bescheidenem Ton, er sei, sofern man jemandem keinen Zwang auferlege oder Zwistigkeiten hervorrufe, zu allem bereit, was der König ihm vorschlüge. Der König fragte ihn nun, ob es ihm recht sei, Mademoiselle zu heiraten, sie sei, fügte er hinzu, da man unter den gegenwärtigen Umständen an eine auswärtige Heirat nicht denken könne, die einzige in Frankreich, die zu ihm passe. Der Duc de Berry erwiderte, er wolle mit Freuden gehorchen. Nun eröffnete ihm der König, er beabsichtige, die Heirat unverzüglich zu schließen, da auch Monseigneur dareinwillige, aber er verbot seinem Enkel, einstweilen darüber zu sprechen.

Mme. de Saint-Simon zur Ehrendame der zukünftigen Duchesse de Berry bestimmt.

Nach unserer Rückkehr aus Saint-Maure, wo wir einen Tag beim Abbé de Verteuil, dem Bruder des Duc de La Rochefoucauld verbracht hatten, fand ich, als wir um sieben Uhr abends nach Hause kamen, eine Botschaft des Duc d'Orléans vor. Ich ging zu meiner Mutter hinauf und öffnete, sobald ich mit ihr und Mme. de Saint-Simon allein war, den Brief: Eine kurze Nachricht der Duchesse d'Orléans, die mit den Worten begann: »Veni, vidi, vici.« Während ich noch darüber nachdachte, welchen Grund es wohl haben könne, daß man die Bekanntgabe noch immer hinausschob, meldete man mir einen Diener des Duc d'Orléans, der mir im Auftrag von Mademoiselle mündlich die Bekanntgabe ihrer Heirat mitteilte. Nun war meine Freude vollkommen: der Triumph und die Sicherheit jener, denen ich mich verbunden fühlte, die Enttäuschung jener, die ich so wenig liebte, die befriedigte Eitelkeit über diesen Erfolg, an dem ich so entscheidenden Anteil hatte, die beträchtliche Veränderung, die sich daraus für meine gegenwärtige und zukünftige Situation ergab – all das schmeichelte mir gleichermaßen. Ich schrieb sofort an den Duc und die Duchesse d'Orléans, die mich am Dienstag baten, noch am selben Tag bei leidlichen Zeiten zu ihnen nach Saint-Cloud zu kommen.

Dort war bereits eine stattliche Menge versammelt. Jeder beeilte sich, mir seine Freude zu bezeugen. Ich wurde von allen Seiten beglückwünscht und unablässig umringt. Angesichts dieses glänzenden Empfangs hielt ich beinahe mich selbst für den Gastgeber, ich wurde in das große Gemach gedrängt, in dessen Hintergrund Mademoiselle mit der Princesse de Conti und deren Töchtern in einer Gruppe angesehener Leute stand, die alle von Paris herbeigeeilt waren. Kaum daß Mademoiselle meiner ansichtig wurde, schrie sie auf, lief auf mich zu, umarmte mich, nahm mich an der Hand, ließ alle Leute stehen und führte mich hinaus in die Orangerie. Fern von der Gesellschaft, die uns nur von weitem sehen konnte, erging sie sich in überschwenglichen Dankesbezeugungen, die mich völlig verblüfften. Sie bemerkte es, und um mich meiner Sprachlosigkeit zu entreißen, erzählte sie mir, der Duc d'Orléans habe sie regelmäßig über alles, was ich für diese Heirat getan, unterrichtet, so daß sie stets auf dem laufenden gewesen sei. Als ich das vernahm, war ich vollends verblüfft und konnte mich nicht enthalten, die Leichtfertigkeit ihres Vaters zu tadeln, sie aber schnitt mir das Wort ab mit einem Schwall von Dankesbezeugungen, deren Geist und Eleganz mich nicht minder erstaunten.

Indessen wurde auch Mme. de Saint-Simon von zahlreichen Gästen bestürmt. Man machte ihr Komplimente. Etliche Leute beglückwünschten sie ganz unumwunden dazu, daß sie die Ehrendame der zukünftigen Duchesse de Berry werden solle, worauf sie bescheiden ihre Unfähigkeit und ihre Jugend geltend machte und von der großen Zahl geeigneterer Personen sprach.

Wir, Mme. de Saint-Simon und ich, schwankten lange, ob wir, ehe die Ehrendame ernannt worden war, nach Versailles gehen sollten. Als wir nun eben an diesem Tage zu Mittag aßen, ließ der Kanzler, der mit seinem Sohn nach Paris gekommen war, uns bitten, ihn nach dem Diner aufzusuchen, weil er mit uns sprechen wolle. Und dann erfuhren wir von den beiden folgendes: Am Abend der Bekanntgabe der Heirat war in dem kleinen Gemach der Mme. de Maintenon zwischen ihr, dem König und der Duchesse de Bourgogne von der Ehrendame die Rede gewesen: der König schlug die Duchesse de Roquelaure vor, für die er ehemals eine besondere Neigung gehegt hatte, aber gerade deshalb schätzte Mme. de Maintenon diese recht wenig und wäre verärgert gewesen, sie zu allem zugelassen zu sehen. Nun zog der König also eine Liste der Herzoginnen aus der Tasche, sein Blick fiel auf Mme. de Lesdiguières, die Witwe des alten Canaples, Tochter des Duc de Vivonne, des Bruders der Mme. de Montespan; eine sehr sanfte und tugendsame Frau, die über jene den Mortemarts eigene Ausdrucksweise verfügte, die jedoch ihr Lebtag weder den Hof noch die Gesellschaft gesehen hatte. D'Antin, ihr Vetter, hatte mit dem König über sie gesprochen, der König war sehr von ihr eingenommen, meinte indessen, daß sie wegen des Jansenismus, dessen man sie verdächtigte, doch nicht in Frage käme. Da ich im Rang sehr bald auf Lesdiguières folgte, geriet der König unmittelbar auf Mme. de Saint-Simon und erklärte, daß er in der Liste niemand Besseres fände als sie. »Was meinen Sie dazu, Madame?« fragte er Mme. de Maintenon. »Ich habe immer viel Gutes über sie gehört, und ich glaube, daß sie sehr geeignet wäre.« – Mme. de Maintenon erwiderte, daß auch sie das glaube. Sie kenne zwar Mme. de Saint-Simon nur sehr flüchtig, habe jedoch stets nur Gutes und niemals Schlechtes über sie gehört. »Aber«, fügte sie hinzu, »da ist ja die Duchesse de Bourgogne, die sie kennt und Ihnen mehr über sie berichten kann.« Die Duchesse de Bourgogne antwortete vorsichtig, lobte Mme. de Saint-Simon, wandte jedoch ein, sie wisse nicht, ob sie wirklich geeignet sei. »Und weshalb nicht?« fragte der König. Worauf die Duchesse de Bourgogne, die Mme. de Saint-Simon nicht schaden, sondern ihr vielmehr gefällig sein wollte, indem sie ihr den Posten ersparte, murmelte, sie habe trotz aller ihrer guten Eigenschaften vielleicht doch zuwenig Verstand; darauf meinte der König, dem die Geduld riß, das sei ganz unwichtig, und er trieb die Duchesse de Bourgogne so weit, daß sie sagte, sie bezweifle, daß jene den Posten annehme. Gereizt erwiderte der König: »Das wäre ja noch schöner! Man muß es ihr nur in der richtigen Weise darlegen und ihr erklären, daß ich es will.«

Nachdem er das erzählt hatte, fügte Pontchartrain hinzu, schon bei der Bekanntgabe der Heirat sei alle Welt der Ansicht gewesen, daß Mme. de Saint-Simon zur Ehrendame würde. Aber ihre Tränen belehrten ihn eines Besseren, so daß er sie erstaunt ansah. Wir gingen alsdann in das Arbeitszimmer des Kanzlers, den diese Tränen, obwohl er schon wußte, daß wir diesen Posten nicht wollten, noch mehr erstaunten als seinen Sohn. Er wiederholte uns in kurzen Worten, was sich bei Mme. de Maintenon ereignet hatte, dann erklärte er uns, die Dinge hätten sich schon so weit entwickelt, daß er eine Ablehnung für einen gefährlichen und nicht wiedergutzumachenden Fehler hielte. Er gab uns zu bedenken, wie wenig der König an so etwas gewöhnt und wie empfindlich er gerade in diesem Punkt sei, daß so etwas in seinen Augen unverzeihlich sei und ihm immer im Gedächtnis bliebe. Wir würden derart in Ungnade fallen, daß der König es uns und all den unsrigen bei jeder Kleinigkeit mit Fleiß zu spüren geben würde. Zwei Stunden berieten wir hin und her, dann beschlossen wir, nach Versailles zu fahren und, wenn wir es nicht vermöchten, Unwetter sanft zu beschwichtigen, uns nicht durch unsere Ablehnung unwiederbringlich zugrunde zu richten.

Am Nachmittag ging ich zur Duchesse d'Orléans. Als sie mich erblickte, rief sie mit freudiger Miene, daß sie immer noch hoffe, uns nun endgültig für sich zu gewinnen. Ich antwortete ihr sehr ernsthaft, sie möge mir erlauben, bis zum Ende das Gegenteil zu hoffen, und sagte ihr, was ich bereits am Vormittag dem Duc d'Orléans gesagt hatte, daß der zweite Platz uns bis zum äußersten widerstrebe, so versüßend es auch wirke, daß die Prinzessin ihrer beider Tochter sei. Aber unabhängig von weiteren Gründen, die uns diesen Posten schwer erträglich machten, wäre er weder unserer Herkunft noch unserer Würde entsprechend, ich hoffte also bis zum Ende, daß Mme. de Saint-Simon ihn nicht übernehmen müßte.

*Die Hochzeit. – Lage in Flandern: Douai vom Feind eingenommen. –
Tod der Mme. de La Vallière.*

Es ist schwer zu begreifen, weshalb der König und die Mitglieder der königlichen Familie sich weder von unserer Ablehnung zurückgestoßen fühlten noch verärgert genug waren, um eine andere Wahl zu treffen. Man kann sich nicht verhehlen, daß sie sich für eine besondere Menschenart hielten und aufgrund der Dienstbeflissenheit, der Huldigungen, der Furcht und der Anbetung, die ihnen von allen Menschen gezollt wurden, aufgrund der einzigartigen Trunkenheit des Hofes, ihnen alles zu opfern, um ihnen zu gefallen, ihre Neigungen vorauszuahnen und sich ihnen durch alle Art von Schmeicheleien und Erniedrigungen hinzuschlachten, blieben sie ständig in diesem sanften Irrtum befangen. Es war also außerordentlich überraschend, zu erleben, wie derart absolute Personen, die so daran gewöhnt waren, daß alles ihnen zu Füßen lag, uns einen Posten aufzudrängen versuchten, den viele andere so gern gehabt hätten.

Als der König von der Messe kam, rief er mich in der Galerie zu sich und sagte mir, daß er mich sprechen wolle, ich solle ihm in sein Arbeitszimmer folgen. Dort erklärte er mir, daß er Mme. de Saint-Simon zur Ehrendame der Duchesse de Berry ausgewählt habe. Es sei ein Beweis der Wertschätzung ihrer Tugend und Verdienste, wenn er ihr trotz ihrer zweiunddreißig Jahre eine so junge Prinzessin anzuvertrauen gedächte, und überdies ein Beweis, daß ihn mein Verhalten überzeugt habe. Ich machte eine knappe Verbeugung und erwiderte, daß ich gerührt sei von dem ehrenvollen Vertrauen, das er Mme. de Saint-Simon entgegenbringe, was mir jedoch am meisten Freude bereite, sei die Gewißheit, Seine Majestät mit mir zufrieden zu sehen. Nach dieser lakonischen Antwort, die ihm trotz allem Respekt zu verstehen gab, was ich selbst über diesen Posten dachte, sagte er mir alle möglichen Liebenswürdigkeiten über Mme. de Saint-Simon, dann fügte er mit einem Lächeln, das freundlich sein sollte, hinzu: »Aber halten Sie ja Ihre Zunge im Zaum!«

67

Das sagte er in einem so familiären Ton, daß ich antwortete, das hätte ich wahrhaftig getan und wolle es auch fernerhin tun. Er lächelte noch freundlicher, wie jemand, der genau Bescheid weiß und sich sehr erleichtert fühlt, nicht auf den Widerstand gestoßen zu sein, den er so sehr gefürchtete hatte, und zufrieden ist über die Nachgiebigkeit, der er begegnet und die ihm, ohne seine Ohren zu beleidigen, das dargebrachte Opfer noch angenehmer macht. Er wandte sich nun den im Raum Anwesenden zu und erklärte in feierlichem Ton, »Madame de Saint-Simon wird Ehrendame der zukünftigen Duchesse de Berry.« Von allen Seiten erklang Zustimmung zu dieser Wahl und ein Lobpreisen der Gewählten. Ohne von der *dame d'atour* zu sprechen, begab sich der König in seine rückwärtigen Gemächer.

Am Sonntag, dem 6. Juli, wurde in der Kapelle von dem Großalmosenier Kardinal de Janson die Brautmesse gefeiert. Zwei Almoseniere des Königs trugen den Schleier; der König, die Mitglieder der königlichen Familie, die Prinzen und Prinzessinnen von Geblüt und die Bastarde waren anwesend; viele Herzoginnen knieten hinter den Prinzessinnen von Geblüt auf ihren Kissen. Und auf der anderen Seite knieten der Duc de La Trémouille, die Herzöge de Chevreuse, de Luynes mit seinem siebzehnjährigen Enkel, Beauvillier, Aumont, Charost, de Rohan und noch viele andere. Kein ausländischer Prinz war anwesend, aber ausländische Prinzessinnen; alle Emporen waren von erlesenen Zuschauern gefüllt, unter die ich mich mischte, um mit Behagen die Zeremonie auszukosten.

Der König, der etliche militärische Beförderungen vorgenommen hatte, bestimmte die gleichen Generale für die gleichen Armeen. Villars, der für Flandern ausersehen war, wo ihn der Marschall de Montesquiou, der den ganzen Winter dort das Kommando innegehabt hatte, zur Seite stehen sollte, bedachte sorgenvoll die Last, die er sich nunmehr aufgebürdet hatte. Er, der zu höchsten Gunstbezeugungen, Privilegien, Reichtümern und Ehren gelangt war, glaubte, da er nicht mehr ein noch aus wußte, nun zum erstenmal in seinem Leben, die Wahrheit sagen zu müssen, mißliebige Wahrheiten, die ihn, wie er hoffte, entlasten sollten. Er schilderte also Desmaretz und Voysin, in welch trostlosem Zustand die Festungen, Magazine und Garnisonen seien, daß es an allem fehle, daß Truppen und Offiziere halb verhungert und unbezahlt und unbesoldet geblieben seien. Da das nichts fruchtete, erkühnte er sich, die ganze Misere Mme. de Maintenon und dem König selber vorzutragen. Er legte also die Karten auf den Tisch und sprach anhand von Beweisen und Tatsachen, die unanfechtbar waren. Nachdem sich dieser fatale

Vorhang plötzlich vor ihren Augen gehoben hatte, schien den beiden der Anblick derart gräßlich und niederdrückend, daß sie außerstande waren, auf Villars' neue Sprache zu antworten, dem sie, weil er stets erklärte und ständig wiederholte, alles sei in glänzendem Zustand und alles stünde zum besten, alles hatten durchgehen lassen. Die Häufigkeit und die Dreistigkeit seiner Lügen hatten bewirkt, daß sie ihn als Retter ansahen, weil er der einzige war, der alles in Ordnung fand, der alles auf sich nahm, nie etwas Unangenehmes sagte, sondern die Lage in rosigem Licht erscheinen ließ und meinte, daß alles ganz einfach sei. Als sie ihn nun die Sprache der anderen und aller anderen reden hörten, erlosch die Hoffnung auf seine Wundertaten zusammen mit den Illusionen, in denen er sie zu seinem eigenen Nutzen so lange gewiegt hatte. Jetzt begannen sie ihn mit anderen Augen zu betrachten, ihn so zu sehen, wie jeder ihn sah und immer gesehen hatte, ihn lächerlich, närrisch, schamlos verlogen und unerträglich zu finden. Sie warfen sich vor, ihm so rasch zu so ungeheurem Aufstieg aus dem Nichts verholfen zu haben. Sie begannen ihn zu meiden, ihn kaltzustellen, gaben ihm zu verstehen, was sie von ihm dachten, und gaben es auch anderen zu verstehen. Villars seinerseits war bestürzt. Er hatte, immer seine Verwundung vorschützend, versuchen wollen, so viele Mängel zu beheben, wozu es freilich einer vollen Gesundheit bedurft hätte, und dabei sein Leben in Ruhe zu genießen und den zahllosen Mühsalen und der Bürde eines Amtes zu entgehen, das ihm nunmehr keine weiteren Aufstiegsmöglichkeiten zu bieten hatte. Aber er wollte im vollen Besitz seiner Gunst, seines Ansehens und seiner Privilegien bleiben, wollte weiterhin die zu treffenden Entscheidungen, die an die Armee zu entsendenden Befehle beeinflussen, sich zum Richter der Taten und der Führung der Generale aufwerfen, sich wegen seiner tollkühnen strategischen Pläne, für deren Ausführung er nicht verantwortlich war, vom König bewundern lassen. Als er nun spürte, daß sich die Einstellung ihm gegenüber derart verändert hatte, was er im Taumel seines Dünkels und seines Glückes niemals erwartet hätte, sah er mit Schrecken, welcher Gefahr er sich ausgesetzt, und fragte sich, was er, des Amtes, der Gunst und des Ansehens entkleidet, anfangen sollte, ohne Verwandte und Freunde, die ihn gegen soviel Feinde und Neider oder vielmehr gegen die gesamte Öffentlichkeit, die er unablässig herausgefordert und beleidigt hatte und die über seinen glanzvollen Aufstieg erzürnt war, in Schutz nehmen könnten. Er wechselte jählings den Kurs, und da Scham ihn noch niemals an irgend etwas gehindert hatte, hinderte sie ihn auch jetzt nicht, im Nu eine andere Sprache zu sprechen und wieder zu jener zurückzukehren, mit der er so gut gefahren war. Er benutzte die kurze Zeitspanne, da man schwankte, wem man das Oberkommando in Flandern geben sollte, das ihm zugedacht war, das man ihm aber nun entreißen wollte. Mit jener ihm eigenen Unverschämtheit nahm er wiederum Zuflucht zur Schmeichelei, zur List, zur Entstellung, zur Lüge. Er verharmloste die Lage, trotzte den Mißhelligkeiten, spottete über die Gefahren, präsentierte sich selbst als den Retter, der alles bewältigen könne. Dieser sprunghafte Wechsel war augenfällig; aber die Schwierigkeit, einen anderen Oberkommandierenden zu finden, war noch augenfälliger, und der glückliche Villars stieg wie ein Phönix aus der Asche; doch nicht genug damit: kaum saß er nach dieser heftigen Erschütterung wieder im Sattel, schon war er so dreist, sich öffentlich als alten Römer auszugeben, der, seine Ruhe, seine Gesundheit und jedwede Annehmlichkeit außer acht lassend, trotz seiner schweren Verwundung zu Pferde gestiegen sei, um dem Staat und dem König zu Hilfe zu eilen, welch letzterer ihn förmlich beschworen habe, in die Bresche zu springen.

Der Prinz Eugen und der Duke of Marlbourough, die nicht zum Frieden geneigt und deren Absicht es war, in Frankreich einzufallen, hatten beschlossen, unsere ungeheure Schwäche und die Dezimierung unserer festen Plätze und Festungen auszunutzen, um während dieses Feldzuges ihre Eroberungen soweit wie möglich voranzutreiben.

Die Festung Douai wurde eingenommen.

Zu dieser Zeit starb Mme. de La Vallière bei den Karmeliterinnen in der Rue Saint-Jacques, wo sie im Alter von einunddreißig Jahren, am 3. Juni 1675, unter dem Namen Marie de la Miséricorde ihr Gelübde abgelegt hatte. Ihre Laufbahn, die Bescheidenheit und die Güte, mit der sie von ihrer Gunst Gebrauch machte, ihre Herzenseinfalt, ihre steten Versuche, den König daran zu hindern; das Gedächtnis ihrer Schwäche und ihrer Sünde durch die Anerkennung und Legitimierung ihrer Kinder zu verewigen; alles, was sie vom König und von Mme. de Montespan zu erdulden hatte, ihre beiden Fluchtversuche vom Hofe – der erste zu den Benediktinerinnen von Saint-Cloud, von wo sie der König, fest entschlossen, das Kloster gegebenenfalls niederbrennen zu lassen, persönlich zurückholte; und der zweite zu den Nonnen von Sainte-Marie de Chaillot, wohin der König M. de Lauzun schickte, der damals Gardehauptmann war und der sie wieder zurückbrachte; der ergreifende Abschied von der Königin, der sie stets mit Ehrerbietung und Rücksicht begegnet war, und die Demut, mit der sie sich ihr zu Füßen warf, um sie, ehe sie ins Kloster eintrat, in Gegenwart des ganzen Hofes um Verzeihung zu bitten, die strenge Buße, der sie sich lebenslänglich unterwarf, die Weigerung, irgendein höheres Amt zu übernehmen, die ständige Erinnerung an ihre Sünde, sie ständige Ablehnung jeden gesellschaftlichen Verkehrs und der Unwille, sich in irgend etwas Weltliches einzumischen – dies alles sind Tatsachen, die vor meiner Zeit liegen und nicht zu meinem Thema gehören.

Die Princesse de Conti wurde von der Krankheit ihrer Mutter erst in letzter Minute benachrichtigt, sie eilte zu ihr und kam gerade noch zurecht, um sie sterben zu sehen. Sie schien zunächst sehr betrübt, aber sie tröstete sich bald. Sie empfing die Beileidsbesuche des ganzen Hofes, sie erwartete auch den Besuch des Königs, und man fand es sehr sonderbar, daß er nicht zu ihr ging. Er hatte Mme. de La Vallière eine gefühlsarme Achtung bewahrt, der er gelegentlich auch spärlichen Ausdruck verlieh. Ihr Tod schien ihm nicht sehr nahe zu gehen, und er erklärte, mit ihrem Eintritt bei den Karmeliterinnen sei sie für ihn schon gestorben.

Ereignisse in Spanien. – Der Hof in Valladolid. – Der Erzherzog von Österreich in Madrid zum König ausgerufen. – Das feindliche Heer in Spanien ausgehungert. – Das spanische Heer erringt Siege.

Es ist Zeit, wieder auf die Ereignisse in Spanien zurückzukommen. Ganz seiner eigenen Schwäche anheimgegeben, schwebte es in größter Gefahr. Frankreich, das sich selber kaum mehr zu helfen vermochte, waren die Hände gebunden. Man war eher geneigt, sich Hoffnungen auf den so dringend nötigen Frieden zu erhalten, wozu Spanien in der Tat aufgegeben werden mußte. Das veranlaßte den König, um des Scheines willen sogar Mme. des Ursins zurückzurufen. Ich bezweifle indessen, daß dieser Entschluß jemals wirklich gefaßt wurde, und ich denke, daß weder Mme. des Ursins noch Ihre Katholischen Majestäten auch nur einen Augenblick ernstlich daran dachten. Andererseits fehlte es Spanien vollkommen an Generalen. Vendôme dachte sich diese Gelegenheit abermals zunutze zu machen. Er hoffte, der König von Spanien würde ihn abermals anfordern, und gab das der Princesse des Ursins auch zu verstehen.

Der König von Spanien verließ Madrid, um sich in Aragon an die Spitze seiner Armee zu stellen. Aus Saragossa bat er wiederholt um Entsendung Vendômes. Der Marquis de Bay befehligte die kleine Armee von Estremadura. Vendôme, der schon Bescheid wußte, war seit mehreren Monaten bereit und brach, sobald er die Erlaubnis bekam, unmittelbar auf. Am 19. August kam er in Versailles an.

Unterdessen machte sich Starhemberg seine Vorteile zunutze und griff die spanische Armee in unmittelbarer Nähe Saragossas an und vernichtete sie gänzlich. Dieses Unglück geschah am 20. August. Der König von Spanien war unpäßlich in Saragossa geblieben und begab sich nun unverzüglich nach Madrid. Bay sammelte achtzehntausend Mann, mit denen er sich nach Tudela zurückzog. Vendôme, der unterwegs davon hörte, begab sich, aus Bayonne kommend, zusammen mit dem Duc de Noailles nach Valladolid, um dort den König von Spanien zu treffen.

Der Erzherzog hatte sich nach der Schlacht mit dem Grafen von Starhemberg vereinigt. Man beriet nun den nächsten Schritt. Starhemberg schlug vor, geradenwegs auf die kleine Armee loszumarschieren, die Bay an der portugiesischen Grenze zurückgelassen hatte, um diese aufzureiben und sich dann Schritt für Schritt im Zentrum Spaniens festzusetzen, Portugal hinter sich und die Meerhäfen zur Seite und in unmittelbarer Nähe. Ein handfester Plan, der den König von Spanien vollends zugrunde gerichtet hätte. Stanhope dagegen meinte, man solle direkt auf Madrid marschieren, den Erzherzog dorthin holen, ihn zum König ausrufen und durch die Einnahme der Hauptstadt ganz Spanien erschrecken und sich von da aus dem Umstand und der Gelegenheit entsprechend weiter ausbreiten. Starhemberg fand den Plan glanzvoll und kühn, hielt ihn jedoch für unzweckmäßig, ja sogar für gefährlich. Aber Stanhope, der Oberkommandierende der englischen und holländischen Truppen, ohne den die Armee nichts ausrichten konnte, erklärte, der Befehl seiner Königin laute, sobald die Umstände es erlaubten, zunächst nach Madrid zu marschieren. Nachdem Starhemberg also notgedrungen eingewilligt hatte, trafen sie ihre Vorbereitungen zur Ausführung dieses Projektes, das großes Entsetzen erregte, das indessen dem König von Spanien zur Rettung gereichen sollte. Er beschloß, sich aus dieser Stadt, die nicht mehr zu verteidigen war, zurückzuziehen und die Königin, den Prinzen und die Räte mitzunehmen. Valladolid wurde zum Refugium dieses traurigen Hofes, der jedoch trotz der fürchterlichen Lage weder den Kopf noch den Mut verlor. Man bot dem Unglück die Stirn und verabsäumte nicht, sich alle nur erdenkliche Hilfe zu verschaffen. Dreiunddreißig Granden unterzeichneten einen Brief an den König von Frankreich, den sie diesem durch den Herzog von Alba überreichen ließen. Sie versicherten ihn ihrer Treue und baten ihn, ihm Hilfstruppen zu senden.

In dieser Wartezeit erlebte man in Spanien eine schier beispiellose Bekundung von Treue, Anhänglichkeit und Mut. Die höchsten Prälaten und die kleinsten Landpfarrer, die Standesherren und die Hefe des Volkes, die Bürger, ganze Gemeinden, der Adel, die Gerichtsbeamten, Kaufleute und Handwerker – alle entblößten sich freiwillig bis aufs letzte Hemd, um in Eile neue Truppen aufstellen und ausrüsten zu können. Jeder gab nach Maßgabe seiner Möglichkeiten viel oder wenig, aber niemand entzog sich dem. Die Königin verkaufte, was sie nur konnte. Sie erklärte jeden Augenblick, sie wolle aufs Pferd steigen und sich mit ihrem Sohn auf dem Arm an die Spitze der Truppen stellen. Mit dieser Haltung gewann sie alle Herzen für sich, und das war auch sehr nötig angesichts dieser äußersten Gefahr. Währenddessen war der Erzherzog mit seiner Armee in Madrid angelangt. Im Triumph zog er ein und wurde unter dem Druck seiner Soldaten zum König erklärt. Sie schleppten ihn durch die Straßen, die alle verödet waren; die meisten Häuser standen leer, und die wenigen Einwohner, die noch in der Stadt geblieben waren, hatten Fenster und Türen der Häuser verbarrikadiert und sich irgendwo fern von den Straßen eingeschlossen, ohne daß die Truppen wagten, sie aufzustöbern, aus Furcht, die spürbare und allgemeine Verzweiflung zu steigern, und in der Hoffnung, die Leute durch Sanftmut anlocken und für sich gewinnen zu können. Der Erzherzog wagte weder in den Palästen noch im Stadtinnern Quartier zu nehmen, er zog sich in die Außenbezirke zurück, wo er auch nur zwei oder drei Nächte blieb.

Inzwischen dezimierte sich die Armee der Alliierten durch mancherlei Entbehrungen. Aus dem Lande erhielten sie keinerlei Lebensmittel, auch kein Futter für die Pferde. Nicht einmal für Geld konnten sie etwas kaufen. Bitten, Drohungen, Strafmaßnahmen, alles blieb vergeblich; jeder Kastilianer hätte sich für entehrt gehalten, wenn er ihnen auch nur das geringste verkauft oder ihnen die Möglichkeit gelassen hätte, sich etwas zu nehmen. So also widerstand dieses großartige Volk, auf nichts gestützt als auf seinen Mut und seine Treue, den Feinden, deren Armee es aushungerte, während es selbst, wie durch ein Wunder, eine neue Armee aufzustellen und auszurüsten verstand und somit aus eigener Kraft, mit einem für immer bei allen Völkern Europas beispiellosen Ruhm seinem König zum zweiten Mal die Krone aufs Haupt zu setzen; nirgends, das ist gewiß, finden die Könige soviel Beistand und Unterstützung als in der Seelenstärke einer Nation.

Nach zehn oder zwölf Tagen beschlossen die Alliierten, sich nach Toledo abzusetzen. Sie hatten nichts mitgenommen außer einigen Teppichen des Königs, die Stanhope die Dreistigkeit hatte an sich zu raffen, die er indes nicht lange behalten sollte. Starhemberg blieb nur kurze Zeit in Toledo, aber ehe er die Stadt verließ, legte er Feuer an den erhabenen Palast, den Karl V. in maurischem Stil hatte erbauen lassen, den man den Alcázar nannte. Er behauptete, diese Brandstiftung sei aus Versehen geschehen, und begab sich nach Aragon. Am 2. Dezember zog nun der König ungehindert unter unbeschreiblichem Jubel wieder in Madrid ein. Und nun sah sich dieser bar allen Geldes und aller Truppen flüchtig umherirrende, beinahe vollkommen zugrunde gerichtete Monarch dank einer allgemeinen Verschwörung, dank der unerschütterlichen Treue und beispiellosen Anhänglichkeit aller seiner Untertanen, dank ihrem Eifer und ihrer Anstrengung fast unversehens an der Spitze von zwölf- oder fünfzehntausend wohlbewaffneten, gut ausgerüsteten und ordnungsgemäß bezahlten Männern. Ihre Feinde dagegen, die, nachdem sie in Madrid triumphiert hatten, ohne alle Hilfsmittel waren, gingen in Ermangelung des Nötigsten zugrunde und zogen sich in Landstriche zurück, die sich gegen sie erhoben und die ihnen um keinen Preis Quartier boten.

Vendôme, der über eine so unverhoffte Veränderung äußerst überrascht war, wollte sich diese zunutze machen und faßte den Plan, Bays Armee in Estremadura zu erreichen. Starhemberg suchte ihm eine Falle zu stellen, legte seine Armee in schwer zugängliche Quartiere, dicht nebeneinander, und zog Stanhope mit den Engländern und Holländern nach Brihuega, einer kleinen befestigten Stadt. Sie lag an der Spitze all seiner Quartiere und am Rande der Ebene, die der König und Vendôme notwendigerweise durchqueren mußten. Vendôme ging in die Falle. Er beschleunigte seinen Marsch und näherte sich am 8. Dezember nachmittags Brihuega, das er auf die Weigerung, sich zu ergeben, anzugreifen begann. Am 9. Dezember erfuhr man, daß Starhemberg mit vier- oder fünftausend Mann dem König von Spanien entgegenmarschierte. In seiner Furcht setzte Vendôme nun, ohne zu handeln, die Krone Spaniens aufs Spiel: er beschleunigte die Erstürmung der Stadt, während er, zusammen mit dem König von Spanien, mit seiner ganzen Kavallerie auf die Höhen marschierte, von woher die feindliche Armee kommen sollte. Inzwischen griff die gesamt Infanterie Brihuega an. Die Belagerer bewiesen soviel Mut und Kühnheit, daß die Stadt trotz beträchtlicher Verluste der Angreifer genommen wurde. Die Belagerten, die sich ins Schloß zurückgezogen hatten, kapitulierten unverzüglich, das heißt, daß die Garnison, die aus acht Bataillonen und acht Schwadronen bestand, sich samt ihrem General Stanhope gefangengab. Die spanischen und wallonischen Regimenter blieben in Brihuega, und als Vendôme, der unablässig auf Starhemberg losmarschierte, das nächste Gefecht voraussah, ließ er nach Brihuega schicken mit dem Befehl, dort nur vierhundert Mann zurückzulassen. Dann setzte er seine Armee auf einem ziemlich ebenen Gelände zur Schlacht ein.

Wenn man bedenkt, in welcher Gefahr der König von Spanien sich damals befand, zittert man noch heute! Anstatt diese wie durch ein Wunder zusammengekommenen Kräfte zu schonen und alles langsam einzurichten, warf Vendômes Unbesonnenheit alle diese Kräfte in die Falle, die ihm gestellt worden war. In seiner Nachlässigkeit nahm er sich nicht einmal die Mühe, sich über den Ort zu unterrichten, den er auszuheben gedachte; statt auf einige Vorposten stieß er auf eine stattliche Garnison, eine Armee, die imstande war, während seiner Attacke über ihn herzufallen. Nun sah er, auf was er sich eingelassen hatte. Er erkannte die doppelte Gefahr, zwei Aktionen gleichzeitig durchstehen zu müssen, nämlich die gegen Stanhope und die gegen Starhemberg, und ihnen, wenn ihm dies mißlang, die Krone Spaniens und vielleicht auch die Person Philipps V. als Preis seiner Narrheit überlassen zu müssen. Doch wiederum geschah ein Wunder. Brihuega war ohne ihn genommen worden, und die Schlacht von Villaviciosa wurde ohne ihn gewonnen. Sein zweiter bezeichnender Fehler: dieser von den Seinen so vielgerühmte Scharfblick trübte sich. Er sieht den Erfolg nicht. Er bemerkt nur ein leichtes Schwanken im Zentrum! Aber mit einer Unverschämtheit, an die Spanien noch nicht so gewöhnt war wie Italien und Frankreich, behauptet er, daß er den Sieg errungen habe. Sobald der König von Spanien samt seinen Truppen durch Vendôme wieder auf das Schlachtfeld zurückgebracht worden war und er nicht mehr an seinem Glück zweifeln konnte, wurde ein Kurier an die Königin entsandt.

Erhebung des Zehnten von jedermann. – Goldmacher und Alchimisten.

Die nur allzu schmerzlich empfundene Unmöglichkeit, Frieden zu erlangen, und die finanzielle Verarmung des Landes stürzten den König in grausame Ängste und Desmaretz in ausweglose Schwierigkeiten. Die Flut des Papiergeldes, von dem der Handel überschwemmt wurde und das mehr oder minder an Kredit verloren hatte, erzeugte ein Chaos, das man in keiner Weise bewältigen konnte; Staatsobligationen, Papiergeld, Schuldverschreibungen der Steuereinnehmer, der Taille, Gutscheine für die Truppen im Winterquartier richteten die Privatleute zugrunde, da sie vom König gezwungen wurden, diese Scheine, die zu zwei Dritteln und mehr an Wert verloren hatten, in Zahlung zu nehmen. Bei diesem Zahlungssystem bereicherten sich die Finanzleute auf Kosten der Öffentlichkeit, aber der Geldumlauf stockte, weil es an Bargeld fehlte, weil der König niemanden mehr auszahlte, weil er immer mehr herauspreßte und weil alles, was es noch an Hartgeld gab, in den Koffern der Kriegsgewinnler gehortet wurde. Die von den Intendanten der Provinzen willkürlich verdoppelte und verdreifachte Kopfsteuer, die Tatsache, daß alle Waren um das Vierfache ihre Wertes besteuert worden waren, all das richtete den Adel, die Bürger, die Standesherren und den Klerus zugrunde, ohne daß es dem König, der alle Untertanen gleichermaßen aussaugte, etwas hätte nützen können. Er bereicherte somit nur ein riesiges Heer von Spekulanten und Steuereinnehmern, in deren Händen der größte Teil dieses Geldes hängenblieb. Desmaretz, dem der König schließlich die Finanzen ganz und gar hatte anvertrauen müssen, glaubte, es sei die Rettung, in jeder Gemeinde und für jeden Untertanen des Königs auf alle Güter nur noch den königlichen Zehnten zu erheben. Jenen Zehnten, den, wie ich berichtet habe, ehemals der Marschall de Vauban auf die eine und Boisguilbert auf die andere Art in Vorschlag gebracht hatten, allerdings als einfache und einzige Steuer, die ohne Abzüge in die Kasse des Königs fließen sollte, dank derer man auf jede andere Steuer hätte verzichten können. Zu dem Finanzrat, den der König jeden Dienstag sowie jeden Samstag abhielt, gehörten außer Monseigneur und dem Duc de Bourgogne, die an allen Räten teilnahmen, noch der Kanzler als ehemaliger Generalkontrolleur, der Duc de Beauvillier als Chef des Finanzrates, Desmaretz als Generalkontrolleur sowie zwei Staatsräte als Ratgeber des Finanzrates; das waren damals Peletier de Souzy und Daguesseau.

Alles, was Finanzangelegenheiten, Taxen, Steuern, Rechtsfragen, neue Steuererhebungen oder Erhöhung bereits vorhandener betraf, fiel in den Aufgabenbereich des Generalkontrolleurs; mit einem Finanzintendanten als Gehilfen bearbeitete er allein dieses Gebiet. Wenn die Sache aus irgendeinem Grunde besonders schwerwiegend war, wurde sie vom Generalkontrolleur unter vier Augen vorgelegt. So verabschiedete der Finanzrat Beschlüsse, die nur in den vier Wänden des Generalkontrolleurs gefaßt worden waren, sowie einschneidendste Verordnungen, die gleichfalls nirgendwo vorgelegt worden waren, die jedoch aufgrund der Unterschrift des Generalkontrolleurs weder der Staatssekretär zu unterzeichnen noch der Kanzler unbesehen zu siegeln sich weigern konnten; und die Mitglieder des Finanzrates erfuhren, genau wie jeder beliebige Untertan, der nichts mit Staatsgeschäften zu schaffen hatte, von solchen Verordnungen erst, wenn sie öffentlich bekanntgegeben wurden. Auf diese Weise wurde, wie ich seinerzeit berichtet habe, die Erhebung der Kopfsteuer vorgeschlagen und ging ohne Prüfung des Finanzrates durch. Damals machte man die außergewöhnliche Lage geltend, und nun bewog die inzwischen noch ernster gewordene Lage Desmaretz zu dem gleichen Vorgehen oder, besser gesagt, zu dem gleichen Spiel.

Am Dienstag, dem 30. September, betrat er den Staatsrat mit dem Edikt des Zehnten in seiner Tasche. Schon seit Tagen spürte jeder, daß etwas Bedrohliches in der Luft lag, und mit einem Rest von Hoffnung, der sich jedoch auf nichts als den Wunsch gründete, erwarteten sowohl der Hof als Paris, was sich ereignen würde. Nur flüsternd sprach man über die Sache, denn obwohl das Projekt so kurz vor der Verabschiedung stand, wagte niemand, laut darüber zu reden. Als sich die Mitglieder des Finanzrates an diesem Tag versammelten, wußten auch sie noch nichts Genaues. Nachdem alle Platz genommen hatten, zog Desmaretz ein umfangreiches Aktenbündel aus seiner Tasche. Darauf ergriff der König das Wort und erklärte, die Unmöglichkeit, Frieden zu schließen, und die ungewöhnlichen Schwierigkeiten, die sich bei der Weiterführung des Krieges ergäben, hätten Desmaretz veranlaßt, zu einem ungewöhnlichen Mittel zu greifen. Desmaretz habe ihm seine Ausarbeitung vorgelegt, und er seinerseits billige sie, obwohl es ihn hart ankäme, zu solchen Maßnahmen greifen zu müssen. Er sei indes gewiß, daß sie alle beipflichten würden, sobald Desmaretz ihnen den Sachverhalt auseinandergesetzt hätte. Nach dieser so entschiedenen und der Gewohnheit des Königs so widersprechenden Einleitungsrede äußerte sich Desmaretz in pathetischen Worten über die Unnachgiebigkeit der Feinde und die trostlose Lage der Finanzen. Er sprach nur kurz, aber mit Autorität, und meinte abschließend, da es keine andere Wahl gebe, hielte er es für besser, sich dieses einzig noch verbleibenden Hilfsmittels zu bedienen, als mitanzusehen, wie die Feinde von ganz Frankreich Besitz ergriffen. Es handele sich darum, den Zehnten auf jede Person ohne Ausnahme zu erheben, und, ohne auch nur eine Antwort abzuwarten, begann er alsbald, das Edikt vorzulesen. Er las es ohne jede Unterbrechung von Anfang bis Ende. Dann schwieg er. Da niemand das Wort ergriff, fragte der König Daguesseau nach seiner Meinung. Dieser ehrwürdige Verwaltungsbeamte erwiderte, die Angelegenheit erscheine ihm derart bedeutsam, daß er sich nicht unmittelbar dazu äußern könne. Der König entgegnete, Daguesseau habe vollkommen recht, aber sogar die Bedenkzeit, die dieser oder jener sich ausbäte, erübrige sich, denn man könne sich nicht gründlicher mit der ganzen Sache beschäftigen, als Desmaretz es getan habe, und dieser habe es für notwendig erachtet, das Edikt zu verfassen, dessen Wortlaut sie soeben vernommen hätten; er persönlich stimme der von Desmaretz dargelegten Lösung durchaus zu, es sei also reiner Zeitverlust, weiter darüber zu diskutieren. So wurde also diese einschneidende Verordnung verabschiedet, unterzeichnet, gesiegelt, mit verhaltenen Seufzern registriert und unter leisem, aber desto inständigerem Wehklagen veröffentlicht. Aber weder die Erhebung noch das Ergebnis entsprachen auch nur im entferntesten dem, was diese Menschenfresser sich davon versprochen hatten. Der einmal erhobene Zehnte ermöglichte es, die Kompaniestärke um je fünf Mann zu erhöhen. Auch den Wucherern, die sich beim Schachern mit den Papieren des Königs ungeheuer bereichert hatten, wurde eine Steuer auferlegt. Das heißt, sie hatten sich die Not derjenigen, denen der König diese Papiere in Zahlung gab, zunutze gemacht. Man behauptete, ungefähr dreißig Millionen aus dieser Steuer herauszuziehen. Auch dabei verdienten viele Leute Unmengen. Ob der König auf seine Kosten kam, weiß ich nicht. Kurz darauf schmolz man das Hartgeld ein, was für den König zwar ein Profit war, aber den Privatleuten sehr zum Schaden gereichte. Zu allen Zeiten hat man es für ein großes Unheil und für noch

Schlimmeres gehalten, das Geld und das Getreide anzutasten: Desmaretz hat uns an die Abwertung des Geldes gewöhnt, Monsieur le Duc und der Kardinal Fleury an die Verschleuderung des Getreides und an die Hungersnot.

Jene Brücke, die Mansart bei Moulins über die Allier gebaut hatte, war, wie ich berichtete, kaum daß sie fertiggestellt, schon wieder weggerissen worden. Daraufhin hatte er eine neue errichtet, von der er behauptete, daß sie bis in die fernste Zukunft halten würde; sie hat über achthunderttausend Livres gekostet und wurde zu Beginn dieses Winters durch die Überschwemmung der Loire weggerissen. Die Verwüstungen, die diese Überschwemmung anrichtete, kosteten den König mehr als zehn Millionen, und die Überschwemmung verdankte man, wie ich andernorts erklärt habe, dem Duc de La Feuillade.

Ende des Jahres erschien einer jener gaunerischen Abenteurer, die behaupten, sie verstünden es, Gold zu machen. Boudin, der Leibarzt Monseigneurs, ließ ihn unter seiner Aufsicht hinter verschlossener Tür in seinem Haus experimentieren. Dieser Boudin hieß nicht nur Boudin (Blutwurst), er sah auch danach aus. Als Sohn eines nicht weiter beachteten Apothekers des Königs studierte er Medizin. Er zeigte sich emsig, neugierig und einfallsreich. Wenn er bei seiner Sache geblieben wäre, hätte er einen hervorragenden Wissenschaftler abgegeben. Er war überdies sehr belesen, äußerte sich in ungezwungener und anregender Weise über Literatur und Geschichte. Er wurde zum Dekan der Medizinischen Fakultät von Paris ernannt, zum Arzt des Königs und schließlich zum Leibarzt Monseigneurs, mit dem er aufs beste stand. Er gewann eine solche Macht über Fagon, diesen Beherrscher der Medizinischen Fakultät und Tyrannen der Ärzte, daß er nach Belieben mit ihm umspringen konnte und jederzeit bei ihm Zutritt hatte. Fagon verabscheute den Tabak so sehr, daß er ihn für ein Gift hielt. Boudin schrieb eine medizinische Abhandlung gegen den Tabak, widmete sie Fagon und verteidigte sie in dessen Gegenwart, während er mit tabakbeklebten Fingern in seiner Tabatière wühlte, die er stets in der Hand hielt. Bei jedem anderen wäre Fagon in Raserei geraten, Boudin aber ließ er alles durchgehen.

Obwohl Boudin seinen Beruf liebte, wurde er seiner plötzlich überdrüssig. Er nahm sich nicht mehr die Mühe, die Kranken zu besuchen, aber er zeigte nach wie vor großes Interesse für jede Art Heilmittel und Geheimverfahren. Er glaubte fest an solche Möglichkeiten, verhöhnte die Fakultät, die von alledem nichts wissen wollte und die die Leute nach ihrem Schema sterben ließ. Er hielt große Stücke auf die Chemie und verstand wirklich etwas davon. Doch er ging noch weiter: er widmete sich der Alchimie. Er hatte sich in den Kopf gesetzt, daß der Stein der Weisen zu finden sei, und wurde trotz all seiner Gelehrsamkeit und seines Verstandes hundertmal zum Narren gehalten. Er gab viel Geld dafür aus, und obwohl er am Gelde hing, war ihm für diese Sache kein Preis zu hoch. Und für seine Experimente für die Gauner, die ihn ausraubten, ließ er die beste Gesellschaft im Stich. Tausend- und abertausendmal hereingefallen, fiel er immer aufs neue herein. Er spottete selbst darüber und erzählte die komischsten Geschichten. Der eingangs erwähnte Goldmacher vertrieb ihm die Zeit, täuschte ihn aber am Ende genau wie die anderen und kostete ihn viel Geld.

Anfang Dezember erklärte der König, er wolle, daß in Versailles Komödien gespielt und Appartements abgehalten würden, auch wenn Monseigneur in Meudon weile. Er war offensichtlich bestrebt, seinen Hof bei Laune zu halten, um dem In- und Ausland die Unordnung und die bedrohliche Lage der Staatsgeschäfte besser verbergen zu können. So kam es, daß man den Karneval schon sehr zeitig eröffnete und den ganzen Winter hindurch zahllose Bälle veranstaltete. In Paris sah es dennoch recht trostlos aus, und in den Provinzen war man verzweifelt.

(1711). – Verheiratung zweier mittelloser Günstlinge der Mme. de Maintenon.

Zu Beginn des Jahres fand eine kleine Hochzeit statt, die zwar nicht weiter erwähnenswert ist, aber ihrer Besonderheit halber doch angemerkt zu werden verdient. Es handelt sich um die Heirat zwischen Villefort und Jeannette. Das klingt zunächst recht nichtssagend, ist aber doch ganz interessant. Zunächst möchte ich die Personen vorstellen: Villeforts Mutter war schön und wohlerzogen. Eines Tages verlor sie ihren Ehemann, einen Major, der, ich weiß nicht an welchem Ort, in Garnison stand. Sie besaß acht Kinder, aber nichts, was sie mit ihnen hätte teilen können. Sie war gescheit, gewitzt, aber bar aller Koketterie und vollkommen tugendhaft. Durch irgendeine persönliche Empfehlung gelang es ihr, Mme. de Maintenon vorgestellt zu werden. Diese war, genau wie der König, von schönen Gesichtern leicht zu beeindrucken: die bescheidene und unglückliche Miene jener Frau rührte sie, und sie ließ ihr eine Pension zahlen, nahm sie unter ihre besondere Obhut und fand Gefallen an ihr. Ihr Ehemann war ein schlichter Edelmann gewesen und sie ein Edelfräulein. Ihr schönes Gesicht hielt sie nun über Wasser. Mme. de Maintenon nannte sie stets ihre schöne Witwe und verschaffte ihr einen der beiden Untergouvernantenposten bei den königlichen Enkeln. Jeannette, ebenfalls ein Edelfräulein, stammte aus der Bretagne und hieß Pincré. Ihr Vater, der plötzlich starb, ließ seine Frau ohne Brot mit einem Haufen kleiner Kinder zurück; zum Betteln gezwungen, machte sie sich, sobald sie konnte, mit den Kindern auf den Weg, warf sich vor der Karosse, in der Mme. de Maintenon nach Saint-Cyr fuhr, auf die Knie: Mme. de Maintenon zeigte sich mildtätig, zog Erkundigungen über die unglückliche Familie ein, ließ ihr etwas zukommen, suchte die Kinder entsprechend ihrem Alter unterzubringen, wo sie konnte, und nahm das kleinste der Mädchen zu sich, um es ihren Damen anzuvertrauen, bis es alt genug wäre, in Saint-Cyr eintreten zu können. Die Kleine war sehr hübsch; sie machte den Damen der Mme.

de Maintenon und bald auch ihr selbst viel Spaß. Der König, der ihr zuweilen begegnete, liebkoste sie; sie empfand nicht die mindeste Scheu vor ihm, und er war entzückt, einem so hübschen kleinen Mädchen zu begegnen, dem er gar keine Furcht einflößte, und er gewöhnte sich so sehr daran, mit ihr zu plaudern, daß er, als sie dann nach Saint-Cyr geschickt werden sollte, sich dem widersetzte. Zum jungen Mädchen herangewachsen, wurde sie noch anziehender, noch hübscher und noch unterhaltsamer. Mit einer unaufdringlichen Vertraulichkeit, die niemals lästig fiel. Sie sprach ganz unbefangen mit dem König, stellte ihm Fragen, trieb ihre Späße mit ihm, zwickte ihn, wenn sie ihn guter Laune sah, in den Arm und wühlte sogar in seinen Papieren, wenn er bei der Arbeit saß, aber stets mit Takt und Zurückhaltung. Ebenso verhielt sie sich gegenüber Mme. de Maintenon, in deren Umgebung sie ungemein beliebt war. Doch Mme. de Maintenon kam allmählich zu der Ansicht, daß Jeannette zu klug und zu reizvoll sei und daß der König zu sehr an ihr hinge. Furcht und Eifersucht bewogen sie, sich ihrer durch eine Verheiratung auf ehrenhafte Weise zu entledigen. Diesen Plan unterbreitete sie dem König, der jedoch fand an allen etwas auszusetzen. Das drängte Mme. de Maintenon noch mehr zur Eile. Endlich schlug sie den Sohn ihrer »schönen Witwe« als Ehemann vor. Der König, der Jeannette verschiedene Male mit kleinen Geldgeschenken bedacht hatte, bedachte sie nun mit weiteren und gab dem Ehemann das Gouvernement Guérande in der Bretagne. Mme. de Maintenon wähnte sich nunmehr von Jeannette befreit, aber sie täuschte sich! Als das Projekt abgesprochen war, erklärte ihr der König mit Nachdruck, er würde in die Heirat nur einwilligen, wenn Jeannette auch nach der Hochzeit bei ihr bliebe. Und sie mußte sich wohl oder übel fügen. Man kann es kaum glauben, daß die junge Frau ein Jahr später der einzige Trost für sie beide wurde, und das bis zum Lebensende des Königs.

Pater Tellier zettelt eine neue Polemik gegen Quesnels theologische Schrift an, eine Affäre, die letzten Endes zur Bulle Unigenitus und der Aufhebung des Edikts von Nantes führen wird.

Im März 1711 nahm jene Affäre ihren Anfang, die zu der für die Kirche und für den Staat so unheilvollen, für Rom so beschämenden, für die Religion so düsteren, aber für die Jesuiten, die Sulpicianer, die Ultramontanen, die Ignoranten und zumal für alle Art von Spitzbuben und Verbrecher so vorteilhaften Bulle »Unigenitus« führte, deren Folgen der Widerrufung des Edikts von Nantes gleichkamen; die Chaos, Unwissenheit, Täuschung und allgemeine Verwirrung hervorrief mit einer Gewaltsamkeit, unter deren Druck nach über dreißig Jahren hartnäckigster Verfolgung das ganze Königreich noch immer bebt und ächzt. Ich werde mich hüten, eine theologische Geschichtsdeutung zu unterbreiten, doch wäre es zu wünschen, daß das Publikum etwas mehr über die Entstehung, den Verlauf und die Fortschritte dieser furchtbaren Geschichte erführe. Ich gedenke mich auf das Wenige zu beschränken, was sich vor meinen Augen und zuweilen unter meiner Mitwirkung abgespielt hat, um diesen Stoff so zu behandeln, wie ich alles andere zu behandeln versucht habe; und werde alles weglassen, was ich nicht selbst gesehen oder von Beteiligten oder aus zuverlässigen Quellen erfahren habe.

Um etwas von jener Auseinandersetzung zu verstehen, die auf so entscheidende Weise die ganze letzte Regierungszeit Ludwigs XIV., die Zeit der Régence und die der unter Monsieur le Duc noch geheimen, nach seinem Sturz aber offenen Herrschaft des Kardinals Fleury bestimmt hat, muß man sich wieder an Dinge erinnern, von denen ich bereits in diesen Memoiren sprach und die zu wiederholen langwierig und ermüdend wäre, die ich, um sie wieder ins Gedächtnis zu bringen, kurz erwähnen will. Ich erinnere zunächst an die Streitigkeiten um den Quietismus, an die Ungnade, in die der Erzbischof von Cambrai fiel, und die außerordentliche Gefährdung der Herzöge de Chevreuse und de Beauvillier, die jedoch ihre enge Bindung an ihren Prälaten nicht zu erschüttern vermochte; an das Triumvirat gegen Fénelon, die geheime Wühlarbeit der Jesuiten, deren Mehrzahl sich gegen ihn erklärte, ohne ihm jemals ernstlich zu schaden; an die Union, die sich daraus ergab, das heißt jenen Pakt zwischen Saint-Sulpice, Bissy (zunächst Bischof von Toul, dann von Meaux, später Kardinal), und schließlich dem Pater Tellier, an den Stand des sorgfältig mit Leuten ohne Namen, ohne Kenntnis und oft sogar ohne Gewissen und Ehre besetzten Episkopats; an die Angelegenheit in China, die in dieser Hinsicht so peinliche Situationen der Jesuiten und den persönlichen Anteil, den der Pater Tellier daran nahm, an den Haß, den die Jesuiten und insbesondere der Pater Tellier gegen den Kardinal de Noailles hegten; an den so glücklichen Gebrauch, den sie stets vom Jansenismus zu machen verstanden, und schließlich an den Charakter des Kardinals de Noailles sowie an die bereits hinlänglich bekannten Charaktere des Königs und der Mme. de Maintenon.

Wenn man sich all das ins Gedächtnis ruft, begreift man den leidenschaftlichen Wunsch des Pater Tellier, die Jesuiten aus der mißlichen Lage, in die sie die Verurteilung ihres Verhaltens in China gebracht hatte, zu befreien; und andererseits den Kardinal de Noailles endgültig schachmatt zu setzen. Um zwei so gewaltige Schläge zu führen, bedurfte es eines aufsehenerregenden Falles, durch den sich Rom aufs empfindlichste getroffen fühlte und zu dessen Beilegung es nur auf die Mithilfe des Pater Tellier rechnen konnte.

Dank dem Erzbischof von Cambrai hatte Pater Tellier die Herzöge de Beauvillier und de Chevreuse auf seiner Seite; Ponchartrain stand gleichfalls zu ihm; aus Opposition zu seinem Vater und aus niederen politischen Beweggründen und d'Argentons war er ohnehin sicher. Mit Hilfe dieser beiden letztgenannten Männer vermochte er, ohne selbst in Erscheinung zu treten, dem König alles zu unterbreiten, was ihn nützlich dünkte. Die enge persönliche Beziehung des Kardinals de Noailles zu Mme. de Maintenon beunruhigte ihn nicht weiter; sie war allzu abgenutzt und hatte längst ihre Wirkung verloren. Mme. de Maintenon war nach dem Tode des Bischofs von Chartres von drei Männern umgeben: von dem Bischofsnachfolger und dessen Neffen, da er die Verwaltung Saint-Cyrs innehatte; von Chétardie, da er als Pfarrer von Saint-Sulpice ihr Beichtvater war, von Bissy, damals Bischof von Meaux, den der verstorbene Bischof von Chartres ihr empfohlen hatte und der, ohne daß sie dessen innewurde, seines Aufstiegs halber mit Leib und Seele von den Jesuiten, und insbesondere von dem Pater Tellier und dessen beiden Akolyten, abhing.

Nachdem der Plan eingefädelt und die erforderlichen Maßnahmen getroffen waren, wurde beschlossen, aus dem Hintergrund ein Unwetter heraufzubeschwören und es auf ein Buch herniederprasseln zu lassen, nämlich Pater Quesnels *Réflexions sur le Nouveau Testament*, und zwar speziell auf jene Ausgabe, die vom Kardinal de Noailles, der der 16. Bischof von Chalons war, gebilligt worden war. Sich noch über den schon mehrfach erwähnten und allgemein bekannten Pater Quesnel zu äußern erübrigt sich hier. Das Werk war von einer großen Anzahl von Prälaten und Theologen befürwortet worden und erbaute seit mehr als vierzig Jahren die gesamte Kirche, ohne auf den geringsten Widerspruch zu stoßen. Es schien, daß ein so weit verbreitetes und so geschätztes Buch vor jeder Verunglimpfung hätte gefeit sein müssen, aber das Beispiel des erfolgreich geführten Angriffs gegen die Abhandlung über die heilige Kommunion von Arnauld, ein Werk, das durch den Namen seines Autors, die Zahl, die Würde und den Ruf seiner Befürworter fast noch berühmter war, hatte den Pater Tellier in Sicherheit gewiegt. Er scheute sich nicht, Quesnels Schrift und zugleich den Kardinal de Noailles, der diese seinerzeit gebilligt hatte, angreifen zu lassen. Zur Durchführung eines so kühnen Streiches bediente er sich zweier völlig unbekannter und bedeutungsloser Männer, der eine, Champflour, Bischof von La Rochelle, war die Unwissenheit und Grobschlächtigkeit selbst, der nichts weiter im Sinne hatte, als sich möglichst ultramontan zu gebärden. Der andere, Valderie de Lescure, war nicht ganz so unwissend, aber ebenso grobschlächtig, ebenso ultramontan wie Champflour und im gleichen Maße den Jesuiten ausgeliefert, die ihn zum Bischof von Luçon gemacht hatten.

Pater Tellier veranlaßte die beiden, gemeinsam einen schriftlichen Antrag zu stellen, in dem sie die Verurteilung der *Réflexions sur le Nouveau Testament,* und zwar jene von dem Kardinal de Noailles gebilligte Ausgabe, verlangten; ein Schriftstück von solcher Sprengkraft war nicht dazu bestimmt, in den Diözesen von Luçon und La Rochelle zu versickern; es wurde alsbald nach Paris geschickt, dort massenhaft verbreitet und entgegen allen kirchlichen und polizeilichen Vorschriften überall angeschlagen, insbesondere an den Türen der Kirchen und denen des erzbischöflichen Palais, wo der Kardinal de Noailles und die Bürger von Paris es erstmals zur Kenntnis nahmen.

Nun hatte jeder dieser beiden Bischöfe einen Neffen im Seminar von Saint-Sulpice, zwei für ihr Alter recht törichte Knaben und genauso wie ihre Onkel außerstande, ohne Antrieb von anderen irgend etwas zu unternehmen, geschweige denn die Veröffentlichung eines so plakativen

Textes. Der Kardinal de Noailles, der sich von den beiden Landbischöfen so unerwartet herausgefordert fühlte, beging einen kapitalen Fehler. Er machte es wie ein Hund, der nach dem Stein schnappt, mit dem man ihn bewarf, statt nach dem Arm, der den Stein geworfen hat. Er befahl dem Superior des Seminars von Saint-Sulpice, jene beiden jungen Leute aus seinem Hause zu entfernen. Diese Ausweisung erregte großes Aufsehen.

Der Kardinal berichtete dem König von der Beleidigung, die man ihm zugefügt hatte, und bat ihn um Beistand. Der König zeigte Verständnis, aber die Sache verzögerte sich wegen der natürlichen Langsamkeit des Kardinals, und weil die Audienzen nur einmal wöchentlich stattfanden. In der Zwischenzeit hetzte man den König auf, der zwar den Kardinal de Noailles liebte und achtete, aber in seinem Urteil noch schwankte. Überdies spielte man den beiden Bischöfen ein eigens für den König bestimmtes Gesuch in die Hände, das sie unterzeichnen sollten und das hernach dem König von Pater Tellier überreicht wurde. Es war unverkennbar, daß die beiden mitragekrönten Tiere zu diesem ausgeklügelten Text nichts beigetragen hatten als einzig ihre Unterschrift. Nachdem sie den König mit Lobsprüchen überschüttet und ihn ob seiner Frömmigkeit und ob der Protektion, die er der Kirche angedeihen lasse, mit Konstantin und Theodosius verglichen hatten, flehten sie ihn, zu seinen Füßen kniend, um seinen Schutz an, nicht für sich selbst, auch nicht für ihre Neffen, sondern für die Kirche, für das Episkopat, für die Freiheit der rechten Lehre, und erbaten Bestrafung des Attentats, mit dem der Kardinal de Noailles diese Freiheit in Gefahr brächte. Alsbald verwiesen sie auf sein Verhalten gegenüber ihren Neffen. Nach einer ausschweifenden Polemik gegen den Pater Quesnel und dessen von dem Kardinal de Noailles gebilligten *Réflexions* entlarvten sie letzteren als einen Feind der Kirche, des Papstes und des Königs. Der Brief war so erfindungsreich, so klug konstruiert und so schlagend in der Beweisführung, daß er weder in La Rochelle noch in Luçon entworfen sein konnte. Man gedachte sich die Austreibung der beiden Neffen aus dem Seminar von Saint-Sulpice zunutze zu machen, die Gelegenheit zu ergreifen, einen König, der so eifersüchtig über seine Autorität wachte, aufzuwiegeln, die Fragestellung zu verändern, sich selbst zum Angreifer zu machen und den Kardinal in die Defensive zu drängen. Und das trat dann auch ein.

Der Kardinal beging einen zweiten und sehr gravierenden Fehler, weil er bei der letzten Audienz weder diese Veröffentlichung noch diesen Brief erwähnte. Wohingegen der Pater Tellier die Gelegenheit ergriff, den König um eine autoritäre Entscheidung zu ersuchen und ihm nahezulegen, daß diese armen, im Stich gelassenen Prälaten, die in Gefahr stünden, wegen der rechten Lehre verfolgt zu werden, seines Schutzes bedürften. Als der Kardinal acht Tage später wiederum zur Audienz kam, war er sehr erstaunt, daß der König ihm, als er über diese Angelegenheit zu sprechen begann, einfach das Wort abschnitt.

Um diese Zeit verheiratete Lassay seinen Sohn mit dessen Tante. Lassay hatte sich in mancherlei Berufen versucht, was Madame la Duchesse zu einem sehr amüsanten, aber wenig schmeichelhaften Chanson veranlaßte. Sie ahnte damals noch nicht, wie es ihr später mit Lassays Sohn ergehen sollte. Der Vater hatte mehrere Ehen geschlossen, die alle gescheitert waren. In zweiter Ehe war er mit einer Apothekerstochter verheiratet, die bereits der Duc Charles de Lorraine hatte heiraten wollen, woran man ihn nur mit Gewalt hatte hindern können. Lassay verlor diese Frau bald darauf, und in seinem Herzenskummer zog er sich in die tiefste Einsamkeit zurück, lebte im Spital der Unheilbaren und wurde sehr fromm. Doch mit den Jahren tröstete er sich, und Langeweile überkam ihn: er setzte sein Haus wieder instand und versuchte wieder in der Gesellschaft Fuß zu fassen. Er war geistreich, belesen und tapfer. Er hatte, bevor er sich zurückzog, nur kurze Zeit in der Armee Dienst getan und führte das Leben eines Provinzadligen. Der Ungarische Kriegszug der beiden Conti kam ihm als Abwechslung sehr gelegen. Da die Prinzen gegen den Willen des Königs nach Ungarn zogen, waren sie sehr allein, und so war ihnen jeder willkommen. Lassay begleitete sie. Als nach der Rückkehr der eine der beiden starb und der andere nach Chantilly verbannt wurde, schloß sich Lassay an Monsieur le Duc an, drängte sich in dessen fragwürdige Zusammenkünfte ein, war ein bequemer Mitspieler, beteiligte sich nach Maßgabe, aber ohne rechten Erfolg am Intrigieren und heiratete schließlich eine Bastardtochter von Monsieur le Prince, die ein paar Jahre später im Wahnsinn endete. Sein recht begabter und geistreicher Sohn tat Dienst und wurde dann später Brigadier bei der Infanterie. Durch seinen Vater war er an das Haus Condé gefesselt. Er hatte zwar das Gesicht eines Affen, aber eine glänzende Figur. Als er gerade seine Tante geheiratet hatte, fand Madame la Duchesse Gefallen an ihm. Er stand ihr stets zur Verfügung; die Beziehung zwischen den beiden wurde immer intimer und erstaunlicherweise öffentlich bekannt. Er wurde ohne jede Beschönigung zum Beherrscher von Madame la Duchesse und zum Leiter aller ihrer Geschäfte. Zu Lebzeiten des Königs, der das wohl wußte, der aber in seinen letzten Lebensjahren den Dingen ihren Lauf ließ, aus Furcht sich zu ärgern und sich aufzuregen, verschleierte man das Verhältnis noch ein wenig, nach seinem Tod jedoch kannte man keinerlei Hemmungen mehr.

Ostern fiel in diesem Jahr auf den 5. April. Am Mittwoch, dem 8., begab sich Monseigneur nach der Ratssitzung zum Mittagessen im »Parvulo« nach Meudon, wohin er die Duchesse de Bourgogne mitnahm. Ich habe bereits erklärt, was es mit diesem Parvulo auf sich hatte. Einige Höflinge baten, mit nach Meudon fahren zu dürfen, wo man acht Tage bleiben wollte, um dann nach Marly zu reisen. Die Aufenthalte in Meudon bereiteten mir stets größtes Unbehagen. Meudon war für mich ein von Dämonen verpesteter Ort. Nachdem Madame la Duchesse von der Rücksichtnahme ihres ersten Trauerjahres befreit war, schwang sie dort wieder das Zepter und brachte auch ihre Töchter mit. D'Antin beherrschte wie immer die Szene; Mlle. de Lillebonne und ihre Schwester dominierten ganz offen. Sie alle waren meine persönlichen Feinde.

Da ich in derart gespanntem Verhältnis zu Monseigneur und seiner Umgebung stand, entzog ich mich diesen Reisen nach Meudon. Doch wenn mir der derzeitige Zustand schon soviel zu schaffen machte, was hatte ich dann alles von der Zukunft zu erwarten, die täglich näher rückte und Monseigneur auf den Thron bringen würde! Doch ich sagte mir, daß man weder alles Gute noch alles Böse, das einem zuteil wird, in seinem ganzen Umfang empfindet; so hoffte ich gegen alle Hoffnung auf den Wechsel irdischer Dinge und begab mich wie stets auch in dieser Osterwoche nach La Ferté.

Monseigneur erkrankt an Blattern und stirbt. – Entsetzen bei Hofe.

Am Sonnabend vor Quasimodo war ich den ganzen Vormittag mit zwei Freunden spazierengegangen; als ich mich kurz vor dem Mittagessen in mein Arbeitszimmer begab, erschien ein Bote, der mir einen Brief von Mme. de Saint-Simon brachte; sie teilte mir mit, daß Monseigneur plötzlich erkrankt sei. Auf der Fahrt nach Meudon, wohin dieser Prinz sich, wie ich bereits sagte, einen Tag vor Ostern begeben hatte, war er einem Priester begegnet, der einem Sterbenden die Sakramente brachte. Monseigneur stieg zusammen mit der Duchesse de Bourgogne aus seinem Wagen, um niederzuknien. Dann fragte er, was dem Kranken, den man versehen wolle, denn fehle; er erfuhr, daß dieser die Blattern habe. Es lagen damals viele Leute mit Blattern darnieder; Monseigneur jedoch hatte sie nur als Kind und ganz flüchtig gehabt, und er fürchtete sie sehr. Er war also recht erschrocken und sagte am Abend zu Boudin, seinem Leibarzt, es würde ihn nicht überraschen, wenn er sie auch bekäme. Der Tag jedoch verlief ganz wie üblich. Am anderen Morgen, Donnerstag den 9., stand er auf, um auf die Wolfsjagd zu gehen; aber während des Ankleidens befiel ihn ein solcher Schwächeanfall, daß er in einen Sessel sank. Boudin hieß ihn wieder zu Bett gehen. Der Pulsschlag war den ganzen Tag über besorgniserregend.

Der König, der von Fagon kurz benachrichtigt worden war, glaubte, die Sache habe nichts weiter auf sich, und fuhr nach dem Mittagessen nach Marly, wo ihn mehrfach Berichte aus Meudon erreichten. Der Duc und die Duchesse de Bourgogne blieben auch über Mittag in Meudon, sie wollten Monseigneur keinen Augenblick allein lassen. Die Prinzessin erfüllte ihre schwiegertöchterlichen Pflichten mit all ihrer Liebenswürdigkeit; sie pflegte den Kranken mit eigener Hand. Ihr Herz ließ sich von den Möglichkeiten, die der Verstand ihr eröffnete, nicht verwirren. Ihre Fürsorge und ihre Hinwendung waren zwar davon beeinflußt, zeigten jedoch keine Spur von Künstelei oder Verstellung. Der Duc de

Bourgogne erfüllte seine Sohnespflichten mit schlichter und frommer Selbstverständlichkeit, und obwohl man zu argwöhnen begann, es seien die Blattern, die der Herzog noch nicht gehabt hatte, wollten beide Monseigneur nicht verlassen; sie entfernten sich nur, um mit dem König zu Abend zu essen.

Aufgrund ihrer Darstellung schickte der König am Freitag, den 10., mit genauen Anfragen nach Meudon, so daß er nun bei seinem Erwachen erfuhr, in welcher Gefahr Monseigneur schwebte. Er hatte schon am Vorabend erklärt, er wolle anderntags nach Meudon fahren und dort bleiben, solange Monseigneur krank sei, gleichviel was ihm fehle. Er machte sich also sofort nach der Frühmesse auf den Weg. Bei seinem Aufbruch verbot er seinen Kindern, nach Meudon zu kommen. Er verbot es allgemein jedem, der die Blattern noch nicht gehabt hatte. So standen die Dinge, als mir Mme. de Saint-Simon den Boten schickte; die Ärzte mutmaßten, es seien die Blattern, wiewohl sie noch nicht eindeutig festzustellen waren.

Ich werde auch fernerhin von mir selbst mit der gleichen Offenheit sprechen, mit der ich von den anderen spreche, und werde den Sachverhalt und den Ablauf der Geschehnisse so genau wie nur möglich zu schildern versuchen. Man wird sich eingedenk des gespannten Verhältnisses, in dem ich zu Monseigneur und seinem kleinen Hof stand, leicht denken können, welchen Eindruck diese Nachricht auf mich machte. Da ich mich in La Ferté recht wohl fühlte, beschloß ich, in Ruhe neue Mitteilungen abzuwarten; ich schickte Mme. de Saint-Simon einen Boten und bat sie, mir anderntags wieder Nachricht zukommen zu lassen. Ich verbrachte den Tag in unbestimmter Gemütserregung; zwischen Ebbe und Flut wechselnder Hoffnung, die an Boden gewann und wieder verlor, und während ich mich bemühte, den Menschen und Christen über den Menschen und Höfling zu stellen, gingen mir in diesem entscheidenden Augenblick, der mir eine plötzliche und unerhoffte Befreiung sowie die angenehmsten Zukunftsbilder zu verheißen schien, die mannigfaltigsten Gedanken durch den Kopf. Der Bote, den ich ungeduldig erwartete, traf am Sonntag Quasimodo in den frühen Morgenstunden ein. Ich erfuhr, daß Monseigneur in der Tat die Blattern hätte, daß es ihm aber verhältnismäßig gutgehe. Schon glaubte ich, Monseigneur sei davongekommen, und wollte in La Ferté bleiben. Gleichviel ging ich noch einmal mit mir zu Rate, wie ich es stets in meinem Leben getan hatte, und machte mich doch auf den Weg. Vierzehn Meilen von La Ferté und sechs Meilen von Versailles entfernt traf ich in La Queue, wo ich die Pferde wechselte, einen Steuereinnehmer, den ich seit langem kannte. Er kam gerade aus Paris und aus Versailles, wo er mit den Dienern von Madame la Duchesse gesprochen hatte. Monseigneur, sagte er mir, befinde sich wieder sehr wohl, und alles lasse darauf schließen, daß er außer Gefahr sei. Mit dieser Vorstellung kam ich nach Versailles, und Mme. de Saint-Simon wie jeder andere, dem ich begegnete, bestätigte mir, daß es Monseigneur entschieden besser gehe, daß man lediglich einen Rückfall befürchte, was bei dieser tückischen Krankheit und bei einem fetten Mann von fünfzig Jahren durchaus möglich sei. Der König hielt wie gewöhnlich Staatsrat und arbeitete abends mit den Ministern. Morgens und abends und mehrfach auch nachmittags besuchte er Monseigneur.

In Meudon selbst boten sich die verschiedensten Aspekte: da hauste die Choin in ihrem Gelaß; Madame la Duchesse, Mlle. de Lillebonne und Mme. d'Espinay aber saßen beständig an Monseigneurs Bett, während sie, die Choin, nur zu ihm hineinging, wenn der König nicht zugegen war und die Princesse de Conti, die gleichfalls regelmäßig erschien, sich zurückgezogen hatte.

Am Dienstag, dem 14. April, einen Tag nach meiner Ankunft aus La Ferté, hielt der König, der sich in Meudon meist langweilte, wie üblich am Morgen Finanzrat und, um die Zeit totzuschlagen, entgegen seiner Gewohnheit am Nachmittag auch noch Depeschenrat. Als der Kanzler von dieser letzten Sitzung nach Versailles zurückgekehrt war, suchte ich ihn auf, um mich nach Monseigneurs Befinden zu erkundigen. Er versicherte mir, es gehe ihm gut, Fagon habe erklärt, die Krankheit nehme wider alles Erwarten einen denkbar günstigen Verlauf. Der Kanzler schien voller Zuversicht, und ich glaubte das um so eher, da er, der in bestem Einvernehmen mit Monseigneur stand, selbst einen Rückfall befürchtet hatte.

Die Fischweiber von Paris, Monseigneurs treue Freundinnen, die schon bei seinem Schlaganfall ihre Anteilnahme bekundet hatten, bezeigten nun zum zweiten Male ihren Eifer. Noch am selben Morgen kamen sie in aller Frühe in mehreren Mietwagen nach Meudon. Monseigneur wollte sie sehen; sie warfen sich vor ihm nieder, bedeckten sein Bett unablässig mit Küssen und waren schier außer sich vor Freude, daß es Monseigneur wieder so gutging; sie wollten, riefen sie aus, ganz Paris auf die Beine bringen, ein Fest veranstalten und ein Tedeum anstimmen lassen. Monseigneur, der für solche Liebesbeweise des Volkes recht empfänglich war, meinte jedoch, es sei noch nicht an der Zeit, und nachdem er ihnen sehr herzlich gedankt hatte, befahl er, man möge ihnen sein ganzes Schloß zeigen, sie zu einem guten Mittagessen einladen und ihnen zum Abschied ein Geldgeschenk überreichen. Ich war gerade vom Kanzler zurückgekommen und saß mit Coëtanfao in meinem Arbeitszimmer, da meldete man mir die Duchesse d'Orléans, die sich vor dem Abendessen noch ein wenig mit mir unterhalten wollte. Ich empfing sie im Gemach von Mme. de Saint-Simon, die ausgegangen war, jedoch bald wieder zurückkehrte und sich als dritter zu uns gesellte.

Die Prinzessin und ich brannten sozusagen schon darauf, uns über die Lage auszusprechen, über die wir beide so ziemlich dasselbe dachten. Sie war erst vor einer Stunde aus Meudon zurückgekehrt, wo sie den König um acht Uhr abends gesehen hatte. Sie wiederholte die Wendung, deren Fagon sich bediente und die ich bereits vom Kanzler vernommen hatte; sie bestätigte mir, daß in Meudon größte Zuversicht herrsche, rühmte die Sorgfalt und die Umsicht der Ärzte, die nichts unversucht ließen, einschließlich jener natürlichen Heilmittel, die sie gewöhnlich zu verachten pflegten. Sie war recht beeindruckt von dem Erfolg, und um offen zu sein, muß ich zu unserer Schande gestehen, sie und ich beklagten beide, daß Monseigneur, so alt und fett er war, dieser gefährlichen Seuche entkommen sollte. Betrübt, aber mit der ganzen Ironie und mit dem unverkennbaren Tonfall der Mortemart folgerte sie, daß nach einer solchen Reinigungskur nicht einmal die geringste Hoffnung auf einen Schlaganfall bestünde; auch Indigestionen ließen sich kaum mehr erwarten, seit Monseigneur sich so davor fürchtete und seit er die Ärzte zu Wächtern seiner Gesundheit gemacht hatte; mehr als schwermütig gelangten wir also zu dem Schluß, man müsse nunmehr wohl damit rechnen, daß dieser Prinz lange Zeit leben und herrschen würde. Es folgten endlose Erörterungen über die unheilvollen Begleiterscheinungen seiner Herrschaft. Mit einem Wort, wir ließen unserem Unmut freien Lauf, wenngleich ab und zu Gewissensbisse dieses eigentümliche Gespräch unterbrachen, das jedoch nach einer kleinen Erschöpfungspause regelmäßig wieder an seinen Ausgangspunkt zurückkehrte. Zwar versuchte Mme. de Saint-Simon in aller Bescheidenheit diesen gespenstischen Reden Einhalt zu tun, aber es gab kein Halten mehr, und so ergab sich ein merkwürdiger Widerstreit zwischen menschlichen Gefühlen, die uns sehr berechtigt erschienen, und der Einsicht, daß diese der Religion widersprachen. So verbrachten wir volle zwei Stunden, die uns sehr kurz erschienen. Dann war es Zeit zum Abendessen. Die Duchesse d'Orléans begab sich zu ihrer Tochter, und wir gingen wieder in mein Zimmer hinüber, in dem sich bereits einige Freunde eingefunden hatten, die zum Essen bei uns blieben.

Während man also in Versailles und sogar in Meudon ganz unbesorgt war, hatte sich die Lage völlig verändert. Der König hatte Monseigneur, der für solche Zeichen der Zuneigung sehr dankbar war, mehrmals am Tage aufgesucht; bei seinem Besuch am Nachmittag, vor dem Depeschenrat, war der König über die starken Schwellungen, die sich im Gesicht und am Kopf bemerkbar machten, so erschrocken, daß er sich bald verabschiedete und beim Verlassen des Zimmers einige Tränen vergoß. Man beruhigte ihn, so gut man konnte, und nach dem Depeschenrat erging er sich dann im Park.

Inzwischen konnte Monseigneur die Princesse de Conti schon nicht mehr erkennen, was Boudin in ziemliche Aufregung versetzte. Die Höflinge kamen einer nach dem anderen ihn besuchen; die vertrautesten blieben Tag und Nacht; er erkundigte sich unaufhörlich bei ihnen, ob der Zustand, in dem er sich befände, zum Verlauf dieser Krankheit gehöre. Solange er sich von den beruhigenden Auskünften, die man ihm gab, noch beeindrucken ließ, erhoffte er sich von dieser Blutreinigung neue Lebenskraft und Genesung. Und bei einer dieser Gelegenheiten gestand er der Princesse de Conti, er habe sich, ohne es zugeben zu wollen, schon seit langem sehr elend gefühlt; am Gründonnerstag sei ihm vor Schwäche das Gebetbuch aus der Hand gefallen.

Gegen vier Uhr nachmittags, zur Zeit des Depeschenrats, verschlechterte sich sein Zustand derart, daß Boudin Fagon den Vorschlag machte, Ärzte aus Paris kommen zu lassen; aber Fagon brauste auf, zeigte sich taub gegen jeden Einwand, widersetzte sich hartnäckig, irgend jemanden zu Rate zu ziehen, sagte, es sei nutzlos, sich in Dispute und Widersprüche zu verwickeln, und behauptete, sie selber würden mit dieser Krankheit ebensogut oder besser fertig werden als irgendein Außenstehender, den man erst herbeirufen müsse; er wollte mit aller Gewalt Monseigneurs Zustand geheimhalten, obwohl sich das Befinden des Kranken von Stunde zu Stunde verschlimmerte, was gegen sieben Uhr sogar etlichen Dienern und Höflingen aufzufallen begann. Doch das waren alles Leute, die vor Fagon zitterten: und da er anwesend war, wagte niemand den Mund aufzutun, um den König oder wenigstens Mme. de Maintenon zu benachrichtigen. Madame la Duchesse und die Princesse de Conti versuchten Ruhe zu bewahren. Eigentümlich war es, daß man den König, ohne ihn zu erschrecken, zu Tisch gehen und, ohne ihn zu behelligen, das Abendessen einnehmen lassen wollte; so daß er, im Vertrauen auf Fagon und die allgemeine Zuversicht, Monseigneurs Zustand für unbedenklich hielt, obwohl er am Nachmittag die Schwellungen bemerkt hatte und obwohl er davon so beunruhigt gewesen war. Während der König also ganz friedlich zu Abend aß, begannen all jene, die in Monseigneurs Zimmer weilten, allmählich den Kopf zu verlieren. Fagon und seine Helfer verabreichten, ohne auch nur auf die Wirkung zu warten, ein Medikament nach dem anderen. Der Pfarrer von Meudon, der des Abends, bevor er nach Hause ging, stets noch einmal vorzusprechen pflegte, fand gegen alle Gewohnheit sämtliche Türen geöffnet und die Diener in fassungsloser Bestürzung. Er betrat das Schlafzimmer, da sah er, was man nur allzuspät wahrhaben wollte; er eilte an das Bett, ergriff Monseigneurs Hand, empfahl ihn Gott, und als er bemerkte, daß der Kranke, wiewohl fast außerstande zu sprechen, noch bei Bewußtsein war, versuchte er – worauf noch niemand gekommen –, ihm die Beichte abzunehmen. Der arme Prinz wiederholte einige Worte deutlich, andere nur unverständlich, schlug sich an die Brust, drückte dem Pfarrer die Hand, schien von frommen Gefühlen bewegt und empfing mit reuiger Zerknirschung die Absolution.

Unterdessen hatte der König sein Abendessen beendet; er glaubte, auf den Rücken zu fallen, als Fagon erschien und ihm völlig verstört zurief, es gehe nun zu Ende. Man kann sich vorstellen, welches Entsetzen alle ergriff bei dieser unerhofften Wendung von ruhiger Zuversicht zur äußersten Verzweiflung.

Seiner Sinne kaum mächtig, begab sich der König unverzüglich in Monseigneurs Gemächer. Das aufdringliche Bemühen einiger Höflinge, ihn zurückzuhalten, wehrte er schroff ab und erklärte, er wolle seinen Sohn noch einmal sehen, auch wenn es keine Hilfe mehr gäbe. Als er gerade in das Krankenzimmer treten wollte, kam ihm die Princesse de Conti entgegen, um ihn am Eintreten zu hindern; sie stieß ihn sogar mit den Händen zurück und beschwor ihn, fortan nur noch an sich selber zu denken. Völlig erschöpft ließ der König sich nun auf ein Kanapee sinken, das neben der Durchgangstür stand. Jeden, der aus Monseigneurs Zimmer kam, bat er um Auskunft, doch fast niemand wagte, ihm Antwort zu geben. Bevor er heruntergegangen war – er selbst wohnte nämlich im ersten Stock – hatte er nach dem Pater Tellier geschickt, der sich schon zu Bett gelegt hatte, jedoch im Augenblick wieder angekleidet in Monseigneurs Zimmer stand; aber nach allen Aussagen der Dienstboten war es schon zu spät, obwohl der Jesuit, vielleicht um den König zu trösten, versicherte, er habe dem Sterbenden noch eine gültige Absolution erteilen können. Auch Mme. de Maintenon war schleunigst herbeigekommen, sie saß neben dem König auf dem Kanapee und gab sich die größte Mühe, einige Tränen herauszupressen. Sie versuchte, den König, dessen Karosse schon bereitstand, zum Aufbruch zu bewegen; dazu aber wollte dieser sich durchaus nicht verstehen, ehe Monseigneur sein Leben ausgehaucht habe.

Seit der König im Vorzimmer weilte, währte die Agonie des Bewußtlosen bereits über zwei Stunden. Madame la Duchesse und die Princesse de Conti teilten sich in die Sorge um den Sterbenden und um den König, den sie immer wieder aufsuchten, während die Schulmediziner, die ratlose Dienerschaft und die umherwimmelnden Höflinge sich gegenseitig im Weg standen, sinn- und ziellos umherrannten, ohne sich eigentlich von der Stelle zu rühren. Endlich trat der entscheidende Augenblick ein: Fagon gab den Tod bekannt. Der König war tief betrübt; da ihn die versäumte Beichte bekümmerte, behandelte er seinen Leibarzt recht barsch; dann ging er, von Mme. de Maintenon und den beiden Prinzessinnen begleitet, hinaus. Die Gemächer lagen zu ebener Erde, und als der König sich anschickte, in den Wagen zu steigen, sah er Monseigneurs Berline vor sich. Er gab ein Zeichen, daß man ihm einen anderen Wagen schicke, da ihn dieser Anblick zu schmerzlich berührte. Er war indessen nicht so in Kummer versunken, daß er nicht sobald er Pontchartrains ansichtig wurde, sofort daran dachte, diesen herbeizurufen und ihm zu sagen, er möge seinem Vater und den übrigen Ministern ausrichten, sie möchten sich zu der Staatsratssitzung am anderen Morgen in Marly etwas später einfinden. Ich will über diese Fühllosigkeit weiter kein Wort verlieren, ich will nur erwähnen, daß alle, die diese Szene erlebten, größte Überraschung bezeigten. Pontchartrain erwiderte, da nur laufende Geschäfte vorlägen, wäre es wohl besser, den Ministerrat einen Tag aufzuschieben, als den König jetzt mit einer Sitzung zu belasten. Der König war einverstanden. Er stieg unter größter Anstrengung und hilfreich unterstützt in den Wagen. Zahlreiche Beamte Monseigneurs warfen sich rechts und links des Wagens vor dem König auf die Knie und flehten unter lautem Wehklagen, er möge Mitleid mit ihnen haben; sie hätten alles verloren und müßten Hungers sterben.

Während Meudon von Schrecken erfüllt war, lag Versailles, wo man nicht das geringste ahnte, in völliger Ruhe. Wir hatten zu Abend gegessen; die Gesellschaft hatte sich bald darauf zurückgezogen, und ich plauderte noch mit Mme. de Saint-Simon, die, da sie zu Bett gehen wollte, schon dabei war, sich zu entkleiden, als ein ehemaliger Kammerdiener – dem sie bei der Duchesse de Berry einen kleinen Posten verschafft hatte – ganz atemlos herbeigerannt kam. Es müßten, erklärte er uns, schlechte Nachrichten aus Meudon eingetroffen sein, der Duc de

Bourgogne habe dem Duc de Berry etwas ins Ohr geflüstert, worauf dessen Augen sich sofort mit Tränen gefüllt hätten; er sei alsbald von der Tafel aufgestanden, und nach Eintreffen eines zweiten Kuriers sei dann die ganze Gesellschaft überstürzt aufgebrochen, und alle hätten sich in das danebenliegende Kabinett begeben.

Dieser jähe Umschwung erfüllte mich mit Überraschung; ich eilte unverzüglich zur Princesse de Berry, doch dort war niemand mehr anzutreffen. Sie hatten sich alle schon zur Duchesse de Bourgogne begeben. Ich ging gleichfalls dorthin. Ganz Versailles hatte sich bereits dort versammelt, und immer mehr Leute strömten herbei. Alle Damen im Nachtgewand, denn sie waren schon im Begriff zu Bett zu gehen; sämtliche Türen standen weit offen, und es herrschte ein vollkommenes Durcheinander. Ich erfuhr, daß Monseigneur die letzte Ölung empfangen habe, daß er bewußtlos sei, daß keine Hoffnung mehr bestünde und daß der König der Duchesse de Bourgogne habe ausrichten lassen, er führe nach Marly, sie möge ihn in der Allee zwischen den beiden Pferdeställen erwarten, damit er sie dort im Vorbeikommen kurz sprechen könne.

Trotz der verschiedenen Gefühle, die mich bewegten, und der zahllosen Gedanken, die mir gleichzeitig durch den Kopf gingen, nahm das, was sich nun vor meinen Augen abspielte, meine ganze Aufmerksamkeit gefangen. Die beiden Prinzen und die beiden Prinzessinnen hielten sich in dem kleinen Kabinett hinter dem Alkoven auf; in dem Schlafzimmer, in dem die Duchesse de Bourgogne sich gewöhnlich für die Nacht zurechtmachte, herrschte wildes Gedränge, der ganze aufgescheuchte Hof hatte sich dort versammelt; sie selbst ging, während sie wartete, bis der König vorbeikommen würde, zwischen dem Kabinett und dem Schlafgemach hin und her. Sie bewegte sich völlig ungezwungen, dennoch bezeigte ihre Haltung eine gewisse Verwirrung und Ergriffenheit, die man auch als Trauer hätte ansehen können; im Vorübergehen sprach sie mit diesem oder jenem ein paar Worte oder gab eine kurze Antwort. Alle Anwesenden boten ein eindrucksvolles Schauspiel; man brauchte nur Augen zu haben, um ohne jede Kenntnis des Hofes in den Mienen lesen zu können: das besorgte Interesse der einen, die Teilnahmslosigkeit der anderen, die weiter keine Rolle spielten; letztere zeigten ruhige Gelassenheit, während erstere von Schmerz durchdrungen verzweifelten, die anderen, um ihre Genugtuung und Freude zu verbergen, Ernst und Würde zur Schau trugen.

Zunächst war ich bemüht, mich nochmals genau zu vergewissern, da ich das, was ich da sah und hörte, noch immer nicht glauben konnte und stets befürchtete, daß diese ganze Aufregung sich am Ende als völlig unbegründet erweisen könnte. Doch im Gedenken an das allen Menschen gemeinsame Los ging ich in mich und bedachte, daß auch ich eines Tages an der Schwelle des Todes stehen würde. Dennoch überwog die Freude, sie war stärker als alle humanen und frommen Betrachtungen, zu denen ich mich zu zwingen suchte. Meine eigene Befreiung schien mir ein derart wunderbares und unerwartetes Geschenk, daß ich fest überzeugt davon war, der Staat könne bei einem solchen Verlust nur gewinnen. Währenddesssen beschlich mich abermals die bange Furcht, der Kranke möchte vielleicht doch noch davonkommen, aber ich schämte mich dieses Gefühls.

In all diese Betrachtungen versunken, versäumte ich gleichwohl nicht, Mme. de Saint-Simon ausrichten zu lassen, daß es ratsam sei, wenn sie nun auch erschiene; mit verstohlenem Blick erforschte ich jedes Gesicht, beobachtete ich jede Gebärde, um meine Neugier daran zu ergötzen und um das Urteil, das ich mir bereits über jeden einzelnen gemacht, hier bestätigt zu finden. Ich zog meine Schlüsse aus der Unmittelbarkeit dieser spontanen Reaktionen, die man so selten in der Gewalt hat und die jemanden, der die Verhältnisse, die Zusammenhänge und die Beteiligten kennt, die sichersten Hinweise liefern auf alle jene sonst verborgen und unsichtbar bleibenden Gefühle und Beziehungen. Ich sah die Duchesse d'Orléans kommen; ihre majestätisch gemessene Haltung ließ nichts erraten. Sie betrat das kleine Kabinett, das sie bald darauf wieder verließ in Begleitung des Duc d'Orléans, dessen lebhafte Erregung offenbar auf den Eindruck zurückzuführen war, den dieses Schauspiel auf ihn machte. Kurz darauf sah ich den Duc de Bourgogne an der Tür des kleinen Kabinetts; es schien, als sei er erschüttert und sehr zerknirscht; aber als ich ihn mit einem kurzen scharfen Blick etwas genauer musterte, bemerkte ich weder Trauer noch Schmerz, sondern nur den Ausdruck tiefer Gedankenverlorenheit. Schon brachen Diener und Kammerfrauen in unziemliches Heulen und Wehklagen aus, und ihr Jammer bewies sehr deutlich, was diese Art Leute verloren hatten.

Kurz nach Mitternacht traf Nachricht vom König ein, und alsbald sah ich die Duchesse de Bourgogne aus dem kleinen Kabinett herauskommen, zusammen mit dem Duc de Bourgogne, der mir jetzt wirklich betrübt erschien und der sofort wieder in das Kabinett zurückkehrte. Die Prinzessin nahm einen Schal und eine Kopfbedeckung von ihrem Toilettetisch; aufrecht, völlig unbefangen, mit tränenlosem Blick schritt sie, von einigen Damen gefolgt, durch das Zimmer, stieg die große Treppe hinab und setzte sich in ihren Wagen. Sobald sie das Gemach verlassen hatte, benutzte ich die Gelegenheit, die Duchesse d'Orléans aufzusuchen, mit der zu sprechen ich sehr begierig war.

Als ich in ihre Gemächer kam, erfuhr ich, daß sie und ihr Gemahl bei Madame seien. Ich wollte mich gerade dorthin begeben, da begegnete ich unterwegs der Duchesse d'Orléans, die sich anschickte, wieder zurückzukehren – während der Duc d'Orléans noch bei Madame geblieben war – und die mich mit ernster Miene bat, sie zu begleiten. Sie begab sich in ihr Schlafzimmer, und die Duchesse de Villeroy, die Marschallin de Rochefort sowie fünf oder sechs der vertrauten Damen gesellten sich zu ihr. Ich fieberte vor Ungeduld; die Anwesenheit so vieler Personen ging mir auf die Nerven. Der Duchesse d'Orléans war diese Störung nicht minder lästig, sie nahm eine Kerze und zog sich in den Hintergrund des Gemachs zurück. Ich flüsterte der Duchesse de Villeroy etwas ins Ohr; wir beide waren uns über die gegenwärtige Lage einig, sie stieß mich leicht mit dem Ellenbogen an und sagte leise, ich solle mich in acht nehmen und nichts verlauten lassen. Ich meinte, vor Zorn zu platzen, während ich all die Klagelieder und das nicht enden wollende Verwundern über mich ergehen lassen mußte; da erschien der Duc d'Orléans an der Tür und rief mich zu sich. Ich folgte ihm in sein Arbeitszimmer unterhalb der Galerie. Er sah recht mitgenommen aus, und ich meinerseits konnte mich kaum noch auf den Beinen halten bei all dem, was sich vor meinen Augen und in meinem Innern abspielte. Wir setzten uns ohne viel Umstände einander gegenüber: zu meiner sprachlosen Überraschung sah ich ihn nun in heftiges und unvermitteltes Schluchzen ausbrechen. »Monsieur!« rief ich und schnellte aus meinem Stuhl empor. Er begriff mich auch sogleich und antwortete mit tränenerstickter Stimme: »Sie haben recht, sich zu wundern, und ich selber wundere mich, aber das Ereignis geht mir nahe: dieser Biedermann, mit dem ich mein Leben verbrachte, war ja ganz freundlich zu mir, solange man ihn gewähren ließ, aber er war eben nicht Herr seiner selbst. Ich weiß sehr wohl, daß mein Kummer nicht lange dauern wird, schon in wenigen Tagen werde ich Gründe genug finden, mich zu trösten, ich brauche nur daran zu denken, wie sehr er mir zugesetzt hat; doch in diesem Augenblick fühle ich mich tief bewegt. Die Blutsverwandtschaft, das menschliche Mitgefühl . . . . all das überwältigt mich und rührt mich zu Tränen.« Ich billigte seine Gefühle, aber ich gestand ihm, daß sie mir eingedenk seiner schlechten Beziehung zu Monseigneur schier unfaßbar seien. Er erhob sich, verbarg den Kopf in den Händen und weinte bitterlich, was ich, hätte ich es nicht mit eigenen Augen gesehen, niemals zu glauben vermocht hätte. Nach kurzem Schweigen mahnte ich ihn, sich zu beruhigen; ich erinnerte ihn daran, daß er bald wieder bei der Duchesse de Bourgogne erscheinen müsse und daß, wenn man ihn dort mit verweinten Augen sähe, jeder ihn verspotten und als üblen Komödianten bezeichnen würde, da der ganze Hof wüßte, wie schlecht er mit Monseigneur gestanden hatte. Er raffte sich also auf, schluckte seine Tränen herunter, kühlte und trocknete sich die Augen, und während er noch damit beschäftigt war, wurde ihm gemeldet, die Duchesse de Bourgogne sei zurück und die Duchesse d'Orléans wolle sich sogleich wieder zu ihr begeben; der Herzog begleitete seine Gemahlin, und ich folgte den beiden.

Die heuchlerische Trauer um Monseigneur. – Porträt. – Rolle der Duchesse de Berry. – Trauerzug.

Die Duchesse de Bourgogne hatte nicht lange auf den König zu warten brauchen; als sie ihn kommen hörte, stieg sie aus ihrer Karosse und wollte an seinen Wagenschlag gehen, doch sofort rief Mme. de Maintenon ihr entgegen: »Was fällt Ihnen ein, Madame! Kommen Sie nicht näher, wir sind verpestet!« Ich weiß nicht, wie der König sich verhielt, ich weiß nur, daß er sie wegen der Ansteckungsgefahr nicht umarmte. Sie ging durch das Schlafzimmer, die beiden Prinzen und die Duchesse de Berry saßen noch immer in ihrem Kabinett. Auch der Duc de Beauvillier war anwesend. Stumm umarmte man einander. Man wußte, was diese Rückkehr zu bedeuten hatte. Da man jedoch in dem winzigen Raum fast erstickte, empfahl ihnen der Duc de Beauvillier, sich besser in den Salon zu begeben. Man öffnete alle Fenster, und die beiden Prinzen setzten sich jeder zur Seite ihrer Gemahlin, jeder auf ein Kanapee. Dichtgedrängt saß oder stand alle Welt in diesem Salon, die vertrautesten Damen kauerten am Boden rings um das prinzliche Kanapee. Hier wie in allen übrigen Räumen konnte man deutlich in den Gesichtern lesen. Monseigneur war tot. Man wußte es, man sagte es; man brauchte sich keinen Zwang mehr aufzuerlegen, und in diesen ersten Augenblicken, im Trubel der Erregung und der Überraschung, angesichts der mannigfaltigen Szenen, bei denen man trotz aller Vorsicht das politische Kalkül vergaß, traten die natürlichen Reaktionen mit unverkennbarer Deutlichkeit zutage.

Aus den Vorzimmern vernahm man das Schluchzen der Diener, sie waren verzweifelt über den Tod eines Herrn, der wie geschaffen gewesen, sie zu trösten über des Königs Tod, dem sie jetzt mit Schaudern entgegensahen, wurde doch dieser Tod nun auch zu ihrem eigenen. Ganz anders verhielten sich die klügeren und gewichtigeren Leute des Hofes. Sie waren, kaum daß sie die Nachricht vernommen hatten, herbeigeeilt und gaben mit ihrem Gehaben unmißverständlich zu verstehen, welchem Herrn sie dienten. Im Vordergrund wimmelten Höflinge aller Art, die Mehrzahl schien die Seufzer aus ihren Absätzen heraufzuholen, dabei priesen sie Monseigneur mit verstörtem, aber tränenlosem Blick; doch priesen sie immer nur seine Güte und beklagten den König, daß er einen so braven Sohn verloren habe. Die gewitzteren unter ihnen sorgten sich bereits um die Gesundheit des Königs und waren stolz, bei all diesem Trubel soviel Umsicht zu bewahren. Andere, die wirklich bekümmert waren, da die ganze Kabale nun ein Ende hatte, weinten bitterlich oder suchten krampfhaft die Tränen zurückzuhalten, was nicht minder verräterisch war. Die wahren Politiker indes zogen sich in abgelegene Winkel zurück und bedachten gesenkten Blicks mit gespannter Aufmerksamkeit dieses unerwartete Ereignis und die möglichen Folgen und Vorteile, die ihnen daraus erwachsen könnten. Kaum einer von all den Leidtragenden tat eine zusammenhängende Äußerung, nirgends kam es zu einem Gespräch, zuweilen ertönte ein schmerzlicher Klagelaut, der manchmal ein Echo fand, alle Viertelstunde ein Wort, düstere und scheue Blicke, hin und wieder eine mehr unwillkürliche Handbewegung, im übrigen vollkommene Reglosigkeit; wer nur Zuschauer war, zeigte gleichgültige Ruhe, abgesehen von den ewig plappernden Dummköpfen, die mit ihren Fragen die Trauernden vollends zur Verzweiflung brachten und den anderen zur Last fielen. Mochten jene, die dieses Ereignis für höchst willkommen hielten, sich noch so sehr bemühen, ihrer gespreizten Würde den Schein von echter Ergriffenheit zu verleihen, es war nichts als ein dünner Schleier, hinter dem ein scharfes Auge unschwer die wahren Züge erkennen konnte. Diese letzteren hielten sich ebenso wacker wie die wirklich Betroffenen, und sie waren genauso darauf bedacht, sich gegen das Urteil und die Neugier der anderen abzuschirmen, ihre eigene Genugtuung zu bemänteln und sich vor jeder verräterischen Bewegung zu hüten; aber was die Körper verschwiegen, brachte das Aufleuchten ihrer Augen zum Ausdruck.

Die beiden Prinzen und die beiden neben ihnen sitzenden Prinzessinnen, die sich um sie kümmerten, waren den Blicken am meisten ausgesetzt. Der Duc de Bourgogne weinte aus ehrlichem Herzen, es waren fromme Tränen der Rührung und Kindesliebe. Der Duc de Berry schluchzte hemmungslos. Er vergoß Ströme von Tränen, es waren sozusagen blutige Zähren, so bitterlich schien er zu leiden, er weinte nicht nur, er schrie und heulte. Ab und an verstummte er, jedoch nur aus Erschöpfung, dann brach er von neuem los in so markerschütternden Tönen, daß die meisten unwillkürlich mit einstimmten. Das steigerte sich derart, daß man ihn an Ort und Stelle auskleiden und sich nach

Beruhigungsmitteln und Ärzten umsehen mußte. Auch die Duchesse de Berry war außer sich, man wird bald sehen, warum, ihr Gesicht spiegelte tiefen Gram und Entsetzen, es war schmerzlich verzerrt, aber nicht, weil ihr Herz, sondern weil ihre Interessen getroffen waren. Bei jedem Klageruf ihres Gemahls schreckte sie zusammen, eilte ihm zu Hilfe, stützte und umarmte ihn und gab ihm eine Essenz zu riechen, sie zeigte sich sehr besorgt, sank jedoch sofort wieder in dumpfes Brüten zurück, bis ein Tränenstrom ihr zu Hilfe kam. Die Duchesse de Bourgogne tröstete gleichfalls ihren Gemahl, was ihr weit leichter fiel, als selber den Eindruck der Untröstlichkeit zu erwecken, denn obwohl sie sich die größte Mühe gab, ohne Falsch den unumgänglichen Anstandsgeboten zu genügen, schien sie doch nicht ernstlich zu trauern; mit häufigem Schneuzen suchte sie dem Geschluchze ihres Schwagers zu entsprechen; einige durch die Erregung bewirkte Tränen zeitigten unter kunstreicher Handhabung des Taschentuches gerötete Augen und ein verweintes Gesicht; indes ließ sie immer wieder verstohlen den Blick über die Anwesenden gleiten, um genau zu beobachten, wie sich jeder verhielt. Mit gelassener Miene stand der Duc de Beauvillier neben ihnen, nichts vermochte seine Gleichmut zu erschüttern. Ohne jede Hast traf er die nötigen Anordnungen, um den Prinzen Erleichterung zu verschaffen; man hätte meinen können, er versähe sein übliches Amt beim Lever oder bei der Mittagstafel des Königs. Seine Frömmigkeit verbot ihm, sich zu freuen, seine Wahrheitsliebe verbot ihm, Trauer zu heucheln. Da erschien plötzlich Madame, sie war in großer Toilette und schluchzte herzzerreißend, beides ohne rechten Grund. Sie umarmte jedermann und überschwemmte alle mit ihren Tränen, ließ das Schloß aufs neue von ihrem Jammergeschrei erschallen und bot den bizarren Anblick einer Prinzessin, die sich mitten in der Nacht als Klageweib ins Staatsgewand wirft, um sich einer Schar notdürftig, fast wie zur Maskerade gekleideter Frauen zuzugesellen.

Die Duchesse d'Orléans hatte sich von dem Prinzen entfernt und sich mit einigen Damen an den Kamin gesetzt. Rings um sie her war es ruhig, denn die meisten Damen hatten sich schon zurückgezogen, nur die Duchesse de Sforza, die Duchesse de Villeroy, Mme. de Castries und Mme. de Saint-Simon waren geblieben. Erleichtert, endlich dem Zwang entronnen zu sein, gingen sie durch die Galerie und näherten sich einem Zeltbett, neben dem sie sich niederließen; und da sie alle gleichermaßen mit dem aufregenden Ereignis beschäftigt waren, begannen sie in aller Unbefangenheit ihre Meinungen auszutauschen. Man hatte diese Zeltbetten, in denen die Schweizer Garde zu schlafen pflegte, ehe die

Unheilsbotschaft aus Meudon eintraf, wie jeden Abend im Salon und in der Galerie aufgestellt. Während die Damen mitten im Gespräch waren, stieß Mme. de Castries an den Bettvorhang und spürte, daß sich dahinter etwas bewegte. Heftig erschrocken fuhr sie zusammen; kurz darauf sahen die Damen, wie ein starker nackter Arm jählings den Vorhang beiseite schob; zum Vorschein kam ein biederer dicker Schweizer, der schlaftrunken und völlig sprachlos auf seine Umgebung starrte. Da er es offenbar nicht für schicklich hielt, sich angesichts so vornehmer Gesellschaft zu erheben, kroch er unter seine Decke zurück und zog die Vorhänge wieder zu. Der gute Mann hatte sich vermutlich niedergelegt, als noch niemand das geringste argwöhnte; und war dann in so tiefen Schlaf gesunken, daß ihn bislang nichts hatte wecken können. Dergestalt werden die tragischen Ereignisse oft von den lächerlichsten Satyrspielen begleitet. Dieses hier versetzte die Duchesse d'Orléans wegen des erlauschten Gesprächs in gelinden Schrecken. Aber angesichts des festen Schlafes und des biederen Aussehens des Schweizers beruhigte sie sich schließlich wieder.

Obwohl mir alles deutlich bewies, was geschehen war, wollte ich es noch immer nicht glauben, ehe ich nicht einen zuverlässigen Zeugen gesprochen hatte. Der Zufall führte mir M. d'O in den Weg, der mir alle erdenkliche Auskunft gab. Als ich nun tatsächlich Gewißheit hatte, fiel es mir schwer, meine Freude zu dämpfen. Ich weiß nicht, ob es mir ganz gelang, jedenfalls kann ich versichern, daß weder Freude noch Trauer meine Neugier im geringsten beeinträchtigten und daß ich, wiewohl ich mich nicht verpflichtet fühlte, den geringsten Anstand zu wahren, Betrübnis zu heucheln begann.

Ich hatte mir die verschiedenen Kabalen, ihre Verästelungen sowie ihre mannigfaltigen Interessen und ihre Mitglieder so fest eingeprägt, daß eine jahrelange Meditation mir die Zusammenhänge nicht klarer hätte vor Augen führen können als der Anblick der jeweiligen Reaktionsweisen.

Der ganze Tumult dauerte über eine Stunde. Schließlich meinte M. de Beauvillier, daß es an der Zeit sei, die Prinzen aus dieser mißlichen Umgebung zu befreien. Er schlug vor, daß der Duc und die Duchesse de Berry sich in ihre Gemächer zurückziehen und die Gesellschaft sich zur Duchesse de Bourgogne begeben sollte. Dieser Vorschlag wurde sofort gutgeheißen. Der Duc de Berry ging, von seiner Gemahlin gestützt, hinaus, Mme. de Saint-Simon und etliche Leute folgten ihnen. Er war nahe am Ersticken. Eine ganze Schar von Ärzten versammelte sich um ihn. Immer wieder erbat er Nachrichten aus Meudon. Er war außerstande zu begreifen, warum der König sich nach Marly zurückgezogen hatte. Zuweilen fragte er, ob es denn wirklich keine Hoffnung mehr gebe, und immer wieder wollte er Boten nach Meudon schicken, um Erkundigungen einholen zu lassen. Erst am späten Morgen fiel der Schleier von seinen Augen, so schwer wird es der Natur und dem Interesse, sich ins Unvermeidliche zu fügen. Man kann sich nicht vorstellen, in welchen Zustand er geriet, als er die Wirklichkeit begriff. Die Duchesse de Berry befand sich in keinem besseren Zustand, dennoch ließ sie ihm weiterhin alle mögliche Sorgfalt angedeihen. Der Duc und die Duchesse de Bourgogne hatten sich seelenruhig schlafen gelegt und verbrachten eine vollkommen friedliche Nacht.

In Meudon herrschte Entsetzen. Kaum war der König fortgegangen, folgten ihm die Höflinge und zwängten sich in die noch verfügbaren Karossen. Im Handumdrehen war Meudon wie ausgestorben. Mlle. de Lillebonne und Mlle. de Melun gingen zu Mlle. Choin hinauf, die erst jetzt von den unheilvollen Begebenheiten erfuhr. Sie hatte von nichts eine Ahnung. Niemand hatte es für notwendig gehalten, ihr auch nur die geringste Mitteilung zu machen. Die beiden Freundinnen steckten sie in einen Mietwagen, der zufällig noch dastand, setzten sich zu ihr und brachten sie nach Paris. Pontchartrain suchte, ehe er Meudon verließ, noch Voysin auf; er hatte einige Mühe, dessen Leute dazu zu bewegen, ihm die Tür zu öffnen, und fand ihn selbst im tiefsten Schlaf. Voysin hatte sich ohne jeden Argwohn zu Bett gelegt und war nun höchst überrascht. Der Comte de Brionne war gleichfalls äußerst verblüfft. Er und seine Leute waren mit derselben Arglosigkeit zu Bett gegangen, man hatte sie ganz vergessen; als er sich dann erhob, wunderte er sich über die Totenstille ringsum, traf aber niemanden, den er hätte fragen können, bis er zu seiner Bestürzung endlich begriff, was sich zugetragen hatte. Monseigneurs subalterne Beamte und etliche andere irrten die ganze Nacht durch den Park. Zahllose seiner Höflinge waren einfach zu Fuß davongegangen. Jeder suchte sich aus dem Staube zu machen, es war ein allgemeiner Auflösungsprozeß. Ein oder zwei Diener blieben bei dem Leichnam und – was hervorgehoben werden muß – mit ihnen La Vallière. Er war der einzige, der Monseigneur aus Treue auch nach seinem Tode nicht verließ. Er hatte große Mühe, jemanden zu finden, den er zu den Kapuzinern schicken konnte, damit sie die Totenwache übernähmen. Die Verwesung setzte so jählings ein, und die Luft war derart verpestet, daß selbst das Öffnen aller Fenster und Türen nichts half, so daß La Vallière und die Kapuziner die Nacht im Freien verbringen mußten.

Man hatte sich derart in Zuversicht gewiegt, daß es niemandem auch nur eingefallen wäre, der König könne nach Marly kommen. Deshalb fand er bei seiner Ankunft nichts vorbereitet: die Schlüssel zu den Appartements waren nirgends zu finden, und nirgends war auch nur das kleinste Stück Wachslicht aufzutreiben. So verbrachte der König über eine Stunde mit Mme. de Maintenon in deren Vorzimmer, wo sich auch Madame la Duchesse, die Princesse de Conti, Mme. de Dangeau und Mme. de Caylus einfanden. Der König saß, in eine Ecke gekauert, zwischen Mme. de Maintenon und den beiden Prinzessinnen. Immer wieder brach er in Seufzer und Tränen aus. Endlich wurden die Gemächer der Mme. de Maintenon geöffnet. Sie befreite den König aus seiner mißlichen Lage, und er verweilte noch eine Stunde allein bei ihr. Es war inzwischen fast vier Uhr geworden.

Monseigneur war eher groß als klein, recht beleibt, doch nicht gedrungen. Sein Gehaben war hoheitsvoll und nobel. Sein Gesicht wäre recht angenehm gewesen, wenn der letztverstorbene Conti ihm nicht, als die beiden noch Kinder waren, die Nase zerschlagen hätte. Charakter besaß er keinen; einigen gesunden Menschenverstand, aber keinerlei Denkfähigkeit, wie sich bei der Eröffnung des spanischen Testaments zeigte. Stolz und Würde, die zum Teil angeboren und zum Teil dem König nachgeahmt waren; eine erstaunliche Halsstarrigkeit, ein Festhalten an kleinlichen Maßnahmen, die das Gewebe seines ganzen Lebens ausmachten; nachgiebig aus Trägheit und einer Art Stumpfsinn, im Grunde aber hart, von einer oberflächlichen Gutmütigkeit, die sich jedoch nur auf die Subalternen und auf die Diener bezog; mit ihnen stand er auf sehr vertrautem Fuß, im übrigen war er für das Elend und die Leiden anderer völlig unempfindlich, aber wohl eher aus Nachlässigkeit und Nachahmung denn aus Böswilligkeit; da er äußerst schweigsam war, war er auch sehr verschwiegen. Dickfälligkeit einerseits und die Furcht andererseits erzeugten bei diesem Prinzen eine beispiellose Zurückhaltung. Gleichzeitig war er sich seiner hohen Stellung bewußt und ruhmsüchtig bis zum Exzeß. Er sagte einmal zu Mlle. Choin, als sie ihn auf seine Schweigsamkeit ansprach, jedes Wort, das Leute seines Standes äußerten, sei derart gewichtig, daß es großen Schaden anrichten könne, wenn es nicht genau abgemessen würde, er seinerseits zöge deshalb das Schweigen bei weitem dem Reden vor. Aber es geschah dies viel eher aus Bequemlichkeit und aus vollkommener Gedankenlosigkeit, und diese treffliche Maxime, die er allerdings übertrieb, stammte offenbar vom König oder vom Duc de Montausier. Es war eine der wenigen Lehren, die er wirklich behalten hatte. In seinen privaten Angelegenheiten und Geschäften wußte er sehr genau Bescheid; er schrieb alle seine persönlichen Ausgaben auf; er wußte, was ihn die kleinste Kleinigkeit kostete, obwohl er für Gebäude, Möbel Juwelen, für Reisen nach Meudon und für die Wolfsjagd unendlich viel Geld verschwendete. Früher hatte er leidenschaftlich gern jede Art Glücksspiel gespielt, aber seit ihn die Bauwut gepackt hatte, beschränkte er sich auf harmlose Spiele. Im übrigen war er geizig bis zur Unschicklichkeit. Es ist fast unglaublich, wie wenig Geld er der von ihm so geliebten Choin gab: eine Summe, die vierhundert Louisdor im Vierteljahr kaum überstieg. Man muß dieser Frau immerhin Gerechtigkeit widerfahren lassen und einräumen, daß man schwerlich uneigennütziger und anspruchsloser sein kann als sie. Ob sie tatsächlich mit ihm verheiratet war, ist nach wie vor ungeklärt; all jene, die in beider Geheimnis eingeweiht waren, bestreiten es heftig und versichern, es habe niemals eine Heirat stattgefunden. Sie ist von jeher eine recht unansehnliche Person gewesen, die trotz all ihrer Schalkhaftigkeit und aller Schöngeistelei stets wie eine Dienstmagd wirkte und die schon lange vor Monseigneurs Tod außerordentlich fett, alt und stinkend geworden war. Gleichviel sah man sie beim Parvulo in Gegenwart aller, die hier zugelassen waren, in einem Lehnstuhl vor Monseigneur sitzen, während die Duchesse de Bourgogne und die Duchesse de Berry, die später auch zugelassen wurden, wie alle anderen nur auf einem Taburett saßen.

Bei seiner Veranlagung hatte Monseigneur von der glänzenden Bildung, die der Duc de Montausier, Bossuet und Fléchier zu vermitteln suchten, nichts profitieren können. Sein bißchen Verstandeskraft erlosch vielmehr gänzlich unter der Strenge dieser harten Erziehung, die auf seine schüchterne Natur wie ein Gewicht drückte und die ihm gegen jede Art nicht nur geistiger Arbeit, sondern auch geistiger Vergnügen den äußersten Abscheu einflößte, dergestalt daß er nach seinem eigenen Eingeständnis, kaum der Obhut seiner Lehrer entronnen, sein Leben lang nichts anderes mehr gelesen hat als die *Gazette de France*, und da nur die Todes- und Heiratsanzeigen. Natürliche Schüchternheit, harter Zwang der Erziehung, vollkommene Ignoranz und Mangel an Verstandeskräften, alles das kam zusammen, so daß er nur angstvoll und zitternd vor dem König erschien, der seinerseits alles tat, um diesen Terror zeit seines Lebens aufrechtzuerhalten. Er trat seinem Sohn stets als König, niemals als Vater entgegen; und wenn er sich einige wenige Male zu irgendeiner Zärtlichkeit hinreißen ließ, so blieb auch das eine königliche Geste, selbst in den privatesten und persönlichsten Augenblicken. Diese Begegnungen waren immer nur kurz, fanden selten unter vier

Augen statt, sondern fast stets in Gegenwart der Bastarde und Kammerdiener, bar aller Freiheit und Ungezwungenheit, immer steif und immer respektvoll, ohne daß Monseigneur es jemals gewagt hätte, ein kühnes Wort zu äußern oder eine Forderung zu stellen, obwohl er tagtäglich sah, mit welchem Erfolg das andere betrieben und welche vertraulichen Scherze, welche erstaunlichen Freiheiten die Duchesse de Bourgogne sich dem König gegenüber erlaubte. Monseigneur empfand deshalb eine geheime Eifersucht gegen sie und den Duc du Maine, ihm stand kein Witz zur Verfügung wie jenem, der überdies nicht der Sohn des Königshauses war, sondern ein Kind der persönlichen Neigung; es blieb Monseigneur also nichts als die Eigenschaft des legitimen Sohnes und Nachfolgers, und gerade deshalb war der König vor ihm auf der Hut und hielt ihn unter seiner Fuchtel. Er genoß nicht den kleinsten Schatten von Ansehen beim König, und es genügte schon, daß er das leiseste Interesse für jemanden bekundete, und schon bekam der betreffende einen empfindlichen Gegenschlag zu spüren. Die Minister wagten nicht, sich Monseigneur zu nähern, der sich seinerseits auch niemals unterfing, sie um irgend etwas zu bitten, und jeder, der gut mit ihm stand, wie zum Beispiel der Kanzler, der Erste Stallmeister, d'Harcourt oder der Marschall d'Uxelles, suchte das sorgfältig zu verbergen, womit Monseigneur durchaus einverstanden war. Denn sobald der König irgend etwas davon bemerkte, argwöhnte er sofort eine Kabale; man wurde ihm verdächtig und hatte bald nichts mehr zu melden.

Daß Monseigneur seit Jahren in alle Staatsgeheimnisse eingeweiht war, hat niemals auch nur den geringsten Einfluß auf irgendeine Entscheidung gehabt: er hatte Kenntnis von jenen Geheimnissen, aber das war alles. Abgesehen von seinem Mangel an Intelligenz mag ihn wohl auch diese Zurückweisung veranlaßt haben, sich von allem möglichst ganz fernzuhalten. Er strebte nach Meudon, um dort seine Freiheit zu genießen. Da er unglaublich leicht zu beeinflussen war, war es für jene, die ihn umgarnt hielten, ein leichtes Spiel, ihm den Duc de Bourgogne zu entfremden und im Interesse ihrer Absichten die Entfremdung stetig fortzutreiben.

Der Lebenswandel des Sohnes, seine Frömmigkeit, sein Eifer, sich zu unterrichten, seine Befähigungen, seine Klugheit, all diese für einen Vater so erfreulichen Dinge wirkten sich um so nachteiliger aus, als sie die Befürchtung nahelegten, er könne an der Regierung seines Vaters teilhaben wollen. Man hat bei den Ereignissen in Flandern gesehen, daß eben die Kabale, die mit soviel Eifer, Kühnheit und Folgerichtigkeit bestrebt war, die Duchesse de Bourgogne bei Monseigneur ins schlechte

Licht zu setzen und den Duc de Bourgogne für immer auszuschalten, es sich nicht minder angelegen sein ließ, die Zuneigung zu verstärken, die Monseigneur aufgrund der gleichen Mentalität und aufgrund der gleichen Lebensauffassung zum Duc de Berry hegte, da sie von letzterem für ihre Zukunftspläne nichts zu befürchten hatten. Und man hat ferner gesehen, welche Wutausbrüche dessen Heirat bei ihnen auslöste. Doch hatten sie, um nicht den Verdacht zu erregen, alle Kinder der Familie entfremden zu wollen, die Duchesse de Berry bei Monseigneur so gut eingeführt, daß diese, ohne darum gebeten zu haben, alsbald in jenes Heiligtum, das »Parvulo«, zugelassen wurde. Sie erwies sich jedoch als ebenso boshaft und ebenso ränkevoll wie die Mitglieder der Kabale. Der Duc d'Orléans pflegte seine Gemahlin häufig ›Madame Lucifer‹ zu nennen, und sie pflegte wohlgefällig darüber zu lächeln. Seine Bezeichnung traf zu, denn sie wäre tatsächlich der Gipfel der Hoffart gewesen, hätte sie nicht eine Tochter gehabt, die sie noch um vieles überbot. Die Duchesse de Berry war extrem halsstarrig und ausschweifend. Schon acht Tage nach ihrer Heirat traten alle diese Eigenschaften hervor. Sie erwies sich von äußerster Doppelzüngigkeit, worauf sie sich sogar etwas einbildete, als handele es sich um ein hervorragendes Talent. Man bemerkte bald, wie sehr sie es verdroß, von einer Bastardmutter abzustammen, wie sehr sie die Schwäche des Duc d'Orléans verachtete, wie sehr sie indes der Herrschaft vertraute, die sie über ihn gewonnen hatte, und welchen Widerwillen sie gegen alle Personen hegte, die am Zustandekommen ihrer Heirat beteiligt gewesen. Schon der Gedanke, gegen irgend jemand eine Verpflichtung zu haben, empörte sie, und da sie so wahnwitzig war, dies nicht nur einzugestehen, sondern sich dessen auch noch zu rühmen, zögerte sie nicht, dementsprechend zu handeln. So geht es in der Welt: man müht sich ab, aber menschliches Trachten und Streben ist derart irregeleitet, daß sich erfüllte Wünsche oft als die schlimmsten erweisen. Man hatte mit dieser Heirat zwei wichtige Absichten verfolgt: einerseits wollte man aus mancherlei schwerwiegenden Gründen eine Heirat zwischen Mlle. de Bourbon und dem Duc de Berry verhindern; andererseits hoffte man, die so segensreiche und so gut fundierte Beziehung zwischen den beiden Brüdern und der Duchesse de Bourgogne weiterhin zu festigen; denn in dieser Einigkeit lag die Wohlfahrt und die Größe des Staates, das Gedeihen und der Friede der königlichen Familie, die Lebensfreude und das Gleichgewicht des Hofes beschlossen; auch bot diese Beziehung die einzige Möglichkeit, die Gefahren der bevorstehenden Regierung Monseigneurs einzudämmen. Die Duchesse de Berry jedoch verbündete sich mit jenen, die Monseigneur zu beherrschen gedachten, sobald er König geworden; und ihr Plan forderte die Uneinigkeit der Brüder. Um das zu erlangen, mußte sie erst einmal zwischen Schwager und Schwägerin Zwietracht säen; das war gar nicht so einfach. Alles in dem Duc de Berry widersetzte sich dem; Vernunft, Freundschaft und Gewohnheit; aber er war bieder, treuherzig und ohne allen Arg, bar aller Weltläufigkeit; und vor allem war er närrisch verliebt in die Duchesse de Berry, deren Klugheit und Redegewandtheit er grenzenlos bewunderte. So gelang es ihr allmählich, ihn der Duchesse de Bourgogne zu entfremden, das gab der Beziehung der beiden Frauen den Rest. Dergleichen Opfer waren der Kabale, der sie anhing und der sie gefallen wollte, im höchsten Maße willkommen.

Bis zu diesem Punkt war die Duchesse de Berry gediehen, als Monseigneur plötzlich verschied; daher ihr wütendes Schmerzgeheul, das niemand begreifen konnte, der nicht eingeweiht war; jählings sah sie alle ihre Pläne in Rauch aufgehen, sich selbst alles Einflusses beraubt, einer Prinzessin unterstellt, der sie den schwärzesten Undank erwiesen, die indessen das Entzücken des Königs und der Maintenon erregte und die in Zukunft ohne Einspruch regieren würde. Sie sah, daß die Gleichheit der Brüder durch die nunmehrige Stellung des Dauphin aufgehoben war. Die Kabale, der sie sich mit Leib und Seele ergeben hatte, war für die Zukunft bedeutungslos und wurde ihr für die Gegenwart mehr als lästig. Sie war fortan ganz und gar vom Wohlwollen des Dauphins und der Dauphine abhängig.

Da er an Blattern gestorben war und eine Ansteckung zu befürchten stand, hielt man eine Leichenöffnung für unnötig und gefährlich. Er wurde entweder von den Grauen Schwestern oder von den Putzfrauen oder den Leichenträgern gewaschen und eingekleidet. Man warf ein altes Leichentuch über den Sarg, und niemand außer den wenigen Getreuen und den Franziskanern, die die Totenwache bei ihm gehalten hatten, begleiteten ihn. Er war um Mitternacht zwischen Dienstag und Mittwoch gestorben; am Donnerstag ward er in einer ganz gewöhnlichen königlichen Karosse, aus der man das Vorderfenster herausbrechen mußte, um den Sarg hineinschieben zu können, nach Saint-Denis übergeführt. Der Pfarrer von Meudon und der diensttuende Kaplan stiegen mit in den Wagen. Darauf folgte eine weitere königliche Karosse, ebenfalls ohne Trauerschmuck, auf dem Rücksitz saßen der Duc de Trémouille als erster Kammerherr und der Bischof von Metz als Almosenier. Vorn saßen der Zeremonienmeister und der Abbé de Brancas. Soldaten der Leibgarde, einige Diener und vierundzwanzig

Pagen trugen die Fackeln. Dieser äußerst spärliche Leichenzug brach zwischen sechs und sieben Uhr abends in Meudon auf, überquerte die Brücke von Sèvres, führte durch den Bois de Boulogne über die Ebene von Saint-Ouen und langte schließlich in Saint-Denis an, wo der Tote ohne jede Feierlichkeit alsbald in der königlichen Gruft beigesetzt wurde. So endete dieser Fürst, der fast fünfzig Jahre lang andere für sich hatte planen lassen, während er selbst, obwohl Thronfolger, stets ein privates, um nicht zu sagen ein seiner Stellung unwürdiges Dasein führte, so daß er nichts Bemerkenswerteres zurückließ als ein Schloß in Meudon und die Verschönerungen, die er daran angebracht. Und dennoch wurde er aufgrund seiner ererbten Würde der Ausgangspunkt, die Seele und das Leben der seltsamsten, schrecklichsten, abgründigsten und trotz ihrer Auffächerung einigsten Kabale, die seit dem Pyrenäen-Frieden, das heißt seit der offiziellen Beilegung der Unruhen der Fronde bestanden hat.

Ich habe mich lange bei dem so schwer zu beschreibenden Prinzen aufgehalten. Immerhin ist es nicht ohne Interesse, sich mit dem Leben eines so bedeutungslosen Thronfolgers zu beschäftigen, der, während er jahrelang vergeblich auf die Krone gewartet, nie etwas dargestellt hat und dem nach soviel müßigen Hoffnungen, Ängsten und Plänen schließlich der Atem ausging.

Die Duchesse de Berry und die Duchesse de Bourgogne söhnen sich aus.

Nach allem, was ich über Monseigneur berichtet habe, kann man sich vorstellen, wie der Verlust eines Prinzen, dessen ganzes Verdienst seine Herkunft, dessen ganzes Gewicht sein Körper ausmachte, auf die Angehörigen der königlichen Familie und die wichtigsten Mitglieder des Hofes und auf die Öffentlichkeit wirkte. Weshalb die Fischweiber und das niedere Volk von Paris so sehr für ihn eingenommen waren, weiß ich nicht. Offenbar wegen seiner vermeintlichen Gutmütigkeit. Mme. de Maintenon, die sich schon beim Tode Monsieurs erleichtert gefühlt hatte, empfand den Tod Monseigneurs, dessen persönliche Umgebung ihr stets suspekt gewesen, geradezu als Befreiung. Was den König anlangt, so gab es niemanden, dem es so leichtfiel, Tränen zu vergießen, ohne zu trauern, und der so rasch seine Gemütsruhe wiederfand. Immerhin mußte er über den Tod seines fünfzigjährigen Sohnes, der für ihn stets ein Sechsjähriger geblieben war, doch betroffen sein. Erschöpft von dieser langen aufregenden Nacht blieb er länger zu Bett als gewöhnlich.

Daß man in dieser Nacht in Marly kaum schlief, versteht sich von selbst. Die Dauphine und der Dauphin besuchten in aller Frühe zusammen die Messe; ich erwartete sie und folgte ihnen in ihre Gemächer. Nur wenige Personen begleiteten sie, da niemand auf diesen jähen Wechsel gefaßt war. Beider Blicke waren von keiner Träne verschleiert, aber voller Mitgefühl, und ihr Verhalten deutete darauf hin, daß sie weniger an den Tod Monseigneurs als vielmehr an ihre eigene neue Stellung dachten. Da sie peinlich genau die Schicklichkeit wahrten, war es unmöglich, ihnen einen Vorwurf daraus zu machen. Ihre erste Sorge war es, ihre Beziehungen zum Duc de Berry wiederherzustellen, ihn wieder zu seinem alten Vertrauen und der Intimität mit ihnen beiden zurückzuführen und durch alle möglichen Verbindlichkeiten zu versuchen, die Duchesse de Berry die Ungehörigkeiten, die sie sich ihnen gegenüber herausgenommen, vergessen zu machen, und alles zu tun, sie die neue Ungleichheit, die Monseigneurs Tod unter seinen Kindern herstellte, nicht spüren zu lassen. In diesem liebenswerten Bestreben gingen der Dauphin und die Dauphine noch am selben Vormittag den Duc und die Duchesse de Berry besuchen, und am Nachmittag begab sich die Dauphine nochmals dorthin. Der Duc de Berry war trotz seines Kummers für dieses spontan bezeigte Entgegenkommen sehr empfänglich. Die Duchesse de Berry verfiel in einen Wortschwall und vergoß eine Flut von Tränen. Ihr Prinzessinnenherz (sofern sie überhaupt ein Herz hatte), das ohnehin schon zerrissen war, empörte sich, Beweise reiner Großmütigkeit in Empfang nehmen zu müssen. Eine unangebrachte Heftigkeit, die bis zur Gewalttätigkeit ging und die auch die Religion nicht einzudämmen vermochte, ließ ihr keine andere Gefühlsregung als die des Zorns. Sie beherrrschte nicht nur den Duc d'Orléans, sondern auch ihren Gemahl, der sich im ersten Taumel seiner Leidenschaft befand. Und so hatte sie das Joch ihrer Mutter, die zu klug war, ihr zu widersprechen, beizeiten abzuschütteln vermocht. Madame spielte bei Hof und in ihrer Familie kaum eine Rolle; eine Schwiegermutter gab es nicht, und der Schwiegervater war, solange er noch lebte, ohne Bedeutung oder ihr wohlgesonnen; die Ehrendame, die sehr betrübt war, dies zu sein, tat, da sie das Amt nur gezwungen angenommen, nur soviel, wie das Zeremoniell ihr vorschrieb, und hatte in aller Form erklärt, daß sie nicht daran dächte, als Gouvernante zu figurieren.

Schließlich kam auch dem König und Mme. de Maintenon einiges über das wüste Benehmen der Duchesse de Berry zu Ohren. Aber der König, der mit seiner Familie in Frieden leben und von ihr geliebt sein wollte, hoffte, daß eine Warnung die Duchesse de Berry zu bessern vermöchte. Diese Schonung bestärkte die Duchesse de Berry in der Meinung, daß man es nicht wage, sie zur Rechenschaft zu ziehen, oder nicht wisse, wie man das anfangen solle: anstatt sich zu mäßigen, steigerte sie ihre Zügellosigkeit und trieb es soweit, daß die Bombe zum Platzen kam. Der König bat sie vor dem Diner in sein Kabinett; die Strafpredigt war lang und derart, daß man sie kein zweites Mal über sich ergehen lassen möchte. Am Nachmittag mußte sie bei Mme. de Maintenon erscheinen, die zwar weniger hart, aber nicht weniger unmißverständlich mit ihr sprach. Man kann sich denken, wie das auf die Duchesse de Berry wirkte, die nunmehr ihren ganzen Unmut an der Duchesse de Bourgogne ausließ.

In dieser Situation befand sich die Duchesse de Berry, als Monseigneur starb. Und deshalb war sie so verzweifelt über diesen Verlust.

Und in der völligen Verwirrung, in der sie sich befand, war sie leichtfertig genug, über all das zu reden und Mme. de Saint-Simon ihre Absichten und Ziele, auf die sie mit dieser schrecklichen Kabale, die Monseigneur beherrscht hatte, losgesteuert war, einzugestehen. Fassungslos und verblüfft über das, was sie da hörte, versuchte Mme. de Saint-Simon ihr die Sinnlosigkeit, um nicht zu sagen den Wahnsinn dieser Projekte begreiflich zu machen und sie dahin zu bringen, die Gelegenheit zu ergreifen und sich einer wirklich guten, sanften und umgänglichen Schwägerin wieder zu nähern. Nach etlichem Zetern und Jammern und nach Tränenausbrüchen hatte sich die Duchesse de Berry aufgrund zahlloser unwiderlegbarer Motive und mehr noch aufgrund ihrer eigenen Notlage, der sie sich trotz allem bewußt war, bereit erklärt, am nächsten Morgen die neue Dauphine aufzusuchen, sie um eine Audienz zu bitten und dann ihr möglichstes zu tun, um sich mit ihr auszusöhnen.

Eben jener Donnerstag war der Tag, an dem Monseigneur und mit ihm alle schönen Projekte der Duchesse de Berry in Saint-Denis begraben wurden. Sie hielt Wort und löste ihr Versprechen tatsächlich ein. Ihre liebenswürdige Schwägerin ebnete ihr den Weg und ergriff als erste das Wort. Die Dauphine handelte und sprach, als ob sie ihrerseits selbst die Duchessse de Berry beleidigt hätte, aber auch die Duchesse de Berry übertraf sich selbst. Das Gespräch währte länger als eine Stunde; beide verließen das Gemach mit dem Ausdruck ruhiger Zufriedenheit, der die ehrbaren Leute ebensosehr erfreute, wie er jenen mißfiel, die sich nur von Trennung und Zwietracht etwas erhofften.

Die Mitglieder der ehemaligen Kabale um Monseigneur. – Fénelon, der ehemalige Erzieher des neuen Dauphin, schöpft Hoffnung. – Der Dauphin.

Niemals hatte es bei Hofe eine größere und einschneidendere Veränderung gegeben als nach dem Tode Monseigneurs. Obwohl dieser Prinz dank der guten Gesundheit des Königs dem Thron noch fern war und seinerseits keinerlei Einfluß besaß, war er doch für jeden Mittelpunkt aller Hoffnungen und Ängste geworden. Eine dreiste Kabale hatte sich gebildet und sich seiner bemächtigen können, ohne daß der eifersüchtige König, dem es gleichgültig war, was nach seinem Tode geschah, die geringste Notiz davon nahm. Wir haben schon berichtet, welchen Eindruck dieses Ereignis auf das Gemüt und die Stellung des neuen Dauphins und auf seine Gemahlin machte, wie der Duc de Berry sich verhielt und was dessen Gemahlin sich vorstellte, in welcher Lage sich M. und Mme. d'Orléans befanden und was in der Seele der Mme. de Maintenon vorging, die für die Gegenwart von allem Zwang und für die Zukunft von allen Sorgen befreit zu sein schien. M. du Maine teilte bereitwillig die Ansichten seiner ehemaligen Gouvernante.

Man wird sich leicht denken können, in welche Ratlosigkeit und Verwirrung diese so umfangreiche und gut organisierte Kabale verfiel! Gott vereitelte ihr böses Trachten. Unversehens schlug er sie nieder und unterstellte sie jenem, den zu verderben sie alles aufgeboten hatten. Welche rasende Wut! Aber ach, welch klägliches Scheitern! Vendôme fühlte sich sogar noch in Spanien, wo er sich nur vorübergehend hatte aufhalten wollen, ein wenig bedroht. Nolens volens beschloß er, nunmehr seine Zelte dort aufzuschlagen und auf Frankreich zu verzichten. Doch der Krieg, durch den er sich unabkömmlich zu machen hoffte, konnte nicht ewig dauern. Der Dauphin und der König von Spanien hatten sich von jeher zärtlich geliebt, woran auch die Entfernung nichts änderte. Die in Spanien allmächtige Königin war die Schwester seiner Feindin und in bestem Einvernehmen mit ihr. Seine Lage konnte also recht traurig werden, sobald man seiner nicht mehr bedurfte. Und seine einzige Rettung war, sich so eng wie möglich an die Princesse des Ursins anzuschließen.

Vaudémont gab das Spiel verloren. Da er seit dem Sturz Chamillarts weniger gut mit dem König stand, blieb ihm kein Protektor mehr; Torcy hatte ihm niemals getraut, Voysin hatte auf all seine Avancen nur mit kühler Höflichkeit reagiert. Da er auch sonst keine Minister kannte, hatte er keinen Rückhalt mehr, es sei denn in dem Ansehen, das seine Nichten bei Monseigneur genossen, aber nachdem auch dieses Band zerrissen war, wußte er nicht mehr, wo er noch anknüpfen sollte, zumal die ausgesprochenen österreichischen Neigungen des Duc de Lorraine ein wenig auf ihm lasteten, seitdem Chamillart nicht mehr war. Mlle. de Lillebonne, die von der Katastrophe tief erschüttert und der Sympathien der Dauphine und deren Umgebung allzu sicher gewesen war, fühlte sich nicht geneigt, in Meudon an dem Hof, an dem sie ihr ganzes Leben geherrscht hatte, fortan ein Schattendasein zu führen. Ihr Onkel und sie beschlossen also, den Sommer in Lothringen zu verbringen, sich der Aufmerksamkeit der anderen zu entziehen und einen neuen Lebensplan zu fassen. Das Glück war dieser Fee hold; die Blattern rafften mehrere Kinder des Duc de Lorraine dahin, unter anderem eine sieben- oder achtjährige Tochter, die der Vater zwei oder drei Jahre zuvor zur Äbtissin von Remiremont hatte wählen lassen. Dieser Posten erschien dem Onkel wie der Nichte als rettende Planke nach dem Schiffbruch. Mlle. de Lillebonne nannte sich nunmehr Mme. de Remiremont, wie auch ich sie fortan nennen werde.

Madame la Duchesse war zunächst wie betäubt. Um alle Hoffnungen betrogen, eines glanzvollen Daseins beraubt, in schlechtem Verhältnis zu Mme. de Maintenon, gänzlich mit der Dauphine entzweit, in offenem Haß zum M. du Maine und also auch zur Duchesse d'Orléans, in einen Prozeß mit ihren Schwägerinnen verwickelt, ohne irgendeinen Beistand zu haben, allein mit einem achtzehnjährigen Sohn, zwei Töchtern, die ihr bereits entglitten, und ein paar unmündigen Kindern, war sie tatsächlich bereit, Monsieur le Prince und Monsieur le Duc zu betrauern, deren Tod sie seinerzeit so erleichtert hatte. Und wieder und wieder sah sie jetzt das geliebte Antlitz des Prince de Conti vor sich. Jetzt hätte dieser Neigung kein Hindernis mehr im Wege gestanden; ihm als einzigem wäre sie treu geblieben; er hätte ihrer Größe gehuldigt, und sie hätte sich in seinem Glanze gesonnt. Welch verzweiflungsvolle Erinnerung! Als letzter Trost blieb ihr nur noch Lassay. Mangels Besserem band sie sich immer enger an ihn, und diese Bindung dauert nach nunmehr dreißig Jahren noch immer an. Ihre so verständliche Verzweiflung klang indessen bald ab, wenigstens nach außen. Tränen lagen ihr nicht. Sie wollte sich betäuben und, um sich abzulenken, stürzte sie sich mit einer für ihr Alter und ihren Stand geradezu verblüffenden Indezenz in die wildesten Lustbarkeiten. Sie suchte ihren Kummer zu ertränken, und das gelang ihr auch. Unter dem Vorwand, ihr sein Haus vorzuführen, veranstaltete der Prince de Rohan, der über eine Million in das Hôtel de Soubise gesteckt hatte, das unter seinen Händen zum erlesenen Palast geworden, die prunkvollsten Feste für sie.

D'Antin stand mit dem König besser als je zuvor, war bald nach Monseigneurs Tod auf den Gipfel seiner Wünsche und seines Glückes gelangt, er bedurfte keines Trostes. Man erinnert sich, mit welcher Behendigkeit er sich während der Schlacht um Lille bei der Dauphine einzuschmeicheln verstanden hatte. Er hatte ihr auch weiterhin seine Huldigungen dargebracht; er hoffte, sie würde durch ihr heiteres Wesen einen Ausgleich zu den strengen Sitten des Dauphins schaffen und würde vor allem die Spannung beheben, die zwischen ihm und der einflußreichen Umgebung dieses Prinzen bestand. Er war überzeugt, daß die Gesundheit des Königs ihm noch Zeit genug ließe, den Dauphin für sich zu gewinnen und vielleicht auch jene Männer, die er am meisten fürchtete, wieder auf seine Seite zu bringen. Monseigneurs Tod befreite ihn von einer lästigen Verpflichtung, die ihn viel von der Zeit kostete, die er lieber dem König gewidmet hätte, doch als Diener zweier Herren hatte er sich jener Mühsal nicht entziehen können. Auch von der Herrschaft der Madame la Duchesse, die nun ihrerseits gezwungen war, mit ihm zu rechnen, sah er sich nun endlich befreit. Schließlich gab er sich der Hoffnung hin, seine Gunst durch ausdauernde Beflissenheit noch weiter zu erhöhen, um sich so bei dem neuen Hofe Achtung zu verschaffen und die Möglichkeit zu finden, sich auch dort allmählich einzunisten. Auch den Traum, in den Staatsrat berufen zu werden, hatte er keineswegs aufgegeben, denn wann hat man je erlebt, daß ein Glückskind sich sagt, jetzt ist es genug.

Zwei Gruppen von Leuten – sehr homogen, obwohl ganz verschieden – waren im tiefsten Herzen verzweifelt: die Minister und die Finanzleute. Man hat anläßlich der Erhebung des Zehnten gesehen, was der neue Dauphin über die Finanzleute dachte und mit welchem Freimut er sich darüber äußerte. Sein Ernst, seine Gewissenhaftigkeit, seine Kenntnisse, das alles war ihnen ein Greuel, und den Ministern nicht minder. Monseigneur war der Fürst, den sie hätten gebrauchen können, um in seinem Namen und mit möglichst noch mehr Machtbefugnis, als sie sich bereits angemaßt, und mit noch weniger Rücksicht zu regieren.

Statt seiner sahen sie nun einen wohlunterrichteten, aufmerksamen, zugänglichen Prinzen, der alles in Augenschein nehmen, alles zu wissen sich bemühte und der bereits den unverkennbaren Willen zeigte, sie unten zu halten, das heißt in ihren Funktionen als Minister und nicht als Ausführende, als Befehlshaber und schon gar nicht als Gnadenspender. Das merkten sie rasch. Und sie begannen, man kann sich denken mit welchem Kummer, den Ton ein wenig zu dämpfen.

Der Kanzler hatte zu seinem Unglück die Frucht dieser Beziehung verloren, die er seit seinem Eintritt in die Finanzen sorglich zu pflegen bemüht gewesen. Sein Sohn, der allgemein verabscheut und so über alle Begriffe scheußlich war, hatte es fertiggebracht, gleichermaßen gefürchtet und verachtet zu werden. Er war das schwarze Schaf der neuen Dauphine, die nichts unterließ, um ihn beim König schlecht zu machen und ihm zu schaden.

Voysin, ohne andere Protektion als die der Mme. de Maintenon, bar jeder Verbindlichkeit, jeder Schonung für andere, völlig in seinen Papieren vergraben, verblendet durch die Gunst, deren er sich erfreute, barsch, um nicht zu sagen brutal im persönlichen Umgang und unverschämt in seinen Briefen, konnte nur die Geschicklichkeit seiner Frau für sich buchen, aber beide verfügten über keinerlei Verbindung zum neuen Hof. Sie hatten noch keine Zeit gehabt, sich Freunde zu erwerben, und der Ehemann, der wenig geeignet war, sich welche zu schaffen, und vielleicht noch weniger, sich solche zu bewahren, saß auf einem sehr beneideten Posten, für den sich jederzeit ein Nachfolger finden ließ.

Torcy, der sanft und gemäßigt war, verfügte über langjährige außenpolitische Erfahrungen. Er hütete die Staats- und Postgeheimnisse und hatte damals viele Freunde und kaum Feinde. Er war ein Vetter der Herzoginnen de Chevreuse und de Beauvillier und der Schwiegersohn Pomponnes, dem die beiden Herzöge volles Vertrauen geschenkt hatten. Im übrigen hatte er niemals etwas mit Monseigneur, geschweige denn mit dessen ganzer Kabale zu tun gehabt; eine offenbar sehr glückliche Position. Doch das war nur Schein. Denn im Grunde stand Torcy nur in recht lockerem Verhältnis zu den Chevreuse und Beauvillier: weder die Verwandtschaft noch der ständige und unerläßliche Geschäftsverkehr hatte das Eis zwischen ihnen zu brechen vermocht. Torcy vertrat im Staatsrat hinsichtlich Roms mit viel Geschick und Überzeugungskraft seine eigene Meinung, die sich der Kanzler später zu eigen machte. So ergaben sich fortwährend Reibereien, die vernünftigen Argumentationen des einen und die kraftvollen und autoritären

Resolutionen des anderen führten zu Diskussionen, die dem Duc de Beauvillier manchen Anlaß zum Leiden gaben.

Desmaretz hatte lange genug in tiefster Ungnade geschmachtet und war mit solcher Anstrengung den Strom wieder heraufgeschwommen, daß er es eigentlich hätte gelernt haben müssen, seine wirklichen Freunde von Geschäftsfreunden zu unterscheiden, deren Freundschaft nur so lange dauert, wie es Geschäfte zu machen gab. Und er war klug genug, um wissen zu können, daß es ihm in dieser Hinsicht an nichts zu mangeln brauchte. Und doch mangelte es ihm an allem. Sein Ministerposten berauschte ihn; er hielt sich für den Atlas, der die Welt trägt und dessen der Staat nicht entraten kann. Er ließ sich durch seine neuen Freunde verführen und erachtete jene aus der Zeit der Ungnade für nichts.

Zunächst erschienen nur wenige Leute auf der Bühne, und mit Ausnahme der Hauptdarsteller hielten sich auch diese wenigen aus politischer Vorsicht einstweilen im Hintergrund. Aber man kann sich denken, wie sehr jeder bestrebt war, mit diesen Hauptdarstellern ins Gespräch zu kommen. Man kann sich überdies vorstellen, was der Duc de Beauvillier empfand, der vielleicht der einzige war, gegen den Monseigneur eine ausgesprochene Abneigung gehegt, was er ihn auch deutlich hatte merken lassen. Nun aber erlebte de Beauvillier die überraschende Erhöhung seines Zöglings, dem es ein stilles Vergnügen bereitete, noch immer sein Schüler zu sein, und der es sich zur Ehre machte, das öffentlich einzugestehen. Ein vom Menschen untrennbarer Rest menschlicher Schwäche bewirkte, daß Beauvillier trotz seiner Lauterkeit und Frömmigkeit eine gewisse Genugtuung empfand; er dachte an die Durchführung nützlicher Pläne, der nun nichts mehr im Wege stehen würde, an eine Art von Diktatur, die um so gelegener kam, als sie ihm ganz unversehens zuteil wurde und die ihm Nahestehenden miteinbezog.

Am bemerkenswertesten jedoch wurde dieses Ereignis für Fénelon, den Erzbischof von Cambrai. Welch lange Wartezeit! Aber welch glanzvoller Sieg stand ihm nun bevor! Welch heller Strahl erleuchtete jählings die Stätte düsterer Trauer! Seit zwölf Jahren in seine Diözese verbannt, alterte dieser Prälat dort unter dem nutzlosen Gewicht seiner Hoffnungen, Jahr für Jahr rann dahin in einer Eintönigkeit, die ihn entmutigen mußte. Dem König war er noch immer verhaßt, so daß niemand wagte, jemals von ihm zu sprechen; Mme. de Maintenon war er noch verhaßter, weil sie seinen Sturz herbeigeführt hatte. Vor allem aber war er dem Haß jener furchtbaren Clique ausgesetzt, die über

Monseigneur verfügte; so bestand sein einziger Rückhalt in der unverbrüchlichen Freundschaft seines Zöglings, der indes selber das Opfer jener Kabale geworden war und es nach menschlichem Ermessen noch zu lange würde bleiben müssen, als daß sein Erzbischof sich hätte schmeicheln können, diese Wendung zu überleben und jemals wieder aus seinem toten Winkel herauszukommen. Nun wird dieser Zögling ganz überraschend Dauphin und gelangt, wie man noch sehen wird, alsbald zu einer Art Herrschaft. Welch glückhafter Umschwung für einen Ehrgeizigen!

Ich habe berichtet, wie er in Ungnade fiel. Seine berühmten *Telemach*-Aufsätze, die er für seinen Schüler verfaßte, die ihm dann entwendet und ohne sein Wissen veröffentlicht wurden – machten diese Ungnade vollends unwiderruflich. Der Duc de Noailles, der, wie ich sagte, damals alle Ämter des Duc de Beauvillier für sich beanspruchen wollte, erklärte bei dieser Gelegenheit dem König und jedem, der es hören wollte, der Verfasser jenes Werkes könne nur ein Feind des Monarchen sein. Obwohl ich ihn bereits vorgestellt habe, scheint es mir ratsam, noch einmal auf diesen Prälaten zu sprechen zu kommen. Eitler als jede Frau, aber nicht im kleinlichen Sinne, war es seine Leidenschaft, zu gefallen, und er war gleichermaßen bestrebt, Diener wie Herren, einfache Leute wie hochgestellte Persönlichkeiten für sich einzunehmen, dazu hatte er ein ausgesprochenes Talent. Er war sanftmütig, liebenswürdig, einfühlsam, besaß einen beweglichen Geist, von dem er sozusagen je nach Belieben die jedem Menschen und jeder Sache zuträgliche Menge abzapfte. Vor allem aber verstand er sich auf die Kunst, Leiden zu ertragen, woraus er sich geradezu ein Verdienst machte und bei allen Bewohnern der Niederlande, gleichviel welcher Herrschaft sie unterstanden, Bewunderung und Zuneigung erntete; alle liebten und verehrten sie ihn. Während er also darauf wartete, wieder in Aktion treten zu können – eine Hoffnung, die er nie aus den Augen verlor –, genoß er alle Annehmlichkeiten eines Daseins, nach welchem er sich im Glanze, den er so sehr erstrebte, vielleicht zurückgesehnt hätte, und er genoß sie mit so offensichtlicher Seelenruhe, daß niemand, der nicht wußte, was er gewesen war und was er noch werden konnte, ja sogar niemand aus seiner allernächsten Umgebung auch nur das geringste hätte argwöhnen können. Bei all seiner Weltzugewandtheit oblag er seinen Aufgaben als Bischof mit größtem Eifer, ganz so als sei er einzig damit beschäftigt, seine Diözese zu leiten. Er dachte an alles, kümmerte sich um Besuche in Spitälern, um großzügige, aber gerecht bemessene Almosenverteilung, um Kleriker und Ordensgemeinschaften. Jeden Tag las er in seiner

Kapelle die Messe, predigte auch zuweilen und genügte all seinen Pflichten, ohne sich jemals vertreten zu lassen. Er fand Zeit für jeden, der zu ihm kam, und erweckte nie den Eindruck, überlastet zu sein. Sein Haus, das jedermann offenstand und in dem er eine gastfreie Tafel hielt, wirkte eher wie der Palast eines Statthalters von Flandern als wie ein Bischofspalais. Doch diese glanzvolle Amtsführung war nur der eine Teil seines Wirkens. Man kann getrost behaupten, daß er kein Mittel unversucht ließ, um in einer hohen Stellung wieder am Gang der Ereignisse teilnehmen zu können. Ohne sich im geringsten beirren zu lassen, ging er geradenwegs auf sein Ziel zu; er veranlaßte seine Freunde, ab und zu seinen Namen zu nennen, er schmeichelte Rom, das ihn so schnöde im Stich gelassen hatte, und er verstand es, sich die Achtung der ganzen Gesellschaft Jesu zu verschaffen. Es gelang ihm schließlich sogar, Chétardye, den Pfarrer von Saint-Sulpice, den törichten Seelsorger und einflußreichen Beichtvater Mme. de Maintenons, für sich zu gewinnen.

Das also war die Lage des Erzbischofs von Cambrai, als er von dem Tod Monseigneurs, der Erhöhung seines Schülers und der Machtbefugnis seiner Freunde erfuhr. Kein Bündnis konnte stärker und unerschütterlicher sein als das dieser kleinen Herde. Es beruhte auf einem innigen und festen Vertrauen, das sich ihrer Auffassung nach auf die Liebe zu Gott und Seiner Kirche gründete. Fast alle waren aufrichtig fromm, nur ganz wenige waren Heuchler. Alle verfolgten sie nur ein Ziel, von dem keine Ungnade sie abbringen konnte, alle gingen sie gemessenen Schrittes auf dieses Ziel zu: nämlich die Rückkehr ihres Herren und Meisters aus Cambrai. Währenddessen lebten und atmeten sie nur für ihn, dachten und handelten sie nur nach seinen Prinzipien, empfingen alle seine Hinweise und Ratschläge, als seien es Offenbarungen Gottes.

Man begreift wohl, welche ungeheure Rolle der Erzbischof von Cambrai für die Herzöge de Chevreuse und de Beauvillier sowie deren Gemahlinnen spielte. Vielleicht war es nur der Gedanke an ihn, der den Duc de Beauvillier dann doch daran hinderte, sich nach dem Tod seiner Kinder, und nachdem er die inneren Angelegenheiten seiner Familie geordnet hatte, gänzlich zurückzuziehen. Der Duc de Chevreuse und er hätten nur allzugern das beschauliche Leben von Mönchen geführt, aber da sie so inbrünstig wünschten, dem Ruhme Gottes und der Kirche sowie ihrem eigenen Heil dienlich zu sein, meinten sie allen Ernstes, in ihren Stellungen bleiben und alles für die Rückkehr ihres geistigen Vaters einsetzen zu müssen. Der durch Monseigneurs Tod plötzlich erfolgte Umschwung erschien ihnen als jenes wunderbare, von der göttlichen

Vorsehung eigens für den Erzbischof von Cambrai bewirkte Ereignis, das man so lange und so inbrünstig erwartet hatte, ohne zu wissen, wann und wie es sich vollziehen würde. Es war der Lohn des Gerechten, der im Glauben ausharrt, der gegen alle Hoffnungen hofft und der im unerwartetsten Augenblick befreit wird. Nicht etwa, daß ich sie ausdrücklich dergleichen hätte sagen hören, aber für jemanden, der wie ich ihre Sinnesart kannte, lag das klar auf der Hand. Deshalb die Verbindung der Herzöge und Herzoginnen de Chevreuse und de Beauvillier; deshalb die Heirat des Duc de Mortemart, war er doch der Sohn jener unerschrockenen, makellosen und einzigartigen Jüngerin, deshalb jedes Wochenende in Vaucresson jene unzugänglichen Zusammenkünfte mit einer kleinen Schar ausgewählter, bescheidener Jünger; deshalb jene klösterliche Abgeschiedenheit, die sie inmitten des Hofes beibehielten; deshalb in erster Linie die Bindung an den neuen Dauphin, der sorgsam in den gleichen Gefühlen erzogen und genährt worden war. Sie sahen in ihm einen zweiten Esrah, einen Erneuerer des Tempels und des Volkes Gottes nach der Gefangenschaft.

Unter dieser kleinen Herde befand sich eine von M. Bertaud ausgebildete Jüngerin aus den frühen Zeiten. Sie hielt Versammlungen in der Abtei von Montmartre ab, in der sie in ihrer Jugend unterwiesen worden war und in die sie sich jede Woche mit M. de Noailles begab, der sich seinerseits allerdings rechtzeitig von alledem zu distanzieren verstand. Ich spreche von der Duchesse de Béthune, die sich seither mehr und mehr vervollkommnet hatte und von Mme. Guyon gewürdigt wurde, ihre Favoritin zu sein. Sie galt anerkanntermaßen als schöne Seele, die sogar den Erzbischof von Cambrai mit Ehrfurcht erfüllte. Durch diese Bruderschaft war sie, die Tochter des Oberintendanten Fouquet, zur engsten Freundin der drei Töchter Colberts und seiner Schwiegersöhne geworden, die ihr alle die größte Verehrung entgegenbrachten. Der Duc de Béthune, ihr Ehemann, war nichts weiter als ein niederer Laienbruder, den man nur ihrethalben duldete. Ihr Sohn, der Duc de Charost, erntete alle Früchte der Gottseligkeit seiner heiligmäßigen Mutter. Vollkommene Rechtschaffenheit, unbedingtes Ehrgefühl und stete Tugendhaftigkeit, die gesteigert wurde durch die Hingabe an den Erzbischof von Cambrai, der sich von dem Sohn der mütterlichen Jüngerin etwas erhoffen konnte, bildeten den Grundzug seines Charakters. Überdies war er ungemein ehrgeizig und entsprechend eifersüchtig, liebte die Gesellschaft, in der er eine nicht unbeträchtliche Rolle spielte und für die er wie geschaffen war. Er war sehr weltgewandt, besaß aber keinerlei Schulung, nicht einmal was die Frömmigkeit anlangt, wenn man von jener absieht, die von der kleinen Herde vertreten wurde. Seinen Freunden war er treu und sehr zur Freundschaft befähigt, und trotz seines unerträglichen, vom Vater ererbten Wortschwalls überraschend verschwiegen. Er ist vielleicht der einzige gewesen, der es trotz seiner öffentlich zur Schau getragenen Devotion mühelos zustande brachte, den engsten Umgang mit den Libertins seiner Zeit zu pflegen. Er war mit den meisten von ihnen befreundet, alle schätzten ihn sehr und nahmen ihn, sooft sie nur konnten, zu ihren Lustpartien mit, bei denen es zu keiner Ausschweifung kam und bei denen sie sich nicht einmal über seine den ihren so entgegengesetzten Praktiken lustig machten. Sein überschäumendes Temperament flößte ihm Leidenschaften ein, für die seine Frömmigkeit zum peinlichen Hindernis wurde, von denen er sich jedoch mit gewaltsamer Anstrengung freimachte. M. de Beauvillier hatte seinerzeit dazu beigetragen, daß Charost und ich uns miteinander befreundeten. Diese Freundschaft gedieh bis zur größten Innigkeit und dauert noch heute an. Ich selbst habe den Erzbischof von Cambrai nur vom Sehen gekannt. Ich war, als seine Gunst erlosch, gerade erst in die Gesellschaft eingeführt worden; an den Mysterien der kleinen Herde habe ich niemals teilgenommen. So mußte ich in den Augen der Herzöge de Chevreuse, de Beauvillier und de Charost um einiges unterlegen sein. Dennoch beschränkte sich ihr Vertrauen ihm gegenüber auf ihre Gnosis, während ich in allem, was den Staat, den Hof und die Entwicklung des Dauphin betraf, ihr volles Vertrauen genoß. Sie sprachen zwar nicht über ihre Gnosis mit mir, aber sie gestanden mir freimütig ihre Neigung und ihre Bewunderung für den Erzbischof von Cambrai und die Maßnahmen, die sie getroffen hatten, seine Rückkehr zu ermöglichen. Dampierre und Vaucresson standen mir jederzeit offen. Die unbekannten Glaubensbrüder hatten keine Scheu vor mir und äußerten sich auch ganz unbefangen. Ich war der einzige in ihre Gnosis Nichteingeweihte, der auf so vertrautem Fuß mit ihnen stand. Je mehr sich meine enge Bindung zu den beiden Herzögen herumgesprochen hatte und je mehr ich an Ansehen gewann, desto mehr war ich bestrebt, durch mein Benehmen und meine Lebensweise keinerlei Aufsehen zu erregen.

Bei diesem erstaunlichen Szenenwechsel traten also zunächst nur zwei Personen in Erscheinung: der Duc de Beauvillier und mit ihm der Duc de Chevreuse und ein wenig im Hintergrund als dritter der Erzbischof von Cambrai. Jeder war den beiden plötzlich gewogen, jeder behauptete, von eh und je zu ihren Freunden gehört zu haben, und jeder drängte sich in ihre Nähe.

Schon in den ersten vierzehn Tagen fiel jedem, der in Marly weilte, auf, wie anders sich der seinen legitimen Kindern gegenüber so strenge und kühle König nunmehr dem Dauphin gegenüber verhielt. Jetzt, wo der König sich ihm wieder ganz zugewandt hatte, wo sich die dreiste Kabale durch den Tod eines beinahe feindlichen Vaters aufgelöst hatte, wo die Gesellschaft sich respektvoll und aufmerksam zeigte, sah man diesen so schüchternen Prinzen sich zusehends mehr entfalten. Er bewegte sich frei, majestätisch und unbefangen. Der ganze Hof war höchst überrascht, als der König, nachdem er ihn eines Morgens lange in seinem Arbeitszimmr zurückgehalten, noch am selben Tag den Ministern befahl, sich jedesmal, wenn der Dauphin sie riefe, zu ihm zu begeben, um mit ihm zu arbeiten und ihm auch ungefragt Rechenschaft über alle Regierungsgeschäfte abzulegen. Es ist nicht einfach, zu schildern, welche Erregung eine derart der Neigung, dem Denken und der Gewohnheit des Königs entgegengesetzte Anordnung auslöste; das Vertrauen in den Dauphin ging soweit, daß er ihm stillschweigend die Erledigung der Regierungsgeschäfte zum großen Teil überließ. Das war ein Donnerschlag für die Minister, der sie so sehr betäubte, daß sie nicht einmal ihr Erstaunen und ihre Verwirrung zu verbergen vermochten. Es war in der Tat eine recht bittere Enttäuschung für Männer, die aus dem Nichts gekommen, jählings zur sichersten und höchsten Macht gelangt, so daran gewöhnt waren, im Namen des Königs alle Macht auszuüben, des Königs, den sie sogar zu ersetzen sich anmaßten, wobei sie sich stillschweigender Übereinkunft und ohne Widerspruch daran gewöhnt hatten, die Laufbahn von Leuten aufzubauen oder zu zerstören; mit Erfolg die höchstgestellten Personen anzugreifen, mit aller Autorität über die Innen- und Außenpolitik des Staates zu verfügen, nach ihrem Belieben Ansehen, Bestrafung oder Belohnung zu spenden, alle Entscheidungen dreist durch ein »Der König will es so« zu treffen. Welch ein Sturz für solche Männer, daß sie nun mit einem Prinzen rechnen mußten, der Mme. de Maintenon auf seiner Seite hatte und der beim König in Staatsgeschäften mehr zählte als sie, ein Prinz, dem der Thron gewiß war; der, da er das Herz des Königs besaß, auch jederzeit bei ihm Gehör fand und der, abgesehen von den Eindrücken, die er für die Zukunft von ihnen empfing, schon jetzt imstande war, Falsches und Wahres auseinanderzuhalten und ein ebenso erhellendes wie unerwartetes Licht in ihre Finsternis zu bringen.

Haltung des Dauphins hinsichtlich der Stellung des alten Adels.

Da der Hof, wie gesagt, durch den Tod Monseigneurs ein anderes Gesicht bekommen hatte, stellte sich auch für mich die Frage, wie ich mich fortan dem Dauphin gegenüber verhalten sollte. Ich fragte M. de Beauvillier. Er meinte, das müsse sich langsam entwickeln, aber ich hielt es dennoch für geraten, möglichst bald mit dem Dauphin ins Gespräch zu kommen. Als ich ihn eines Tages von nur wenigen und mir wohlgesinnten Leuten begleitet im Park von Marly traf, machte ich mir seinen zuvorkommenden Gruß zunutze, um ihm leise zu erklären, daß mich viele ihm unbekannte Gründe bisher von ihm ferngehalten hätten; er antwortete mir ebenfalls leise, daß es zweifellos entscheidende Gründe gegeben hätte, die aber nun, wie er glaube, hinfällig geworden seien; er wisse wohl, daß er sich auf mich verlassen könne, und es freue ihn, daß wir uns jetzt ungezwungener miteinander unterhalten könnten.

Als ich wenige Tage später im Salon weilte, traten der Dauphin und die Dauphine ein, sie waren in lebhaftem Gespräch begriffen. Ich näherte mich ihnen, und da ich noch die letzten Worte mitangehört hatte, fühlte ich mich veranlaßt, den Prinzen nicht gerade direkt, aber doch mit einem gewissen Freimut zu fragen, um was es sich handele. Er entgegnete mir, daß sie, seit er Dauphin sei, morgen zum erstenmal nach Saint-Germain gingen und daß sich somit eine Änderung im Zeremoniell gegenüber der Witwe des Königs von England ergäbe; er erklärte mir die Sache und betonte, daß er nichts von den ihm zustehenden Rechten außer acht lassen wolle. »Wie sehr freut es mich«, erwiderte ich, »daß Sie dieser Auffassung sind und daß Sie diesen Dingen, deren Vernachlässigung dem Dasein allen Glanz raubt, solche Bedeutung beimessen.« Er stimmte lebhaft zu, und ich benutzte diesen günstigen Augenblick, ihm folgendes darzulegen: wenn er, der so hochgestellt und dessen Rang so unbestritten sei, mit gutem Grund Wert darauf lege, seine Würde gewahrt zu sehen, um wieviel mehr Grund hätten wir anderen, denen man Stellung und Rang immer wieder streitig machen wolle, diese Beeinträchtigungen und Schmälerungen zu beklagen und uns dagegen zur Wehr zu setzen. Er pflichtete mir bei und ging soweit, sich zum Anwalt unserer Sache zu machen. Ja, er erklärte mir, daß er die Wiederherstellung des Adels als eines der dringlichsten Staatsgeschäfte betrachte.

Einige Tage später ließ der Dauphin mich zu sich rufen. Er sagte mir, er sei bislang nur bemüht gewesen, sich ins Bild zu setzen, ohne sich in irgend etwas einzumischen, doch seit der König ihm aufgetragen habe, sich um alles zu kümmern, mit den Ministern zu arbeiten und ihn zu entlasten, fühle er sich verpflichtet, seine Zeit ausschließlich dem Staat und dem öffentlichen Wohl zu widmen. Alsdann sprach er über den König, voller Zuneigung und Anerkennung; ich stimmte ihm bei, doch aus Besorgnis, diese Anerkennung und Ehrfurcht könne in gefährliche Bewunderung ausarten, bemerkte ich beiläufig, daß der König vieles nicht wisse und vieles niemals zu erfahren bekomme. Diese nur leicht berührte Saite kam sofort zum Klingen; der Prinz gab zu, daß meine Worte der Wahrheit entsprächen, und griff nun die Minister an; er ereiferte sich gegen die grenzenlose Autorität, die diese sich angemaßt, gegen die Macht, die sie gegenüber dem König gewonnen, und gegen den gefährlichen Mißbrauch, den sie mit dieser trieben; er beklagte die Unmöglichkeit, dem König etwas mitzuteilen oder etwas von ihm zu erfahren, ohne daß sie sich einmischten, er nannte zwar keine Namen, aber er gab mir unumwunden zu verstehen, daß diese Regierungsform seinen Neigungen und seinen Maximen ganz und gar widerspräche.

Ich vermag schwer zum Ausdruck zu bringen, was ich empfand, als ich den Dauphin verließ. Eine herrliche und nahe Zukunft eröffnete sich mir. Ich sah einen frommen und gerechten, großherzigen und aufgeklärten Prinzen, der bestrebt war, all diese Eigenschaften in sich zu stärken. Seit dieser ersten Begegnung erfreute ich mich seines kostbaren und uneingeschränkten Vertrauens; ich war einer grundlegenden Änderung der Regierung gewiß. Der Wunsch nach Wiederherstellung der Rangordnung und der Würde des Adels ist zeit meines Lebens mein größter Wunsch gewesen, weit stärker als der Wunsch nach persönlichem Wohlergehen. So sah ich nun mit Entzücken der Befreiung aus einer Knechtschaft entgegen, die mir im tiefsten Innern zuwider war.

Der Duc de Noailles.

Es ist Zeit, wieder auf den Duc de Noailles zu sprechen zu kommen. Denn er, der inzwischen im Besitz des Marschallstabes und Minister geworden ist, wird von nun an eine große Rolle spielen. Als anscheinend freimütiger und höchst liebenswürdiger Mann vermochte er mühelos auch den größten Skeptikern Sand in die Augen zu streuen und in jeder Hinsicht den denkbar besten Eindruck zu erwecken. Und doch dachte und denkt er immer nur an sich selbst und würde auch nicht den kleinsten Schritt tun, der nicht seinen Absichten dienlich ist. Aufgrund meines vertrauensseligen und viel zu schlichten Gemütes war ich wie geschaffen, ihm ins Garn zu gehen. Er wandte sich seinerseits an mich; er gefiel mir, ich fand sein Wesen tatsächlich sehr liebenswürdig und nahm den schönen Schein für bare Münze; er hatte sich damals noch nicht demaskiert, zumindest sah ich die Maske nicht. Ich dachte mir zwar, daß ich seine Avancen, wie man so sagt, nicht meinen schönen Augen verdankte; ich nahm an, daß er den Duc d'Orléans, den Duc de Beauvillier und vielleicht sogar den Dauphin mit mir im Einvernehmen wußte, und daß er, weil es sich so ergab, Gelüste verspürte, mich am Wege aufzulesen. Ich ließ mich von seinem Charme, seinem Geist und seiner Anmut betören, und auch von den glanzvollen Stellungen, die er bekleidete. Seine Feldzüge, die Erfahrungen, die er in Spanien gemacht hatte, dienten ihm als Einführung, und dieser raffinierte Musiker verstand es, zwei Saiten in mir zu berühren, die sofort zu klingen begannen: einmal die zuschanden gewordene Würde unseres Standes, zum anderen die mißliche Lage seines Onkels, des Kardinals. Wir waren uns über diese beiden Punkte völlig einig, und das wurde die Basis unserer Freundschaft und des Vertrauens, das ich in ihn setzte.

(1712). – Ein neuer Präsident am Parlament von Paris. – Warnungen: man wolle den Dauphin vergiften.

Das Jahr 1712 begann mit der Ernennung eines neuen Präsidenten des Parlaments von Paris. Peletier, ein mittelmäßiger président à mortier, war wie gesagt durch das Ansehen seines Vaters, für den der König stets Achtung bewahrt hatte, zu Harlays Nachfolger geworden. Indes fehlte es diesem Ersten Präsidenten an allen für dieses so anspruchsvolle und wichtige Amt nötigen Eigenschaften. Er merkte denn auch, daß er auf diesem Posten, der ihn nur niederdrückte, nichts zu gewinnen hatte. Doch sein Vater zwang ihn, dort auszuhalten. Kaum aber war der Vater gestorben, dachte Peletier nur noch daran, seines Amtes wieder enthoben zu werden, und schickte am letzten Tag des Jahres sein Abschiedsgesuch an den König.

Fünf Tage darauf wurde auf Betreiben des Duc du Maines M. du Mesmes zum Ersten Präsidenten ernannt; der König wollte, daß sein lieber Sohn ihm das persönlich verkünden sollte. Dieser Verwaltungsbeamte, der zu Zeiten seines Vaters den Namen Neufchatel trug, wird in der Folge so oft erscheinen, daß es gut ist, ihn ein wenig zu charakterisieren. Er war ein hochgewachsener vierschrötiger Mann mit quadratischem Schädel, aber seine ganze Erscheinung und seine Manieren bewiesen viel Anmut und Alter, sogar etwas Majestätisches. Seine Aufmerksamkeit richtete sich in erster Linie auf die Gesellschaft, die Gefallen an ihm fand, so daß er in den besten und lebenslustigsten Kreisen des Hofes verkehrte. Im übrigen kümmerte er sich um nichts und führte ein so wüstes Leben, daß sein Vater ihn vor Wut oft mit Stockschlägen bedrohte, aber der Sohn war unverbesserlich und hatte nichts weiter im Sinn, als sich zu vergnügen und Geld zu vergeuden. Seine moralische Vorurteilslosigkeit brachte ihn mit der vornehmsten Jugend in Berührung, mit der er auch eifrigen Umgang pflegte, während er sich im Justizpalast und bei den Richtern sowenig wie möglich blicken ließ. Als er dann in der Nachfolge seines Vaters président à mortier wurde, änderte er seine Gewohnheiten keineswegs, aber er bildete sich ein, nunmehr ein Standesherr zu sein, und lebte auf großem Fuße. Die vornehmen Leute, die im Hause seines Vaters verkehrten, die nahe Verbindung zu M. La Trémouille, zu M. d'Elbeuf und den Kindern der Mme. de Vivonne bestärkten ihn, verwöhnt wie er durch seinen Umgang war, in dem Glauben, auch er selbst gehöre zu jener Gattung, mit der er von jeher zu verkehren pflegte. Er versäumte nicht, sich mit den Höflingen, die er ansprechbar fand, zu befreunden; d'Antin war einer von ihnen; und so drang er dann schließlich bis zu M. und Mme. du Maine vor, die, da sie zur Durchführung ihrer Pläne im Parlament die entsprechenden Kreaturen brauchten, sehr bereit waren, sich an einen président à mortier zu binden. Er, seinerseits höchst entzückt, so freundlich aufgenommen zu werden, war emsig bestrebt, sich die mächtige Protektion des Lieblingssohnes des Königs zu sichern, und ergab sich bis zur Schamlosigkeit jeder Laune der Mme. du Maine. Er stellte ihr seinen Bruder, den Chevalier, vor; beide nahmen an allen Festen in Sceaux, an allen weißen Nächten teil, und weder der Chevalier noch er schämten sich, in den Komödien mitzuspielen. Er versklavte sich derart, daß er sich in Gesellschaft der Diener, an der Seite eines livrierten Schweizers, als Frau verkleidet auf einem Porträt verewigen ließ. Diese Lächerlichkeit kam ihm in der Gesellschaft sehr zugute, mißfiel jedoch dem Parlament außerordentlich. Er spürte das, aber er zeigte sich unempfindlich, denn um seiner Karriere willen durfte er keinen Zollbreit nachgeben. Als er dann zum Dienstältesten unter den présidents à mortier aufrückte, wurde ihm klar, daß er den Justizpalast sowie die Magistratur, denen er durch seine Gleichgültigkeit zuviel Mißachtung bezeugt hatte, doch etwas häufiger aufsuchen müßte. Er geruhte sogar, sich so weit herabzulassen, sein Verhalten gegenüber den Advokaten und den etwas höherstehenden Schreibern ein wenig zu modifizieren, gleichviel verkehrte er nach wie vor eifrigst mit den Mitgliedern des Hofes und der Gesellschaft, deren Ton und deren Manieren er sich ganz zu eigen gemacht hatte. Seine Unwissenheit suchte er zu vertuschen, indem er genau das annahm, was man den Jargon des Justizpalastes nennt, und indem er sich bemühte, die Schwäche all dieser Herren herauszufinden und welches Ansehen sie jeweils in ihren Kammern genossen. Er war sehr gerissen, geistesgegenwärtig und redegewandt; verwegen bis zur Schamlosigkeit, ohne Seele, ohne Ehre, ohne Scheu; dummdreist, was Sitten, Religion und Praxis anlangt; bereit, jederzeit das Steuer herumzuwerfen, Fallen zu stellen, Freunden das Wort zu brechen oder ihnen, je nachdem es seinen Interessen entsprach, die Treue zu halten. Im übrigen ein charmanter Tischgenosse, ein glanzvoller Plauderer, von erlesenem Geschmack in allem, was Möbel, Ausstattung und Schmuck betrifft; das ist für jetzt genug über diesen Verwaltungsbeamten, der mit aller Gewalt ein Standesherr sein wollte, der sich oft genug von denen, die es wirklich waren und mit denen er ständigen Umgang suchte, verspotten ließ.

Am Montag, dem 18. Januar, fuhr der König nach Marly. Kaum war man dort angelangt, als Boudin, der frühere Leibarzt Monseigneurs und nunmehrige der Dauphine, diese warnte, sie möge auf sich achten, denn er habe sichere Nachricht, daß man sie und auch den Dauphin vergiften wolle. Überdies verbreitete er diese Kunde noch im Salon und setzte alle Welt in Schrecken. Der König wollte ihn persönlich sprechen: doch er wiederholte nur immer wieder, seine Nachricht sei zuverlässig, ohne indessen sagen zu können, woher er sie habe. Und bei diesem Widerspruch blieb es. Denn wenn er nicht wußte, woher er die Nachricht hatte, woher konnte er dann wissen, daß sie zuverlässig war? Höchst seltsam jedoch ist die Tatsache, daß der Dauphin vierundzwanzig Stunden später einen gleichen Hinweis erhielt, der auch völlig unbestimmt war und sich ebenfalls auf niemanden berief. Bei dieser zweiten Warnung war nur vom Dauphin die Rede. Man gab sich den Anschein, als kümmere man sich nicht um dieses Geschwätz, aber im Innersten war man dennoch verstört.

Geheimnisvolle Erkrankung der Dauphine. – Wechsel des Beichtvaters erregt Aufsehen. – Auch der Dauphin erkrankt. – Tod der Dauphine. – Porträt. – Große Trauer. – Tod des Dauphin. – Porträt.

Der König war also am 18. in Marly angekommen; und auch die Dauphine war schon frühmorgens erschienen. Sie hatte eine Schwellung im Gesicht und legte sich alsbald zu Bett. Um sieben Uhr abends erhob sie sich wieder, weil der König wünschte, daß sie Cercle hielt; im Négligé und mit verbundenem Kopf setzte sie sich an den Spieltisch, besuchte dann den König und legte sich alsbald wieder hin, um im Bett zu Abend zu essen. Am anderen Tag, dem 19., erhob sie sich nur, um am Spiel teilzunehmen und dem König ihre Aufwartung zu machen, worauf sie sofort wieder zu Bett ging. Am 20. war die Schwellung zurückgegangen, und sie fühlte sich besser; sie litt wegen ihrer schlechten Zähne öfters unter solchen Beschwerden. Die folgenden Tage verbrachte sie in der üblichen Weise.

Am 5. Februar überreichte der Duc de Noailles der Dauphine eine sehr schöne, mit ausgezeichnetem spanischem Tabak gefüllte Dose; die Dauphine nahm von dem Tabak und fand ihn vorzüglich. Das war am späten Vormittag. Als sie dann ihr Gemach betrat, in dem sich niemand aufhielt, stellte sie die Dose auf den Tisch, ohne sich weiter darum zu kümmern. Gegen Abend überkam sie ein erneuter Fieberschauer; sie legte sich zu Bett, außerstande, dem König nach dem Souper ihre Aufwartung zu machen. Am Samstag, dem 6., stand sie, obwohl sie die ganze Nacht Fieber gehabt, zur gewohnten Stunde auf, um den Tag zu verbringen wie sonst auch. Doch am Abend bekam sie wiederum Fieber; es währte die ganze Nacht; am Sonntag, dem 7., ließ es ein wenig nach, aber gegen sechs Uhr abends spürte sie plötzlich unterhalb der Schläfe einen stechenden Schmerz, der so heftig war, daß sie den König, der sie besuchen wollte, bitten ließ, nicht einzutreten. Dieser rasende Schmerz dauerte trotz aller Arten Tabak, trotz Opium und Aderlässen bis zum Montag an; und sobald die Schmerzen ein wenig nachließen, stieg das Fieber nur um so höher. Sie meinte, sie habe weit mehr zu leiden als bei der Geburt ihrer Kinder. Dieser beängstigende Zustand versetzte ihre nächste Umgebung in Unruhe, da man sich der Tabakdose erinnerte, die der Duc de Noailles ihr an dem Tage, als das Fieber sie zum ersten Mal befiel, überreicht hatte. Sie hatte ihren Damen von dem Geschenk erzählt und Mme. de Levis gebeten, in jenes Zimmer zu gehen und ihr die Dose zu holen. Mme. de Levis ging hin, fand aber die Dose nirgends. Um es kurz zu machen, alle Nachforschungen blieben vergebens, man hat die Dose niemals wieder gesehen. Dieses so auffällige und unmittelbar von Folgen begleitete Verschwinden erregte düstersten Argwohn, wovon der Duc de Noailles allerdings nichts erfuhr, auch wußten nur einige wenige Personen von dem Vorfall; die Prinzessin bediente sich nämlich des Tabaks ohne Wissen des Königs, aber da Mme. de Maintenon eingeweiht war, ganz arglos. Immerhin hätte ihr die Geschichte, wenn sie herausgekommen wäre, Ungelegenheiten beim König bereitet, und deshalb vermied man es, sich weiterhin über das Verschwinden der Dose zu äußern.

Die Nacht vom Montag zum Dienstag, dem 4. Februar, verbrachte die Prinzessin im Dämmerschlaf. Schon am frühen Morgen besuchte der König die Kranke. Den Tag über nahm das Fieber beständig zu, nur ab und an ein kurzes Erwachen mit benommenem Kopf. Auf der Haut indes zeigten sich einige Spuren, die hoffen ließen, daß es die Röteln seien, an der damals zahllose Leute in Paris und Versailles erkrankt waren.

Während der Nacht vom Dienstag zum Mittwoch fühlte die Kranke sich so schlecht, daß die Hoffnung auf Röteln jählings erlosch. Man hatte ihr Brechwurz gegeben, doch ohne die geringste Besserung damit zu erzielen. Nun veranlaßte man den Dauphin, der nicht von ihrem Bett weichen wollte, in den Park hinunterzugehen, um ein wenig Luft zu schöpfen, was er sehr nötig hatte. Doch seine Unruhe trieb ihn sehr bald wieder ins Krankenzimmer zurück.

Am Abend befand sich die Dauphine sehr elend. Gegen Mitternacht stieg das Fieber beträchtlich. Am Donnerstag, dem 11. Februar, erschien der König um 9 Uhr früh bei der Dauphine, von deren Bett sich jetzt Mme. de Maintenon kaum mehr entfernte. Der Zustand der Prinzessin schien so bedenklich, daß man beschloß, ihr nahezulegen, die Sterbesakramente zu nehmen. Sie fragte, ob es denn so schlimm um sie stände. Man antwortete ihr möglichst zuversichtlich, blieb indessen bei dem Vorschlag mit der Begründung, dies sei in jedem Fall das Beste, was sie tun könne. Sie dankte für die Offenheit und sagte, sie wolle sich vorbereiten. Kurz darauf erschien der Pater La Rue, ein Jesuit, ihr

Beichtvater, dem sie stets sehr zugetan erschien, um sie zu ermahnen, ihre Beichte nicht mehr länger aufzuschieben Sie sah ihn an und erwiderte, daß sie ihn durchaus verstehe. Doch dabei blieb es. Der Pater schlug ihr vor, sofort zu beichten, erhielt aber keine Antwort. Als kluger Mann wußte er, worum es ging, und als rechtschaffener Mann ahnte er, daß sie vielleicht Hemmungen habe, gerade ihm zu beichten. Er wolle, sagte er, sie nicht zwingen, er bäte sie nur, ihm zu sagen, wen sie statt seiner zum Beichtvater wünsche. Er selbst sei bereit, den Betreffenden zu ihr zu bringen. Darauf gab sie zu verstehen, daß sie sehr gern bei M. Bailly, dem Missionspriester der Pfarrei von Versailles, beichten würde. Bailly war jedoch kurz zuvor nach Paris gefahren; die Prinzessin schien tief bekümmert und erklärte, auf ihn warten zu wollen, aber als der Pater La Rue einwandte, daß es ratsamer sei, keine kostbare Zeit zu verlieren, die, sobald sie die Sakramente empfangen, von den Ärzten besser genützt werden könne, erbat sie den Rekollektenpater Noël, den der Pater La Rue selbst aufsuchte und zu ihr brachte. Man kann sich vorstellen, welches Aufsehen der Wechsel des Beichtvaters in einem so kritischen und gefahrvollen Augenblick erregte.

Der Dauphin war vollkommen niedergeschlagen. Da er sich keinesfalls vom Bett der Dauphine entfernen wollte, hatte er sich nach Kräften bemüht, seine eigene Unpäßlichkeit zu verbergen. Aber sein Fieber war so gestiegen, daß er es nicht mehr verbergen konnte, und da die Ärzte ihm ersparen wollten, die schrecklichen Szenen, die sie voraussahen, mitzuerleben, taten sie alles, um ihn mit tröstlichen Nachrichten über den Zustand seiner Gemahlin zu beruhigen. Ihre Beichte dauerte lange; unmittelbar darauf empfing sie den Leib des Herrn. Eine Stunde später bat sie, man möge die Sterbegebete lesen; man erwiderte, daß es soweit noch nicht sei, und versuchte, sie zum Einschlafen zu bringen.

Um sieben Uhr abends wurde ein Aderlaß am Fuß gemacht; in aller Frühe kam der König zur Dauphine. Der Brechwurz, den man ihr um neun Uhr eingab, hatte wenig Wirkung; die bedrohlichsten Symptome stellten sich ein. Die Kranke erwachte nur für Sekunden aus der Bewußtlosigkeit. Am Abend verloren die Anwesenden gänzlich den Kopf, und trotz der Anwesenheit des Königs ließ man viele Leute in das Gemach. Kurz bevor die Prinzessin verschied, wandte der König sich zum Gehen, stieg mit Mme. de Maintenon in den Wagen und fuhr nach Marly. Beide waren völlig niedergeschlagen und hatten nicht mehr die Kraft, den Dauphin aufzusuchen.

Die Prinzessin war in frühester Jugend an den Hof gekommen. Ihr umsichtiger Vater, der unseren Hof von Grund auf kannte, hatte ihr diesen genau geschildert und sie darauf hingewiesen, daß es nur eine Möglichkeit für sie gäbe, hier glücklich zu werden. Ihr gesunder Menschenverstand und ihre rasche Auffassungsgabe kamen ihr trefflich zustatten; ihre angeborene Liebenswürdigkeit gewann ihr alle Herzen, während ihre hohe Stellung, ihr enges Verhältnis zum König und zu Mme. de Maintenon ihr die Huldigung der Ehrgeizigen einbrachte, worauf sie von Anbeginn großen Wert legte. Sie war sanftmütig und schüchtern, aber geschmeidig; und so gutherzig, daß es sie schmerzte, irgend jemand auch nur das geringste Leid zuzufügen; bei all ihrem unbekümmerten Mutwillen durchaus befähigt, ein Ziel mit Hartnäckigkeit zu verfolgen. Der Zwang, den sie sich dabei auferlegen mußte, schien ihr nichts auszumachen. Sie war eher häßlich als schön, hatte Hängebacken, eine zu stark gewölbte Stirn, eine nichtssagende Nase und wulstige Lippen; aber sehr dichtes kastanienfarbenes Haar und wunderbare ausdrucksvolle Augen, den herrlichsten Teint; einen kleinen, aber wohlgeformten Busen, einen langen Hals mit einem leichten Ansatz zum Kropf, was ihr indessen gut stand. Sie war hoch gewachsen, hatte zarte ebenmäßige Gliedmaßen und bewegte sich wie eine Göttin auf den Wolken. Mit jedem ihrer Schritte und mit jeder ihrer Redewendungen verkörperte sie die vollendete Anmut. Ihre jugendliche sprühende Heiterkeit belebte die ganze Umgebung. Mit der Leichtigkeit einer Nymphe eilte sie wie ein Wirbelwind hierhin und dorthin, spendete, wo immer sie war, Freude und Leben. Sie war die Seele aller Festlichkeiten und entzückte durch die Schönheit und Makellosigkeit ihres Tanzes. In der Öffentlichkeit verhielt sie sich dem König gegenüber ernst, gemessen und ehrerbietig; Mme. de Maintenon gegenüber, die sie stets mit »Tante« anzureden pflegte, bewies sie eine scheue Zurückhaltung. Im Familienkreis jedoch sprang sie plaudernd umher, hängte sich bald dem einen an den Hals oder setzte sich dem anderen aufs Knie. Sie hatte ständig Zutritt zum König, auch wenn Kuriere wichtige Nachrichten brachten, ja sogar während des Staatsrates. So konnte sie den Ministern Nutzen oder Schaden bringen, doch zeigte sie sich stets geneigt, Gutes zu tun, ausgleichend zu wirken und zu entschuldigen.

Als sie eines Abends hörte, wie der König und Mme. de Maintenon mit offenkundiger Sympathie über den englischen Hof sprachen – man hoffte nämlich damals, den Frieden zu erlangen – rief sie aus: »Finden Sie nicht auch, liebe Tante, daß in England die Königinnen besser regieren als die Könige? Aber weshalb?« Während sie trällernd umhersprang, gab sie selber die Antwort: »Weil unter den Königen die Frauen regieren, und unter den Königinnen die Männer!« Erstaunlicherweise lachten sowohl der König als auch Mme. de Maintenon darüber und meinten, sie habe durchaus recht.

Ich will noch eine andere bezeichnende Anekdote hinzufügen. Als man eines Abends Komödie spielte, kam plötzlich Nanon, die ehemalige Kammerfrau der Mme. de Maintenon, in den Saal. Die Prinzessin ging auf sie zu, dann lehnte sie sich mit dem Rücken an den Kamin, stützte sich mit den Armen auf einen kleinen Wandschirm, der zwischen zwei Tischchen stand. Nanon, die eine Hand in der Tasche hielt, kniete hinter der Prinzessin nieder. Der König, der in unmittelbarer Nähe stand, fragte, was sie da täten; die Prinzessin erwiderte lachend, sie täte das, was sie da häufig zu tun pflege, wenn des Abends Komödie gespielt würde. Der König gab sich mit dieser Antwort nicht zufrieden: »Wollen Sie es wirklich so genau wissen?« fragte sie. »Nun also, ich lasse mir ein Klistier geben.« – »Wie?« rief der König, der vor Lachen kaum sprechen konnte. »Sie lassen sich hier ein Klistier verabreichen?« – »Aber gewiß«, erwiderte sie. Darauf der König: »Und wie bewerkstelligen Sie das?« – Alle vier schüttelten sich vor Lachen. Nun nahm Nanon die Spritze, die sie fertig unter ihren eigenen Röcken trug, schürzte die Röcke der Prinzessin, die jene so zurechtlegte, als sei sie dabei, sich am Kamin zu wärmen, unterdessen Nanon ihr das Klistier verabreichte. Die Röcke fielen wieder herab, und Nanon verbarg die Spritze in ihrer Kleidertasche. Niemand hatte irgend etwas bemerkt; der König und Mme. de Maintenon waren höchst erstaunt und fanden das Ganze sehr drollig.

Als sie sich eines Abends anschickte, zu Bett zu gehen, wo der Duc de Bourgogne sie bereits erwartete, plauderte sie, auf ihrem Nachtstuhl sitzend, noch mit Mme. de Nogaret und Mme. de Chatelet; sie äußerte sich nicht ohne Verwunderung über den glanzvollen Aufstieg der beiden Feen, das heißt von Mme. de Maintenon und Mlle. Choin. »Ich möchte«, fügte sie dann hinzu, »vor dem Duc de Bourgogne sterben; aber ich möchte doch zu gern wissen, wie es dann weiterginge. Ich bin sicher, er würde eine Graue Schwester oder eine Marientochter heiraten.«

Stets war sie darauf bedacht, dem Duc de Bourgogne ebenso zu gefallen wie dem König; obwohl sie sich vielleicht ein wenig zu sehr auf die leidenschaftliche Liebe ihres Gemahls und auf das wohlwollende Stillschweigen ihrer Umgebung verließ, war sie, wie man anläßlich der Ereignisse und Begleitumstände der Schlacht bei Lille gesehen hat, lebhaft an seiner Würde und an seinem Ruhm interessiert.

Als sie sich eines Abends mit den Prinzessinnen und ihren Damen nach dem Souper noch beim König aufhielt, machte sie, um den König aufzuheitern, allerlei kindische Scherze. Doch plötzlich nahm sie wahr, daß Madame la Duchesse und die Princesse de Conti verächtlich die Achseln zuckten und vielsagende Blicke miteinander tauschten. Kaum hatte der König sich ins Nebengemach begeben, um seine Hunde zu füttern, nahm die Dauphine Mme. de Levis und Mme. de Saint-Simon bei der Hand und sagte, während sie auf Madame la Duchesse und die Princesse de Conti wies: »Haben Sie gesehen, was für Gesichter die beiden machten? Ich weiß ja selbst, daß alles, was ich gesagt und getan habe, völlig sinnlos und töricht ist, aber der König braucht eben solche harmlosen Ablenkungen, und derlei Scherze zerstreuen ihn.« Worauf sie aufs neue umherzuhüpfen und vor sich hin zu trällern begann: »Ach, das ist mir ganz egal! Ach, was kümmern mich diese beiden! Ich werde ihre Königin sein! Ach, sie können mir den Buckel herunterrutschen, jetzt und in Zukunft! Aber sie werden mit mir rechnen müssen. Ja, ja, ich werde ihre Königin sein, ich werde ihre Königin sein!« Die beiden Damen versuchten behutsam, sie zum Schweigen zu bringen, da die Prinzessinnen sie hören konnten und die Umstehenden ihr zusahen. Sie aber wurde nur um so übermütiger und trällerte weiter: »Ach, was schert mich das. Das ist mir alles einerlei. Ich werde ihre Köngin sein!« Ja, das glaubte diese bezaubernde Prinzessin, und wer hätte es nicht geglaubt? Doch zu unserem Unglück gefiel es Gott, sie schon sehr bald zu sich zu nehmen.

Mit ihr erstarb jede Freude. Alle Lustbarkeiten erloschen. Die Unterhaltung versiegte, die Heiterkeit war dahin: lastende Düsternis verbreitete sich über den Hof. Sie allein hatte alles belebt, alles mit Freude erfüllt. Wiewohl das Hofleben nach ihrem Tode weiterging, war es nunmehr recht trostlos geworden. Nie wurde eine Prinzessin derart betrauert!

Der König und Mme. de Maintenon, die beide von bitterstem Gram erfüllt waren – wohl der einzig echte Kummer, den der König in seinem Leben empfunden – begaben sich, nachdem sie in Marly angekommen, zuerst in das Gemach der Mme. de Maintenon, wo der König allein zu Abend saß. Der völlig niedergeschlagene Dauphin blieb in seinen Gemächern und wollte dort außer seinem Bruder, seinem Beichtvater und dem Duc de Beauvillier niemanden empfangen. Letzterer, der seit acht Tagen krank in seinem Stadthaus lag, raffte sich auf und machte sich auf den Weg, um die Seelengröße seines einstigen Zöglings zu bewundern, die niemals so deutlich hervortrat wie an jenem Schrekkenstage. Es war, ohne daß beide es ahnten, das letztemal, daß sie einander auf dieser Welt sahen. Am Samstag morgen, dem 13. Februar, bewog man den Dauphin, nach Marly zu fahren, wo Mme. de Maintenon ihn alsbald aufsuchte. Es läßt sich denken, wie schmerzlich dieses Wiedersehen war; sie konnte das Zusammensein mit ihm nicht lange ertragen und zog sich bald zurück. Er mußte darauf noch die Prinzen und Prinzessinnen empfangen, die aus Rücksicht alle nur kurz verweilten. Da das Lever des Königs bevorstand, begaben sich seine drei Begleiter mit ihm in seine Gemächer. Und ich wagte es, zusammen mit ihnen, dort einzutreten. Der Dauphin kam mir mit einem Ausdruck sanfter Trauer entgegen, der mich erschütterte, und ich erschrak über seinen zugleich starren wie scheuen Blick. Die Veränderung seines Antlitzes, die großen, eher bleichen als rötlichen Flecken, die allenthalben sichtbar waren, fielen nicht nur mir, sondern jedem Anwesenden auf. Es dauerte nicht lange, bis man ihm mitteilte, daß der König erwacht sei. Die Tränen rannen ihm über die Wangen, er wandte sich ab, rührte sich nicht und sagte kein Wort. Ich näherte mich ihm behutsam; als ich sah, daß er noch immer unbeweglich und stumm verharrte, ergriff ich seinen Arm und redete ihm zu, es sei besser zu gehen, da er früher oder später doch den König aufsuchen müsse, der ihn zweifellos erwarte und gewiß den Wunsch hege, ihn zu sehen und zu trösten. Er warf mir einen Blick zu, der mir das Herz zerriß, dann ging er.

Ich folgte ihm ein paar Schritte, mußte aber plötzlich stehenbleiben, um wieder zu mir zu kommen. Ich habe ihn nicht mehr wiedergesehen. Möge Gottes Barmherzigkeit mir gewähren, ihn in der Ewigkeit ständig sehen zu dürfen.

Als der Dauphin die Nebengemächer durchquert hatte, traf er die Prinzen und Prinzessinnen im Salon. Kaum wurde der König seiner ansichtig, rief er ihn herbei, um ihn mehrmals liebevoll zu umarmen; diese ersten Augenblicke vergingen wortlos unter Seufzen und Schluchzen. Als der König den Dauphin darauf näher betrachtete, erschrak er beim Anblick jener Symptome, die bereits uns in Schrecken gesetzt hatten, und zumal die Ärzte waren gleichfalls beunruhigt. Der König befahl den letzteren, dem Dauphin den Puls zu fühlen, den sie, wie sie dann später erklärten, recht beängstigend fanden; zunächst jedoch begnügten sie sich zu behaupten, der Pulsschlag sei ein wenig unregelmäßig und es sei ratsam, daß sich der Dauphin zu Bett lege. Der König umarmte seinen Enkel abermals und empfahl ihm angelegentlich, sich zu schonen und wirklich hinzulegen; der Dauphin gehorchte und legte sich nieder, um sich nie wieder zu erheben.

Es war später Vormittag, der König hatte eine gräßliche Nacht hinter sich und litt nun an starken Kopfschmerzen. Am Nachmittag besuchte er den Dauphin, dessen Fieber sehr gestiegen und dessen Pulsschlag noch unruhiger geworden war. Am Sonntag, dem 14., besserte sich der Zustand in keiner Weise. Er selber erklärte Boudin, daß er gewiß sei, nie wieder hochzukommen, und daß die Warnung, die jener ihm gegeben, wohl zutreffend sei.

Die allgemeine Bestürzung war unbeschreiblich. Am Dienstag, dem 16., ging es dem Prinzen noch schlechter; er fühlte sich von einem furchtbaren inneren Feuer verzehrt, obwohl das Fieber nicht weiter stieg. Aber der Pulsschlag schien sehr bedrohlich. Die Flecken, die man auf seinem Gesicht gesehen, verbreiteten sich nun über den ganzen Körper. Man hielt dies für ein Symptom der Röteln und tröstete sich dabei. Doch die Ärzte und die aufmerksamen Höflinge erinnerten sich, daß die gleichen Flecken sich auch auf dem Körper der Dauphine gezeigt hatten. Am Mittwoch, dem 17., verschlechterte sich der Zustand ganz merklich. Ich hegte keine Hoffnung mehr, und doch hofft man wider alle Hoffnung stets bis zum Ende. Die Schmerzen und das verzehrende Feuer steigerten sich weiterhin.

Am Donnerstag, dem 18., vernahm ich vormittags, der Dauphin habe voller Ungeduld Mitternacht erwartet, alsdann die Messe gehört, die Kommunion empfangen und zwei Stunden in inniger Gemeinschaft mit Gott verbracht; er habe, wie mir Mme. de Saint-Simon mitteilte, die letzte Ölung erhalten und sei schließlich um halb neun verschieden.

Diese Memoiren sind nicht dazu da, um meinen Gefühlen Ausdruck zu verleihen – wer sie einmal lange nach meinem Tode liest, wird genug Persönliches darin finden und spüren, in welchem seelischen Zustand ich und auch Mme. de Saint-Simon damals waren.

Dieser Prinz, der bestimmt war, einmal die Krone zu erben, und der nach dem Tode seines Vaters Thronfolger wurde, war als Kind schrekkenerregend und ließ, wie ich bereits angedeutet habe, das Schlimmste befürchten. Bei seiner angeborenen und besonders gearteten Verstandesschärfe, zu der sich eine ausgeprägte Sensibilität und heftige Leidenschaftlichkeit gesellte, standen seine Erzieher vor einer harten Aufgabe. Der Duc de Beauvillier, der sich der Schwierigkeit wie der besonderen Tragweite dieser Aufgabe bewußt war, übertraf sich selbst an Zuwendung, Geduld und Einfallsreichtum. Fénelon unterstützte ihn, und Gott, der die Herzen lenkt, dessen heiliger Geist weht, wo er will, machte aus diesem Prinzen zwischen dessen achtzehnten und zwanzigsten Jahr ein Werk Seiner Hand. Aus dieser düsteren Wirrnis entwickelte sich nun ein umgänglicher, menschlicher, geduldiger, bescheidener

Prinz. Bußfertig, soweit es sich mit seinem Stande vertrug, ja zuweilen noch darüber hinaus. Demütig und streng gegen sich selbst. Ganz seinen Pflichten hingegeben, deren Umfang er vollkommen erfaßte, war er stets darauf bedacht, seine Sohnes- und Untertanenpflichten mit denen eines künftigen Herrschers in Einklang zu bringen. Den größten Kummer bereitete ihm, daß der Tag nur so kurz war. Kraft und Trost fand er im Gebet. Schutz vor Anfechtung in erbaulicher Lektüre. Sein Hang und seine Begabung für abstrakte Wissenschaften beanspruchte ihn zunächst einige Zeit, die er später besser anzuwenden glaubte, indem er sich über Angelegenheiten unterrichtete, die seinen Stand und seine künftige Herrschaft betrafen, und indem er einstweilen selbst einen Hof zu halten versuchte. Seine Skrupelhaftigkeit, sein Trübsinn, seine Kleinlichkeit in religiösen Fragen nahmen Tag für Tag ab, und Tag für Tag gewann er weitere Vorzüge; vor allem war er nicht mehr der Meinung, er müsse die Frömmigkeit höher bewerten als andere Begabungen, das heißt, einen Minister, einen Botschafter oder einen General mehr nach seiner Frömmigkeit als nach seiner Eignung und nach seiner Erfahrung auswählen.

Die erhabene und heilige Maxime, daß die Könige für ihre Völker, und nicht die Völker für die Könige geschaffen sind, war so tief in seine Seele eingeprägt, daß ihm der Luxus und der Krieg verabscheuenswürdig erschienen. So hat er sich, durchdrungen von einer Wahrheit, die den Ohren der Welt zu hart klingt, des öfteren gegen den Krieg geäußert, weshalb man ihn mißverstand und meinte, er verurteile den Krieg schlechthin.

Er nahm sich die Mühe, die Akten, die dem König im Finanzrat und im Rat für innenpolitische Angelegenheiten vorgelegt wurden, genauestens durchzusehen, und wenn sie besonders wichtig waren, bearbeitete er sie mit Fachleuten, deren Kenntnisse er in Rechnung stellte, ohne sich sklavisch ihrer Ansicht zu unterwerfen.

Seine Brüder liebte er zärtlich, und seine Gemahlin mit wahrer Leidenschaft. Der Schmerz über ihren Tod drang ihm bis ins Innerste; seine Frömmigkeit aber hielt stand; blutenden Herzens brachte er Gott dieses Opfer, doch der Kummer beschleunigte das Ende seiner Tage. Er blieb während seiner Krankheit gelassen, obwohl er überzeugt war, daß er nicht davonkommen würde. Großer Gott, welch ein Beispiel gabst Du uns durch ihn!

Frankreich wurde schließlich die härteste Strafe zuteil; Gott hatte ihm einen Prinzen gezeigt, dessen es nicht wert war. Die Erde war seiner nicht würdig gewesen, er war schon zur ewigen Seligkeit herangereift.

Trauerzug nach Saint-Denis. – Auch die Söhne des verstorbenen Dauphins erkranken, nur der jüngere wird gerettet. – Der ehemalige Günstling des Königs, Marschall de Villeroy, an den Hof zurückberufen. – Autopsieberichte widersprüchlich: Giftmord? – Gerüchte belasten Orléans.

Die Bestürzung war aufrichtig und allgemein, selbst im Ausland. Am Dienstag, dem 23. Februar, wurden die beiden Leichname von Versailles zur Königsgruft in Saint-Denis übergeführt. Der König hatte den Duc d'Orléans sowie die vier Prinzessinnen beauftragt, den Sarg des Dauphins und der Dauphine zu begleiten.

Am folgenden Sonntag verschlechterte sich das Befinden der beiden kleinen Prinzen, die schon seit einigen Tagen kränkelten, beträchtlich. Sie waren von demselben Ausschlag befallen, der sich auch beim Dauphin und der Dauphine gezeigt hatte. Am Dienstag, dem 8. März, entschloß man sich, fünf Ärzte aus Paris hinzuzuziehen. Der König hielt gleichviel Finanzrat, ging nach dem Mittagessen spazieren und arbeitete am Abend mit Voysin bei Mme. de Maintenon.

Weder Aderlässe noch eins der zahllosen übrigen Heilmittel vermochten den kleinen Dauphin zu retten. Er starb kurz vor Mitternacht. Er war etwas über fünf Jahre alt, stark und groß für sein Alter, und schien allem zufolge zu den schönsten Hoffnungen zu berechtigen.

Was den erst zweijährigen Duc d'Anjou betrifft, so bemächtigte sich Mme. de Ventadour seiner und verhinderte, daß man ihn zur Ader ließ noch sonst ein Heilmittel anwandte. Die Comtesse de Verue war, wie ich erzählt habe, seinerzeit, als man sie vergiften wollte, bereits dem Tode nahe und wurde nur durch das Gegengift gerettet, das ihr der Herzog von Savoyen verabreichte. Dieses Gegengift hatte sie, wie man wußte, mitgebracht, als sie nach Frankreich kam. Die Duchesse de Ventadour ließ sie nun darum bitten, um es alsbald dem Duc d'Anjou einzuflößen, was nur möglich war, weil man ihn noch nicht zur Ader gelassen hatte. Es ging ihm recht schlecht, aber er kam davon und ist heute König. Er hat die Sache nachher erfahren und hat Mme. de Verue stets besondere Achtung erwiesen.

Nach dem Tode des Dauphins ging der König auf den Duc de Berry zu und sagte zu ihm: »Jetzt habe ich also nur noch Sie.« Der Prinz war in Tränen aufgelöst, er war tief betrübt. Die Duchesse de Berry hielt sich zurück; sie bewahrte einigermaßen die Kontenance. Im Grunde war sie überglücklich, daß sie und ihr Gemahl jetzt an erster Stelle standen. Am Todestag des Dauphins verließ ich meine Gemächer nur, um mich dem Spaziergang des Königs anzuschließen, der unweit meines Pavillons vorbeiführte; zum Teil trieb mich die Neugier dazu. Die Enttäuschung, daß der König genauso aussah wie immer, bewog mich, bald wieder heimzukehren. Als ich von weitem sah, daß man den Sarg des Dauphins wegtrug, eilte ich schleunigst nach Hause und ging fortan nur noch aus, um alle Nachmittage den Duc de Beauvillier aufzusuchen, der sich eingeschlossen hatte und fast niemanden mehr zu sich ließ. Ich gestehe, daß ich, um das Hôtel de Beauvillier zu erreichen, einen weiten Umweg machte; ich wollte mir den Anblick all der Trauerfeierlichkeiten ersparen, wozu auch kein Pflichtgefühl mich veranlassen konnte. Ich gestehe diese Schwäche ein. Aber mir half weder die erhabene Frömmigkeit, von der der Duc de Beauvillier gestärkt wurde, noch die demütige Ergebung von Mme. de Saint-Simon, die beide gleichwohl nicht weniger litten als ich. Man wird es begreifen, wenn man bedenkt, in welcher Situation ich war. Mich traf dieses Unheil in demselben Alter, in dem mein Vater war, als er Ludwig XIII. verlor. Nur daß er die Zeit mit dem König ausgiebig ausgekostet hatte, während ich *gustavi paululum mellis, et ecce morior*! Aber das war noch nicht alles.

Doch ehe ich von den verabscheuungswürdigen Vorgängen berichte, die sich nun zutrugen, muß ich noch ein Ereignis erwähnen, das, wie sich zeigen sollte, von ziemlicher Tragweite war.

Seit seiner Rückkehr aus Flandern schmachtete der Marschall de Villeroy in Paris oder in Villeroy weiterhin in tiefster Ungnade. Er erschien ab und an in Versailles, ohne jedoch dort zu nächtigen, auch ein oder zweimal in Fontainebleau. Von Marly war er ausgeschlossen. Der König, der von seinem Anblick peinlich berührt zu sein schien, zeigte ihm nach wie vor die kalte Schulter. Er aber hielt sich stets an Mme. de Maintenon. Die beiden schrieben sich häufig. Ihre ungebrochene Neigung zu ihm sowie der völlige Tiefstand der Regierungsgeschäfte veranlaßten sie sogar, ihn um Rat zu fragen und sich Denkschriften von ihm ausarbeiten zu lassen. Dadurch hoffte sie, den Marschall dem König wieder näherzubringen. Und in der Tat legte sie diesem, unterstützt von Voysin, zuweilen einige von Villeroys Denkschriften vor. Bisher war indes alles vergebens gewesen.

Die traurige Situation bei Hofe bedrückte Mme. de Maintenon persönlich; die Leere, die der Tod der Dauphine hinterließ, die Trauer, die Ängste, von denen sie gepeinigt wurde, machten ihr die Anwesenheit des Königs noch lastender. Es war schwer, ihn aufzuheitern. Sie selbst war so betrübt, so niedergeschlagen, daß sie keine Kraft dazu fand. Da die Abende jetzt lang waren, entstanden zwischen der Arbeit der Minister bei ihr meist lange Pausen, und wenn das Wetter schlecht war und der König nicht ausgehen konnte, kam er schon vor drei Uhr zu ihr und blieb, bis er um zehn zu seinem Souper ging. Jemanden zu ihrer Zweisamkeit hinzuzuziehen war mit dem König recht schwierig; auch ihr wäre die Wahl nicht leichtgefallen; so, wie sie mit ihm stand, schien ihr jedermann gefährlich. Sie dachte wohl daran, die Mahlzeiten im kleinen Kreis in Marly, in Trianon und bei ihr zu erweitern, und sie wollte Konzerte veranstalten. Doch für diesen unerläßlichen Dienst fand sie unter den ersten Kammerherren niemanden. Der Duc de Noailles war unabkömmlich, weil er als Gardehauptmann seinen Vierteljahrsdienst hatte. Der einzige, der in Frage zu kommen schien, war der Marschall de Villeroy. Er war mit dem König zusammen erzogen worden, hatte, wenn er nicht gerade im Krieg war, stets bei Hofe geweilt und hatte fast sein Leben lang auf bestem Fuß mit dem König gestanden; er wußte tausend Geschichten aus ihrer beider Jugendzeit, kannte alle Skandalaffären, die sich bei Hofe und in der Stadt zugetragen hatten und noch zutrugen; er erzählte von der Jagd, und er liebte die Musik; überdies hatte sie von ihm nichts zu fürchten; sie wußte, daß sie ihn stets in der Hand haben würde.

Diese Überlegungen bestimmten sie, alles ins Werk zu setzen, um ihn wieder mit dem König auszusöhnen. Was d'Harcourt betraf, war der König vor ihm auf der Hut, seit jener versucht hatte, in den Staatsrat einzudringen. Auch fehlte die lange Vertraulichkeit, und es gab weder leichtes Geplauder noch alte Erinnerungen. Sie machte sich also die Zeit zunutze, rühmte die treuen Diener, die lebenslängliche Anhänglichkeit des Marschalls de Villeroy, sprach von dessen Kummer, ihm mißfallen zu haben, von seiner langen Buße, von seiner Verzweiflung, dem König in diesen schrecklichen Augenblicken nicht nahe sein zu können, von der Annehmlichkeit und dem Trost, wieder mit denen zusammen zu sein, mit denen man von jeher gelebt und von denen man weiß, daß ihr Herz an ihren Verfehlungen nicht teilhat. Kurzum, sie wählte ihre Worte so geschickt und bedrängte den König so sehr, daß man zu aller Erstaunen den Marschall de Villeroy ein paar Stunden nach dem Tode des Dauphins in Marly auftauchen sah; er wurde vom König mit all der Freundlichkeit, die seine Gemüts- und Geistesverfassung ihm gestattete, willkommen geheißen. Von nun an verließ er den Hof nicht mehr; der König behandelte ihn besser als je zuvor; er wurde sofort bei Mme. de Maintenon und, sobald diese wieder begannen, als einziger zu allen musikalischen Veranstaltungen zugelassen, mit einem Wort, er war ein Favorit des Königs und der Mme. de Maintenon. Wir werden sehen, welche großen und gewichtigen Folgen das zeitigen sollte.

Da man wußte, auf welch seltsame Art der Dauphin erkrankt war, was dieser selbst dazu gesagt, welche Vorsichtsmaßnahmen er dem König empfohlen hatte, und wie plötzlich er dann gestorben war, verstärkten sich die Gerüchte und die Ängste beständig, was den König veranlaßte, die Leichenöffnung beschleunigen zu lassen: sie wurde in Versailles im Gemach des Dauphins vorgenommen und löste Entsetzen aus. Seine edleren Teile befanden sich in völliger Auflösung; sein Herz, das man dem Duc d'Aumont zu halten gab, glitt diesem durch die Finger und fiel zu Boden: das Blut war zersetzt und verbreitete einen unerträglichen Gestank. Voller Ungeduld erwarteten der König und Mme. de Maintenon den Bericht. Er wurde ihnen noch am gleichen Abend und ohne jede Beschönigung dargelegt. Fagon, Boudin und einige andere erklärten, es handle sich um die Einwirkung eines sehr subtilen und höchst wirksamen Giftes, das wie ein glühendes Feuer das Innere des Körpers mit Ausnahme des Kopfes verzehrt habe. Mareschal, der die Leichenöffnung vorgenommen hatte, widersprach Fagon und den anderen; er behauptete, es sei nicht die mindeste Spur von Gift zu erkennen; er habe viele geöffnete Leichen in fast demselben Zustand gesehen, Fälle, bei denen keinerlei Verdachtsmomente vorlagen. Das Gift, das die beiden dahingerafft und auch den kleinen Dauphin getötet habe, sei ein natürliches Gift, welches das durch heftiges Fieber in Aufruhr geratene Blut vollends verseuche; daher rühre jene Fäulnis, die alle Eingeweide zerfressen habe. Man brauche also keine andere Ursache zu suchen als die, deren Wirkung er schon bei etlichen auf natürliche Weise gestorbenen Personen beobachtet habe, wenn auch nur selten in solchem Ausmaß. Fagon und Boudin widersprachen ihm heftig. Mareschal seinerseits ereiferte sich und beharrte auf seiner Meinung. Er schloß seine Rede, indem er dem König, Mme. de Maintenon und sämtlichen Ärzten erklärte, er schildere nichts als den reinen Tatbestand, alles andere bleibe nur Mutmaßung, durch die man dem König den finstersten Argwohn suggeriere, einen Argwohn, der überdies ganz unbegründet sei. Er bat den König inständig, dieser möge um seiner Ruhe und der Erhaltung seines Lebens willen solche grauenvollen und völlig irrigen Vorstellungen von sich weisen. Seit der Erkrankung und zumal seit dem Tode der Dauphine hatte Mareschal voller Entrüstung beobachtet, daß sich in der engsten Umgebung des Königs eine Kabale anspann; man wollte nämlich den Duc d'Orléans damit belasten; und da ich, wie Mareschal wußte, mit dem Herzog befreundet war, ließ er mir eine Warnung zukommen. Trotz der vollkommenen Isolierung, in der ich lebte, bekam auch ich bald zu hören, welche Gerüchte über den Duc d'Orléans in Umlauf waren. Die Geschwindigkeit, mit der diese sich bei Hofe, in Paris, in den Provinzen, in den entlegensten Winkeln, den entferntesten Klöstern, ja sogar im Ausland herumsprachen, erinnerte mich daran, wie man damals bei der Affäre in Flandern die übelsten Verleumdungen über jenen verbreitet hatte, den nun die ganze Welt betrauerte.

Immer wieder ließ sich der Duc du Maine in den Gemächern des Königs vernehmen. Eine unheilvolle Verquickung von Umständen, die er geschickt auszubeuten verstand, kam ihm trefflich zustatten; der Duc d'Orléans pflegte sich, wie ich bereits mehrfach erwähnte, mit Chemie und Alchimie zu beschäftigen, nicht etwa um Gold zu machen, worüber er stets nur spottete, sondern um sich mit diesen Experimenten die Zeit zu vertreiben. Er ließ sich ein gutausgerüstetes Laboratorium einrichten, holte einen Chemiker von großem Ruf, der Homberg hieß und der gleichermaßen für seine Rechtschaffenheit wie für seine handwerkliche Befähigung bekannt war. Der Herzog sah ihm bei seinen Experimenten zu, legte auch oft selbst Hand an, das geschah ohne alle Heimlichkeit; auch brachte er häufig Leute mit, die ihm und Homberg zusahen, und diskutierte anschließend mit jedem, der etwas von diesen Dingen verstand. Früher hatte er sich, wie ich bereits erzählte, anheischig gemacht, den Teufel zu beschwören, was ihm aber nach seinen eigenen Aussagen nie gelungen war. Als er dann mit Mme. d'Argenton zusammen lebte, fand er jenen anderen Zeitvertreib, der zwar keineswegs kriminell, aber sehr geeignet war, auf böswilligste Weise interpretiert zu werden. Die Zwischenfälle in Spanien, die gräßlichen Gerüchte über seine Beziehungen zu seiner Tochter, durch welche man deren Heirat mit dem Duc de Berry hatte hintertreiben wollen, die Gleichgültigkeit, die die beiden demgegenüber an den Tag legten, dazu die niederträchtigen Verdächtigungen, die man über Monsieur nach dem Tode seiner ersten Gemahlin ausstreute, und die Tatsache, daß der Duc d'Orléans Monsieurs Sohn war, all das wurde nun von seinen Feinden wiederaufgewärmt, um den König in Bann zu halten und die Öffentlichkeit in die Irre zu führen.

Die Wirkung trat so rasch ein, daß, als der Duc d'Orléans zusammen mit Madame am 17. Februar das Weihwasser spendete, die Volksmenge ihm, überall wo er vorbeikam, die gröbsten Unverschämtheiten nachrief; und als er dann am 22. Februar allein dem Dauphin das Weihwasser reichte, schien es, als stünde von dem gereizten und leichtgläubigen Pöbel das Ärgste zu befürchten. Man kann sich vorstellen, welchen großen Nutzen M. du Maine aus dem Massenwahn, aus dem Geschwätz in den Pariser Cafés, aus den Redereien im Salon von Marly und dem Gehechel im Parlament zu ziehen verstand: man sät nur, um zu ernten, und die Ernte übertraf alle Hoffnungen.

Der Tod des kleinen Dauphin und der Bericht über dessen Leichenöffnung bot M. du Maine, Blouin und Mme. de Maintenon neue Möglichkeiten, den König in furchtsame Niedergeschlagenheit und ständiges Unbehagen zu stürzen; das war die Stimmung, in die sie ihn bringen wollten, um ihn leichter gängeln und desto besser über ihn verfügen zu können.

Situation des Duc d'Orléans.

Als ich von einem meiner Besuche beim Duc de Beauvillier am Abend wieder nach Hause kam, ließ die Duchesse d'Orléans mir sagen, daß sie und der Duc d'Orléans sehr bekümmert seien, mich nie mehr zu sehen, und daß beide mich bäten, zu ihnen zu kommen, weil sie mir einige dringende Mitteilungen zu machen hätten. Ich ging also hin, und ich fand die Duchesse d'Orléans in voller Verzweiflung. Sie teilte mir mit, der Marquis d'Effiat sei am Abend zuvor aus Paris gekommen, um ihnen von den furchtbaren Anwürfen zu berichten, die man dort gegen den Duc d'Orléans zu hören bekomme; er habe ihnen überdies erklärt, der König und Mme. de Maintenon seien nicht nur von den Aussagen der Ärzte überzeugt, sondern schenkten auch all dem Glauben, was man gegen den Duc d'Orléans vorbringe. Daraufhin habe er, d'Effiat, sich entschlossen, den Duc d'Orléans zu warnen und ihn zu veranlassen, sich so bald wie möglich mit dem König auszusprechen, diesen schlicht und einfach zu bitten, er möge ihm erlauben, sich einstweilen in die Bastille zu begeben, und möge Homberg und alle seine Leute, soweit er diese für verdächtig halte, verhaften lassen, bis die Angelegenheit geklärt sei. »Madame!« rief ich aus. »Was gedenkt der Duc d'Orléans nun zu tun?« – »Er hat«, erwiderte sie, »heute morgen den König aufgesucht, der ihn sehr frostig und abweisend empfing und der seine Klagen sowie seine Bitte um Gerechtigkeit wortlos angehört hat.« – »Und die Bastille, Madame?« unterbrach ich. »Hat er auch die Bastille erwähnt?« – »Aber gewiß, Monsieur«, antwortete sie, »doch dieser Vorschlag wurde zurückgewiesen, sosehr der Duc d'Orléans auch darauf bestand. Der König sah ihn nur mit verächtlicher Miene an; der Duc d'Orléans bat, daß wenigstens Homberg dahin gebracht und verhört würde; aber auch das lehnte der König ab. Schließlich gestand er nach langen Bitten zu, daß er Homberg zwar nicht verhaften lassen, daß er jedoch in der Bastille Order geben würde, ihn aufzunehmen, sofern er sich freiwillig dorthin begäbe.« – Ich entsetzte mich ob eines derart gefährlichen und derart prompt befolgten Ratschlages. Man muß wissen, daß der Marquis d'Effiat ein sehr kluger und verschlagener Mann war; ebenso seelen- wie grundsatzlos, ebenso reich wie geizig, lebte er in völliger Sittenverderbnis und hatte sich im geheimen seit langem dem Duc du Maine verkauft. Der Rat, den er dem Duc d'Orléans gegeben, war – zumal für einen Mann, der so gescheit war und die Gesellschaft so gut kannte – zu schlecht, als daß er nicht einen Verdacht geweckt hätte. Doch begnügte ich mich damit, zu verstehen zu geben, daß ich diesen Ratschlag sowie dessen jähe Entscheidung mißbilligte. Während wir beide so miteinander berieten, trat der Duc d'Orléans ins Zimmer. Er schien gänzlich außer sich und völlig niedergeschlagen. Er wiederholte, was ich bereits vernommen hatte, und erzählte, was sich zwischen ihm und dem König zugetragen; daß jener nach der Unterhaltung Befehl gegeben habe, Homberg solle in die Bastille gehen. Ich erklärte auch ihm, was ich über das Ganze dachte, aber behutsam, weil nichts mehr daran zu ändern war und weil der Zustand, in dem ich ihn sah, mir mehr Mitleid einflößte als Hoffnung, er könne einen energischen Entschluß fassen.

Anderntags erzählte mir der Duc d'Orléans, der König habe ihm trockenen Tones verkündet, er habe seine Absicht hinsichtlich Hombergs geändert; es sei überflüssig, daß dieser sich in die Bastille begebe. Alsdann habe er ihm schweigend den Rücken gewandt und sei in seine Garderobe gegangen. Dort traf er Fagon und Mareschal, wie letzterer mir später erzählte, und berichtete den beiden von der Angelegenheit. Mit seinem aufrechten Freimut fragte Mareschal den König, was er nun angeordnet habe. Als er die Antwort vernahm, pries er die arglose Offenheit des Duc d'Orléans sowie die Weisheit des Königs, ihm verweigert zu haben, in die Bastille zu gehen. Doch mißbilligte er, daß man Homberg erlauben wolle, dorthin zu gehen. »Was bezwecken Sie damit, Sire?« gab er unerschrocken zu bedenken. »Wollen Sie die angebliche Schande ihrer nächsten Familienmitglieder öffentlich kundtun? Was käme dabei heraus? Nichts. Nur Sie selber würden Schande dabei ernten. Und wenn sie, was ganz unmöglich, tatsächlich fänden, worauf man Sie hinweist, würden Sie dann Ihren Neffen köpfen lassen, Ihren Neffen, der mit Ihrer Tochter verheiratet ist und von Ihrer Tochter einen Sohn hat? Wenn Sie jedoch, wie es gewißlich der Fall sein wird, nichts finden, da es nichts zu finden gibt, dann werden Sie allen seinen und Ihren Feinden Anlaß geben zu behaupten, daß man nichts habe finden wollen. Glauben Sie mir, Sire, das wäre grauenvoll, ersparen Sie sich das.

Widerrufen Sie diese Genehmigung sofort, und schlagen Sie sich alle diese Scheußlichkeiten und schwarzen Verdächtigungen aus dem Kopf, die nur Ihre Tage vergällen und Ihre Lebenszeit verkürzen würden.«
Dieser heftige und unmittelbare Ausbruch eines Mannes, von dem der König wußte, daß er aufrichtig und ihm ganz verbunden war, wurde ausschlaggebend für Homberg. Fagon und Blouin hätten, wie Mareschal bemerkte, sich mit keinem Wort dazu geäußert.

Tod Vendômes in Spanien. – Waffenstillstand mit England. – Montesquiou gegen Prinz Eugen in Flandern erfolgreich.

Am 6. Juni war, so erfuhr man, die Königin von Spanien in Madrid mit einem Prinzen niedergekommen, den man Don Philipp nannte. Und am 22. Mai war der Kaiser in Preßburg mit großer Pracht zum König von Ungarn gekrönt worden.

Vendôme triumphierte in Spanien, nicht über unsere gemeinsamen Feinde, sondern über die Spanier und unsere Mißerfolge. Seine Trägheit, sein ungezügelter Lebenswandel und seine Ausschweifungen bewirkten, daß er sich so lange wie möglich an der Grenze aufhielt, da er dort seinen Neigungen leichter frönen konnte als in Madrid, wo er es, wiewohl er sich auch hier kaum Zwang auferlegte, doch nicht vermeiden konnte, regelmäßig bei Hofe zu erscheinen. Um noch ungebundener zu sein, trennte er sich schließlich von seinen Generalstabsoffizieren und ließ sich mit zwei oder drei seiner vertrautesten Diener in Vinarz, einem kleinen Nest am Ufer des Meeres, nieder, dort gedachte er sich bis zum Platzen mit Fischen vollzuessen. Er hielt Wort und schwelgte einen Monat lang in diesen Genüssen. Eines Tages fühlte er sich unpäßlich. Man dachte, er habe nur ein wenig Diät nötig. Aber plötzlich nahm die Krankheit, die man lange Zeit nicht ernst genommen, so erstaunliche und bedrohliche Formen an, daß seine ganze Umgebung an Gift glaubte und allenthalben nach Hilfe schickte. Die Krankheit wurde indes, von seltsamen Symptomen begleitet, zusehends schlimmer. Vendôme war außerstande, das ihm vorgelegte Testament noch einen Brief, den er dem König schicken wollte, zu unterschreiben. Sein Gefolge machte sich seine Schwäche zunutze und ließ ihn im Stich, dergestalt daß er drei oder vier seiner liederlichsten Diener ausgeliefert blieb. So verbrachte er die letzten Tage seines Lebens ohne Priester, ja ohne daß auch nur die Rede von einem solchen war, und ohne anderen Beistand als den eines einzigen Chirurgen. Jene Diener, die bei ihm geblieben waren, bemächtigten sich, als sie ihn in den letzten Zügen sahen, der wenigen Dinge, die er noch bei sich hatte, und zogen schließlich mangels Besserem seine Dekken und Matratzen unter ihm weg. Er bat flehentlich, ihn doch nicht völlig nackt auf dem Stroh sterben zu lassen, aber ich weiß nicht, ob er Gehör fand. So also starb am Freitag, dem 10. Juni, der dünkelhafteste, bis zu seinem Ende glücklichste aller Menschen, um nicht mehr über ihn zu sagen, nachdem ich schon soviel über ihn gesagt habe. Er war achtundfünfzig Jahre alt geworden, ohne daß eine verschwenderische und blinde Begünstigung aus diesem Hauptmann, der ein höchst schlechter Feldherr wurde, aus dem Untertan, der sich als sehr gefährlich erwies, und aus diesem Mann, dessen Laster zum Himmel stanken, etwas anderes hatte machen können als den Heros einer Verschwörung. Weder der König und die Königin noch Mme. des Ursins nahmen Anstoß an der allgemeinen Freudenbekundung. Aber, um M. du Maine, Mme. de Maintenon, ja sogar dem König auf billige Weise den Hof zu machen, ließ Mme. des Ursins anordnen, daß der Leichnam dieses von Selbstüberhebung und glücklichen Zufällen geblähten Monstrums in den Eskorial übergeführt würde.

Am 17. Juli wurde in Anwesenheit der Heerführer der Truppen beider Kronen in Flandern der Waffenstillstand zwischen Frankreich und England bekanntgegeben. In der Nacht vom 20. zum 21. Juli hob Prinz Eugen, obwohl die Engländer sich für neutral erklärt hatten, Schützengräben vor Le Quesnoy aus. Er belagerte Landrécis. Der König wollte sich diese Situation zunutze machen und vermerkte es übel, daß Villars zusah, wie die letzten festen Plätze vor den Grenzen belagert und eingenommen wurden, ohne daß er dies durch eine Schlacht zu verhindern suchte. Villars bekam mehrfach diesbezügliche Order; er antwortete mit gaskognischem Redeschwall, zauderte jedoch, wich ständig zurück und versäumte etliche günstige Gelegenheiten, dem Prinzen Eugen auf die Pelle zu rücken, so daß die ganze Armee bereits vernehmlich zu murren begann. Er suche, sagte er, Mittel und Wege, die Belagerung von Landrécis aufzuheben, und der König erwartete mit äußerster Ungeduld tagtäglich Kuriere aus Flandern. Inzwischen sah Montesquiou die Gelegenheit, ein erfolgreiches Gefecht zu liefern. Da er lange Zeit Major des Garderegiments gewesen war, kannte ihn der König recht gut. Montesquiou entsandte also heimlich einen Kurier. Er wollte den König einerseits seinen Plan darlegen und ihm andererseits zu verstehen geben, daß Villars diesen gewiß nicht billigen würde, und ihn vor allem auf die Notwendigkeit hinweisen, sich diese Konstellation zunutze zu machen. Die Antwort ließ nicht auf sich warten; Montesquiou bekam den Befehl, sein Projekt durchzuführen, gegebenenfalls sogar gegen Villars; aber in

Hinblick auf jenen die Sache mit Geschicklichkeit und Takt zu bewerkstelligen. Prinz Eugen beging, da er Villars außerordentlich verachtete, einen schweren Fehler. Er wagte es, sich von Marchienne und sogar von Denain abzusetzen, wo er seine Hauptmagazine liegen hatte. Auf diese Nachricht hin drängte Montesquiou Villars, sich in Bewegung zu setzen. Auf dem Marsch stellte sich Montesquiou mit vier Generalleutnants und vier Obersten an die Spitze und entsandte Broglio, damit er mit der von ihm befehligten Reserve fünfhundert Brotwagen der feindlichen Armee entführe, was diesem dann auch noch vor dem Angriff auf Denain gelang. Als Montesquiou vor Denain erschien, traf er sofort seine Entscheidungen und griff alsbald die Laufgräben an. Villars rückte mit dem Gros der Armee nur langsam vor, es ärgerte ihn bereits, daß Montesquiou ohne seinen Befehl die Spitze übernommen, und es ärgerte ihn noch mehr, daß er von sich aus das Feuer eröffnet hatte. Er sandte ihm Befehl über Befehl, das Feuer einzustellen und seine Ankunft abzuwarten, ohne sich seinerseits auch nur im geringsten zu beeilen, weil ihm gar nichts an einem Gefecht gelegen war. Der andere schickte ihm seinen Adjutanten, ließ ihm ausrichten, man müsse den Wein trinken, sobald er gekeltert sei, und trieb seinen Angriff so weit voran, daß er die Laufgräben überrannte und in Denain eindrang.

Indessen hatte Tingry, der von Montesquiou benachrichtigt worden war, Valenciennes verlassen und eine für den Prinzen Eugen äußerst wichtige Brücke so gut verteidigt, daß er diesen hinderte, sie zu passieren, und ihn zwang, den großen Umweg auf der anderen Seite des Flusses zu machen, so daß er zu spät kam. Nachdem alles längst entschieden war, erschien Villars mit dem Rest der Armee, nahm seinen Hut ab, erging sich in salbungsvollen Reden über die Gefallenen und über die Feinde, die sich jenseits des Flusses zurückzogen. Er entsandte Nangis nach Versailles, der am 26. Juli um acht Uhr früh von Voysin zum König geführt wurde.

Fassungslos über dieses wider seinen Willen durchgeführte Gefecht wollte Villars es dabei bewenden lassen; aber Montesquiou, der des Königs sicher war, machte sich über ihn lustig, setzte noch am Abend der Schlacht Broglio mit zwölf Bataillonen auf Marchienne in Marsch, wo die restlichen Mannschaften und die Magazine des Feindes lagen, und folgte selbst mit weiteren achtzehn Bataillonen und etwas Kavallerie, ohne daß sich Villars nach allem, was geschehen war, dem formell zu widersetzen wagte.

Am Montag, dem 1. August, kam d'Artagnan eine Stunde nach Mitternacht in Fontainebleau an. Montesquiou, sein Onkel, hatte ihn geschickt mit der Nachricht, daß Marchienne genommen und die ganze Besatzung gefangengenommen sei. Montesquiou erntete in der Armee und bei Hofe alle Ehren für diese beiden glücklich durchgeführten Gefechte, die uns von dem bösen Los, von dem wir geschlagen waren, gewissermaßen befreiten und die mit Recht als ein Wunder der göttlichen Vorsehung galten, weil sie all unserem Elend ein Ende bereiteten. Er war klug genug, um sich maßvoll zurückzuhalten, überließ es Villars, den Prahlhans zu spielen, respektierte die allzu offensichtliche Protektion der Mme. de Maintenon und begnügte sich mit dem Ruhm, den niemand ihm streitig machte. In Fontainebleau herrschte überschwengliche Freude, die dem König derart schmeichelte, daß er den Höflingen zum erstenmal in seinem Leben dankte.

Im Alter von sechsundachtzig Jahren starb bei klarem Bewußtsein und vollkommener Gesundheit Cassini, der geschickteste Mathematiker und größte Astronom des Jahrhunderts, im Observatorium von Paris. Colbert, der Frankreich auf dem Gebiet der Wissenschaften und Künste fördern wollte, hatte unter anderen auch Cassini durch ein hohes Gehalt nach Frankreich gelockt. Als dieser samt seiner Familie nach Paris kam, genoß er in seiner Vaterstadt Bologna bereits hohes Ansehen; er war durch etliche wichtige Entdeckungen berühmt geworden und fügte diesen noch viele, vor allem für die Schiffahrt nützliche hinzu. Er blieb für den Rest seines Lebens Leiter des Observatoriums, sein Sohn wurde sein Nachfolger und gewann in Frankreich und im Ausland fast ebensoviel Ansehen wie sein Vater.

Der Frieden zwischen Frankreich und England war so gut wie abgeschlossen. Ich habe des öfteren erklärt, daß ich die einzelnen Etappen dieses wichtigen Ereignisses mit Schweigen übergehe, weil sie sich – angefangen bei Torcys Reise nach Den Haag – alle in den Akten verzeichnet finden.

Die vielfachen Todesfälle in der königlichen Familie beschworen indes eine Schwierigkeit herauf, die den endgültigen Abschluß des Friedensvertrages hinauszögerten. Die Königin Anna von England und ihre Ratgeber zauderten, eingedenk der Tatsache, daß, falls unser erhabener kleiner Dauphin auch noch dahinstürbe, Frankreich und Spanien unter eine Krone kommen könnten, worein weder England noch eine der verbündeten Mächte hätten willigen wollen. Die Alliierten sagten mit Recht, daß es weder formell noch für die Sicherheit Europas ausreiche, wenn zwar der König von Spanien auf das Königreich Frankreich verzichte, sofern nicht auch das Königreich Frankreich für sich und seine Nachkommenschaft Verzicht leiste, indem es die spanische Verzichtleistung anerkenne und ratifiziere; man war der Meinung, daß diese Formalität notwendig sei, um das doppelte Band, durch welches der spanische Zweig an Frankreich und der französische an Spanien gebunden war, zu zerreißen.

Gleichzeitig erhielt der König die Nachricht, daß Chatillon Le Quesnoy eingenommen habe. Kurz darauf belagerte der Marschall de Villars Bouchain, das sich wenige Tage darauf ergab. So ging der Krieg in diesem Jahre zu Ende.

Inzwischen traf ein Kurier aus Spanien ein. Er überbrachte die Abschrift der Verzichtserklärung, die der König von Spanien vor den Cortes und in Gegenwart des englischen Gesandten unterzeichnet hatte; überdies einen Entwurf für die Verzichtserklärung des Duc de Berry samt einem handschriftlichen Brief des Königs von Spanien an seinen Bruder, in dem er diesem mit liebevollen Worten darlegte, wie bereitwillig er ihm die französische Thronfolge überlasse. Der Duc de Berry und der Duc d'Orléans zeigten mir den Brief. Er schien mir von solcher Wichtigkeit, daß ich ihnen dringend empfahl, dieses für sie so entscheidende Dokument sorgfältig aufzubewahren.

Tod des Duc de Chevreuse. – Porträt. – Tod des Duc de Mazarin.

Der Tod des Duc de Chevreuse, der am Samstag, dem 5. November, zwischen sieben und acht Uhr morgens in Paris eintrat, gibt mir noch einmal Gelegenheit, mich über eine Persönlichkeit zu äußern, die so oft und in so seltsamer Weise eine Rolle gespielt hat und mit der ich jahrelang in engster Beziehung gestanden habe.

Er war ebenso geistreich wie umgänglich und hatte ebensoviel Neigung zu den Wissenschaften wie sein Vater der Duc de Luynes, der wegen der großen Nähe Dampierres zu Port-Royal-des-Champs nach dem Tode seiner ersten Frau, der Mutter des Duc de Chevreuse sich dorthin zurückgezogen hatte; er nahm teil an den Bußübungen dieser frommen Einsiedler und arbeitete auch an einigen ihrer wissenschaftlichen Werke mit, und er bat sie, sich um die Erziehung seines am 7. Oktober 1646 geborenen Sohnes zu kümmern, der nach dem Tod seiner Mutter erst sieben Jahre alt war.

Der Duc de Chevreuse war von hohem Wuchs, hatte ein edles und ansprechendes Gesicht; mit Reichtümern war er nicht gesegnet; doch als er im Jahre 1667 die älteste und geliebteste Tochter Colberts heiratete, fiel ihm ein gewaltiges Vermögen zu. Mme. de Chevreuse war eine sehr liebenswerte Frau, auch sie von großem Wuchs und sehr wohlgestaltet. Der König machte sie alsbald zur Palastdame der Königin; sie erregte beider Gefallen, stand mit den Mätressen gut; noch besser mit Mme. de Maintenon; sie nahm stets und oft wider deren Willen an allen Privatzirkeln des Königs teil, dem etwas fehlte, wenn sie nicht zugegen war. Dabei war sie durchaus nicht geistreich, aber freimütig, erstaunlich offenherzig und überaus tugendhaft. Ich habe schon oft erwähnt, wie einig sich das Ehepaar war, wie sehr sich die beiden Schwestern, die Duchesse de Chevreuse und die Duchesse de Beauvillier, liebten, und daß sie zusammen mit ihren Ehemännern ein Herz und eine Seele waren. Auch habe ich schon häufig über den Duc de Chevreuse gesprochen, über seinen Charakter, über seine gefährliche Art, in Gegensätzen zu denken, und über die Rechtschaffenheit seines Herzens. Seine Neigung zu gewundenen Gedankengängen, die Vielzahl seiner Gesichtspunkte; seine schnellen Folgerungen, deren Irrwege er nicht sofort zu durchschauen vermochte, gehörten zu seinem Wesen. Sein Hang zum Ausgefallenen lieferte ihn zeit seines Lebens vollkommen dem Zauber der Mme. Guyon und den Verlockungen des Erzbischofs von Cambrai aus; diese Neigung brachte seine Finanzen sowie seine Gesundheit an den Rand des Abgrunds, und hätte er länger gelebt, wäre er sicher auch noch auf das Lawsche System hereingefallen.

Seine Seele war wunderbar ausgeglichen; er trug sie, wie der Psalm sagt, auf seinen Händen; weder das Chaos seiner Finanzen noch die Ungnade, in die er durch die Katastrophe des Quietismus geriet und die ihn beinahe aus der Bahn geworfen hätte, noch der Tod seiner Kinder, ja nicht einmal der Tod unseres unvergleichlichen Dauphins – kein Ereignis vermochte ihn zu erschüttern oder von seinen Beschäftigungen und seinem gewohnten Tageslauf abzulenken. Und stets bewahrte er sich ein gutes und mitfühlendes Herz. Alles war für ihn Gottesdienst; und danach richtete er sein Leben und all sein Handeln ein. Er war immer sanft, bescheiden und höflich, auch zu seinen Dienern. Im Kreise von Freunden und nahen Familienmitgliedern war er heiter und gelassen. Da ihm jeder Zeitbegriff mangelte, stießen ihm die seltsamsten Begebenheiten zu, an denen wir uns im kleinen Kreise höchlichst ergötzten. Seine Pferde blieben zuweilen zwölf bis fünfzehn Stunden angespannt. Einmal gingen die Pferde vor Ungeduld durch.

Die Umzäunung, die den Garten nach dem Hof abschloß, war niedergerissen, kurzum, es herrschte eine Unordnung, die zu beheben geraume Zeit kostete. M. de Chevreuse, den dieses Getöse in keiner Weise aus der Fassung gebracht hatte, war erstaunt, als er von der Sache erfuhr. Und M. de Beauvillier machte sich lange Zeit den Spaß, Schadenersatz von ihm zu verlangen. Ein anderes Abenteuer, das ihm gleichfalls in Vaucresson passierte, war ihm wirklich peinlich. Um zehn Uhr früh meldete man ihm einen M. Sconin, der sein Verwalter gewesen und ihm in vieler Hinsicht nützlich gewesen war. Er ließ Sconin sagen, er möge noch ein wenig im Garten spazierengehen und in einer halben Stunde wiederkommen; alsdann versenkte er sich wieder in seine Beschäftigung und vergaß den guten Mann vollständig. Um sieben Uhr abends meldete man ihm Sconin abermals: »Einen kleinen Augenblick noch«, antwortete ihm Chevreuse in aller Ruhe. Eine Viertelstunde darauf ließ er den Wartenden eintreten. »Ach, mein armer Sconin«, sagte er, »ich muß mich vielmals entschuldigen, daß ich Ihnen den ganzen Tag geraubt habe.« – »Durchaus nicht«, antwortete ihm Sconin, »da ich die Ehre habe, Sie seit vielen Jahren zu kennen, habe ich schon heute früh gewußt, daß die halbe Stunde lange währen könnte, ich bin also nach Paris gefahren, habe dort vor und nach dem Essen einige Geschäfte erledigt und bin dann wieder hierhergekommen.«

Als wir uns dieses Jahr in Fontainebleau aufhielten, luden M. und Mme. de Chevreuse mich zu einem Ausflug nach Courances ein. Ich holte die beiden ab und sah, als ich in sein Zimmer trat, wie er vor einem Wandschränkchen heimlich ein Glas Chinin zu sich nahm. Er errötete und bat, nichts darüber verlauten zu lassen. Ich versprach es, gab ihm jedoch zu bedenken, daß er sich umbringen würde, wenn er schon am frühen Morgen Chinin zu sich nehme; er gestand mir dann, er habe sich das vor einigen Monaten seines Magens wegen angewöhnt. Und ich beobachtete nun, daß er zusehends weniger aß. Ich ermahnte ihn und sagte ihm voraus, daß er sich auf diese Weise einen Magendurchbruch zuziehen würde. Das schlimmste war, daß er sich nach und nach der Diät Cornaros verschrieb, die zwar diesem Venezianer gut bekam, die aber viele andere wie zum Beispiel den berühmten Staatsminister Lionne das Leben gekostet hatte. So dauerte es nicht mehr lange mit ihm; er erkrankte in Paris und erlitt mit unendlicher Geduld und tiefer Ergebenheit die furchtbarsten Schmerzen, empfing mit inbrünstiger Frömmigkeit die Sakramente und starb bei vollem Bewußtsein friedlich und gelassen im Kreise seiner Familie. Als man die Leiche öffnete, stellte man einen Magendurchbruch fest.

Der Duc de Mazarin starb mit über achtzig Jahren auf seinen Ländereien, wohin er sich vor Jahrzehnten zurückgezogen hatte. Sein Tod war für niemanden ein Verlust, so verderblich kann sich Verschrobenheit auswirken. Seine Altersgenossen erzählten mir, wie angenehm, geistreich und umgänglich er früher gewesen war. Er stand mit dem König auf bestem Fuß. Seit 1654 war er Generalleutnant, und er wäre mühelos Marschall von Frankreich und Armeegeneral geworden. Aber die Frömmigkeit, die als solche so heilsam ist, vergiftete aufgrund seiner Verschrobenheiten all seine ihm angeborenen Gaben und Talente. Er hetzte mit größtem Skandal die Gesellschaft gegen seine Frau auf, er selber machte sich lächerlich, wurde dem König unerträglich durch die Moralpredigten, die er diesem wegen seiner Mätressen hielt. Dann zog er sich auf seine Ländereien zurück, wo er Mönchen und frommen Schwärmern anheimfiel, die seine Schwäche ausnützten und sich an seinen Millionen schadlos hielten. Er begann die schönsten Statuen zu verstümmeln und die kostbarsten Gemälde zu beschmieren, ließ seine Dienerschaft Lose ziehen, dergestalt daß der Koch zu seinem Intendanten und der Küchenjunge zu seinem Sekretär wurden: das Los offenbarte seiner Ansicht nach den Willen Gottes. Einmal brach im Schloß Feuer aus. Jeder lief herbei, um das Feuer zu löschen; er indes hatte nichts Besseres zu tun, als jene Übeltäter, die sich erdreisteten, Gott ins Handwerk zu pfuschen, davonzujagen. Seine größte Freude war, wenn ihm jemand einen Prozeß machte: denn wenn er ihn verlor, trat er einen Besitz ab, der ihm nicht gehörte, und wenn er ihn gewann, behielt er das, was man von ihm gefordert hatte, mit desto größerer Seelenruhe. Er brachte die Verwalter seiner Ländereien zur Verzweiflung, weil er sich um jeden Dreck kümmerte und sie zwang, die absurdesten Dinge zu verrichten. Er verbot all seinen Mägden, den verheirateten wie den unverheirateten, Kühe zu melken, damit sie nicht auf schlechte Gedanken kämen; man fände kein Ende, wollte man alle seine Narrheiten aufzählen.

Die Duchesse de Berry hatte eine kleine Favoritin bei sich, ein Mädchen von niederer Herkunft, gut gewachsen, hübsch und geistreich; die Duchesse de Berry wollte ihr, die in ihrer Umgebung aufgezogen worden war und die sie auch nach ihrer Heirat bei sich behalten hatte, nun einen Ehemann verschaffen. Sie fand Mouchy, einen Edelmann, der schon älter, lange im Dienst und ziemlich ungeschlacht und dumm genug war, sich das aufzuladen. Er war mit den d'Estrées verwandt, eine Verwandtschaft, die diese nicht als entehrend empfanden. Sie machten der Duchesse de Berry ihre Aufwartung, und die Heirat kam alsbald zustande; die Duchesse de Berry wollte, um einen Spaß zu haben, selber an den Hochzeitsfeierlichkeiten teilnehmen. Aber sie wußte nicht, wo man das Fest hätte veranstalten können. Sie bat Mme. de Saint-Simon so lange und so flehentlich, bis diese sich ihrer erbarmte. Das sehr aufwendige Hochzeitsessen, das Coucher sowie das Diner am anderen Tage fanden in unseren Räumen statt, und wir hatten nur vierundzwanzig Stunden Zeit zur Vorbereitung, dennoch wurde alles sehr prächtig. Diese Mouchy war übrigens, wie sich später noch zeigen wird, eine äußerst gefährliche Person.

(1713). – Mode-Aperçus. – In Spanien und Frankreich gegenseitige Verzichtserklärung auf die Thronfolge. – Versagen des Duc de Berry vor dem Parlament in Paris, als er eine vorbereitete Rede halten soll. – Frieden von Utrecht.

Der Duke und die Duchess of Shrewsbury waren vor einiger Zeit angekommen. Die Frau dieses Botschafters, eine Italienerin, war ein vierschrötiges Weib mit dem Auftreten eines Mannes, nicht mehr die jüngste. Sie war einmal schön gewesen und behauptete, es noch immer zu sein. Sie trug Kleider mit tiefem Ausschnitt, die Haare nach rückwärts gekämmt und mit Bändern zu einem Knoten gebunden; rot geschminkt, mit Schönheitspflästerchen und anderen kleinen Mätzchen. Kaum eingetroffen, trat sie unerschrocken auf, sprach laut und viel in schlechtem Französisch und aß jedem aus der Hand. Sie hatte das Gebaren einer Verrückten; aber ihr Spieltisch, ihre Gastfreiheit, ihr prunkvolles Auftreten brachten sie in Mode. Schon bald meinte sie, die Frisuren der Damen seien lächerlich: sie waren es in der Tat; Gebäude aus Draht, Bändern, Haaren und allerart Flitter von mehr als zwei Fuß Höhe, so daß das Gesicht in der Mitte zwischen diesem Aufbau und dem Körper saß. Wenn sie sich nur ein bißchen bewegten, kam das Ganze ins Wanken und erwies sich als höchst lästig. Der König, der sonst die kleinsten Kleinigkeiten bestimmte, konnte diese Frisur nicht leiden, dennoch trug man sie zehn Jahre, ohne daß er etwas hatte daran ändern können. Aber was der Monarch nicht vermocht hatte, das wurde nun durch den Geschmack und das Beispiel einer alten ausländischen Närrin mit überraschender Geschwindigkeit bewirkt. Von übertriebener Höhe stiegen die Damen nun zu übertriebener Flachheit herab, und diese viel einfacheren und bequemeren Frisuren, die weit kleidsamer sind, erhielten sich bis zum heutigen Tag. Vernünftige Leute warten voller Ungeduld auf eine andere ausländische Närrin, die unsere Damen von den für sie selbst unerträglichen riesigen Reifröcken befreit.

Die Verzichtserklärung war spruchreif. Ich brauche nicht zu betonen, was es bedeutet, wenn ein Prinz und mit ihm der ältere Zweig auf die Krone Frankreichs zugunsten eines jüngeren verzichtet, entgegen der bestehenden und seit Hugo Capet niemals unterbrochenen Ordnung und ohne daß Frankreich diesen Verzicht durch ein neues Gesetz bestätigt.

Die Prinzen von Geblüt und die Pairs wurden zur Registrierung dieser Akte gezwungen, ohne daß man sie ihnen vorher zur Einsicht gegeben oder gar besprochen hätte und ohne daß einer auch nur gewagt hätte, ein einziges Wort zu äußern. Das war alles, was man tat, um diese Neuordnung durchzuführen, die in einer in Frankreich unbekannten Weise die Thronfolge neu regeln und damit ganz Europa die Ruhe garantieren sollte, die es bisher im Hinblick auf Spanien nie hatte finden können.

Bei der Eröffnung sollte der Erste Präsident de Mesmes eine Ansprache an den Duc de Berry richten, worauf dieser dem Präsidenten zu antworten hatte; das beunruhigte ihn sehr. Mme. de Saint-Simon, der er seinen Kummer anvertraute, fand eine Möglichkeit, sich die Rede des Ersten Präsidenten zu verschaffen, und gab sie dem Duc de Berry, damit er eine entsprechende Antwort vorbereiten könne. Aber auch diese Aufgabe schien ihm zu schwer: er gestand es Mme. de Saint-Simon und sagte, daß er nicht wüßte, wie er die Sache anfangen solle. Sie schlug ihm vor, mich damit zu betrauen, ein Ausweg, den er freudig begrüßte. Ich verfaßte also eine Antwort von anderthalb Seiten. Der Duc de Berry fand sie sehr gut, aber zu lang, um sie auswendig lernen zu können. Ich kürzte sie: er wollte sie noch kürzer haben, so daß sie nur noch dreiviertel Seite betrüge. Die mußte er auswendig lernen, und das gelang ihm auch. Er sagte sie am Abend vor der Sitzung Mme. de Saint-Simon auf, die ihn nach besten Kräften ermutigte.

Am Mittwoch, dem 15. März, begab ich mich in kurzem Mantel, Federhut und Degen um sechs Uhr zum Duc de Berry. Bald darauf erschien auch der Duc d'Orléans mit großem Gefolge. Um halb sieben stiegen der Duc de Saint-Aignan und ich zu den beiden Prinzen in die Karosse. Der Duc de Berry war unterwegs sehr schweigsam. Ich saß ihm gegenüber, mir schien, als sei er ganz ausgefüllt von dem, was sich ereignen sollte und was er zu sagen hatte. Der Duc d'Orléans dagegen war sehr heiter. Er erzählte Geschichten aus seiner Jugend, von den nächtlichen Streifzügen durch Paris, auf denen er alle Straßen kennengelernt hatte. Der Duc de Berry schwieg. So langten wir an der Sainte Chapelle an; sie war ganz voll; vor dem Hochaltar wurde eine stille Messe gelesen. Man verließ die Kapelle, vor deren Pforte sich die beiden Präsidenten, die beiden Räte der großen Kammer und die Abgeordneten des Parlaments zum Empfang des Duc de Berry eingefunden hatten. Die Volksmenge zwischen der Sainte Chapelle und der großen Kammer war so dicht, daß keine Stecknadel hätte zu Boden fallen können. Gefolgt von den beiden Präsidenten, begaben sich die beiden Prinzen auf ihre Plätze. Die ganze Versammlung erhob sich und nahm die Mützen ab. Der Duc de Berry hatte bereits Platz genommen, aber es brauchte noch einige Zeit, bis Schweigen eintrat. Sobald man sich verständlich machen konnte, richtete der Erste Präsident seine Ansprach an den Duc de Berry. Als er sie beendet hatte, war es an dem Prinzen zu antworten; er lüftete seinen Hut, setzte ihn alsbald wieder auf, sah den Ersten Präsidenten an und sagte: »Monsieur.« Nach einer kleinen Pause wiederholte er: »Monsieur.« Er wandte sich an den Duc d'Orléans, beide wurden feuerrot, dann blickte er den Ersten Präsidenten an, ohne daß er etwas anderes zu äußern vermochte als »Monsieur«, und verstummte schließlich ganz. Ich konnte die verzweifelte Hilflosigkeit des Prinzen deutlich beobachten. Mir trat der Schweiß auf die Stirn, aber es war ihm nicht mehr zu helfen. Er wandte sich noch einmal dem Duc d'Orléans zu, der den Kopf senkte. Schließlich beendete der Erste Präsident diese grausame Szene, indem er seine Mütze vor dem Duc de Berry abnahm, als habe dieser seine Antwort bereits gegeben. Man kann sich denken, wie verwirrt die Mitglieder des Hofes und wie überrascht die Verwaltungsbeamten waren. *Les gens du roi* legten alsbald dar, worum es ging, und taten dies mit großer Beredsamkeit. Es handelte sich darum, die Urkunden aus den Registern des Parlaments herauszunehmen, die dem König von Spanien das Recht auf die Krone von Frankreich bewahrten. Man verlas die Erklärung des Verzichts seiner Person und seiner ganzen Familie auf die Krone Frankreichs, sowie die Verzichtserklärung des Duc de Berry und des Duc d'Orléans auf die Krone Spaniens für sich und ihre Nachkommen.

Es war schon spät, als alles erledigt war. Die Sitzung wurde aufgehoben. Der Duc de Saint-Aignan und ich gingen hinaus, um uns zum Duc de Berry und zum Duc d'Orléans zu gesellen und zu ihnen in die Karosse zu steigen. Sie fuhren mit demselben Pomp, mit dem sie am Justizpalast angekommen waren, geradenwegs zum Palais Royal. Der Duc de Berry schien verwirrt, verlegen, aber auch gekränkt zu sein. Die beiden Prinzen fuhren dann, nachdem die Tafel aufgehoben war, nach Versailles, wo sie im Cour des Princes ausstiegen. Am Wagenschlag trafen sie einen Boten, der sie erwartete. Die Duchesse de Tallard, die am Vorabend geheiratet hatte, empfing an jenem Tag bei ihrer Großmutter, der Duchesse de Ventadour, ihre Besucher. Diese hatte die beiden Prinzen bitten lassen, ihre Enkelin aufzusuchen. Beide begaben sich alsbald dorthin, wo sie unter anderen der Princesse de Montauban begegneten, die, kaum daß sie des Duc de Berry ansichtig wurde, sofort ausrief, sie sei entzückt über die Anmut, die Würde und die Beredsamkeit, mit der er im Parlament gesprochen habe. Der Duc de Berry errötete vor Zorn und schwieg. Er begab sich unverzüglich ans Bett der Neuvermählten. Die Princesse de Montauban indes redete, während er auf das Bett zuging, weiter und hörte nicht auf zu schwätzen. Der Duc de Berry hielt sich nur einen Augenblick bei der jungen Frau auf und ging dann zur Duchesse de Berry, wo er Gesellschaft traf. Er sprach mit niemandem, nicht einmal mit seiner Gemahlin, nahm Mme. de Saint-Simon beiseite und ging mit ihr allein in seine Gemächer. Dort warf er sich in einen Lehnsessel, rief aus, er sei entehrt, brach in lautes Jammern aus und erzählte Mme. de Saint-Simon unter Schluchzen, wie er sprachlos vor dem Parlament gestanden habe, ohne ein Wort über die Lippen zu bringen, wie furchtbar es sei, von einer solchen Zuhörerschaft als Dummkopf und Einfaltspinsel angesehen zu werden. Dann ereiferte er sich über die Glückwünsche der Mme. de Montauban. Sie habe, meinte er, sich über ihn lustig machen und ihn beleidigen wollen, denn sie wüßte ganz bestimmt, was ihm widerfahren sei. Mme. de Saint-Simon versuchte ihr möglichstes, um ihn zu besänftigen sowohl über das, was ihm widerfahren, als auch über den Zwischenfall mit Mme. de Montauban: sie versicherte ihm, daß jene nicht habe wissen können, was im Parlament vor sich gegangen sei, da bisher niemand in Versailles etwas davon erfahren habe, und daß sie ihm nur aus Schmeichelei alles gesagt habe, was ihr gerade eingefallen sei. Es war umsonst; Tränen, Seufzen und Klagen wechselten miteinander ab. Plötzlich kam er auf seine Erziehung zu sprechen. Er ereiferte sich gegen den Duc de Beauvillier und gegen den König. »Sie waren nur darauf bedacht«, rief er aus, »mich zu verdummen und alles, was ich hätte werden können, im Keim zu ersticken. Ich war der jüngere, ich widersprach meinem Bruder, sie hatten Angst vor den Folgen. Sie haben mich ausgelöscht. Man hat mir außer Spielen und Jagen nichts beigebracht, und es ist ihnen gelungen, einen Einfaltspinsel aus mir zu machen, einen Narren, der niemals zu etwas taugen und der immer der Verachtung und dem Hohn der Gesellschaft ausgesetzt sein wird.« Mme. de Saint-Simon zerschmolz vor Mitleid und versuchte alles, ihn wiederaufzurichten. Diese seltsame Zwiesprache währte beinahe zwei Stunden, so daß es an der Zeit war, sich zum Abendessen des Königs zu begeben. Das Gespräch wurde am anderen Tag mit weniger Heftigkeit fortgesetzt; allmählich gelang es Mme. de Saint-Simon, ihn, wenn auch nur unvollkommen, zu trösten. Die

Duchesse de Berry getraute sich nicht, ihn darauf anzusprechen, der Duc d'Orléans noch viel weniger. Und niemand wagte in seiner Gegenwart, die Parlamentssitzung je zu erwähnen.

Am gleichen Tag schickte der Duke of Shrewsbury Kuriere nach England und Utrecht, um die Unterzeichnung des Friedensabschlusses zwischen allen Mächten, ausgenommen den Kaiser, zu beschleunigen.

Die Akten, in denen alles, was den Frieden betrifft, ausführlich dargelegt ist, entheben mich der Notwendigkeit, irgend etwas im einzelnen zu sagen. Am Karfreitag, dem 14. April, kam Torcy mit dem Chevalier de Beringhen, der vom Marschall d'Uxelles beauftragt war, die so ersehnte Nachricht von der Unterzeichnung des Friedens zu bringen, die am vorhergehenden Montag, dem 10., mit England, Holland, Portugal und den beiden neuen Königen von Sizilien und Preußen getätigt worden war, zum König und zu Mme. de Maintenon; am 14. Mai wurde der Vertrag ratifiziert, und am 22. wurde der Friedensschluß mit großer Feierlichkeit in Paris bekanntgegeben. M. und Mme. du Maine, die sofort daran dachten, sich populär zu machen, begaben sich alsbald zum Duc de Rohan, um die Zeremonie auf der Place Royale mitzumachen, sich dort auf einem Balkon zu zeigen und Geld unter die Menge zu werfen, eine Freigebigkeit, die der König einem anderen nie gestattet hätte.

Am Abend brannte man viele Feuerwerke ab, und etliche Häuser waren beleuchtet. Am 25. sang man das Tedeum in Notre-Dame, abends großes Feuerwerk, dem ein prächtiges Fest folgte, das der Duc de Tresme, der Gouverneur von Paris, auf seine Kosten im Rathaus für die Gesandten und zahlreiche vornehme Personen des Hofes und der Stadt veranstaltete.

Am Sonntag, dem 26. März, war die Duchesse de Berry mit einem Prinzen niedergekommen, der Duc d'Alençon genannt wurde. Er war ein Siebenmonatskind, und die Schmeichelei nahm solche Formen an, daß die meisten Höflinge behaupteten, ebenfalls so früh geboren zu sein oder solche Kinder zu haben. Indes, die Freude währte nicht lange: durch seine Zartheit und Anfälligkeit verursachte er einige Besorgnis und starb am Samstag, dem 25. April, um Mitternacht.

Etwa zu diesem Zeitpunkt kaufte die Princesse de Conti, Tochter des Königs, das Hôtel de Lorge von dem Duc de Lorge, der einerseits alles verkaufte, was er besaß, andererseits so viel baute und verschwendete, wie er nur konnte. Diese Erwerbung wirkte nach jenen, die der Comte de Toulouse und d'Antin getätigt hatten, abermals sehr überraschend. In früheren Zeiten wäre der König so ungehalten darüber gewesen, daß sie sich das nicht herauszunehmen gewagt hätten; aber er war durch all die Unglücksfälle privater und politischer Natur so angewidert, daß er fast an nichts mehr Anteil nahm außer an dem, das man ihm aufzwang. Daß Personen, die nur bei Hofe übernachten durften, sich plötzlich in Paris niederließen, gab über den Gesundheitszustand des Königs zu denken, dessen Verschlechterung man außerhalb seiner engsten Umgebung allerdings noch nicht bemerkte.

Mit Riesenschritten näherte sich der Pater Tellier dem Ziel, das er sich sein Leben lang gesetzt und für das er unaufhörlich gearbeitet hatte.

Die Bulle Unigenitus. – Saint-Simons Gespräche mit dem Pater Tellier.

Die in den verschiedenen Lagern der versammelten Bischöfe geschickt verbreiteten Meinungsverschiedenheiten wuchsen derart an, daß alle glaubten, die Sache sei nur noch durch Rom zu entwirren; der König schrieb also im dringlichsten Ton an den Papst, um ihn um eine Stellungnahme zu bitten. Der Papst glaubte, daß er durch die Verurteilung des Buches des Pater Quesnel, welcher der Kardinal de Noailles damals zugestimmt hatte, indem er die seinerzeit gegebene Billigung widerrief, genug getan habe. Dem Pater Tellier war das durchaus nicht genug. Er forderte eine Konstitution, die zahlreiche aus diesem Buche herausgezogene Lehrsätze eindeutig verurteilte. Der König bedrängte also den Papst, und der Pater Tellier bewirkte – um es allen beiden unmöglich zu machen, später zurückzuweichen –, daß der König dem Papst schrieb, er würde ihm dafür einstehen, daß die Konstitution in seinem Lande von allen Seiten ohne Schwierigkeiten aufgenommen würde.

Was wäre aus der Konstitution in Frankreich und aus den so weit fortgeschrittenen Plänen des Paters Tellier geworden, wenn sie kurz vor ihrem Zustandekommen in Rom doch noch gescheitert wäre? Aber das Hauptinteresse der Kardinäle war, sich nicht mit dem Papst zu vereinigen.

Am gleichen Tage, an dem man die Konstitution in Rom bekanntgab, wurde sie durch einen Geheimkurier dem Pater Tellier übersandt, und am 2. Oktober legte der Nuntius sie in einer Privataudienz dem König vor. Um zu erforschen, wie man darüber dachte, hatte Pater Tellier einige Exemplare herumgezeigt. Der Widerspruch war wie in Rom ganz allgemein; der Kardinal de Rohan erklärte, daß sie nicht angenommen werden könne; sogar Bissy protestierte gegen sie; die einen entrüsteten sich über die Art ihres Zustandekommens, die anderen über den Lehrsatz, der die Exkommunikation betraf, da dieser den Papst zum unumschränkten Herrn aller gekrönten Häupter machte; wieder andere mißbilligten die Verurteilung zahlreicher Stellen des Hl. Augustin sowie der übrigen Kirchenväter, und allesamt waren entsetzt, daß selbst Worte des Hl. Paulus der Verurteilung anheimfielen. In diesen ersten Tagen war man einhellig einer Meinung: der Hof, die Stadt und die Provinzen erhoben sich gleichermaßen gegen die Konstitution. Doch Pater Tellier hielt stand, er runzelte die Brauen über Bissy, er sprach ernstlich mit Rohan, gab ihm zu verstehen, welche Gefahr er liefe, wenn er sein Versprechen nicht hielte. Er verabsäumte nicht, sich zum Herrn der Bischöfe zu machen und alle diejenigen einzuschüchtern, die er ohnehin schon auf seine Seite gebracht hatte, so daß kein einziger ihm zu entgehen vermochte. Die Konstitution mußte unter allen Umständen durchgesetzt werden.

Pater Tellier, der sich wie gesagt sehr um mich bemühte, hatte mir oft von der Sache erzählt, und ich, der ich diesen Gesprächen herzlich gern aus dem Wege gegangen wäre, der ich ihm meine Tür jedoch nicht verschließen konnte, antwortete ihm so freimütig, daß Mme. de Saint-Simon mich des öfteren ermahnte und mir sagte, ich würde noch davongejagt und in die Bastille gesteckt werden. Als es nun tatsächlich zur Konstitution gekommen war, bat mich Pater Tellier tatsächlich um ein Gespräch. Er hatte Bissy und den Kardinal Rohan gefügig gemacht und aus Paris offensichtlich gute Nachrichten über seine Unternehmung erhalten. Ich erklärte ihm wiederum, daß ich sehr böse Äußerungen über die Lehre der Konstitution vernommen hätte. Auch sei ich wie alle Welt empört über die Menge der verurteilten Lehrsätze. Als wir dann auf die Exkommunikation zu sprechen kamen, redete er wirres Zeug. Er gab jedoch zu, daß seine Antworten nicht ganz stichhaltig seien, und bat mich, ihn am Freitag in Versailles zu empfangen. Er hoffe, mich dann überzeugen zu können, daß die Zensur, über die ich mich beklagte, weder die Rechte des Königs noch der Krone angriffe.

Zum Verständnis dessen, was mir widerfuhr, muß ich etwas über die Anordnung meiner Wohnung in Versailles sagen. Ich hatte hinter meinem Arbeitszimmer noch ein kleines fensterloses Gemach, darin standen ein Schreibtisch, Stühle und Bücher. Meine nächsten Freunde, die es kannten, nannten es die Boutique, und in der Tat, das paßte nicht schlecht.

Der Pater Tellier erschien also zum Rendezvous. Ich sagte ihm, er käme recht ungelegen, da der Duc und die Duchesse de Berry sich bei Mme. de Saint-Simon angemeldet hätten. Sie könnten jeden Augenblick eintreffen, und sie seien daran gewöhnt, in allen Räumen umherzugehen, so daß ich weder über mein Zimmer noch über mein

Arbeitskabinett verfügen könne. Der Pater war so offensichtlich enttäuscht und bat so dringend, irgendeine für die Gesellschaft unzugängliche Zuflucht ausfindig zu machen, daß ich ihm schließlich erklärte, wir könnten uns in meine Boutique, die ich ihm zeigte, zurückziehen. Er fand diesen Vorschlag wunderbar, und wir setzten uns an meinem Schreibtisch gegenüber. Er begann nun, mir die Vorzüge der Bulle Unigenitus anzupreisen, von der er ein Exemplar mitgebracht hatte und auf den Tisch legte. Ich unterbrach ihn, um sogleich auf die Exkommunikation zu sprechen zu kommen. Wir diskutierten über diesen Lehrsatz mit großer Höflichkeit, aber wenig Übereinstimmung. Jedermann weiß, daß der zensurierte Lehrsatz lautet: »Eine ungerechte Exkommunikation darf niemand daran hindern, die Sakramente zu empfangen.« Somit ergibt sich aus der Zensurierung, daß eine ungerechte Exkommunikation daran hindern muß, die Sakramente zu empfangen, und die schrecklichen Konsequenzen, die sich daraus ergeben, springen ins Auge. Um unsere Diskussion abzukürzen, gab ich die gegenwärtige Lage der Dinge zu bedenken: der König, ja der Dauphin könnten sterben und dann die Krone durch das Recht der Geburt dem König von Spanien und seiner Familie zufallen, jedoch aufgrund der Verzichtserklärung dem Duc de Berry und dessen Familie, und wenn dieser stürbe, dem Duc d'Orléans und der seinigen, wenn nun die beiden Brüder über die Thronfolge in Streit gerieten, hätte jeder seine Verbündeten und Parteigänger in Frankreich, sofern die Konstitution ohne Einschränkung angenommen würde, hätte der Papst also leichtes Spiel, die Krone demjenigen der beiden Konkurrenten zuzuschanzen, der ihm gefiele, indem er den anderen exkommuniziere. Und so wäre der Papst auf die eine oder andere Weise Herr aller Kronen. Das Argument war ebenso einfach wie überzeugend. Es bot sich gleichsam von selbst an. Deshalb war der Beichtvater so verärgert, er wurde rot, er redete wirres Zeug. In seinem Zorn verlor er die Selbstbeherrschung, es entschlüpften ihm viele Bemerkungen, die er gern zurückgenommen hätte.

Er saß mir von zwei Kerzen beleuchtet genau gegenüber. Ich konnte ihn aus nächster Nähe beobachten. Nur der Abstand einer Tischplatte trennte uns. Ich habe seine schreckliche Physiognomie an anderer Stelle beschrieben. Ganz außer mir über das, was ich da zu hören und zu sehen bekam, wurde mir, während er sprach, jählings bewußt, welche Bedeutung dieser Jesuit besaß, der aufgrund seines persönlichen und selbstgewählten Nichts nicht das geringste für seine Familie und aufgrund seines Standes und Gelübdes nicht das geringste für sich selbst – nicht einmal einen Apfel oder ein Glas Wein mehr – beanspruchen konnte; der aufgrund seines Alters kurz davor stand, Gott Rechenschaft ablegen zu müssen, und der durch wohlüberlegte und agitatorische Reden im Begriff war, Staat und Religion in furchtbarsten Aufruhr zu versetzen und die schrecklichsten Verfolgungen einzuleiten wegen Fragen, die ihn persönlich nicht berührten, sondern nur die Ehre ihrer Molina-Schule betrafen. Die Abgründe, die sich vor mir auftaten, und die Hemmungslosigkeit, die er mir kundtat, all das versetzte mich in eine solche Ekstase, daß ich ihn unvermittelt mit der Frage unterbrach: »Pater, wie alt sind Sie eigentlich?« Als meine fest auf ihn gerichteten Augen die ungeheure Überraschung sahen, die sich auf seinem Gesicht widerspiegelte, kam ich wieder zur Besinnung. Und seine Antwort bewirkte, daß ich vollends wieder zu mir kam. »Aber weshalb fragen Sie das?« Die Anstrengung, die ich machte, um einer so einzigartigen Suggestion zu entgehen, deren erschreckende Tragweite mir bewußt war, ließ mich auf einen Ausweg verfallen: »Weil ich Sie,« erwiderte ich, »noch niemals so lange habe ansehen können wie bei diesem Vis-à-vis zwischen zwei Kerzen, und weil Sie trotz all Ihrer Arbeit ein so frisches und gesundes Aussehen haben.«

(1714). – Tod der Königin von Spanien. – Gerücht: Mme. des Ursins wolle selbst Königin werden.

Die Königin von Spanien, die seit langem unter Skrofeln litt, lag im Sterben. Da ihr die spanischen Ärzte nicht helfen konnten, verlangte sie nach Helvetius und bat den König durch einen Eilboten, ihn ihr zu schicken. Dieser setzte sich also in eine Postkutsche und kam am 11. Februar in Madrid an. Nachdem er die Königin untersucht hatte, erklärte er, daß nur noch ein Wunder sie zu erretten vermöchte. Bis zum 9. hatte ihr Gemahl noch im Bett der Königin geschlafen. Sie starb Mittwoch, den 14., mit viel Mut bei vollem Bewußtsein und in großer Frömmigkeit. Der König verließ alsbald den Palast und zog sich in ein prächtiges Haus am anderen Ende der Stadt zurück. Die Wahl dieses Ortes anstelle des Retiro schien ausgefallen, aber es ist noch nicht an der Zeit, darüber zu sprechen. In Spanien, wo diese Königin angebetet wurde, herrschte allgemeine Verzweiflung. Auch ihr Gemahl war tief betrübt, aber ein wenig auf königliche Weise. Man nötigte ihn, Spaziergänge zu machen und auf die Jagd zu gehen, um Luft zu schöpfen. Er war gerade im Begriff, auf die Jagd zu gehen, als man den Leichnam der Königin in den Eskorial überführte. Er geriet in nächste Nähe des Leichenzuges, folgte ihm mit den Blicken und setzte seine Jagd fort. Sind diese Fürsten nun von derselben Art wie andere Menschen?

Man weiß, mit welcher Mühe Mme. des Ursins den König von Spanien ständig isoliert hielt. Seine Trauer um die verstorbene Königin lieferte ihr den Vorwand, daß er weiterhin in Einsamkeit bliebe. Um diese Einsamkeit mit ihm zu teilen, ließ sie sich zur Gouvernante seiner Kinder ernennen. Man wußte niemals, ob der König allein war oder in Gesellschaft der Mme. des Ursins, noch wer von beiden beim anderen weilte, noch wann die beiden und ob sie zusammen waren. Das mißfiel dem ganzen Hof außerordentlich. Man argwöhnte, daß sie daran dachte, mehr zu werden als die einzige Gesellschaft des Königs. Er hatte bereits etliche Söhne, und man verbreitete das recht zweideutige und erschreckende Gerücht, daß der König angesichts der Nachkommenschaft, mit der Gott ihn zu segnen geruhte, keiner weiteren Kinder mehr bedürfe, sondern einzig einer Frau, die sie zu lenken vermöchte. Obwohl Mme. des Ursins jeden Tag beim König zubrachte und ihn ganz so wie die verstorbene Königin nie allein mit den Ministern arbeiten ließ, hielt sie es für nötig, dieser Lebensform Dauer zu verleihen, indem sie den König nie aus den Augen ließ. Er war daran gewöhnt, sich in der frischen Luft aufzuhalten, und er war um so lufthungriger, als er in den letzten Lebenstagen der Königin und in den ersten nach ihrem Tode ganz eingeschlossen gelebt hatte. Mme. des Ursins wählte also vier oder fünf Männer, die den König unter Ausschluß aller anderen zu begleiten hatten. Angesichts dieses besessenen Eifers, dieser klüglich verbreiteten Gerüchte, zweifelte man nicht, daß sie den Plan hatte, den König zu heiraten. Und je mehr sich diese Gerüchte verbreiteten, desto mehr wuchs die Furcht davor. Der Königliche Großvater begann sich ernsthaft darüber zu beunruhigen.

Indessen konnte sich Mme. des Ursins nur kurze Zeit dieser Hoffnung schmeicheln. Der geschickte und verwegene Pater Robinet, der über diese Gerüchte, die niemand an den Höfen von Frankreich und Spanien bezweifelte, gleichfalls beunruhigt war, ließ sich, nachdem er den König in eine Fensternische gezogen hatte, zu Fragen reizen; dann spielte er den Zurückhaltenden und Geheimnisvollen, um die Neugier des Königs anzustacheln. Als er merkte, daß diese den gewünschten Punkt erreicht hatte, sagte er dem König, gezwungenermaßen wolle er ihm gestehen, daß man in Frankreich und Spanien übereinstimmend der Meinung sei, er gedächte der Princesse des Ursins die Ehre zu geben, sie zu heiraten. Der König errötete, antwortete brüsk: »Oh, nein! Das nicht«, und verließ den Pater. Sei es, daß die Princesse des Ursins von dieser spontanen Ablehnung unterrichtet worden war, sei es, daß sie von selber die Hoffnung aufgab, sie machte eine Kehrtwendung und beschloß, sich des Königs durch eine Königin zu versichern, die sich ihr aus Dankbarkeit, und weil sie keine andere Unterstützung fände, in die Arme würfe.

Sie eröffnete sich also Alberoni, der seit dem Tode des Duc de Vendôme als Geschäftsträger Parmas in Madrid geblieben war, und schlug ihm vor, den König mit der Prinzessin von Parma, der Tochter des Herzogs von Parma zu verheiraten. Alberoni glaubte seinen Ohren nicht zu trauen; eine derart unebenbürtige Verbindung schien ihm um so weniger glaubhaft, als er sich nicht vorstellen konnte, daß der Hof von Frankreich einwilligen würde; und noch weniger, daß man es wagen würde, die Heirat ohne dessen Genehmigung zu schließen. Aber all das focht die Princesse des Ursins nicht an: sie verfügte über den Willen des Königs von Spanien; sie spürte, daß die Einstellung des Königs und der Mme. de Maintenon sich ihr gegenüber grundlegend verändert und daß sie von daher nichts mehr zu erwarten hatte; sie war also nur noch bestrebt, diese Heirat durchzusetzen, von der sie sich alles versprach, denn sie gedachte mit der neuen Königin ebenso umzuspringen, wie sie es mit jener getan, die sie soeben verloren hatte.

Tod des Duc de Berry. – Porträt. – Wieder Giftgerüchte.

Am Montag, dem 30. April, nahm der König morgens Medizin und arbeitete am Nachmittag mit Pontchartrain. Um sechs Uhr abends besuchte er den Duc de Berry; dieser hatte die ganze vergangene Nacht Fieber gehabt; ohne jemandem etwas davon zu sagen, war er morgens dennoch aufgestanden, hatte dem König seine Aufwartung gemacht und wollte auf die Hirschjagd gehen. Doch als er um neun Uhr den König verließ, überkam ihn ein heftiger Schüttelfrost, der ihn zwang, sich wieder zu Bett zu legen. Das Fieber stieg. Er wurde zur Ader gelassen; das Blut wurde für verdorben befunden. Bei seinem Coucher teilten die Ärzte dem König mit, der Verlauf der Krankheit lasse darauf schließen, daß es möglicherweise Gift sein könne. Der Duc de Berry hatte mehrfach erbrochen, und was er erbrochen hatte, war schwarz: Fagon behauptete mit Bestimmtheit, es sei Blut, die anderen Ärzte meinten, es sei die Schokolade, die er am Sonntag zu sich genommen hatte.

Am Dienstag, dem 1. Mai, wurde er nach einer sehr schlechten Nacht um sieben Uhr früh am Fuß zur Ader gelassen. Zweimal bekam er Brechwurz, was recht wirksam war. Der König suchte ihn nach der Messe auf, hielt dann Finanzrat, wollte jedoch nicht zur Jagd gehen, wie er es beschlossen hatte, sondern lustwandelte in seinen Gärten. Entgegen ihrer Gewohnheit beruhigten ihn die Ärzte mit keinem Wort. Die Nacht war grausam. Am Mittwoch, dem 2. Mai, begab sich der König wiederum zum Duc de Berry, der abermals am Fuß zur Ader gelassen war. Am Nachmittag fragten Mme. de Pompadour und Mme. de Vieuville den König im Auftrag der Duchesse de Berry, ob er einverstanden sei, wenn sie den Duc de Berry besuchte. In Wahrheit verspürte sie ebensowenig Lust, zu ihm zu gehen, wie dieser – der niemals ihren Namen und sie nicht einmal indirekt erwähnte – den Wunsch hegte, sie zu sehen. Der König erwiderte den beiden Damen, daß er der Duchesse de Berry die Tür nicht verschließen werde, daß es aber im Zustand ihrer

Schwangerschaft vernünftiger sei, diese Aufregung zu vermeiden. Er bat alsdann Mme. und M. d'Orléans, nach Versailles zu kommen und ihre Tochter an dem Vorhaben zu hindern. Nach der Rückkehr von der Truppenparade besuchte der König den Duc de Berry abermals; dieser war am Abend nochmals zur Ader gelassen worden, hatte den ganzen Tag unter furchtbarem blutigen Erbrechen gelitten und hatte, um dem Einhalt zu tun, dreimal Rabelswasser zu sich genommen. Dieses Erbrechen zögerte die Kommunion hinaus; der Pater La Rue weilte seit Dienstag morgen in seinem Zimmer und fand ihn sehr geduldig und sehr ergeben. Am Donnerstag, dem 3., erklärten die Ärzte nach einer sehr schlimmen Nacht, es stehe außer Zweifel, daß im Magen eine Ader geplatzt sei. Der Duc de Berry meinte selber, daß dies auf einen Unfall zurückzuführen sei, der ihm am Donnerstag zuvor bei der Jagd mit dem Kurfürsten von Bayern zugestoßen war; sein Pferd, sagte er, sei ins Stürzen geraten und er sei, als er es habe zügeln wollen, auf den Sattelknopf gefallen und habe seitdem täglich Blut erbrochen. Um neun Uhr morgens ließ dies Erbrechen ein wenig nach, doch ohne daß das Befinden des Kranken sich wesentlich besserte.

Der König, der auf die Hirschjagd hatte gehen wollen, sagte die Jagd ab. Und sechs Uhr abends litt der Duc de Berry an solcher Atemnot, daß er nicht mehr im Bett liegen konnte. Um acht Uhr fühlte er sich plötzlich seltsam erleichtert, so daß er zu Madame sagte, er hoffe, nicht sterben zu müssen: doch bald darauf verschlechterte sich sein Zustand derart, daß der Pater La Rue ihm riet, keine Zeit mehr zu verlieren, nur noch an Gott zu denken und die Letzte Ölung zu empfangen. Der arme Prinz schien selber den Wunsch zu spüren. Kurz nach zehn Uhr betrat der König die Kapelle, wo man seit den ersten Tagen der Krankheit eine geweihte Hostie verwahrte: der Duc de Berry empfing diese sowie die Letzte Ölung in Gegenwart des Königs mit großer Demut und Ehrfurcht. Da er nicht mehr sprechen konnte, nahm er das Kruzifix, das der Pater La Rue ihm reichte, küßte es und legte es auf sein Herz. Er starb am Freitag, dem 4. Mai, um vier Uhr früh, in seinem achtundzwanzigsten Lebensjahr.

Er war mittelgroß, kräftig, hatte schönes blondes Haar und ein frisches Gesicht. Er war ein sehr sanfter, mitfühlender und umgänglicher Mensch. Von durchschnittlicher Begabung, ohne alles Vorstellungsvermögen, bar jeder Einbildungskraft, aber mit hinlänglich gesundem Menschenverstand begabt. Den König fürchtete er so sehr, daß er kaum wagte, sich ihm zu nähern, und daß er erstarrte, sobald sein Großvater ihm einen ernsten Blick zuwarf; und wenn er über etwas anderes mit ihm sprach als über Spiel oder Jagd, verstand er kein Wort und war wie vor den Kopf geschlagen. Man kann sich denken, daß ein solcher dauernder Angstzustand keinerlei Herzlichkeit aufkommen ließ.

Seine Ehe mit der Duchesse de Berry begann wie bei fast allen, die in jugendlichem Alter und ganz unerfahren verheiratet werden. Da er sich alsbald unsinnig in sie verliebte, verwöhnte er sie über die Maßen. Es dauerte nicht lange, bis er das merkte, aber die Liebe war stärker als er. So hatte er es denn mit einer hochfahrenden, ablehnenden, zornmütigen Frau zu tun, die ihn verachtete und die es ihn fühlen ließ, weil sie ihm geistig überlegen und weil sie überdies im höchsten Grade falsch und eisern entschlossen war, worauf sie sich sogar etwas zugute tat. Sie verspottete die Religion, verhöhnte den Duc de Berry, weil er noch an ihr hing, bis sie ihm schließlich unerträglich wurde, und ihre ständigen Versuche, ihn mit dem Duc und der Duchesse de Bourgogne zu entzweien – womit sie bei den beiden Brüdern keinen Erfolg hatte –, trugen dazu bei, ihn weiter gegen sie aufzubringen. Sie verliebte sich so oft, so Hals über Kopf und so hemmungslos, daß er es nicht übersehen konnte, und ihre täglichen und endlosen Zwiegespräche mit dem Duc d'Orléans reizten ihn vollends zum Zorn. So kam es zwischen ihnen wiederholt zu heftigen Szenen. Die letzte, die sich aufgrund eines ärgerlichen Mißgeschicks in Rambouillet abspielte, trug der Duchesse de Berry einen Tritt in den Hintern ein und die Drohung, er würde sie lebenslänglich in ein Kloster sperren lassen. Als der Duc de Berry dann krank wurde, war er gerade im Begriff gewesen, dem König seinen Kummer anzuvertrauen und ihn anzuflehen, ihn von der Duchesse de Berry zu erlösen. Diese allgemeinen Andeutungen mögen genügen. Die Einzelheiten wären zu abstoßend: nur ein Beispiel von vielen. Sie wollte sich mit aller Gewalt von La Haye, dem Ersten Stallmeister des Duc de Berry, den sie zu ihrem Kammerherrn gemacht hatte, entführen lassen. Man entdeckte den Plan, und aberwitzigste Briefe wurden abgefangen; daß sie solche Absicht hegte und nicht nachließ, auf deren Ausführung zu drängen, während sich sowohl der König als auch ihr Vater und ihr Ehemann bester Gesundheit erfreuten, beweist, wie es in ihrem Kopf aussah. Sie empfand also beim Tode des Duc de Berry weniger Gram ob der Herabminderung ihrer Stellung als vielmehr ein Gefühl der Befreiung. Sie war schwanger und hoffte, es würde ein Knabe, und sie gedachte alsdann ihre Freiheit in vollen Zügen zu genießen.

Der Duc und die Duchesse d'Orléans empfanden das ganze Ausmaß des Verlustes. Dieser Schwiegersohn war eine letzte Bindung an den König gewesen. Nun war der Bruch unvermeidlich. Die Aussicht auf die

Regentschaft tröstete den Duc d'Orléans kaum; überdies schien diese Zeit noch fernzuliegen. Er war also aufrichtig betrübt, aus Eigennutz sowie aus Zuneigung. Die Art der Krankheit, die den Schwiegersohn dahingerafft hatte, wurde alsbald in der Öffentlichkeit bekannt, und die Auswirkung war ähnlich wie bei den vorhergehenden Todesfällen. Weder der König noch die Gesellschaft hatten die Gerüchte, die über den Duc d'Orléans im Umlauf waren, vergessen. Mme. de Maintenon und eine kleine Schar ergebener Diener leisteten dem noch kräftig Vorschub. Man verabsäumte nicht, sich Handlanger zu sichern. Über dergleichen verfügte der Duc du Maine; er hatte sich ihrer mit viel Erfolg beim Tod der beiden Thronfolger und der Dauphine bedient. Der König ließ nach außen nicht erkennen, daß er alldem irgendwelche Bedeutung beimaß. Aber die emsigen Wühler mühten sich nicht umsonst.

Tod der jungen Duchesse de Lorge. – Der Kanzler Pontchartrain erbittet seinen Abschied, ein unerhörter Vorgang. – Nachfolger: Voysin. – Maisons. – Der König erhebt seine Bastarde in den Rang der Prinzen von Geblüt, gegebenenfalls mit Thronfolgerechten.

Am 31. Mai starb die Duchesse de Lorge, die dritte Tochter Chamillarts, im Alter von achtundzwanzig Jahren, bei der Geburt ihres zweiten Sohnes in Paris. Sie war ein herrliches Geschöpf, sehr schön gewachsen, mit angenehmen Gesichtszügen und von einem so schlichten, so aufrichtigen und bezwingenden Wesen, daß es bezaubernd war. Die beste Frau von der Welt, dabei versessen auf alle Art von Vergnügungen, zumal auf Glücksspiele mit hohem Einsatz. Von den Albernheiten, der Selbstgefälligkeit und Überheblichkeit der Ministerkinder war sie ganz frei; aber alle übrigen Torheiten besaß sie in Fülle. Von frühester Jugend an verderbt durch einen Hof, der sich der Gunst ihres Vaters verkaufte, durch eine Mutter, die außerstande war, ihre Tochter zu erziehen, vermochte sie sich niemals vorzustellen, daß Frankreich oder der König ohne ihren Vater auskommen könnten. Sie kannte keine Pflichten, nicht einmal die der Schicklichkeit; auch der Sturz ihres Vaters brachte sie nicht zur Besinnung und verminderte ihre Spiel- und Vergnügungssucht nicht im geringsten. Sie gestand das selbst auf die unbefangenste Weise ein und meinte, sie könne sich eben keinerlei Zwang auferlegen. Keine Frau, die so wenig auf sich hielt; stets war die Frisur in Unordnung, und der Kleidersaum hing an den Seiten herunter. Doch ihre Anmut war so groß, daß man all das übersah. Auf ihre Gesundheit achtete sie nicht, und was ihre Ausgaben betraf, so glaubte sie, daß es ihr nie an etwas mangeln würde. Sie war zart und hatte ein Brustleiden. Man gab ihr das zu verstehen, sie fühlte es auch selbst; aber sich etwas zu versagen, dazu war sie außerstande. Während ihrer letzten Schwangerschaft brachte sie sich durch das Spiel, durch Spazierfahrten und durchwachte Nächte bis an den Rand ihrer Kräfte; Nacht für Nacht kam sie quer in ihrer Karosse liegend nach Hause. Man fragte sie, ob sie denn in diesem Zustand überhaupt Vergnügen empfinden könne; sie antwortete mit einer Stimme, die so schwach war, daß man sie kaum noch vernahm, daß sie sehr wohl Vergnügen empfinde. So ging es rasch mit ihr zu Ende. Sie hatte mit der Dauphine in bestem Einvernehmen gestanden und war in die meisten ihrer Geheimnisse eingeweiht. Auch ich stand sehr gut mit ihr; aber ich pflegte ihr stets zu sagen, daß ich um keinen Preis ihr Ehemann hätte sein wollen. Sie war sehr sanft und zu jedermann, der mit ihr zu tun hatte, sehr liebenswürdig. Ihr Vater und ihre Mutter waren über ihren Tod tief betrübt.

Der Kanzler entschloß sich damals zu einer Tat, die noch nicht ihresgleichen hatte und die sehr seltsam, ja, man muß sagen unheilvoll überraschend wirkte. Er hatte stets die Absicht gehabt, nicht bis ans Ende seines Lebens zu arbeiten. Das hatte er mir oft gesagt. Seine Frau hatte ihn, ehe er Kanzler wurde, schon mehrmals daran gehindert, sich zurückzuziehen, und sie ließ sich noch auf dem Sterbebett versprechen, daß er, ehe er sich zu diesem Schritt entschlösse, noch sechs Wochen bleiben und darüber nachdenken wolle. Er wartete also diese Zeitspanne ab, dann sprach er mit dem König, der höchst erstaunt war. Es schien ihm unglaublich, daß ein Kanzler seinen Abschied einreichen könnte, und tatsächlich gab es bisher kein Beispiel dafür. Der König versuchte alles, ihn umzustimmen, doch da er ihn fest entschlossen fand, begnügte er sich damit, ihn um vierzehn Tage Aufschub zu bitten, damit er nochmals über die Sache nachdenke. Diese Frist war im Juni abgelaufen.

Der Kanzler erhielt schließlich, wenn auch mit großer Mühe, die Freiheit, nach der er sich sehnte und von der er dann einen so mutigen und so frommen Gebrauch gemacht hat. Abgesehen davon, daß das Alter, der Gram und der Verlust seiner Ehefrau ihn zu diesem Entschluß bewogen, den er ohnehin stets im Sinne gehabt, fühlte er sich überdies durch die Ereignisse, die es ihm, wie er im voraus sah, Tag für Tag schwerer machen würden, auf seinem Posten auszuhalten, zu diesem Schritt genötigt. Er kannte die Absichten des Pater Tellier, sah die Entwicklung der Konstitution, das Schwinden der Freiheiten der gallikanischen Kirche und die sich anbahnenden Verfolgungen. Ein weiterer Grund war der unaufhaltsame und rapide Aufschwung, den er das Bastardtum nehmen sah.

Kurz nachdem Pontchartrain das Gemach des Königs verlassen hatte, trat Peletier de Sousy dort ein; er kam zu den üblichen Besprechungen über die Festungsbauten. Das dauerte nicht lange, und als er seinen Vortrag beendet hatte, ließ der König, der in den vergangenen zwei Wochen Zeit gehabt hatte, einen Kanzler auszuwählen, nach Voysin schicken, übergab ihm die Kassette mit den Siegeln und ernannte ihn zum Kanzler. Man war überzeugt, daß er nun seinen Posten als Staatssekretär des Krieges abgeben würde. Es gab bisher keinen Kanzler, der gleichzeitig Staatssekretär gewesen wäre; aber dieser hatte einen gesegneten Appetit und vereinnahmte beide Posten.

De Mesmes, der so wachsam und gut unterrichtet war, hatte schon mit aufgesperrtem Maul auf diesen höchsten Verwaltungsposten gelauert. Doch fehlte ihm hier die wesentliche Unterstützung, die er hätte haben müssen. Denn der Duc du Maine brauchte nicht so sehr einen Kanzler als vielmehr einen ihm vollkommen ergebenen Ersten Präsidenten, und er konnte keinen finden, der gefügiger, korrupter, so sehr dem Aufstieg und folglich der Gunst und der Protektion verschrieben war wie de Mesmes. Es lag also im Interesse du Maines de Mesmes auf diesem Posten zu halten. Als Kanzler hatte er nun Voysin, der zu allem bereit, der in den Staatsrat sowie in die Gewohnheiten des Königs eingeweiht und der durch Aufstieg und Gunst ebenso verderbt war wie der andere, überdies das vollkommene Vertrauen der Mme. de Maintenon genoß und ein Diener war, mit dem sich Pferde stehlen ließen.

Voysin füllte also beide Posten aus, und der König war so kindisch, sich damit zu vergnügen, ihn zur Schau zu stellen. Beim Staatsrat und sogar, wenn kein Staatsrat war, erschien Voysin stets als Kanzler gekleidet. Nach dem Essen kam er im kurzen Damastmantel, um mit dem König zu arbeiten. Des Abends entledigte er sich, wenn es Sommer war, seines Mantels und erschien zur Promenade des Königs im damastenen Justaucorps. Das war noch nie dagewesen und wirkte höchst lächerlich. M. de Lauzun, der gern von Marly nach Paris fuhr, befand sich einmal in einer Gesellschaft, in der man ihn fragte, was es Neues in Marly gebe. »Nichts«, antwortete er in jenem leisen, scheinbar harmlosen Ton, den er so häufig anzunehmen beliebte: »Es gibt gar nichts Neues. Der König begnügt sich damit, seine Puppen anzukleiden.« Die Anwesenden, die sehr wohl begriffen, was er meinte, brachen spontan in Lachen aus, und er, der nur boshaft lächelte, verließ den Salon.

Maisons, président à mortier, und seine Frau, die älteste Schwester der Marschallin de Villars, sind zwei Leute, von denen zu sprechen jetzt Zeit ist. Sein Großvater, ein Freund meines Vaters, ebenfalls président à mortier, war Oberintendant der Finanzen und baute das prachtvolle Schloß von Maisons. Der Enkel war ein hochgewachsener Mann mit glänzenden Manieren, geistreich, voller Pläne, ehrgeizig, aber freilich ohne allzu gründliche Kenntnisse seines Berufes, sehr reich, sehr wortgewandt, nichts von der Dummdreistigkeit und der Geckenhaftigkeit der Justizbeamten noch von der üblichen Impertinenz eines président à mortier. Ich denke, daß er am Beispiel de Mesmes' gelernt hatte, die Lächerlichkeiten zu meiden, mit denen sich jener überhäufte. Statt wie de Mesmes den Affen des Standesherrn und Hofmann zu spielen, begnügte er sich damit, in Stadt und Hof mit der besten Gesellschaft zu verkehren.

Da sein Schloß so nahe bei Marly lag, bot sich ihm Gelegenheit, die Vertreter des Hofes bei sich zu empfangen. Es bürgerte sich ein, von Marly aus dorthin zu gehen. Er selbst kam selten nach Versailles, höchstens einmal in der Woche. Der König pflegte sich beinahe jedesmal, wenn er ihn sah, mit ihm über sein Schloß zu unterhalten. Er hatte seinerzeit in enger Verbindung zu Monsieur le Duc und dem Prince de Conti gestanden. Er hatte sich heimlich, wann und wie weiß ich nicht, an den Duc de Beauvillier herangemacht. Nachdem die beiden Prinzen von Geblüt gestorben waren, wandte er sich dem Duc d'Orléans zu, und durch Canillac, seinen besten Freund, der auch mit dem Prinzen befreundet war, fiel es ihm leicht, sich diesem zu nähern. Aber Canillac sah den Duc d'Orléans nur in Paris, weil er niemals an den Hof kam. Er rühmte ihm also die Verdienste Maisons', dessen Einfluß im Parlament und in der Gesellschaft, und die Vorteile, die man aus seinen Ratschlägen ziehen könne, so daß der Duc d'Orléans, der gewöhnt war, auf Canillac zu hören, nun meinte, in Maisons einen Schatz zu finden. Aber da dieser seinerseits den Prinzen einzukreisen gedachte, fand er Canillac offenbar nicht ausreichend und warf seinen Köder nach mir aus. Schließlich ließ er mir durch den Duc d'Orléans Grüße ausrichten. So erfuhr ich von dieser neuen Verbindung und erfuhr, wie gern Maisons mich kennenlernen wollte. Er berief sich, wie mir der Duc d'Orléans sagte, auf die Freundschaft unserer Väter und auf die Achtung, die er vor mir hege. Ich jedoch blieb kühl, betonte, daß ich nur selten und stets nur für kurze Zeit nach Paris käme; ich glaubte, die Sache sei damit erledigt; doch einige Tage darauf bedrängte mich der Duc d'Orléans abermals. Ich zeigte mich nicht bereitwilliger. Zu meiner Überraschung machte mir M. de Beauvillier vier oder fünf Tage darauf ähnliche Vorschläge, und als er sah, daß ich nicht anbiß, machte er seine Autorität geltend. Kurz darauf bearbeitete mich der Duc d'Orléans aufs neue und stellte mir vor, wie wünschenswert in vieler Hinsicht eine Verbindung zwischen Maisons und mir sei. Ich hätte schon eine Antwort auf all das gewußt, aber da ich mich dem Duc de Beauvillier gegenüber bereit erklärt hatte, willigte ich in die Forderung des Prinzen ein.

Sobald Maisons wieder nach Versailles kam, suchte er mich am Spätvormittag auf. Es dauerte nicht lange, da kam er jeden Sonntag um diese Zeit. Unsere Gespräche wurden allgemach ernsthafter; ich war weiterhin auf der Hut, doch schnitt ich etliche Themen an, auf die er gern einging.

So standen wir also miteinander in freundschaftlicher Distanz, als mir Maisons am Sonntag morgen, dem 29. Juli, durch einen Lakaien einen Brief schickte, in dem er mich beschwor, alles stehen- und liegenzulassen und sofort zu ihm nach Paris zu kommen. Es handele sich um etwas, das nicht den mindesten Aufschub dulde, sich schriftlich nicht einmal andeutungsweise erwähnen lasse und von äußerster Wichtigkeit sei. Sobald ich zu Mittag gegessen hatte, bestellte ich meinen Wagen und machte mich schleunigst auf den Weg. Niemand hatte mich in den Wagen steigen sehen. In Paris betrat ich nur kurz mein Haus, von wo ich mich in fliegender Eile zu Maisons begab.

Ich traf ihn allein in Gesellschaft des Duc de Noailles. Da saßen zwei fassungslose Männer, die mir nach einer heftigen und kurzen Vorrede mit ersterbender Stimme mitteilten, der König erkläre seine beiden Bastarde und deren gesamte männliche Nachkommenschaft zu echten Prinzen von Geblüt, mit allen Ansprüchen und Ehren, und mit der Berechtigung zur Thronfolge, sofern es keine weiteren Prinzen von Geblüt gäbe. Bei dieser Neuigkeit, auf die ich in keiner Weise gefaßt war und die man bislang streng geheimgehalten hatte, sanken mir die Arme herab. Ich neigte den Kopf und verharrte, ganz in Gedanken versunken, in tiefstem Schweigen. Plötzlich schreckten mich laute Schreie auf. Die beiden Männer hatten sich erhoben, begannen im Zimmer umherzulaufen, mit den Füßen zu stampfen, die Möbel herumzustoßen, auf Gegenstände einzuschlagen, sich in Wutgeschrei zu überbieten und das ganze Haus mit ihrem Getöse zu erfüllen.

Ich gestehe, daß mir ein solcher Ausbruch seitens zweier Höflinge, von denen der eine so behutsam und maßvoll, der andere stets so gelassen und selbstbeherrscht war, höchst verdächtig erschien. Ich argwöhnte, daß sie Erregung vortäuschten, um die meine herauszufordern; wenn das ihre Absicht war, so erreichten sie gerade das Gegenteil. Ich blieb in meinem Sessel sitzen und fragte sie kühl, gegen wen ihr Zorn sich denn richte. Meine Gelassenheit brachte sie vollends außer sich. Ich fragte sie, ob sie den Verstand verloren hätten, ob es statt solchen Tobens nicht ratsamer sei, darüber nachzudenken, was sich noch tun lasse. Sie schrien: Gerade weil nichts mehr zu tun sei, seien sie so empört. Die Angelegenheit sei beschlossen, ausgeführt und bereits zur Registrierung ins Parlament geschickt worden. Der Duc d'Orléans würde bei seinem jetzigen Verhältnis zum König nicht den leisesten

Einwand wagen, die Prinzen von Geblüt seien noch zu jung, die Herzöge hätten keinerlei Möglichkeit, sich dem zu widersetzen, und das Parlament sei zu schweigender Knechtschaft verdammt. Und darüber ereiferten sie sich immer lauter und lauter.

Auch ich war sehr zornig. Aber dieser Hexensabbath brachte mich nur zum Lachen und bestärkte mich in meiner Zurückhaltung. Ich meinte, daß, wenn es auch kein Heilmittel und keine zu ergreifenden Maßnahmen mehr gäbe, so sei es mir dennoch lieber, die beiden Bastarde als Prinzen von Geblüt und mögliche Thronfolger denn in ihrer so ungreifbaren Rangstufe zu sehen. Schließlich beruhigte sich der Orkan ein wenig. Die beiden teilten mir mit, der Erste Präsident und der Generalstaatsanwalt, die in der Tat sehr zeitig nach Marly zum Kanzler gefahren waren, hätten den König in seinem Kabinett aufgesucht, seien alsbald mit der fertigausgestellten Deklaration nach Paris zurückgekehrt.

Da es zwischen uns nichts weiter zu bereden gab, verabschiedete ich mich und fuhr schnellstens wieder nach Marly, damit meine Abwesenheit gar nicht erst bemerkt würde. Ungeachtet dessen, was ich vernommen, begab ich mich zum Souper des Königs. Ich ging geradenwegs in den Salon. Die Atmosphäre war lastend. Man beobachtete einander, man gab sich ein paar verstohlene Zeichen oder flüsterte sich leise ein Wort ins Ohr. Ich sah, wie der König sich zu Tisch setzte: er schien mir, während er mißtrauisch nach rechts und nach links blickte, noch dünkelhafter als sonst. Kaum eine Stunde zuvor war die Neuigkeit ruchbar geworden. Alle waren wie versteinert, und jeder hielt sich zurück.

Daß die Könige als Herren befugt sind, Rang und Würde zu verleihen, zu erhöhen, herabzusetzen oder zu vertauschen, daß sie nach eigenem Ermessen die höchsten Ehren prostituieren können, wie sie sich am Ende auch das Recht angemaßt haben, den Besitz ihrer Untertanen nach Gutdünken einzuziehen und mit einem Federstrich in ihre Freiheit einzugreifen, meist sogar nach Gutdünken ihrer Minister oder ihrer Günstlinge, das ist ein Unheil, ein Unheil zu dem die unumschränkte Zügellosigkeit der Untertanen den Weg geebnet hat, den die Regierung Ludwigs XIV. ohne Hindernis bis zu Ende zu gehen vermochte, dieser Herrscher, vor dessen Autorität das bloße Wort Gesetz, Recht, Autorität schon zum Verbrechen wurde. Diese allgemeine Umkehrung versklavt alles, und weil ihr niemand Einhalt gebietet, bringt sie einen durch lange Gewohnheit, seinen Willen durchzusetzen, Anbetung entgegenzunehmen – trotz allgemeinen Ächzens und Stöhnens –, schließlich dazu, alles zu wollen, was man kann. Ein auf solchem Gipfel der

Macht angekommener und gealterter Monarch vergißt, daß seine Krone ein Fideikommiß ist, ein Besitz, der nicht sein eigen, über den er folglich nicht verfügen kann, den er durch Generationen von seinen Vätern als Nachfolge und nicht als freies Erbe erhalten hat; und daß, wenn das legitime männliche Geschlecht zum Erlöschen kommt, es keinem König zusteht, über die Nachfolge zu verfügen, sondern daß dieses Recht dann wieder der Nation zusteht, von der es die Könige erhalten haben. Hier nun wird die Nation zum erbärmlichen Sklaven herabgewürdigt, der man, ohne nach ihr zu fragen, beliebige Könige und eine neue Erbfolge vorsetzt, indem man nach eigenem Ermessen zur Thronfolge berechtigte Prinzen von Geblüt erschafft, wozu es nur eines Willensaktes und eines zu registrierenden Dokumentes bedarf. Das ist ein Kardinalverbrechen gegen den Staat.

*Tod der Königin Anna von England. – Testament Ludwigs XIV. –
Unruhe: Stoßrichtung gegen den Duc d'Orléans. – Tod Beauvilliers.
– Porträt.*

Der bedrohliche Zustand, in dem sich Königin Anna befand, rief den
Duke of Marlborough nach England zurück, wo das Schicksal sich bald
darauf mit ihm versöhnte. Die Königin starb am 1. August im Alter
von dreiundfünfzig Jahren, verwitwet, kinderlos, nach einer Regierungszeit von zwölf Jahren, deren Ende durch viele Quertreibereien und
Kümmernisse getrübt worden war. Man hat angenommen, daß sie stets
bestrebt war, den König, ihren Bruder, zu ihrem Nachfolger zu machen,
und daß sie aus diesem Grunde bei Godolphines und Marlboroughs
Sturz das englische Ministerium von Grund auf änderte. Ludwig XIV.
verlor in ihr eine aufrichtige Freundin. Alsbald wurde der Kurfürst von
Hannover in London zum König gekrönt, das Ministerium vollkommen umgestaltet. Und jenes, dem wir den Frieden verdankten, abgesetzt und mit Haß verfolgt.

Es ist nun an der Zeit, auf das Testament des Königs zu sprechen zu
kommen. Ohne daß sich sichtbare Veränderungen in seiner Lebensweise bemerkbar machten, alterte der König täglich mehr. Jeder, der ihn
von nahem sah, begann seit einiger Zeit zu fürchten, daß er bald sterben
würde.

Er war vom Schicksal, das er so lange Zeit zu beherrschen gewohnt
war, niedergeworfen. Alle seine Kinder waren vor ihm dahingeschieden; nichts vermochte die schreckliche Leere auszufüllen. Der Gram
über den Verlust der Dauphine vertiefte sich noch, da der König nirgends Entspannung fand. Diese trostlose Ödnis bewirkte, daß er nach
jedem Strohhalm griff, der sich ihm bot, und daß er sich mehr und mehr
Mme. de Maintenon und M. du Maine auslieferte. Die beiden hatten
sich seit langem darin geübt, ihn in dem Glauben zu wiegen, daß M. du
Maine ohne Ehrgeiz, ohne Arg sei, als guter Familienvater einzig mit
seinen Kindern beschäftigt; daß er ganz schlicht, ganz aufrichtig, ganz
in sich geschlossen, außerstande, irgendwelche Pläne zu fassen, und an

der Größe nur in bezug auf die des Königs interessiert; daß er, nachdem er viel Zeit auf das Gebet und auf Frömmigkeitsübungen verwandt, nachdem er den ganzen Tag aus Pflichtgefühl und um dem König zu gefallen, in seinen Ämtern gearbeitet, mutterseelenallein auf die Jagd gehe; sich dann in seinem kleinen Privatzirkel der Heiterkeit und den Geistesfreuden überlasse, meist ohne sich auch nur im geringsten darum zu kümmern, was bei Hofe geschehe oder was sich in der Welt ereigne. All das gefiel dem König ungemein und stimmte ihn sehr geneigt für seinen ohnehin schon so vielgeliebten Sohn, der ihn durch seine Geschichten und seine Einfälle so gut zu unterhalten verstand. Wenn man sich jedoch an den Charakter des Duc du Maine erinnert, schaudert man bei dem Gedanken, welche Schlange der König an seinem Busen nährte! Angesichts des Zustands, in dem der König sich befand, konnte es sich für Mme. de Maintenon und den Duc du Maine, von denen er eine solch hohe Meinung hegte und die beide vollkommen einig waren, nur noch darum handeln, die kostbare Zeit, die, wie sie wußten, nicht mehr lange dauern würde, zu nutzen.

Man wird jetzt sehen, daß dieser Monarch, der in allem so große Selbstbeherrschung zeigte, im Hinblick auf sein Testament dennoch seine Gefühle nicht zu verbergen vermochte. Einige Tage, ehe die ungeheuerliche Neuigkeit bekannt wurde, nämlich die Tatsache, daß man ihn dazu gebracht hatte, seinen Bastarden den Rang und die Rechte der Prinzen von Geblüt sowie das Recht auf Thronfolge zu verleihen, betrachtete er diese beiden in Gegenwart seiner Kammerdiener sowie d'Antins und d'Os mit offensichtlichem Verdruß und erklärte dem Duc du Maine mit strenger Miene: »Ihr habt es so gewollt, aber vergeßt nicht, daß Ihr trotz aller Größe, die ich Euch verleihe und deren Ihr Euch jetzt erfreut, nach meinem Tode nichts mehr sein werdet. Dann müßt Ihr selbst Eure Würde und Eure Größe verteidigen, sofern Ihr das könnt!« Alle Anwesenden erbebten ob dieses jähen Ausbruches, der dem Wesen und der Gewohnheit des Königs so wenig entsprach und der so unvermittelt den wilden Ehrgeiz des Duc du Maine offenbarte sowie die Gewalt, die jener der Schwäche des Königs angetan hatte.

Man hielt sich in Versailles auf. Am Sonntag, dem 26. August, kamen de Mesmes, der Erste Präsident, und Daguesseau, der Generalstaatsanwalt, die der König hatte rufen lassen, nach dem Lever in sein Arbeitszimmer; die beiden hatten zuvor den Kanzler aufgesucht, um mit ihm die Aufbewahrung des Testaments zu besprechen. Man kann sich denken, daß der Duc du Maine, seit er seiner Sache ganz sicher war, sich mit dem Ersten Präsidenten, seiner Kreatur, ausgiebig über diesen

Punkt beraten hatte. Als de Mesmes und Daguesseau mit dem König allein waren, zog dieser ein umfangreiches, mit sieben Siegeln versiegeltes Paket aus seiner Schublade. Ich weiß nicht, ob der Duc du Maine hierbei das geheimnisvolle Buch mit den sieben Siegeln der Apokalypse hatte nachahmen wollen. Der König überreichte es den beiden mit den Worten: »Das ist mein Testament. Es gibt außer mir niemanden, der weiß, was es enthält. Ich übergebe es Ihnen, damit es im Parlament aufbewahrt werde, welchem ich keinen größeren Beweis meiner Achtung und meines Vertrauens schenken kann, als es zu seinem Hüter zu bestellen. Das Beispiel meiner königlichen Vorgänger und das meines königlichen Vaters nimmt mir jeden Zweifel über das, was mit dem meinigen geschehen kann; aber man hat mir keine Ruhe gelassen, man hat mich gequält und mir zugesetzt, was immer ich sagen mochte. O ja, ich habe mir meinen Frieden erkauft. Da ist es also, nehmen Sie es mit, mag daraus werden, was will. Jedenfalls werde ich fortan meine Ruhe haben und nichts mehr hören müssen.« Bei diesem letzten Wort, bei dem er eine heftige Kopfbewegung machte, wandte er ihnen den Rücken und ging in sein Nebengemach und ließ sie beide zu Statuen erstarrt stehen. Fassungslos über das, was sie mit Augen gesehen, und über das ganze Verhalten des Königs, blickten sie einander an und zogen sich, sobald sie wieder zu sich gekommen waren, zurück, um nach Paris zurückzufahren.

Erst am Nachmittag erfuhr man, daß der König sein Testament gemacht und den beiden übergeben hatte. Sobald man diese Neuigkeit vernahm, verbreitete sich Bestürzung bei Hofe. Die Schmeichler, die ebenso verblüfft waren wie der übrige Hof, überboten sich alsbald geflissentlich in Lobhudeleien. Andernnags, Montag, den 27., kam die Königin von England aus Chaillot zu Mme. de Maintenon, dort traf sie der König. Sobald er ihrer ansichtig wurde, erklärte er ihr in gereiztem Ton: »Madame, ich habe mein Testament gemacht. Man hat mich dazu getrieben«, und er blickte dabei auf Mme. de Maintenon. »Ich habe mir meine Ruhe teuer erkauft. Ich kenne die Ohnmacht und die Nutzlosigkeit meines Handelns. Wir können, solange wir da sind, alles, was wir wollen. Nach unserem Tode vermögen wir weniger als jeder Privatmann. Ich weiß es wohl, trotzdem, man hat es gewollt, man hat mich gequält, bis ich dieses Testament gemacht habe; ja, wirklich. Nun ist es geschehen, Madame; mag daraus werden, was will, zumindest wird man mich nun nicht mehr quälen.«

Sobald der Erste Präsident und der Generalstaatsanwalt nach Paris zurückgekehrt waren, ließen sie Maurer kommen, die sie in einen Turm des Justizpalastes führten, der hinter der großen Kammer und dem Arbeitszimmer des Ersten Präsidenten lag. In die sehr dicke Mauer des Turms ließen sie ein Loch schlagen. Dorthinein legten sie das Testament. Dann ließen sie die Öffnung durch eine Eisentür mit doppeltem Gitter verschließen und nochmals zumauern. Die Tür und das Gitter hatten drei verschiedene Schlösser, aber für Tür und Gitter die gleichen. Der Erste Präsident behielt einen der Schlüssel, der Generalstaatsanwalt den zweiten, der Parlamentsschreiber den dritten.

Nun war deutlich erkennbar, daß dieses Testament sich vornehmlich gegen den Duc d'Orléans richtete, denn wenn man nicht die Absicht gehabt hätte, diesem die Hände zu binden, hätte es gar keines Testaments bedurft; man hätte nur den Dingen ihren natürlichen Lauf zu lassen brauchen. Und was die Meinung über diesen Prinzen betraf, die man mit soviel Eifer und Geschick zu manipulieren gewußt, so war sie ziemlich dieselbe geblieben. Aber welche Schändlichkeit man ihm auch zutrauen mochte, niemand war so verblendet, nicht zuzugeben, daß er nach dem unbestreitbaren Recht seiner Geburt notwendigerweise Regent sein würde und daß die Verfügung des Testaments durch Errichtung einer Gegenmacht seine Stellung nur schwächen könnte.

Wie ich bereits gesagt habe, war die Bestürzung über die Kunde von der Errichtung des Testaments groß. Es war das Schicksal des Duc du Maine, stets das zu bekommen, was er wollte, aber stets unter allgemeiner Verwünschung. Das gleiche Schicksal blieb ihm auch diesmal nicht erspart, und sobald er das spürte, wurde er ganz niedergeschlagen. Mme. de Maintenon war entrüstet. Sie tat ihr möglichstes, den König so zu isolieren, daß kein Ton des Murrens bis zu ihm dringen konnte; die beiden ließen es sich mehr denn je angelegen sein, den König zu unterhalten und in ihm den Glauben zu stärken, es herrsche allgemeine Freude und Bewunderung über eine so großzügige und für die Erhaltung der öffentlichen Ruhe so notwendige Handlung. Doch die Bestürzung war nur allzu natürlich, und gerade darüber hatte der Duc du Maine sich völlig getäuscht. Er glaubte, das Feld wohl bereitet und geglättet zu haben, indem er den Duc d'Orléans auf üble Weise verdächtigt und verhaßt gemacht hatte, das war ihm zwar gelungen, aber nicht in dem Maße, wie er sich es vorgestellt hatte; und so war er höchst erstaunt, als statt der allgemeinen Zustimmung, die, wie er glaubte, dem Testament folgen würde, das genaue Gegenteil eintrat.

Der Duc d'Orléans war von dem Schlag wie betäubt. Er ahnte, daß er sich unmittelbar gegen ihn richtete, aber er wußte nicht, was er zu Lebzeiten des Königs noch hätte tun können. Respektvolles tiefes

Schweigen schien ihm die einzig mögliche Haltung; alles andere hätte nur eine Verschärfung der Maßnahmen bewirkt. Es ist noch nicht Zeit, die Zukunftspläne dieses Prinzen zu behandeln. Der König vermied jedes Gespräch über dieses Thema mit ihm. Der Duc du Maine ebenfalls.

Seit zwei Monaten lag M. de Beauvillier krank in Vaucresson, wohin er sich zurückgezogen hatte, um nur noch an sein Seelenheil zu denken. Er starb dort am Freitag, dem 6. August, abends den Tod des Gerechten. Er war fast sechsundsechzig Jahre alt geworden, denn er war am 24. Oktober 1648 geboren. Er stammte aus einem sehr alten und vornehmen Geschlecht. Sein Vater, M. de Saint-Aignan, war – bei aller Ehrenhaftigkeit und Tapferkeit – in Liebesdingen, der Literatur und Waffentaten eine Art Romanheld. Er hatte eine Servien, eine Verwandte des Oberintendanten der Finanzen, geheiratet, die er 1679 verlor. Ein Jahr darauf heiratete er zum zweiten Mal, und zwar die Kammerfrau seiner Gemahlin, die zunächst eingestellt worden war, um deren Hunde zu versorgen. Sie lebte stets völlig zurückgezogen, war sehr bescheiden und so tugendhaft, daß sie ihr Leben lang allgemein respektiert wurde. Von den Kindern aus der ersten Ehe starben alle bis auf M. de Beauvillier. Ich weiß nicht, welche Vorkehrungen M. und Mme. de Saint-Aignan für ihre ältesten Kinder getroffen hatten; was M. de Beauvillier anlangt, so gaben sie ihn bis zu seinem siebten oder sechsten Jahr in die Obhut ihres Schweizers, dann schickten sie ihn nach Notre-Dame-Cléry zu einem Kanoniker in Pension. Alles, was dieser Kanoniker an Dienerschaft hatte, war eine Magd, die den Knaben bis zu seinem vierzehnten oder fünfzehnten Jahr bei sich im Bett schlafen ließ, ohne daß beide etwas Böses dabei dachten und ohne daß dem Kanoniker etwas dabei aufgefallen wäre.

Als sein ältester Bruder gestorben war, rief ihn sein Vater zurück, übertrug ihm dessen Charge sowie zwei Abteien, die dieser besaß: das war 1666. Er diente dann mit Auszeichnung an der Spitze seines Kavallerieregiments und wurde Brigadier. Er war groß, sehr mager, hatte ein angenehmes bräunliches Gesicht, eine Adlernase, einen schmallippigen Mund, scharfblickende Augen, ein angenehmes Lächeln; sein Ausdruck war sanft, gewöhnlich sehr ernst und konzentriert. Von Natur aus lebhaft, aufbrausend und allen Vergnügungen geneigt, aber seit Gott ihn berührt hatte, was schon sehr früh geschah, vergaß er, glaube ich, seine Gegenwart niemals. Milde und bescheiden, ausgeglichen, höflich mit Unterscheidung, umgänglich und ehrenhaft auch mit den kleinsten Leuten, pflegte er nie jemand mit seiner Frömmigkeit zu belästigen, er kehrte sie nicht heraus, noch verbarg er sie, überwachte aber seine

Dienstboten vielleicht doch ein wenig zu sehr; wirklich demütig, ohne Schmälerung dessen, was er seinem Stand schuldete, war er von allen irdischen Dingen derart losgelöst, daß ein heiligmäßiger Mönch es nicht hätte mehr sein können.

Die ungeheure Unordnung in den väterlichen Finanzen nötigte ihn, den seinigen die größte Aufmerksamkeit zu schenken; das hielt er für seine Pflicht; was ihn nicht hinderte, auf großem Fuße zu leben, weil er meinte, daß das seinem Stand entspräche. Das Ministerium, die Politik, die allzu große Furcht vor dem König verdoppelten seine stete Selbstüberwachung. Dazu kam seine Neigung zur Einsiedelei, die wenig mit seinen Amtspflichten übereinstimmte, so daß er, abgesehen von den Gelegenheiten, wo er dazu genötigt war, den Hof, der eine Wüste für ihn war, mied und daß er von allem, was nicht unmittelbar zu den Staatsgeschäften gehörte, nichts weiter zur Kenntnis nahm. Man weiß, daß ihn das mehrfach bis hart an den Abgrund brachte, ohne jedoch seinen Seelenfrieden im geringsten zu trüben und ohne ihn zu veranlassen, sich Aufklärung über die Ereignisse zu verschaffen.

Er hatte 1671 geheiratet. Angesichts der Finanzlage, in die sein Vater die Familie gebracht hatte, sah er sich gezwungen, die Verbindung mit Colberts dritter Tochter einzugehen, die ein großes Vermögen besaß. Colberts älteste Tochter hatte vier Jahre zuvor den Duc de Chevreuse geheiratet, und acht Jahre später wurde die jüngste mit dem Duc de Mortemart verheiratet. Der Duc de Chevreuse sowie M. de Beauvillier und ihre Ehefrauen waren wie füreinander geschaffen, so daß sie ihr Leben lang stets ein Herz und eine Seele waren; ebenso verhielt es sich zwischen den beiden Schwestern und bald auch zwischen den beiden Schwägern.

Seine Frömmigkeit trennte den Duc de Beauvillier von seinen Altersgenossen. Als er bei der Armee war, ging er eines Tages bei einem Spaziergang des Königs für sich allein ein wenig voraus; irgend jemand, der ihn beobachtete, ließ hämisch verlauten, er tue dies, um seinen Meditationen nachzuhängen. Der König, der dies hörte, wandte sich nach jenem um und entgegnete ihm: »Gewiß, das ist Monsieur de Beauvillier, einer der weisesten Männer des Hofes, wenn nicht gar des Königreiches.«

Der König bezeugte ihm so großes Wohlwollen, daß er ihn 1670 mit einer heiklen Mission betraute. Madame war soeben gestorben, und sie war, wie man allgemein annahm, vergiftet worden. Auch der König und der König von England waren fest davon überzeugt und gleichermaßen von Trauer wie von Entrüstung erfüllt. Und die Engländer hielten mit ihrer Meinung nicht hinter dem Berg. Der König beauftragte also den Duc de Beauvillier, dem König von England seine Beileidsbekundung zu übermitteln und bei dieser Gelegenheit zu versuchen, den Zorn der Londoner und der ganzen Nation zu besänftigen, damit dieses Mißgeschick die französisch-englischen Beziehungen nicht beeinträchtige: der König wurde in der Tat nicht enttäuscht.

Als der Marschall de Villeroy mit achtundachtzig Jahren in Paris gestorben war, bekam der Duc de Beauvillier dessen Amt. Er wurde Chef des Finanzrates. Wegen seines zarten Gewissens, das durch alles, was mit Finanzen zusammenhing, beunruhigt wurde, zögerte er zunächst, das Amt anzunehmen. Aber der König gab nicht nach. 1689 fragte der König ihn, ob er bereit sei, Erzieher des Duc de Bourgogne zu werden, und Beauvillier erhob keine Einwände. Louvois' Tod ermöglichte es dem König, im selben Jahr Pomponne wieder in den Staatsrat zurückzuberufen, und zur selben Zeit trat auch der Duc de Beauvillier dort ein. Ein wahres Wunder, denn während der zweiundsiebzigjährigen Regierungszeit war er der einzige Edelmann, der dort zugelassen wurde.

Man hat andernorts gesehen, mit welcher Seelengröße, welcher Gelassenheit und Unterwerfung unter Gottes Willen er den Sturm des Quietismus und die Ungnade des Bischofs von Cambrai ertrug. Trotz seiner angeborenen Lauterkeit, seiner unbeirrbaren Wahrheitsliebe hatten er sowohl wie M. de Chevreuse sich dergestalt von dem Charme des Erzbischofs von Cambrai betören lassen, daß dieser Prälat, den er seit dessen Verbannung nie wiedergesehen hatte, auch fernerhin die Seele seiner Seele und der Geist seines Geistes blieb und daß er überdies so sehr von Mme. Guyon verzaubert war, daß er sie stets als Heilige und Schriftgelehrte ansah und daß ihm, selbst als diese sich schließlich zu eindeutigen Prophezeiungen erkühnte, von denen keine einzige eintraf, die Binde nicht von den Augen fiel.

Nach dem Tod des Dauphins zog er sich mehr und mehr zurück und hielt sich nur noch durch Frömmigkeit, Hingabe an Gott und Ergebung in dessen Willen aufrecht. Die Bande zwischen seinem Körper und seiner Seele waren, wenn man das so sagen darf, zerrissen. Die erhabene Läuterung seiner Seele, die unaufhörlich Gott zugewandt war, vollendete die Auflösung der Materie und wandelte seinen Tod zu einer Opfergabe.

Lustbarkeiten der Duchesse du Maine. – Furcht des Duc du Maine.

Ich gestehe, daß es mir schwerfällt, mich von Personen loszureißen, die mir mein Leben lang teuer waren und es mir mein Leben lang sein werden. Aber es ist an der Zeit, meine damalige Situation bei Hofe zu erwähnen, die so verschieden war von der, in der ich mich zuvor befunden. Der Verlust des Dauphins und der Dauphine, das Verschwinden ihrer Damen, die keine Rolle mehr spielten, die Ungnade Chamillarts, der Rücktritt des Kanzlers Pontchartrain, der Tod Boufflers', M. de Chevreuses und M. de Beauvilliers ließen mich in einer Leere zurück – ich spreche nicht von der des Herzens, dafür ist hier nicht der Ort –, die durch nichts auszufüllen, ja, nicht einmal zu vermindern war. Obwohl der König sichtlich dahinzuwelken begann, blieb alles beim alten, und ich sah mich auf einer langen Meerfahrt ganz allein zwischen Klippen und Strudeln.

Ich weiß nicht, was Mme. des Ursins in bezug auf ihre Dispositionen mit der Princesse de Parme widerfahren ist; aber sie wurde von solchen Zweifeln befallen, daß sie bereute, diese Heirat geplant zu haben, und daß sie geneigt war, sie wieder rückgängig zu machen; aber dazu war es zu spät.

Am 23. Oktober kam der König aus Fontainebleau nach Versailles zurück. Er war bestürzt über die Entwicklung der Konstitution, bei der Pater Tellier sein Gewissen und seine Autorität in die Waagschale geworfen hatte. Er hatte etliche Male mit dem Kardinal de Noailles gesprochen; der Kardinal d'Estrées, der sich auf Befehl des Königs zunächst an den Verhandlungen beteiligt hatte, hatte sich, empört über die fortwährenden Gaunereien Telliers und Bissys, ziemlich bald von der ganzen Sache zurückgezogen. Jeder im Episkopat, der guten Willens war, durchschaute die Sache und stellte sich auf seiten des Kardinals de Noailles, ebenso die berühmten Universitäten, die Orden, die Pfarrer von Paris; schließlich die Parlamente sowie alle wohlunterrichteten

Laien, die nicht Sklaven der Jesuiten waren. Unter denen, die dafür stimmten, herrschte keine Spur von Einigkeit; es war ein Chaos, ein babylonischer Turm. Der Papst, der sehr ungehalten war, nicht jene ihm vom Pater Tellier verheißene Unterwerfung gefunden zu haben, ohne welche er sich niemals auf diese abscheuliche Angelegenheit eingelassen hätte, hatte den vierzig Bischöfen, die so kühn gewesen, seine Bulle zu interpretieren, durch eine kurze öffentliche Breve seinen Zorn spüren lassen.

All diese Wirrnisse und Widersprüche veranlaßten also den König, vom Papst eine Erklärung zu verlangen oder die Einwilligung zu erhalten, daß in Frankreich ein nationales Konzil abgehalten würde.

Sceaux wurde mehr und mehr zum Schauplatz der Narreteien der Duchesse du Maine und der Schande und des Ruins ihres Gemahls sowie der Lustbarkeiten des Hofes und der Stadt, die dort hinströmten, um ihren Spaß zu haben. Sie selbst brachte mehrmals in der Woche mit Komödianten und Komödiantinnen *Athalie* sowie andere Stücke zur Aufführung. Man veranstaltete »Weiße Nächte« mit Lotterien, Spielen, Illuminationen, Feuerwerken, kurzum Phantastereien jeder Art, und dies tagtäglich. Sie schwelgte im Bewußtsein ihrer neuen Größe und verrannte sich in ihre Narrheiten. Der Duc du Maine, der ständig vor ihr zitterte und überdies fürchtete, der geringste Widerspruch könne ihr vollends den Kopf verdrehen, duldete all das, ja er machte sogar auf erbarmungswürdige Weise die Honneurs, soweit sich das mit seinen ständigen Bemühungen um den König vereinbaren ließ.

Sosehr er die ihm zuteil gewordene Rangerhöhung auch genoß, er fand keine Ruhe: gleich jenen Tyrannen, die durch ihr Verbrechen die Souveränität usurpiert haben und in all ihren von ihnen unterjochten Mitbürgern zu ihrem Untergange verschworene Feinde argwöhnen, sah er sich stets unter dem Schwert jenes Dionysos von Syrakus, der über einem Manne, den er für glücklicher hielt, als er selbst es war, und den er spüren lassen wollte, was sich unaufhörlich in seinem eigenen Innern vollzog, ein Schwert schweben ließ, das nur an einem Haar aufgehängt war. Der Duc du Maine, der es liebte, die ernsthaften Dinge scherzhaft zu behandeln, pflegte zu seinen Vertrauten zu sagen, er fühle sich angesichts der Prinzen von Geblüt und der Pairs wie eine Laus zwischen ihren Nägeln und er würde, wenn er sich nicht vorsehe, zweifellos von ihnen zerquetscht werden. Solche Ängste schmälerten seine Genugtuung über die Rangerhöhung, die ihm so viele Machenschaften nunmehr eingetragen hatten. Er fürchtete die Prinzen von Geblüt, sobald sie in das Alter kämen zu erkennen, was er ihnen zugefügt hatte; er fürchtete, daß das Parlament, das über die Vergewaltigung der unverletzbarsten Gesetze, die er ihm angetan hatte, nicht schweigen konnte, wobei ihn die maßlose Ergebenheit des wegen seiner Unwissenheit bekannten und wegen seiner Lebensführung und Sittenlosigkeit berüchtigten Ersten Präsidenten nicht zu trösten vermochte. Schließlich fürchtete er sogar die Herzöge; so schreckhaft sind Tyrannei und Ungerechtigkeit! Die Panik, in der er sich befand, gab ihm den Gedanken ein, seine Feinde derart zu entzweien und so heftig gegeneinander aufzubringen, daß sie die klare Sicht verlören und er ihnen die Möglichkeit jeder Vereinigung nähme.

(1715). – Tod Fénelons. – Porträt.

Anfang Januar kam Fénelon, der heute Staatsrat und Generalleutnant ist, als ich gerade das Mittagessen beendet hatte, zu mir nach Versailles; er teilte mir mit, er habe durch einen Kurier erfahren, daß es seinem Großonkel, dem Erzbischof von Cambrai, sehr schlecht gehe; er bitte mich also, ihm meinen Postwagen zu leihen und den Duc d'Orléans zu veranlassen, so rasch wie möglich seinen Arzt, Chirac, nach Cambrai zu schicken. Ich stand sofort vom Tisch auf, ließ meinen Wagen holen und ging zum Duc d'Orléans, der Chirac kommen ließ, ihm befahl, sich nach Cambrai auf den Weg zu machen und so lange dort zu bleiben, wie man seiner bedürfe. Aber der Arzt fand den Erzbischof bereits in einem Zustand, wo es keine Hilfe mehr gab. Dennoch blieb er vierundzwanzig Stunden in Cambrai, nach deren Verlauf Fénelon starb. Ich also, der ich diesen Erzbischof im Hinblick auf den Duc d'Orléans und auf die Zukunft so sehr fürchtete, also ich war es, der ihm diesen letzten Dienst erwies.

Dieser Prälat ist so bekannt und so berühmt geworden, und ich habe ihn bereits so häufig erwähnt, daß es nun nicht nötig wäre, länger bei ihm zu verweilen. Er war mager, hochgewachsen, bleich, mit einer großen Nase, Augen, aus denen der Geist und das Feuer wie ein Wasserfall hervorsprangen; eine Physiognomie, wie ich dergleichen niemals gesehen und wie sie niemand, der sie einmal gesehen, jemals vergessen konnte. Sie versammelte alles in sich, die Gegensätze widerstritten sich nicht; sie offenbarte ebensoviel erhabene Würde wie Schelmerei; sie verriet gleichermaßen den Gelehrten, den Bischof wie den Standesherrn. Es bedurfte einer Anstrengung, um die Blicke von ihm abzuwenden. Und bei alledem war er ein Mann, der niemals klüger sein wollte als jene, mit denen er sprach, der sich stets auf das geistige Niveau seiner jeweiligen Partner einstellte, ohne sie jemals spüren zu lassen, daß er ihnen entgegenkam, und der die Menschen derart zu betören verstand, daß man nicht von ihm loskam, noch sich gegen ihn zu verteidigen vermochte, sondern stets der Versuchung erlag, ihn abermals aufzusuchen. Dank dieser so seltenen Begabung, die er im stärksten Maße besaß, erhielt er sich trotz seiner Ungnade zeit seines Lebens all seine Freunde; sie kamen zusammen, um über ihn zu sprechen, ihn zu beklagen und ihn herbeizusehnen; um sich an ihn zu halten wie die Juden an Jerusalem, ganz so wie jenes unglückliche Volk noch heute der Ankunft des Messias harrt, seine Rückkehr zu erflehen, zu erhoffen. Aufgrund dieser Prophetenautorität, die er über die Seinigen gewonnen und die bei all seiner Sanftmut keinen Widerspruch duldete, hätte er, wäre er an den Hof zurückgekehrt und in den Staatsdienst eingetreten – was immer sein großes Ziel war –, nicht lange einen Gleichgestellten neben sich geduldet; und wäre er einmal zur Macht gelangt, so hätte niemand ihm widersprechen dürfen, er hätte in allem Unterwerfung und blinde Bewunderung gefordert. In den ersten Jahren in Cambrai mied man ihn; er lief niemandem nach; allgemach zog der Zauber seines Wesens einige Leute an. Dank dieses kleinen Kernes fühlten sich nun etliche Personen, die bislang aus Furcht abseits geblieben waren, die jedoch ebenfalls wünschten, Samen für andere Zeiten zu säen, sehr geneigt, gelegentlich nach Cambrai zu kommen. Die vielen Menschen, die der Erzbischof in Cambrai empfing, die Menge jener, die er beherbergte, die Obhut, die er den Kranken und Verwundeten, die man verschiedene Male in seine Stadt gebracht, angedeihen ließ, hatten ihm die Zuneigung und Liebe der Truppen gewonnen. Die Offiziere wohnten oft mehrere Monate hintereinander bis zu ihrer vollkommenen Genesung in seinem Haus. Er wachte als Hirte über das Heil ihrer Seelen, doch war er nicht minder auf ihr körperliches Wohlbefinden bedacht. Es ist unglaublich, wie sehr er das Idol der Armee wurde und welche Geltung sein Name in Hofkreisen hatte.

Bei zwei oder drei Gelegenheiten konnte der König nicht umhin, den Erzbischof von Cambrai zu loben; letzterer hatte seine Speicher zur Zeit der Teuerung, und als die Munition erschöpft war, den Truppen geöffnet, aber keine Bezahlung annehmen wollen, obwohl er auf normalem Wege hohe Summen hätte erzielen können. Man kann sich denken, daß diese edle Tat nicht verborgen blieb, und aufgrund deren wagte man es auch, dem König gegenüber zum ersten Mal seinen Namen wieder zu erwähnen. Endlich, wieder zu höchsten Hoffnungen berechtigt, ließ Fénelon diesen Samen von selber keimen, der aber kam nicht zur Reife.

Trotz seines tiefen Schmerzes über den Tod des Dauphins gab der

Prälat nicht nach. Er umklammerte nunmehr die letzte Planke in diesem Schiffbruch; nach so viel Verlusten und härtesten Prüfungen war er noch immer ein Mann der Hoffnung!

Seine zarte Konstitution war indes so vielen Kümmernissen und Enttäuschungen nicht mehr gewachsen. Der Tod des Duc de Beauvillier versetzte ihm den letzten Schlag. Er leistete mit äußerstem Mut einige Zeit Widerstand, aber seine Kräfte waren erschöpft. Wie für Tantalus wurden die Wasser, jedesmal wenn er glaubte, seinen Durst daran löschen zu können, seinen Lippen entrückt. Auf einer kurzen bischöflichen Besuchsreise verunglückte er; niemand wurde verletzt, er aber spürte die Gefahr, und bei seiner schwachen Konstitution erlitt er die ganze Erschütterung dieses Unfalls. Unpäßlich langte er in Cambrai an, Fieber überfiel ihn, er wurde so heimgesucht, daß es kein Heilmittel mehr gab. Er starb am 7. Januar 1715 in Cambrai, von innerem Gram verzehrt und kurz vor der Erfüllung seiner Wünsche, denn er wußte von dem Dahinsiechen des Königs, und er wußte, welche guten Aussichten ihm bevorstanden.

Zur selben Zeit legte ein Prälat, der in der Welt erfolgreicher war, der aber nur an seinen eigenen Vorteil dachte, den Grundstein zu einer Herrschaft, die Europa in Erstaunen gesetzt und die gleichzeitig zum tiefsten Absturz Frankreichs beigetragen hat. Ich spreche von dem allzu berühmten alten Fleury, der vor nunmehr über zwei Jahren Gott hat Rechenschaft hat ablegen müssen über sein langes Leben, seine Allmacht und seine unheilvolle Verwaltungsarbeit, von der zu reden jetzt nicht die Zeit ist.

Mme. des Ursins verheiratet den König von Spanien ohne französische Mitwirkung in zweiter Ehe mit einer Prinzessin von Parma. – Ludwig XIV. und Mme. de Maintenon sinnen auf Rache. – Folge: Die neue Königin von Spanien jagt, kaum angekommen, Mme. des Ursins mit Schimpf und Schande davon. – Der falsche Gesandte aus Persien in Versailles.

Man weiß, daß die Princesse des Ursins sich die Gunst des Königs und der Mme. de Maintenon schließlich verscherzt hatte. Der König fühlte sich nach allem tief gekränkt, daß die Heirat mit Parma ohne ihn ausgehandelt und zum Abschluß gekommen war. Da er in seiner Familie noch strenger regierte als anderswo, war er es nicht gewöhnt, daß seine Kinder, ohne ihn zu fragen, Ehen eingingen. Schon die Wahl an sich konnte ihm nicht genehm sein, und die Art und Weise, wie diese Heirat zustande kam, verärgerte ihn vollends. Der Sturz der Princesse des Ursins war also beim König und bei Mme. de Maintenon beschlossene Sache. Doch wußten sie beide dies so geheimzuhalten, daß niemand erfuhr, durch wen und wie sie es bewerkstelligten.

Die königliche Braut näherte sich Madrid – mit allen Dienern und Leibgardisten des Königs von Spanien, die zu ihrem Empfang an die Grenze gekommen waren. Wie bei der verstorbenen Königin hatte Mme. des Ursins weiterhin das Amt der camerera mayor inne. Sie hatte bereits den neuen Hofstaat ernannt und ihn mit ihren Kreaturen, Frauen und Männern, besetzt. Sie hütete sich nach wie vor, den König auch nur einen Augenblick allein zu lassen. So folgte sie ihm nach Guadalajara, einer kleinen Stadt, die dem Herzog von Infantado gehörte, der im dortigen Franziskanerkloster ein Pantheon für seine Familie hat anlegen lassen, nach dem Vorbild des Eskorial, zwar kleiner als dieser, ihm aber an Schönheit und künstlerischem Reichtum durchaus ebenbürtig. Dieses Städtchen liegt auf dem Weg von Madrid nach Burgos, also auch auf dem Weg nach Frankreich, etwas weiter von Madrid entfernt als Fontainebleau von Paris. Der Palast, den die Herzöge von Infantado in Guadalajara besitzen, ist geräumig und mit prächtigen Möbeln ausgestattet. Bis dorthin wollte der König von Spanien seiner Braut entgegenkommen, und in der Kapelle sollte die Trauung noch einmal vollzogen werden, obwohl sie bereits in Parma von einem Stellvertreter vorgenommen worden war. Der König machte die kleine Reise in Begleitung der Personen, die die Princesse des Ursins ihm beigegeben hatte, damit sie ihm immer Gesellschaft leisteten und niemanden an ihn herankommen ließen. Sie selbst folgte ihm in ihrem eigenen Wagen, um zur gleichen Zeit anzukommen, und bei ihrer Ankunft schloß sich der König allein mit ihr ein und empfing bis zu seinem Coucher niemanden mehr.

Am 22. Dezember war der König in Guadalajara angelangt. Anderntags, am Vorabend von Weihnachten, machte sich die Princesse des Ursins mit einem kleinen Gefolge nach dem sieben Meilen entfernten Jadraque auf den Weg, wo die Königin an jenem Abend nächtigen sollte. Mme. des Ursins rechnete damit, daß jene ihr Dankbarkeit erweisen würde für die unverhoffte Größe, zu der sie ihr verholfen hatte, sie gedachte den Abend mit ihr zu verbringen, um sie dann anderntags in ihrem Wagen nach Guadalajara zu begleiten. In Jadraque erfuhr sie, daß die Königin bereits angekommen war. Sie stieg in einem Haus ab, das man für sie vorbereitet hatte und das gegenüber dem der Königin lag. Sie hatte ihr Staatsgewand und ihren Schmuck schon angelegt und begab sich alsbald zur Königin, um ihr ihre Aufwartung zu machen. Der kühle zurückhaltende Empfang, den man ihr bereitete, überraschte sie einigermaßen, doch schrieb sie ihn der Verlegenheit der Königin zu und versuchte erst einmal, das Eis zum Schmelzen zu bringen.

Indessen zog sich die Gesellschaft respektvoll zurück, um die beiden allein zu lassen. Nun begann die Unterhaltung. Die Königin schnitt Mme. des Ursins sofort das Wort ab, um sie mit Vorwürfen zu überhäufen; sie lasse es sowohl in der Kleidung, in der sie vor ihr erschien, als auch in ihrem Auftreten an der nötigen Achtung vor ihr fehlen. Mme. des Ursins, deren Gewand durchaus angemessen war und die durch ihr respektvolles Verhalten und ihre gewählten Worte alles andere als einen solchen Ausbruch verdient zu haben glaubte, war peinlich überrascht und wollte sich entschuldigen; aber da erging sich die Königin sofort in Schmähungen. Sie schrie, rief um Hilfe, ließ die Offiziere der Garde holen und befahl Mme. des Ursins, sie von ihrer Gegenwart zu befreien. Diese wollte reden, sich gegen die Vorwürfe verteidigen, worauf die Königin vollends in Zorn geriet. Sie schrie, man solle ihr diese Närrin aus den Augen und aus dem Hause schaffen, und ließ sie unversehens vor die Tür setzen. Alsbald rief sie Amezaga, den Gardeleutnant, sowie ihren Stallmeister herbei, befahl dem ersteren, Mme. des Ursins festzunehmen und in Gewahrsam zu behalten, bis er sie mit zwei zuverlässigen Gardeoffizieren zusammen in einen Reisewagen gesetzt habe, und letzterem, er solle einen sechsspännigen Wagen kommen lassen, um die Princesse des Ursins, ohne irgendwo anzuhalten, unverzüglich nach Burgos und Bayonne zu schaffen. Amezaga wollte der Königin entgegnen, daß nur der König von Spanien befugt sei, dergleichen Anordnungen zu geben; sie erwiderte ihm stolz, ob er nicht einen Befehl des Königs von Spanien habe, ihr in allem rückhaltlos und ohne Widerrede zu gehorchen; tatsächlich hatte er einen solchen Befehl erhalten, von dem allerdings niemand etwas wußte. Mme. des Ursins wurde also auf der Stelle festgenommen und mit einer ihrer Kammerfrauen in den Wagen gesetzt, ohne daß man ihr Zeit gelassen hätte, sich umzuziehen, den Schmuck abzulegen, irgendwelche Vorkehrungen gegen die Kälte zu treffen, Geld oder irgendwelche Lebensmittel in den Wagen bringen zu lassen oder auch nur ein Hemd, oder was man sonst für eine längere Reise braucht, einzupacken. Sie wurde mit den beiden Gardeoffizieren in ihrem Staatsgewand, so wie sie aus dem Gemach der Königin gekommen, unverzüglich verfrachtet. In dem Augenblick, der ihr noch blieb, wollte sie zur Königin schicken, die jedoch aufs neue in Zorn geriet, daß sie ihr nicht gehorcht habe, und ihr befahl, sich unverzüglich auf den Weg zu machen. Es war ungefähr sieben Uhr abends und zwei Tage vor Weihnachten. Die Erde war mit Eis und Schnee bedeckt, und es herrschte wie stets in Spanien um diese Jahreszeit eine schneidende Kälte.

Sobald die Königin erfuhr, daß die Princesse des Ursins Jadraque verlassen hatte, schickte sie dem König durch einen Gardeoffizier einen Brief. Die Nacht war rabenschwarz, und nur weil Schnee lag, konnte man überhaupt etwas sehen.

Es ist nicht leicht, sich vorzustellen, in welcher Verfassung Mme. des Ursins in ihrem Wagen gewesen sein mochte. Zunächst überwog ein ungeheures Erstaunen und erstickte alle anderen Gefühle. Bald jedoch stellten sich Schmerz, Enttäuschung, Wut und Verzweiflung ein. Dann versank sie in tiefes Grübeln über eine so heftige, unerhörte und durch nichts gerechtfertigte Szene. Sie malte sich aus, welchen Eindruck der Vorfall in Guadalajara machen würde. Sie setzte ihre Hoffnung auf die Verblüffung des Königs von Spanien; sie rechnete mit seinem Zorn, mit seiner Zuneigung und seinem Vertrauen zu ihr, und sie wurde zuversichtlich bei dem Gedanken an die Schar der ihr ergebenen Diener, mit denen sie ihn umgeben hatte und denen daran gelegen sein mußte, den König zu ihren Gunsten zu stimmen.

So verging die lange Winternacht bei grimmiger Kälte, der man so schutzlos ausgeliefert war, daß dem Kutscher eine Hand abfror. Der

Morgen kam, man mußte anhalten, um die Pferde zu füttern; für die Menschen aber gibt es in spanischen Raststätten nichts; man erfährt lediglich, wo man das, was man braucht, kaufen kann. Das Fleisch ist meist voller Würmer, der Wein dickflüssig, fade und sauer. Das Brot hart, daß man es an die Wand werfen kann. Das Wasser taugt auch nichts. Betten gibt es nur für Maultiertreiber, so daß man alles selbst mit sich führen muß, wenn man übernachten will. Aber weder Mme. des Ursins noch einer ihrer Begleiter hatten auch nur das geringste bei sich. Eier, ob hart gekocht, ob frisch oder alt, waren, soweit man sie auftreiben konnte, ihre einzige Nahrung. Bis zur Fütterung der Pferde hatte im Wagen tiefes, von niemandem unterbrochenes Schweigen geherrscht. Nun wurde es gebrochen. Während der langen Nacht hatte Mme. des Ursins Zeit und Muße gehabt, nachzudenken, was sie sagen und welchen Ausdruck sie ihrem Gesicht geben würde. Sie sprach von ihrer außerordentlichen Überraschung und betonte, daß nur wenig Worte gefallen seien. Die beiden Gardeoffiziere, die wie alle Spanier daran gewöhnt waren, sie mehr als ihren König zu fürchten und zu respektieren, antworteten, soweit sie das vermochten, aus ihrem abgrundtiefen Erstaunen, in dem sie sich noch immer befanden. Bald mußte man wieder anschirren und weiterfahren, und bald auch wurde der Princesse des Ursins bewußt, daß die Hilfe, die sie vom König von Spanien erhoffte, recht lange auf sich warten ließ. Bis Saint-Jean-de-Luz gab es weder Ruhepausen noch Verpflegung noch Möglichkeiten, die Kleider zu wechseln. Je weiter sie kamen, je mehr Zeit verfloß, ohne daß eine Nachricht eintraf, desto klarer wurde ihr, daß sie sich keine Hoffnung mehr zu machen brauchte.

Man kann sich vorstellen, welcher Zorn in dieser Frau kochte; sie, die so daran gewöhnt war, offen zu regieren und sich nun so jählings, unversehens und schmachvoll ihrer Allmacht beraubt sah durch die Hand, die sie selbst erwählt hatte, um ihr als festeste Stütze für die Sicherheit und Fortdauer ihrer Größe zu dienen. Die Königin hatte auf die beiden letzten Briefe der Mme. des Ursins gar nichts geantwortet; diese betonte Mißachtung mußte ihr als böses Vorzeichen erscheinen. Aber wer hätte sich eine so seltsame und ungewöhnliche Behandlung vorstellen können. Ihre Neffen Lanti und Chalais, die die Erlaubnis erhalten hatten, sich zu ihr zu gesellen, trugen noch zu ihrer Niedergeschlagenheit bei. Aber sie blieb sich selber treu. Sie vergoß keine Träne, kein Wort des Bedauerns oder des Vorwurfs kam über ihre Lippen. Nicht die geringste Schwäche ließ sie sich anmerken. Keine Klage, nicht einmal über die außerordentliche Kälte, über die gänzliche Entblößung auch vom Notwendigsten und die übermäßige Anstrengung einer solchen Reise. Die beiden Offiziere, die sie bewachten, waren höchst verwundert darüber.

Am 14. Januar langte sie endlich in Saint-Jean-de-Luz an, wo sie schließlich ein Bett fand, sich Kleider und Lebensmittel leihen konnte. Hier erhielt sie ihre Freiheit wieder. Die Wachoffiziere und der Wagen kehrten wieder nach Spanien zurück; sie blieb mit ihren Kammerfrauen und ihren beiden Neffen dort. Nun hatte sie Muße, darüber nachzudenken, was sie von Versailles erwarten könnte. Sie schickte einen Kurier dorthin mit Briefen für den König, für Mme. de Maintenon und für ihre Freunde. Sie berichtete darin in kurzen Worten von dem Unwetter, das über sie hereingebrochen war, bat um Erlaubnis, an den Hof kommen zu dürfen, um Genaueres darüber mitzuteilen.

Kehren wir nun nach Guadalajara zurück. Der Gardeoffizier, den die Königin mit einem Brief für den König von Spanien dorthin geschickt hatte, traf diesen, als er im Begriff war, sich schlafen zu legen. Er schien betroffen zu sein, schrieb eine kurze Antwort an die Königin, gab aber sonst keinerlei Befehle. Der Offizier kehrte alsbald wieder nach Jadraque zurück. Das Sonderbare ist, daß das Geheimnis so streng gewahrt wurde, daß erst am anderen Tag um zehn Uhr etwas ruchbar wurde. Man kann sich denken, in welche Unruhe der ganze Hof geriet und welche verschiedenen Gefühle sich aller in Guadalajara Anwesenden bemächtigten. Niemand indes wagte, mit dem König über den Vorfall zu sprechen. Da der Vormittag verging, ohne daß man etwas über die Angelegenheit vernahm, wuchs die Überzeugung, daß Mme. des Ursins in Spanien ausgespielt habe. Chalais und Lanti hatten den König gebeten, ihre Tante aufsuchen und begleiten zu dürfen. Er erlaubte es ihnen; er gab ihnen überdies einen Brief mit, in dem er ihr in unverbindlichen Worten mitteilte, er sei über den Vorfall sehr betrübt, könne jedoch seine Autorität dem Willen der Königin nicht entgegenstellen. Er wolle Sorge tragen, daß sie alle ihre Bezüge erhielte und ausgezahlt bekäme.

Die Königin kam am Tag vor Weihnachten in Guadalajara an, ganz so, als sei nichts geschehen. Ebenso empfing sie der König an der Treppe, reichte ihr die Hand, führte sie unverzüglich in die Kapelle, wo die Trauung alsbald aufs neue vollzogen wurde. Von dort ging er mit ihr in ihr Gemach; sie legten sich vor sechs Uhr abends zu Bett und standen erst zur Christmette wieder auf. Was die beiden über das Ereignis des Vorabends besprachen, blieb vollkommen unbekannt. Es kam auch in der Folge zu keiner Aufklärung darüber.

Einen Tag nach Weihnachten machten sich der König und die

Königin, vom ganzen Hofe gefolgt, allein in einem Wagen, auf den Weg nach Madrid, wo von der Princesse des Ursins nicht mehr die Rede war, ganz als habe der König von Spanien sie nie gekannt. Sein königlicher Großvater zeigte nicht die geringste Überraschung bei der Nachricht, die ihm ein Kurier aus Jadraque brachte, über die jedoch der ganze Hof, nachdem er Mme. des Ursins' Triumphe in Versailles erlebt hatte, nun in Erregung und Schrecken geriet.

Wie soll man glauben, daß eine Tochter des Herzogs von Parma, die von einer herrschsüchtigen Mutter auf einem Dachboden erzogen worden war, sich aus eigener Initiative eine derartige Kühnheit herausgenommen hatte, und dies gegenüber einer Person, die sie noch nie gesehen hatte, einer Person, die in jeder Hinsicht gewichtig war, die das vollkommene Vertrauen des Königs von Spanien genoß und die ganz offen in Spanien regierte? Aber man denke an den seltsamen geheimen Befehl, den Amezaga vom König von Spanien erhalten hatte, nämlich der Königin rückhaltlos und ohne Widerrede in allem zu gehorchen, und von dem man erst erfuhr, als sie befahl, die Princesse des Ursins festnehmen und wegschaffen zu lassen; man denke an die Gelassenheit, mit welcher der König und die Königin von Spanien jeweils die ersten Nachrichten über das Ereignis empfingen, an die vollkommene Untätigkeit des Königs von Spanien, den kühlen Ton des Briefes an Mme. des Ursins, die Gleichgültigkeit, was aus einer noch am Vorabend so geliebten Person werden könne, die nun Tag und Nacht auf Wegen voller Schnee und Eis, von allem entblößt, einherfuhr. Fügen wir noch hinzu, was ich vom Marschall de Brancas vernahm: Alberoni, der damals, als er noch ein kleiner Sekretär war, die Braut von Parma nach Madrid begleitet hatte, erzählte, als er eines Abends mit der Königin allein gewesen, sei diese mit großen Schritten erregt in ihrem Gemach auf und ab gegangen, sie habe unzusammenhängende Worte vor sich hin gemurmelt, dann habe sie sich immer mehr ereifert, es sei ihr der Name der Mme. des Ursins entschlüpft, und sie habe gesagt: »Die jage ich sogleich davon.« Er habe der Königin vor Augen halten wollen, wie gefährlich, wie wahnwitzig, wie unnütz ein solches Unterfangen sei, das ihn in Schrecken versetze. »Behalten Sie all dies für sich«, erwiderte ihm die Königin, »lassen Sie nie etwas verlauten über das, was Sie soeben gehört haben, und erheben Sie keine Einwände mehr, ich weiß sehr wohl, was ich tue.« All das wirft ein helles Licht auf diese in jeder Hinsicht erstaunliche Katastrophe; und zeigt recht deutlich, daß der König von Frankreich der Urheber war, daß der König von Spanien einwilligte und mit dem seltsamen Befehl an Amezaga das Seine dazu beitrug und daß man der Königin aufgetragen hatte, auf irgendeine Weise für die Ausführung zu sorgen. Was sich in der Folge in Frankreich ereignete, wird diese Meinung bestätigen.

In Charenton war ein persischer Gesandter angekommen. Der König veranstaltete ein großes Fest für ihn, und Pontchartrain, der ihm sehr den Hof machte, wurde verdächtigt, diese Gesandtschaft, der es in der Tat in jeder Weise an Glaubwürdigkeit mangelte, erfunden zu haben. Keinerlei Instruktionen noch Machtbefugnisse seitens des Königs von Persien oder seiner Minister. Es handelte sich um eine Art Intendanten der Provinz Eriwan, der von dem Gouverneur mit einigen besonderen Handelsgeschäften beauftragt war, den Pontchartrain dann als Gesandten verkleidet hatte und auf den der König fast als einziger hereinfiel. Er hielt am 7. Februar zu Pferd in Paris seinen Einzug. Sein Gefolge war kläglich, Torcy nahm das alsbald wahr. Der Perser entschuldigte sich bei diesem wegen des Mondstandes, der ihm, wie er behauptete, feindlich sei, für die Taktlosigkeiten, die ihm unterlaufen waren, und erhielt aus diesem Grunde die Erlaubnis, seine erste Audienz aufzuschieben. Das war gegen das Zeremoniell, welches diese auf den zweiten Tag nach dem Einzug festsetzt. Gerade um diese Zeit starb Dipy, der Dolmetscher des Königs für orientalische Sprachen. Man mußte also einen Pfarrer aus Amboise, der mehrere Jahre in Persien verbracht hatte, kommen lassen, um den Dolmetscher zu ersetzen. Er machte seine Sache sehr gut und wurde sehr schlecht dafür entlohnt. Zufällig lernte ich ihn näher kennen. Er war ein kluger, besonnener Mann, der über die Sitten und die Regierung Persiens genau Bescheid wußte und auch die Sprache vollkommen beherrschte; und der nach allem, was er von diesem Gesandten, den er ständig begleitete, sah und erfuhr, zu dem Urteil kam, daß diese Gesandtschaft eine Finte und der Gesandte ein kleiner Händler sei, der nur mit Mühe seine Rolle durchzuhalten vermochte. Der König, dem man ihn stets als echten Gesandten hinstellte und der fast der einzige am Hofe war, der ihn tatsächlich dafür hielt, fühlte sich ungeheuer geschmeichelt über eine Gesandtschaft aus Persien, die er in keiner Weise erbeten hatte; er äußerte des öfteren sein Wohlgefallen darüber und wollte, daß der ganze Hof am Tage der Audienz, die Dienstag, den 19. Februar, stattfand, so glanzvoll wie möglich erschiene; er selber gab das Beispiel, das unter Aufwendung des größten Luxus befolgt wurde. Man stellte einen prächtigen Thron mit mehreren Stufen am Ende der Galerie auf, die an den Salon angrenzt, der zum Appartement der Königin führt. Der König lieh dem Duc du Maine eine Garnitur Perlen und Diamanten, dem Comte de Toulouse farbige Edelsteine. Der Duc d'Orléans trug ein buntbesticktes, ganz von Perlen und Diamanten übersätes Gewand, das den Preis des Schmucks sowie den des guten Geschmacks überstieg. Das königliche Haus, die Prinzen und Prinzessinnen, versammelten sich im Arbeitszimmer des Königs; die Höfe, die Dächer und die Alleen wimmelten von Leuten, ein Anblick, der den König ergötzte, während er an seinem Fenster voller Freude den Gesandten erwartete, der um elf Uhr in der königlichen Karosse mit dem Marschall de Martignon und dem Baron de Breteuil anlangte. Sie stiegen in der Allee zu Pferde und in dem großen Hof vor dem Appartement des Obersten der Garde wieder ab. Das Gefolge machte einen recht ärmlichen Eindruck, und der angebliche Gesandte, der schlecht gekleidet war, wirkte ganz verlegen; die Geschenke waren pure Nichtigkeiten. Nun trat der König in Begleitung aller, die in seinem Kabinett anwesend waren, in die Galerie, zeigte sich vor den Damen, die auf den Bänken saßen. Er trug ein schwarzes, golddurchwirktes Gewand mit dem Heiliggeist-Orden darüber. Sein Rock war mit sehr schönen Krondiamanten (er besaß deren im Wert von zwölf Millionen fünfhunderttausend Livres) geziert; er sank unter ihrem Gewicht fast zusammen und wirkte recht gebrechlich, abgemagert und kränklich. Er setzte sich auf den Thron, die Prinzen von Geblüt und die Bastarde standen unbedeckten Hauptes zu beiden Seiten. Man hatte hinter dem Thron eine kleine Treppe für Madame und die Duchesse de Berry, die ihr erstes Trauerjahr noch nicht vollendet hatte, sowie deren Damen aufgestellt. Sie erschienen dort inkognito und blieben fast unsichtbar, konnten aber alles sehen und hören. Die Duchesse de Ventadour stand zur Rechten des Königs und hielt den heutigen König an einem Band. Auf der zweiten Bank saß der Kurfürst von Bayern mit den Damen, die er mitgebracht hatte, und der Comte de Lusace, das heißt der Kurprinz von Sachsen, saß bei der Princesse de Conti, der Tochter von Monsieur le Prince. Der Maler Coypel und Boze, der Sekretär der Académie des Inscriptions, standen unter dem Thron, der eine, um die Szene im Bild festzuhalten, der andere, um einen Bericht zu schreiben. Pontchartrain hatte nichts verabsäumt, um dem König zu schmeicheln; er wollte ihn glauben machen, daß diese Gesandtschaft seinen alten Ruhm wieder aufs neue erstrahlen ließe; er wollte ihn unverschämt übertölpeln, um ihm dadurch zu gefallen. Niemand fiel darauf herein als dieser Monarch. Der Perser schritt die Treppe der Gesandten hinauf, durchquerte das große Appartement, trat durch den Salon, der dem Thron gegenüberlag, in die Galerie. Das glanzvolle Schauspiel brachte ihn vollends aus der Fassung. Während seiner Audienz ärgerte er sich ein- oder zweimal über seinen Dolmetscher und ließ dadurch ahnen, daß er etwas Französisch verstand. Nach der Audienz wurde er, wie es Brauch, von den Kammerherren des Königs zum Diner gebeten. Alsdann begab er sich in das Appartement der Königin, um dort dem heutigen König seine Aufwartung zu machen, danach besuchte er Pontchartrain und Torcy, stieg dann in die Karosse, um nach Paris zurückzukehren. Die Geschenke, die weder des Königs von Persien noch des Königs von Frankreich würdig waren, bestanden insgesamt aus vierhundert sehr mittelmäßigen Perlen, zweihundert ganz unansehnlichen Türkisen und zwei goldenen Kästchen voller balsamischem Wachs, der aus einem ankerumschlungenen Fels herauskommt und sich mit der Zeit ein wenig festigt; man behauptet, er wirke bei Verletzungen Wunder.

Im In- und Ausland erwartet man das Ableben Ludwigs XIV. –
Weiteres Schicksal der Mme. des Ursins.

Endlich langte die Princesse des Ursins in Paris an und stieg beim Duc de Noirmoutier, ihrem Bruder, ab, in einem kleinen Haus, das er in der Rue Saint-Dominique besaß, Tür an Tür mit dem meinigen. Diese Reise mußte ihr so ganz anders erscheinen als die letzte, die sie nach Frankreich gemacht hatte; abgesehen von einigen alten Freunden und den Vertretern der früheren Kabale kamen nur wenige Leute sie besuchen. Und sobald man sah, welches Ergebnis ihre Audienz in Versailles zeitigte, auf die man sie mehrere Tage hatte warten lassen, herrschte völlige Einsamkeit um sie. Der Duc d'Orléans, der mit dem König von Spanien wieder ausgesöhnt war, spürte – ganz unabhängig von seinen nur schwachen Rachegelüsten –, daß es in seinem Interesse lag, nun deutlich zu bekunden, daß er die ärgerliche Angelegenheit in Spanien, die ihn um Haaresbreite aufs Schafott gebracht hätte, nur dem Haß und der List der Princesse des Ursins zu verdanken hatte; da Mme. de Maintenon Mme. des Ursins den Rücken gekehrt hatte und der König sich gleichgültig zeigte, glaubte er, seiner letzten Feindin nicht unbedingt Schonung angedeihen lassen zu müssen, worin er von der Duchesse d'Orléans und vor allem von Madame unterstützt wurde. Ich indes gab dem Duc d'Orléans zu bedenken, daß ich von jeher mit Mme. des Ursins befreundet gewesen sei und daß ich es bedauern würde, sie nicht aufsuchen zu dürfen. Der Duc und die Duchesse d'Orléans erlaubten mir also, sie zweimal zu besuchen, einmal sogleich, das andere Mal vor ihrer Abreise.

Also ging ich einige Tage, nachdem sie in Versailles gewesen, um zwei Uhr nachmittags zu ihr. Alsbald schloß sie ihre Tür, und ich blieb bis zehn Uhr abends allein mit ihr. Man kann sich denken, wie viele Dinge in einem so langen Gespräch behandelt wurden. Diese acht Stunden erschienen mir wie acht Augenblicke. Als die Zeit zum Abendessen schon verstrichen war, trennten wir uns. Sie versprach, mir rechtzeitig ihre

Abreise mitzuteilen, damit wir noch einen Tag zusammen verbringen könnten.

Am Donnerstag, dem 12. Juni, begab sich der König nach Marly; es war seine letzte Reise, und die Königin von England brach anderntags auf, um die Bäder von Plombières aufzusuchen, und vor allem, um dort ihren Sohn zu treffen. Chamlay, der bei allen Reisen nach Marly dabei war und von dem ich schon mehrfach gesprochen habe, bekam einen Schlaganfall und zog sich alsbald nach Bourbon zurück; seine Wohnung wurde dem Marquis d'Effiat gegeben. Die Gesundheit des Königs verschlechterte sich sichtlich. Und der Marquis d'Effiat, der sich, ohne daß der Duc d'Orléans das je glauben wollte, seit langem dem Duc du Maine ausgeliefert hatte, war jenem bei diesem Aufenthalt in Marly sehr nötig; denn der König konnte jederzeit sterben, und es war wichtig, genau über die Maßnahmen des Duc d'Orléans unterrichtet zu sein und ihm Falschnachrichten unterschieben zu lassen.

Obwohl es noch nicht an der Zeit ist, von dem Gesundheitszustand zu sprechen, sah man, wie dieser sich merklich verschlechterte, und sein Appetit, der immer sehr gut und gleichmäßig war, nahm beträchtlich ab. Wenn man dies schon inmitten seines Hofes mit gespannter Aufmerksamkeit beobachtete, wo sich dennoch weder in seiner gewohnten Lebensweise noch im Tageslauf noch in den stets gleich bleibenden Unterhaltungen das geringste geändert hatte, war das Ausland in dieser Beziehung nicht minder aufmerksam und nicht minder unterrichtet. So schloß man in England Wetten ab, ob sein Leben noch bis zum ersten September, also nur noch ungefähr drei Monate dauern würde. Und obwohl der König alles wissen wollte, kann man sich denken, daß niemand darauf erpicht war, ihm diese Nachrichten aus England zu übermitteln. Er ließ sich gewöhnlich nach dem Staatsrat die holländischen Zeitungen von Torcy vorlesen. Als Torcy ihm eines Tages etwas daraus vorlas, stieß er bei einem Artikel über London auf diese Wetten. Er hielt an, stotterte und übersprang die Zeilen. Der König, dem das sofort auffiel, fragte ihn nach der Ursache seiner Verwirrung; Torcy errötete, suchte nach einer Ausrede und meinte schließlich, es sei so eine Unverschämtheit, die nicht lohne, ihm vorgelesen zu werden. Der König blieb hartnäckig, Torcy in äußerster Verlegenheit gleichfalls; schließlich konnte er den wiederholten Befehlen nicht widerstehen, er las ihm den Bericht über die Wetten lang und breit vor. Der König gab sich den Anschein, als sei er in keiner Weise davon berührt; aber er war doch betroffen, und zwar derart, daß er sich, als er sich unmittelbar darauf zu Tisch setzte, nicht enthalten konnte, auf die Sache zu sprechen zu kommen, wobei er die Anwesenden ansah, ohne indes die Zeitung zu erwähnen. Das war in Marly, wo ich zuweilen zu Beginn des kleinen Gedecks meine Aufwartung machte; und zufällig war ich an diesem Tage dort. Der König sah mich an, aber so, als erheische er eine Antwort. Ich hütete mich wohl, den Mund aufzutun, und senkte den Blick.

Im Alter von sechsundachtzig Jahren starb Nesmond, der Bischof von Bayeux und Doyen des französischen Episkopats. Er war einer jener wahren Heiligen, die wider ihren Willen eine Verehrung genießen, die man ihnen nicht verweigern kann, deren Einfalt fortwährend Anlaß zum Lachen gibt. So sagte man von ihm, daß er jeden Morgen die Messe lese und dann nicht mehr wisse, was er den übrigen Tag lesen solle. Die vollkommene Lauterkeit seiner Sitten in Verbindung mit einem recht beschränkten Verstand bewirkte, daß ihm bei jeder Gelegenheit in aller Arglosigkeit die anstößigsten Bemerkungen entschlüpften, bei denen er sich nicht das geringste dachte, so daß sich Frauen, selbst die Präsidentin Lamoignon, seine Nichte, in seiner Gegenwart zuweilen etwas peinlich berührt fühlten. Ebendeshalb wurde er manchmal für seinen Nächsten, über den er sich sehr frei zu äußern pflegte, zum Ärgernis. Man gab ihm das nachher zu verstehen, worauf er erwiderte, das seien öffentlich bekannte Dinge, die also für niemanden eine Neuigkeit seien. Wenn er jedoch glaubte, jemanden beleidigt zu haben, zögerte er nicht, den Betreffenden um Verzeihung zu bitten. Eines Tages machte er einem seiner Pfarrer zum Vorwurf, an einer Hochzeit teilgenommen zu haben. Der Pfarrer verteidigte sich mit dem Hinweis auf unseren Heiland bei der Hochzeit zu Kanaan: »Sehen Sie, Herr Pfarrer«, entgegnete der Bischof, »das gehört nicht zum Besten, was er getan hat.« Welche Blasphemie in einem anderen Munde! Dieser Biedermann war überzeugt, auf eine erbauliche Weise geantwortet zu haben, und tatsächlich verstanden es die Leute auch so. Er war ein wahrer Hirte, immer zur Stelle, bis zu seinem Lebensende von seiner Sorge um seine Diözese, seinen Besuchen und seinen Amtspflichten erfüllt, und dies mit mehr Geist und Verstand, als Gott ihm für alles übrige mitgegeben hatte. Er war der beste und sanfteste aller Menschen, mit einer etwas bärbeißigen Miene, aber weit entfernt von jedem Autoritätsanspruch. Niemals der leiseste Skandal in seiner Diözese, die er in tiefstem Frieden und in bester Kirchenzucht hinterließ. Sein Tod stürzte die Armen, die er immer reichlich bedacht, in Verzweiflung und seine ganze Diözese in tiefste Betrübnis. Gleichviel konnte er bedrohliche Strafpredigten halten; aber das geschah nur bei Leuten, bei denen er gar nicht mehr wußte, wie er mit ihnen fertig werden sollte; und gerade hierin bekundete sich der Eifer, der ihn beseelte. Da er einen für ihn wichtigen Prozeß am Parlament von Rouen zu führen hatte, mußte er dorthinfahren. Einer der présidents à mortier, der aufgrund seiner Fähigkeit und seiner Autorität der Großen Kammer vorstand, ließ eine verheiratete Frau, die er öffentlich unterhielt, in seinem Hause wohnen, während er seine Ehefrau aufgrund der schlechten Behandlung, die er ihr angedeihen ließ, gezwungen hatte, in ein Kloster zu gehen. Zu diesem Präsidenten also, der einer seiner Richter war, begab sich der wackere Prälat, um mit ihm über seinen Prozeß zu sprechen. Der Portier erklärte ihm, sein Herr sei nicht zu Hause. Der Prälat insistierte, der Portier beteuerte, der Präsident sei ausgegangen, aber wenn er wolle, könne er ja hereinkommen und inzwischen Madame besuchen, die zu Hause sei. »Madame?« rief der Bischof aus, und gutgläubig fügte er hinzu: »Oh, das freut mich sehr! Seit wann ist sie denn zu dem Herrn Präsidenten zurückgekehrt?« – »Aber Madame«, antwortete der Portier, »ist nicht mit ihm verheiratet. Es ist Madame...« – »Pfui, pfui!« unterbrach ihn der Bischof zornentbrannt. »Ich denke nicht daran, hereinzukommen, diese Frau ist eine Hure, glauben Sie mir, eine Hure, die ich nicht sehen will. Sagen Sie es nur dem Herrn Präsidenten in meinem Namen, es sei schändlich für einen Verwaltungsbeamten, eine so tugendhafte und ehrbare Ehefrau derart zu mißhandeln und in seinem Alter das Ärgernis zu geben, mit einer solchen Person zusammen zu leben. Pfui, pfui, pfui, das ist schändlich! Richten Sie das von mir aus. Und ich wiederhole, ich werde dieses Haus nie wieder betreten.« Eine treffliche Taktik, die dieser Biedermann fand! Das Erstaunliche ist, daß er seinen Prozeß gewann und daß jener Präsident ihm dabei nach besten Kräften behiflich war. Er söhnte sich gleichviel nicht wieder mit ihm aus. Diese Geschichte gab ganz Rouen zu lachen und gelangte bis nach Paris. Ich habe so wenige Bischöfe gekannt, die ihm glichen, daß ich mich dieser Darstellung nicht enthalten konnte.

Bislang hatte Mme. des Ursins sich mit Hilfe ihrer Freunde über ihr Ungemach getröstet und sich nur recht saumselig daran gemacht, ihre Angelegenheiten zu ordnen sowie ihre in Spanien verbliebenen Wertgegenstände kommen zu lassen. Jetzt aber überkam sie die Angst, unversehens einem Prinzen ausgeliefert zu sein, den sie so sehr beleidigt hatte und der sie seinerseits seit ihrer Ankunft in Frankreich spüren ließ, wie sehr er sich verletzt fühlte. Sie traf also eiligst ihre Vorkehrungen. Ihre Unruhe verstärkte sich noch, als sie bei der letzten ihr gewährten Audienz feststellen mußte, wie offensichtlich der König sich inzwischen verändert hatte. Sie zweifelte nicht, daß sein Ende nahe bevorstehe, sie war einzig darauf bedacht, nicht überrascht zu werden und ständig über den Gesundheitszustand des Königs unterrichtet zu bleiben. Als sie schlechte Nachrichten erhielt, die sie wiederum in Schrecken versetzten, verlor sie keine Zeit mehr, sondern reiste in Begleitung ihrer beiden Neffen, die sie bis Essonne begleiteten, jählings ab. Sie kam nicht mehr dazu, mir ein Zeichen zu geben, so daß ich sie nicht mehr wiedersah. Erst als sie in Lyon angelangt war, atmete sie wieder auf. Das Projekt, sich nach Holland zurückzuziehen, hatte sie aufgeben müssen, da die Generalstaaten sie nicht einreisen lassen wollten. Aber nach Rom, der Stätte, wo sie einst geherrscht, nun als Verbannte, Gealterte wie in ein Asyl zurückzukehren, dazu konnte sie sich auch nicht entschließen. Der Hof von Turin war ihrer nicht würdig; der König von Sardinien hatte ihr schon etliche Male seine Unzufriedenheit bekundet; sie kannten beide einander zu gut. In Venedig wäre sie sich verloren vorgekommen. Während sie so hin und her überlegte, ohne zu einem Entschluß zu gelangen, erreichte sie die Nachricht, der König liege im Sterben. Aus Angst, sie könne sich nach seinem Tode noch in seinem Reich befinden, brach sie augenblicklich auf, ohne zu wissen, wohin, nur um fortzukommen. Sie begab sich nach Chambéry als dem nächst gelegenen sicheren Ort. Dort konnte sie in Muße überlegen, wo sie sich niederlassen wollte. Nachdem sie alles wohl erwogen hatte, gab sie Genua den Vorzug; die Freiheit, die dort herrschte, gefiel ihr; der Verkehr mit einem begüterten zahlreichen Adel, die Annehmlichkeit der Lage und des Klimas und die Tatsache, daß diese Stadt ungefähr gleichweit von Madrid, Paris und Rom entfernt war, wohin sie, begierig, alles zu erfahren, was dort vor sich ging, immer noch Verbindung unterhielt. Als sie sich endlich entschlossen hatte, begab sie sich also nach Genua. Sie wurde freundlich willkommen geheißen und hoffte, dort ihre Zelte für immer aufschlagen zu können. Sie verbrachte einige Jahre in dieser Stadt, aber am Ende langweilte sie sich. Vielleicht war sie auch enttäuscht, dort keine größere Rolle zu spielen. Sie konnte nicht leben, ohne irgendwie mitzumischen, aber in was sich einmischen, wenn man eine Frau und sozusagen schon außer Kurs gesetzt ist? So wandte sie ihre Gedanken nun doch nach Rom. Sie sondierte die Lage des dortigen Hofes; sie setzte alles daran, mit ihrem Bruder, dem Kardinal de Trémouille, wieder ins Einvernehmen zu kommen; sie nahm, sobald als möglich, alte Beziehungen wieder auf, erkundete das ganze Terrain und war vor allem bestrebt, sich zu versichern, wie sie von jenen empfangen würde, die zu Frankreich und Spanien hielten. Sie verließ also Genua und kehrte in ihr Nest zurück. Es dauerte nicht lange, bis sie sich eng an den

König und die Königin von England anschloß, die sie bald gänzlich beherrschte. Welch trauriger Ersatz! Aber schließlich war es für sie, die dergleichen nicht missen konnte, doch noch eine Form von Hof und ein Überbleibsel von Staatsgeschäften. So verbrachte sie ihr Dasein bis zum Ende bei bester körperlicher und geistiger Gesundheit in einem Reichtum, der auch diesem jämmerlichen Hofe zum Nutzen diente. Im übrigen genoß sie in Rom kein großes Ansehen und erfreute sich nicht der geringsten Geltung, wurde von jedem gemieden, dem an Spanien gelegen war, und von den Franzosen wenig beachtet; sie hatte indes vom Regenten nichts zu erdulden, wurde aus Frankreich wie aus Spanien immer reichlich bezahlt, war weiterhin von dem gesellschaftlichen Treiben in Anspruch genommen und von dem, was sie einmal gewesen und nun nicht mehr war, doch nach wie vor mit ungebrochenem Stolz und ohne sich etwas zu vergeben. Bis zu ihrem Tode bewahrte sie die volle Gesundheit, Kraft und Geistesgegenwart. Am 5. Dezember 1722 erlag sie in Rom mit über achtzig Jahren einer nur kurzen Krankheit. Zu ihrer Genugtuung war es ihr noch vergönnt, Mme. de Maintenon, die in Saint-Cyr ein Schattendasein führte, zu überleben und mitanzusehen, welch trauriges Leben der inzwischen gleich ihr völlig in Ungnade gefallene Alberoni in Rom führen mußte. Ihr Tod, der ein paar Jahre früher ganz Europa hätte aufhorchen lassen, erregte nicht das mindeste Aufsehen. Niemand schien bemerkt zu haben, daß sie das Zeitliche gesegnet hatte.

Sie ist gleichviel ihr Leben lang eine so außergewöhnliche Persönlichkeit gewesen, die sich in so bemerkenswerter Weise betätigt hat, deren Klugheit, Mut, Ausdauer und Einfallsreichtum so erstaunlich waren, die so offen und unumschränkt in Spanien geherrscht hat und deren Charakter so einmalig und unangreifbar war, daß ihr Leben, das zu einem der interessantesten Abschnitte der Geschichte ihrer Epoche gehört, sehr wohl eine Darstellung verdienen würde.

Der Duc d'Orléans. – Dubois. – Die Duchesse d'Orléans.

Die Regierungszeit Ludwigs XIV. ist fast abgelaufen, so daß ich jetzt nur noch zu berichten brauche, was sich in dem letzten Monat seines Lebens abspielte. Diese Vorgänge sind so eigenartig und so entscheidend eng mit allem verbunden, was auf den Tod dieses Monarchen folgte, daß man sie mit der größten Genauigkeit und in der richtigen Reihenfolge darstellen muß. Es ist jedoch nicht weniger aufschlußreich und notwendig, die Pläne und Gedanken darzulegen, die den Prinzen beschäftigten, der während der Minorität des Königs an der Spitze des Staates stehen sollte, und dies trotz aller Maßnahmen, die Mme. de Maintenon und der Duc du Maine hätten ergreifen können, um ihn nur dem Namen nach Regent sein zu lassen. Es ist also nötig, hier einiges einzuschieben, dann erst läßt sich der Bericht über die letzten Tage des verstorbenen Königs wiederaufnehmen. Doch bevor man sich auf diese dornenreiche Geschichte einläßt, muß man ein wenig über denjenigen sprechen, der fortan die Hauptrolle spielt, über seine inneren und äußeren Schwierigkeiten, seinen ganzen persönlichen Bereich, ihn soweit als möglich bekannt zu machen, ich sage soweit als möglich, denn ich bin in meinem Leben nie jemandem begegnet, der in sich selbst so vollkommen widersprüchlich war wie der Duc d'Orléans. Man wird unschwer begreifen, daß, obwohl ich ihn seit vielen Jahren aus nächster Nähe beobachtete, obwohl er nichts vor mir verbarg und ich in den letzten Jahren der einzige Mensch war, der mit ihm umgehen wollte, und der einzige, dem gegenüber er sich frei äußern konnte und dem er in der Tat auch sein Herz ausschüttete und sein Vertrauen schenkte, man wird, sage ich, begreifen, daß ich ihn dennoch nicht hinreichend kannte und daß auch er selbst sich nicht vollkommen kannte. Was das Bild des Hofes, der Personen, ihrer Absichten sowie der Pläne der verschiedenen Parteien anlangt, so ist alles bereits erzählt und erklärt worden. Wenn man sich daran erinnert, wird augenblicks klar, wie es während des letzten Lebensabschnitts Ludwigs XIV. zuging. Der Duc d'Orléans war höchstens mittelgroß, sehr voll, ohne dick zu sein; sein Benehmen war ungezwungen und vornehm, das Gesicht breit, ansprechend, lebhaft in den Farben, die Haare schwarz, dazu eine gleichfalls schwarze Perücke.

Obwohl er nicht gut tanzte und auf der Ritterakademie nur eine mittelmäßige Figur gemacht hatte, lag in seinem Ausdruck, seiner Haltung und in all seinen Bewegungen eine unendliche Anmut, die ihm so angeboren war, daß sie sich selbst in seinen kleinsten und alltäglichsten Handlungen bemerkbar machte. Wenn er keinen Zwang spürte, war er unbefangen, sanft, entgegenkommend, offen, leicht zugänglich und sehr charmant, seine Stimme klang angenehm, und er besaß eine Wortgewandtheit, die ihm, auf welchem Gebiet es auch sein mochte, immer zur Verfügung stand, dazu eine durch nichts zu überraschende und stets überraschend wirkende Schlagfertigkeit und Treffsicherheit. Seine Beredsamkeit zeigte sich nicht nur in den alltäglichsten und allgemeinsten Unterhaltungen, er wußte sich auch mit großer Sicherheit über die abstraktesten Wissenschaften, über Fragen der Politik, der Finanzen, der Justiz, des Krieges, des Hofes sowie über alle Gebiete der schönen Kunst und des Handwerks klar und faßlich auszudrücken. In der Geschichte und in den Memoiren kannte er sich ebenfalls aus und wußte in den Adelshäusern Bescheid. Die Gestalten vergangener Zeiten waren ihm gegenwärtig, desgleichen die Intrigen der ehemaligen und heutigen Höfe. Wenn man ihn hörte, hätte man angenommen, er sei ungeheuer belesen. Aber nein; er durchblätterte die Bücher nur flüchtig, doch sein Gedächtnis war so ausgezeichnet, daß er keine Tatsache, keinen Zusammenhang, keinen Namen und kein Datum vergaß, sondern alles genau behielt, und seine Auffassungsgabe war so rasch, daß er bei solch flüchtigem Blättern ebensoviel erfaßte wie bei der gründlichsten Lektüre. Er vermochte mit Treffsicherheit und Lebhaftigkeit unmittelbar Rede und Antwort zu stehen, sei es in Bonmots, sei es in ausführlichen Entgegnungen.

Er – und andere mehr als er – hat mir oft vorgeworfen, daß ich ihm nicht schmeichle, und doch habe ich ihm häufig ein Lob erteilt, das er mehr als viele andere Leute verdiente; er war nämlich nicht nur außerordentlich vielseitig begabt, er besaß überdies einen einzigartigen Scharfsinn, zu dem sich ein so sicheres Urteilsvermögen gesellte, daß er sich niemals getäuscht hätte, wenn er stets seinem ersten Eindruck gefolgt wäre. Zuweilen nahm er solch ein Lob von mir für einen Tadel, womit er oft sogar recht hatte, aber das Lob war dennoch aufrichtig gemeint. Bei alldem keinerlei Anmaßung, keine Spur von geistiger Überheblichkeit oder Dünkel auf seine Kenntnisse, er sprach mit jedem wie zu seinesgleichen, wobei er selbst die schlauesten Köpfe in Verblüffung setzte. Er hatte im gesellschaftlichen Umgang nichts Bedrückendes, wirkte nicht lastend; wiewohl er sehr gut wußte, wer er war, ermöglichte er doch jedem, vollkommen unbefangen zu sein, und stellte sich selbst immer auf die Partner ein. Den Prinzen von Geblüt gegenüber war er sehr auf seinen Rang und seine Würde bedacht, aber niemand bewies dem König und den Thronerben gegenüber ein respektvolleres und nobleres Gebaren. Monsieur hatte die königliche Tapferkeit seines Vaters und seines Großvaters geerbt, hatte sie seinem Sohn weitervererbt; obwohl dieser in keiner Weise zu übler Nachrede neigte und schon gar nicht zu dem, was man Bosheit nennt, legte er viel Wert auf die Tapferkeit der anderen. Er machte weiter kein Aufhebens davon, aber er konnte es sich schwer versagen, diejenigen zu sticheln, denen es, wie er meinte, an rechtem Kampfesmut fehlte, und man spürte deutlich die Verachtung und die natürliche Abneigung, die er gegen jene empfand, die ihm zu solcher Meinung Anlaß gaben. Und so hatte er die Schwäche, sich einzubilden, daß er in allem Heinrich IV. vollkommen gliche. Es gab kein Lob, keine Schmeichelei, die ihm so leicht einging, als wenn man ihn darin bestätigte. Dazu konnte ich mich niemals herbeilassen. Ich fand es zu lächerlich, daß er diesem großen Fürsten nicht nur in dessen Tugenden, sondern noch mehr in dessen Lastern zu ähneln bestrebt war, und daß beide gleichermaßen seine Bewunderung erregten. Wie Heinrich IV. war er gutartig, menschlich, mitfühlend, und ich habe nie jemanden gekannt, dem es von Natur aus so widerstanden hätte, andere zu richten, der so weit davon entfernt gewesen, auch nur jemanden ein Leid zuzufügen, wie eben dieser Mann, den man so grausam des schwärzesten und unmenschlichsten Verbrechens bezichtigte; seine Nachgiebigkeit, seine Menschlichkeit gingen so weit, daß sie sich fast in Fehler umkehrten, und ich wage zu behaupten, daß er die höchste Tugend, den Feinden Verzeihung zu gewähren, geradezu in ein Laster verwandelte, denn er war so bereit, unbegründet und wahllos zu verzeihen, daß es schon an Unempfindlichkeit grenzte und ihm mancherlei Unannehmlichkeiten und böse Schwierigkeiten eingebracht hat, wofür sich in der Folge genug Beispiele und Beweise finden werden.

Er liebte die Freiheit sehr, sowohl für die anderen wie für sich selbst, er rühmte England, daß es dort, wie er sagte, keine Verbannungen gebe, keine Lettres de cachet, der König könne jemanden nur den Eintritt in seinen Palast verbieten, aber niemanden ohne weiteres ins Gefängnis werfen. Zu herrschen und zu regieren war nicht sein Ehrgeiz. Wenn er in Spanien einmal unsinnigerweise den Anschein erweckt hatte, so nur, weil man ihm das eingeredet hatte; er dachte, wie man noch sehen wird, sogar erst ernstlich ans Regieren, als kein anderer Ausweg mehr offenstand, als ihm nur die Wahl blieb, für immer entehrt zu sein oder die Rechte seiner Geburt wahrzunehmen, und was das Herrschen betrifft, so bürge ich dafür, daß er das niemals begehrt hat und daß er sich, als er sich in dieser Zwangslage sah, gleichermaßen belastet wie niedergedrückt fühlte. Was also wollte er? wird man mich fragen. Solange der Krieg dauerte, die Armeen kommandieren und sich in der übrigen Zeit zerstreuen, ohne daß man ihm noch einen anderen Zwang auferlegte. Dazu war er in der Tat außerordentlich geeignet. Eine natürliche, gelassene Tapferkeit erlaubte ihm, alles zu übersehen, alles vorauszuplanen und die nötigen Vorkehrungen zu treffen, eine große Weitsicht befähigte ihn, jede mögliche Wendung des Gefechtes einzubeziehen, um in der richtigen Weise zu planen und sich mit allem auszurüsten, was man zur Durchführung des Planes bedurfte. Man kann sagen, daß er Hauptmann, Pionier und Intendant der Armee war; er kannte die Kraft der Truppen, die Namen, sowie die Fähigkeiten der Offiziere und die hervorragendsten Männer jeder Einheit, die ihn anbeteten und die er dennoch in strenger Zucht hielt. Seine Berechnungen waren genau und gründlich, und zwar auf militärischem wie auf politischem Felde; es ist erstaunlich, bis in welche Einzelheit hinein er alles erfaßte, jeden Vorteil und jeden Nachteil übersah.

Ein Mann, der wahrlich den anderen überlegen war, und zwar auf allen Gebieten, ein Mann, eigens dazu bestimmt, Frankreich glücklich zu machen, wenn er zur Herrschaft käme! Fügen wir noch hinzu, daß er beim Tode seines Vaters und beim Tode der nächsten Dauphins über sechsunddreißig Jahre und, als der Duc de Berry starb, beinahe achtunddreißig Jahre alt war, daß er all diese Zeit als Privatmann verbracht hatte, weit entfernt von dem Gedanken, er könne einmal an die Macht kommen; als Höfling, den Gewittern und Stürmen ausgesetzt, hatte er ein solches Leben geführt, daß er die wichtigsten und auch die meisten unwichtigsten Personen kannte; mit einem Wort, er hatte den Vorteil, daß er unmittelbaren Umgang mit den Menschen gepflogen und sich dabei all die Kenntnisse erworben hatte, zu denen man auf keine andere Weise gelangen kann. Das ist gut, sehr gut sogar und sehr selten. Leider gab es auch Nachteile, die es jetzt zu erwähnen gilt.

Dieser Prinz, der seiner Geburt nach die Ehre und das Meisterwerk einer Erziehung hätte sein müssen, war gerade hierin vom Glück wenig begünstigt. Saint-Laurent war, wie gesagt, der erste gewesen, dem man ihn anvertraut hatte, der nächste war der Abbé Dubois. Ich habe berichtet, wie er sich in die Freundschaft und das Vertrauen des ahnungslosen Kindes einzuschleichen verstand und welch geschickten Gebrauch er von diesem Vertrauen zu machen wußte. Der Präzeptor war sich darüber klar, daß er sich nicht lange auf diesem Posten zu halten vermochte; er wußte, was es bedeutete, den jungen Prinzen zur Einwilligung in seine Heirat bewogen zu haben, obwohl es ihm, Dubois, nicht das eingebracht, was er sich versprochen hatte, ja er war sogar beim König in Ungnade gefallen, weil er so tollkühn gewesen war, diesen in einer Privataudienz als Preis für seine Verdienste um die Ernennung zum Kardinal zu bitten. Er sah sich nun also ganz auf den jungen M. de Chartres angewiesen und dachte nur noch daran, diesen zu beherrschen. Dubois hat nach dem Tode des Königs eine so entscheidende Rolle gespielt, daß es nötig ist, ihn etwas näher bekannt zu machen.

Er war ein kleiner, hagerer Mann, dürr, mit einem Mardergesicht und einer Physiognomie, die dem entsprach, was man im Volksmund als Aasgeier bezeichnet und was sich auch mit keinem anderen Wort ausdrücken läßt. Seine Seele war der Tummelplatz aller Laster. Habsucht, Ausschweifung, Ehrgeiz waren seine Götter; Treulosigkeit, Schmeichelei, sklavische Unterwürfigkeit seine Waffen; vollkommene Ruchlosigkeit sein sanftestes Ruhekissen; Rechtschaffenheit und Ehrbarkeit waren seiner Überzeugung nach nichts als Trugbilder, mit denen jeder sich schmückt, die in Wirklichkeit aber niemand besitzt, daher der Grundsatz, daß jedes Mittel erlaubt sei. Er war ein Meister finsterer Intrigen, sie waren sein Lebenselement, er konnte sich ihrer nicht entschlagen, dabei verfolgte er stets einen Zweck und mit einer Geduld, die sich erst erschöpfte, wenn entweder Erfolg eintrat oder wenn er den Beweis erbringen wollte, daß man zu keinem Ziel gelangen könne, es sei denn durch düstere, unterirdische Kanäle. Er verbrachte somit sein Leben in den Laufgräben. Die unverschämteste Lüge war ihm ganz natürlich, und er trug sie mit der biedersten und aufrichtigsten Miene vor. Er hätte sich mit Anmut und Leichtigkeit auszudrücken vermocht, aber da er, während er sprach, den Partner bespitzeln wollte und da er fürchtete, vielleicht mehr zu sagen, als er hätte sagen wollen, hatte er sich ein künstliches Stottern angewöhnt, das seine Ausdrucksweise entstellte und das, wenn er auf wichtige Dinge zu sprechen kam, unerträglich und zuweilen unverständlich wurde. Ohne diese Umschweife und diese Unnatürlichkeiten wäre seine Unterhaltung recht angenehm gewesen. Er war gescheit, hatte gute allgemeine Kenntnisse, besaß gute Manieren und war stets bestrebt, sich einzuschmeicheln und zu gefallen, aber all das wurde zunichte gemacht durch eine Dunstwolke von Falschheit, die im Widerwillen aus allen Poren drang und die sogar in seiner Heiterkeit spürbar war und ihr einen bitteren Beigeschmack gab. Er war mit Überlegung böse, sowohl von Natur aus wie aus Grundsatz verräterisch und undankbar, ein Meister im Schmieden düsterer Pläne; ertappte man ihn, legte er eine geradezu furchterregende Unverschämtheit an den Tag, alles erregte seine Gier, alles seinen Neid, alles wünschte er auszuplündern. Doch erst spät, als er es wagte, sich ganz so zu zeigen, wie er war, erkannte man, wie eigensüchtig, wie verkommen, wie völlig inkonsequent er war und wie wenig er sich auskannte in den Regierungsgeschäften; und sah nun, welch wütender Gotteslästerer und gefährlicher Narr er war. Er machte kein Hehl aus seiner absoluten Verachtung für seinen Herrn, für den Staat, für die Regierung, für die ganze Gesellschaft, die er samt und sonders seiner Macht, seinem Vermögen, seiner unumschränkten Autorität, seiner Größe, seiner Habgier, seinen Ängsten und seiner Rachgier aufopferte. Das also war der Weise, dem Monsieur die Erziehung und Ausbildung seines einzigen Sohnes anvertraute, und zwar auf den Rat zweier Männer, deren Sitten auch um nichts besser waren und die dies schon mehrfach bewiesen hatten.

Ein solch trefflicher Lehrmeister verlor selbstverständlich keine Zeit mit einem so jungen und so unerfahrenen Schüler. Ich muß mit Bitternis – und nur um der Wahrheit Genüge zu tun – gestehen, daß der Duc d'Orléans eine ungemeine Nachgiebigkeit an den Tag legte oder, um es genauer zu sagen, eine ausgesprochene Schwäche, von der all seine Begabungen fortwährend beeinträchtigt wurden und die sich sein Erzieher zeit seines Lebens zunutze zu machen verstand. Da Dubois vom König nichts mehr zu erhoffen hatte –, seit er es törichterweise gewagt, ihn um seine Ernennung zum Kardinal zu bitten –, trachtete er nur noch danach, seinen jungen Herrn durch möglichst große Angleichung an sich selbst in seine Gewalt zu bekommen. Er kam seinem Zögling in Fragen der Moral weitgehend entgegen, um ihn so in die Ausschweifung hineinzustoßen, die er ihm bis zur Mißachtung aller Pflichten und allen Anstandes als unerläßliches Prinzip eines lebenswerten Daseins empfahl; auf diese Weise, sagte er, würde sich der junge Herzog dem König um vieles angenehmer machen als durch ein maßvolles Verhalten; und auf geistigem Gebiet kam er seinem Schüler entgegen, indem er ihm einredete, er sei zu klug und habe zuviel Verstand, um auf die Religion hereinzufallen, die seiner, Dubois' Ansicht nach, eine Erfindung der Politik sei und die zu allen Zeiten nur dazu gedient habe, beschränkte Köpfe in Furcht und Schrecken und die Völker in Unterwerfung zu halten; er überzeugte ihn fernerhin von seinem Lieblingsgrundsatz, daß Redlichkeit bei Männern und Tugend bei Frauen immer nur Trugbilder seien, außer bei jenen Dummköpfen, von denen es allerdings etliche gebe, die sich solche Fesseln wie die Religion auferlegen ließen, und bei einigen anderen, die zwar genügend Verstand und Begabung besäßen, sich aber durch die Vorurteile der Erziehung hätten einschüchtern lassen. Auf solchen Eckpfeilern gründete die Lehre dieses wackeren Klerikers.

Unglücklicherweise traf vieles zusammen, um dem Duc d'Orléans für dieses abscheuliche Gift Herz und Geist zu öffnen: eine noch völlig unverbrauchte Jugend; überschäumende Kraft und Gesundheit; der erste Aufruhr gegen seine erzwungene und unangemessene Heirat und gegen den Müßiggang; die Langeweile, die aus solchem Müßiggang entsteht; jener in so jugendlichem Alter höchst fatale Hang zur Lässigkeit, die man bei anderen blindlings bewundert und die nachzuahmen, ja möglichst noch zu überbieten man bestrebt ist; das Überwältigtwerden von Leidenschaften, von Beispielen junger Leute, die ihren Ruhm und ihr Behagen darin fanden – ja deren einige es sogar darauf anlegten –, den jungen Herzog so weit zu bringen, daß er sich ganz ihrem Lebenswandel anpaßte. Also gewöhnte er sich an die Ausschweifung und die Teilnahme an Lustbarkeiten, bis er sie nicht mehr missen konnte und fortwährend Lärm, Tumult und Exzesse brauchte, um sich zu zerstreuen. Und er war sichtlich bemüht, alle jungen Libertins an Kühnheit zu übertrumpfen. Da er indes nicht von Haus aus böse war, verharrte er zwar in der Gottlosigkeit und dem liederlichen Lebenswandel, in den ihn Dubois als erster hineingestoßen, aber er verharrte darin nur aus Gewohnheit; ohne Schlimmeres hinzuzulernen und ohne es so weit zu treiben wie sein Präzeptor.

Als er nach dem Tode Monsieurs wieder regelmäßiger bei Hofe erschien, überfiel ihn gähnende Langeweile, so daß er sich auf jene ausgefallenen chemischen Experimente stürzte, die dann so verleumderisch gegen ihn ins Feld geführt werden sollten. Es ist kaum zu fassen, wie gänzlich außerstande dieser Prinz war, die Höflinge für sich zu gewinnen, und zwar schon, bevor die teuflischen Künste der Mme. de Maintenon und des Duc du Maine ihn gänzlich von der Gesellschaft abgeschnitten hatten.

Er war gelangweilt zur Welt gekommen und so daran gewöhnt, außerhalb seines eigenen Ichs zu leben, daß es ihm unmöglich war, Einkehr zu halten oder zu versuchen, sich mit sich selbst zu beschäftigen.

Er brauchte ständig Bewegung um sich herum, und nur im Wirbel unablässiger Betriebsamkeit fühlte er sich wohl, zum Beispiel an der Spitze einer Armee, bei der Vorbereitung eines Feldzuges oder im lärmenden Trubel hemmungsloser Lustbarkeiten. Wenn es keinen Lärm, keinerlei Tumult, keinerlei Exzesse um ihn herum gab, wurde er so trübsinnig, daß er nicht wußte, wie er die Zeit totschlagen sollte. So warf er sich denn, nachdem seine Leidenschaft für die Chemie vergangen oder durch all das, was man böswilligerweise darüber verbreitet hatte, unterdrückt worden war, auf die Malerei. In Versailles und in Marly pflegte er oft den ganzen Tag zu malen; er war ein Kenner, er liebte und sammelte Kunstwerke, und seine Gemäldegalerie stand, was Umfang und Qualität betraf, der königlichen in nichts nach. Später fand er Gefallen daran, die seltsamsten Kompositionen aus Steinen und geschmolzenem Glas zusammenzustellen, oder er beschäftigte sich mit der Herstellung starker Parfums, wofür er von jeher besondere Vorliebe hegte; eine Tätigkeit, von der ich ihn jedoch abbrachte, weil dem König solche Düfte ausgesprochen zuwider waren und der Herzog fast ständig den Geruch seiner Parfums um sich verbreitete.

Kurzum, es dürfte wohl selten einen Menschen gegeben haben, der so viele und so mannigfache Talente besaß und der dennoch ein so völlig abseitiges, nutzloses und so ganz dem Nichts und der Langeweile ausgeliefertes Dasein führte. Madame hat ihn also sehr treffend dargestellt. Sie steckte voller Geschichten und Märchen; sie habe, pflegte sie zu sagen, alle Feen zur Geburt ihres Sohnes eingeladen, und alle seien sie gekommen. Jede habe den Knaben mit einem Talent begabt, so daß er deren viele besitze. Zum Unheil aber habe man eine alte Fee vergessen, eine Fee, die schon so lange verschwunden war, daß man sich ihrer nicht mehr erinnerte, die nun aber, auf ihren kleinen Stock gestützt, durch dieses Vergessen gekränkt, hereinhumpelte, und zwar erst, als zwei andere Feen dem Kind ihre Gaben schon überreicht hatten. Die vergessene Fee in ihrem Zorn rächte sich, indem sie das Kind durch einen Zauber außerstand setzte, die Talente, die es von den übrigen Feen empfangen hatte, nutzbar werden zu lassen, so daß es sich seiner Begabung niemals wirklich bedienen konnte. Man muß zugeben, daß dieses Porträt im großen ganzen treffend ist.

Eine unglückliche Eigenschaft des Prinzen war sein Mangel an Beständigkeit; eine andere, von der ich schon gesprochen, war eine gewisse Unempfindlichkeit, die bewirkte, daß er selbst auf die tödlichsten und gefährlichsten Beleidigungen ohne jede Schärfe und Heftigkeit reagierte. Da nun aber der tiefste Antrieb zum Haß wie zur Freundschaft, zur Dankbarkeit wie zur Rache der gleiche ist und da es ihm an eben jenem Antrieb fehlte, ergaben sich hieraus zahllose und bedenkliche Folgen. Überdies war er schüchtern bis zum Übermaß, er spürte das sehr wohl, und er schämte sich dessen derart, daß er das Gegenteil herauskehrte. Soviel stand fest, daß man nichts, weder Gunst noch Gerechtigkeit, von ihm erlangte, wenn man sie ihm nicht gewaltsam entriß, indem man ihm Furcht einflößte oder indem man ihn unablässig bedrängte. Er versuchte, sich solchen Bitten und Behelligungen durch viel Reden zu entziehen und durch Versprechungen, die er jedoch nur in den seltensten Fällen hielt: daher die vielen Wortbrüche. Man glaubte ihm nicht mehr, selbst wenn er es noch so aufrichtig meinte. Seine Unbedenklichkeit minderte jede seiner Aussagen im Wert herab; und schließlich jagte die schändliche, ja verbrecherische Kumpanei, die er zu seinem gewöhnlichen Umgang gewählt hatte und die er ganz freimütig in aller Öffentlichkeit als seine Roués bezeichnete, die gute Gesellschaft in die Flucht, womit er sich selbst den größten Schaden zufügte. Abstoßend war überdies – zumal als er die Leitung des Staates innehatte – sein außerordentliches Mißtrauen gegen alle, die nicht zu den Kumpanen seiner Lustbarkeiten zählten. Diese Schwäche, die ihre Folgen zeitigte, entsprang vor allem seiner Schüchternheit, einer Schüchternheit, die ihn veranlaßte, seine Feinde weit besser zu behandeln als seine Freunde; entsprang ferner seiner Leutseligkeit, seinem törichten Hang, Heinrich IV. nachzuahmen, und der unheilvollen Ansicht, daß Rechtschaffenheit stets nur falscher Schein und bar aller Wirklichkeit sei; aus alledem ergab sich dieses grenzenlose Mißtrauen. Von meiner Rechtschaffenheit war er gleichviel durchaus überzeugt, und zwar derart, daß er sie mir oft vorgeworfen hat wie einen Fehler, ein Vorurteil, das mir den Blick eingeengt und mich an jeder Einsicht gehindert habe.

Seine ungeheure Wißbegier, die sich mit einer falschen Vorstellung von Unerschrockenheit und Mut verband, hatte ihn schon frühzeitig auf den Einfall gebracht, den Teufel beschwören und zum Sprechen bringen zu wollen. Er ließ nichts aus, nicht einmal die aberwitzigsten und törichtsten Bücher, um sich zu überzeugen, daß es keinen Gott gebe; und doch glaubte er an den Teufel, und zwar so fest, daß er wirklich hoffte, ihn leibhaftig sehen und sich mit ihm unterhalten zu können, ein Widerspruch, der fast unbegreiflich erscheint und der dennoch außerordentlich verbreitet ist. Um zu seinem Ziel zu gelangen, arbeitete er mit allen möglichen Dunkelmännern, aber sehr häufig auch mit Mirpoix, dem 1699 verstorbenen Leutnant der Schwarzen Musketiere. Die beiden verbrachten ganze Nächte in den Steinbrüchen von Vanves und Vaugirard, um Beschwörungen vorzunehmen. Der Duc d'Orléans hat mir später gestanden, daß es ihm niemals gelungen sei, auch nur das geringste zu sehen oder zu hören, so daß er schließlich diese Narrheit wieder aufgab.

Auf jeden Fall war er kein Lügner; verstellen und lügen sind, wiewohl sehr benachbart, doch nicht dasselbe. Und wenn er zur Lüge griff, so immer nur, wenn er sich durch irgendein Versprechen oder durch irgendeine Angelegenheit bedrängt fühlte und einfach keinen anderen Ausweg mehr wußte.

Obwohl wir uns sehr oft über Religion unterhalten haben, zu der ihn zurückführen zu können ich immer hoffte, habe ich das System, das er sich zusammengeschmiedet hatte, nie zu entwirren vermocht, und ich hatte ständig den Eindruck, daß er hin und her schwankte, ohne je zu einer wirklich festen Anschauung zu gelangen. Wie alle seinesgleichen hegte er den Wunsch, daß es keinen Gott gebe, aber er besaß zuviel Einsicht, um tatsächlich Atheist zu sein, denn Atheisten sind nur eine Sonderart von Irrsinnigen, wiewohl viel seltener, als man im allgemeinen annimmt. Diese Einsicht war ihm lästig, und er versuchte sie zu verdrängen, was ihm jedoch nie ganz gelang. Sich die Seele sterblich vorzustellen, wäre ihm ein Rückhalt gewesen, aber trotz aller Anstrengungen vermochte er nicht, sich das einzureden. Die Existenz Gottes und die Unsterbliche Seele trieben ihn in einen schrecklichen Engpaß, denn er konnte der Wahrheit gegenüber nicht ganz blind sein. Der Deismus erschien ihm als eine Zuflucht; aber dieser Deismus stieß auf so viele Widersprüche, daß es mir nicht schwerfiel, ihn, nachdem ich ihn von Mme. d'Argenton getrennt hatte, wieder auf den rechten Pfad zurückzuführen. Man kann nicht leugnen, daß er es damals aufrichtig meinte. Als er sich jedoch wieder aufs neue der Ausschweifung ergab, fiel er auch wieder in seine frühere Denkweise zurück. Er vernahm nur mehr das Getöse der Leidenschaften, das er, um sich vollends zu betäuben, mit den alten blasphemischen Reden verband. Ich vermag also nicht zu sagen, was er wirklich über Religion dachte, aber das Unbehagen, das er all diesen Fragen gegenüber empfand, war deutlich spürbar, und ich war stets überzeugt, daß er sich, wenn er an einer schweren Krankheit gelitten und die nötige Zeit gehabt hätte, freiwillig all jenen Priestern und Mönchen anheimgegeben hätte, die er jetzt mit soviel Hohn überschüttete. Seine große Schwäche bestand darin, sich mit jener Gottlosigkeit zu brüsten. Ich erinnere mich, wie er in Versailles den König eines Weihnachtstages zu den Frühmessen und den drei Mitternachtsmessen begleitete. Er überraschte den Hof durch den hingebungsvollen

Eifer, mit dem er sich über ein Buch beugte, das er mitgebracht hatte und das ein Gebetbuch zu sein schien. Die Erste Kammerfrau der Duchesse d'Orléans, die schon lange im Hause und die wie alle alten und treuen Dienstboten ebenso anhänglich wie offenherzig war, erteilte ihm dafür in Gegenwart der Herzogin und vieler Gäste am anderen Morgen ein Lob. Der Herzog ließ sie ein Weilchen schwätzen, dann unterbrach er sie: »Sie sind wirklich zu einfältig, Madame Ambert! Soll ich Ihnen sagen, was ich gelesen habe? Ich hatte mir, um mich nicht zu langweilen, Rabelais mitgenommen.« Man kann sich vorstellen, welchen Eindruck diese Antwort machte. Zwar entsprach es der Wahrheit, aber es geschah aus reiner Prahlerei, denn der Herzog war sehr musikalisch. Er komponierte selbst und hatte aus Liebhaberei sogar einmal eine Oper verfaßt, die vor dem König aufgeführt worden war, und die geistliche Musik in der Kapelle von Versailles übertraf bei weitem die musikalischen Darbietungen der Oper. So mußte ihn schon allein die Musik, ganz unabhängig von dem gleichfalls überwältigenden Anblick, aufs angenehmste unterhalten, ohne daß er zu Rabelais hätte Zuflucht zu nehmen brauchen. Aber er konnte es nicht lassen, den Gottlosen und Harlekin zu spielen.

Die Duchesse d'Orléans war ganz anders geartet. Sie war hochgewachsen und in jeder Hinsicht majestätisch, der Teint, die Brust und die Arme bewundernswert; der Mund recht hübsch, mit schönen, aber etwas zu langen Zähnen. Die Wangen zu breit und zu hängend, wodurch ihr Aussehen nicht wesentlich beeinträchtigt wurde. Was sie wirklich verunzierte, war die Anordnung ihrer Augenbrauen, die rötlich waren und nur spärlich wuchsen, Wimpern und Haare waren dicht und kastanienfarben. Sie war ebenso geistreich wie der Duc d'Orléans, dachte jedoch weit folgerichtiger als er; überdies besaß sie eine natürliche Beredsamkeit; sie hatte eine besondere Art in der Wahl ihrer Worte, die ihr leicht von den Lippen gingen und die stets überraschten. Sie pflegte sich jener für Mme. de Montespan und deren Schwestern so kennzeichnender Ausdrucksweise zu bedienen, die nur Leuten vertraut war, die in diesem Kreis verkehrt hatten oder aufgewachsen waren. Mäßigung, Takt und Anstand hatten bei ihr eine Heimstätte und wurden auf die schönste Weise von ihr gepflegt. Man wird staunen über das, was ich jetzt behaupte, aber es ist wahr: im Grunde ihrer Seele glaubte sie, dem Duc d'Orléans eine große Ehre angetan zu haben, als sie ihn heiratete. Selbst ihren Brüdern gegenüber war sie unnachgiebig auf ihren Rang bedacht, und noch auf ihrem Nachtstuhl fühlte sie sich als Tochter des Königs. Ihr Ärger über die Behandlung, die der Duc d'Orléans ihr angedeihen ließ, wiewohl der äußere Schein noch leidlich gewahrt wurde, entstammte keineswegs der Eifersucht, sondern der Enttäuschung, nicht wie eine Gottheit angebetet zu werden, ohne daß sie ihrerseits bereit gewesen wäre, ihrem Gemahl auch nur einen Schritt entgegenzukommen oder irgend etwas zu tun, um ihm zu gefallen, ihn an sich zu fesseln oder sich auch nur den leisesten Zwang aufzuerlegen und etwas, von dem sie wußte, daß es ihn abstieß, zu unterlassen.

Gleichzeitig war die Duchesse d'Orléans sehr schüchtern; ein einziger strenger Blick des Königs und zuweilen auch Mme. de Maintenons genügte, sie in einen Angstzustand zu versetzen; jedenfalls bebte sie vor beiden und antwortete ihnen auf die einfachsten und harmlosesten Fragen immer nur stotternd und mit schreckensbleichem Antlitz. Ich sagte »antwortete«, denn den König anzureden hätte ihre Kräfte überstiegen. Obwohl sie sich bester Gesundheit erfreute, verbrachte sie ihre Tage in lässigem Dahindämmern: Einsamkeit und Lektüre bis zum Mittagessen, dann Handarbeiten; ab fünf Uhr nachmittags empfing sie Gäste, die es bei ihr jedoch weder unterhaltsam noch besonders angenehm fanden, weil sie es niemals vermochte, eine gastlich-ansprechende Atmosphäre zu schaffen.

Ihre beiden Brüder wurden wechselweise von ihr bevorzugt. Ihr Umgang mit der Duchesse du Maine beschränkte sich auf einige wenige Anstandsbesuche. Wie sie mit ihren Schwestern stand, habe ich bereits mehrfach erzählt.

Saint-Pierre, ihr erster Stallmeister, hatte einen gewissen Einfluß auf sie durch sein philosophisches Phlegma, das dem eines römischen Senators glich, und sein gebieterisches Schweigen, das er nur unterbrach, um Sentenzen und Maximen von sich zu geben. Er war ein Intrigant gefährlichster Sorte, vor dem sie sich um so mehr hätte hüten müssen, da er sie mit dem Duc d'Orléans entzweit hatte. Wie Mme. Saint-Pierre ihrerseits sich bei der Duchesse d'Orléans eingeführt hatte, habe ich niemals in Erfahrung bringen können; aber nach kurzer Zeit vermochte die Herzogin sie nicht mehr zu entbehren noch ihr das Geringste zu versagen. Das hat viele Jahre angedauert, und Freundschaft und Vertrauen bestanden bis zum Tode. Mme. Saint-Pierre kannte alle Liebeshändel bei Hofe, war heiter, offen und gefällig, das friedfertigste Wesen von der Welt.

Die meiste Gewalt über Herz und Geist der Duchesse d'Orléans hatte die Duchesse de Sforza, sie war ihre Kusine, die zweite Tochter der Mme. de Thiange, der Schwester Mme. de Montespans. Sie wurde, als sie noch ganz jung war, 1678 in Rom mit dem Duc de Sforza verheiratet, jener starb dann 1685, ohne Kinder zu hinterlassen. Sie war schön, wohlerzogen, geistreich, und sie gefiel dem König, als sie wieder nach Frankreich zurückkam, gut genug, um Mme. de Maintenon Anlaß zu geben, sie zu entfernen; im übrigen war es schon gravierend genug, daß sie die Nichte der Mme. de Montespan war und daß auch sie sich deren einzigartiger Ausdrucksweise bediente, die ich schon mehrmals erwähnte. Mme. de Sforza war sehr scharfsinnig, aber vernünftig, vorsichtig, zurückhaltend, dabei gut und von natürlicher Ehrenhaftigkeit, weit entfernt von aller Bosheit, sie stand mit allen im besten Einvernehmen, so daß ihre enge Beziehung zu der Duchesse d'Orléans für diese sowie für den Duc d'Orléans, ja für diesen ganzen Zweig der königlichen Familie ein Segen war.

Gesellschaftliches Leben der Orléans. – Die Duchesse de Berry.

Seine vollkommene Vereinsamung bewirkte, daß der Duc d'Orléans bei Hofe wie in einer Einöde lebte; die Trägheit und der Dünkel der Duchesse d'Orléans, die meinte, niemandem entgegenkommen zu müssen, bewirkten, daß ihrer beider Dasein allgemach recht beschämend und trübselig wurde.

Dem mußte so bald als möglich abgeholfen werden. Beide waren sich darüber im klaren, doch muß man gestehen, daß die Duchesse d'Orléans, als sie das einmal begriffen und sich entschlossen hatte, die Sache mit viel mehr Mut und Folgerichtigkeit anfaßte als der Duc d'Orléans. Ich sage »Mut«, denn ich kann mir sehr gut vorstellen, was ihre Hoffart zu erdulden hatte durch fortwährende Kränkungen, die sie bei diesen langen und mühsamen Versuchen, dem bisherigen Zustand zu entrinnen, erfahren mußte. Marly, wo man fast die Hälfte des Jahres verbrachte und wo die Damen seit langer Zeit des Abends mit dem König zu speisen pflegten, Marly bot der Duchesse d'Orléans – seitdem die Prinzen gestorben und die Tafelfreuden bei der Duchesse de Bourgogne sowie die Jagddessen bei Monseigneur wegfielen – die beste Möglichkeit, Gäste zu ihrem Diner zu bitten; damit begann sie gleich nach dem Tode des Duc de Berry, aber es war ihr wenig Erfolg beschieden. Die Damen, die sie einlud, hatten immer neue Entschuldigungen; man war besorgt wegen der Anwesenheit des Duc d'Orléans. Die Bestinformiertesten benutzten seine Abstecher nach Paris, um die Einladungen seiner Gemahlin anzunehmen, und meinten, damit auf lange Zeit genug getan zu haben; man fürchtete den König, das heißt Mme. de Maintenon, und die Hellhörigsten scheuten sich überdies vor dem Duc du Maine. Es bedurfte also einer ausdauernden und zuweilen recht harten Arbeit, aber schließlich gelang es; allgemach wurde man mutiger, die einen folgten dem Beispiel der anderen, und die stetig sich erhöhende Zahl der Gäste bot jedem gleichsam eine Art Rückversicherung. Man wurde vorzüglich bewirtet, und die Atmosphäre entspannte sich allmählich, der Duc d'Orléans hielt seine Zunge im Zaum und beteiligte sich, sofern er nicht ausgesprochene Gegner vorfand, mehr und mehr an der Unterhaltung, aber er sprach nur über allgemeine Angelegenheiten, Themen, die niemanden verletzten, und er vermied jede Äußerung, die Anstoß hätte erregen können. Oft folgte nach Tisch noch ein Spiel und hielt die Gäste zurück, bis es Zeit war für den Salon. Diese Diners fanden viel Beifall, und man staunte, daß man sie so lange abgelehnt hatte, man war erleichtert, daß sowohl der König wie auch Mme. de Maintenon keinerlei Notiz davon nahmen, und man schämte sich, soviel Angst vor den beiden gehabt zu haben.

Doch der Salon war dem Duc d'Orléans immer noch nicht geneigter; diese Diners fanden bei einer Bastardtochter des Königs statt, den Duc d'Orléans nahm man nur mit in Kauf, man war eingeladen; im Salon verhielt es sich anders, die Mehrzahl der Anwesenden, die nicht an diesen Diners teilnahmen, bewahrten dem Duc d'Orléans gegenüber die gleiche Zurückhaltung, er wurde noch immer gemieden und sogar von den meisten, die soeben aus seinem Hause kamen.

Von der Duchesse de Berry wurde schon mehrfach in diesen Memoiren berichtet. Sie war zaghaft und schüchtern, solange es sich um Kleinigkeiten handelte, auf der anderen Seite erschreckend dreist und dünkelhaft bis zur Narrheit, dabei niedrig und gemein bis zur letzten Schamlosigkeit; sie war ein Modell aller Laster, die sich um so gefährlicher auswirkten, als man nicht mehr Geist und Geschicklichkeit an den Tag hätte legen können. Ich habe nicht die Gewohnheit, die Darstellungen, zu deren Wiedergabe ich genötigt bin, zu überladen, und man wird ganz von selbst innewerden, wie sehr ich mir im Hinblick auf die Damen und jeden Liebeshandel, der nicht eine unmittelbare Beziehung hat zu dem, was man als wirklich wichtig bezeichnen muß, Zurückhaltung auferlege. Ich wäre in diesem Falle aus reiner Eigenliebe, wenn nicht aus Respekt vor dem Geschlecht und dem Rang der Person noch zurückhaltender als sonst. Der immerhin recht beträchtliche Anteil, den ich an der Heirat der Duchesse de Berry gehabt habe, und die Stellung, die Mme. de Saint-Simon – gegen ihren und meinen Willen – bis zum Tode dieser Prinzessin bei ihr eingenommen hat, wären für mich hinlänglich Grund zum Schweigen, wenn dieses Schweigen nicht all das, was nachfolgt und was die Geschichte dieser Zeit ausmacht, in Schatten tauchte. So bringe ich also der Wahrheitsliebe ein Stück Eigenliebe zum Opfer, und mit derselben Aufrichtigkeit muß ich eingestehen, daß diese Prinzessin, wenn ich auch nur etwas von dem gewußt oder geahnt hätte, was sich sogleich nach ihrer Heirat und seither zunehmend in ihr entwickeln sollte, niemals Duchesse de Berry geworden wäre.

Der Hochmut ihrer Mutter war nichts im Vergleich zu dem ihrigen, sie bildete sich tatsächlich ein, daß in ganz Europa niemand anders als sie die Gemahlin des Duc de Berry hätte werden können. Sie war noch keine drei Monate verheiratet, als sie jeden, der zum Zustandekommen der Heirat etwas beigetragen hatte, ihre vollendete Undankbarkeit bewies. Der König duldete sie, weil die Umstände es erforderten, Mme. de Maintenon sah über sie hinweg, sie ihrerseits fürchtete sich bei all ihrer Unverschämtheit vor beiden wie vor dem Feuer und wurde in ihrer Gegenwart stumm und höchst verlegen. Der Unmut, den sie beim König und bei Mme. de Maintenon erregte, fiel unweigerlich auf den Duc d'Orléans zurück; sie behaupteten, er habe sie hintergangen, als er ihnen seine Tochter gab, die er doch hätte kennen müssen, und sie haßten und verachteten ihn wegen der Schwäche, die er für diese Tochter hegte, zumal all seine Zuneigung zu nichts führte und keinerlei Wandel in ihr bewirkte. Die einzige Person, die im besten Einvernehmen mit der Duchesse de Berry stand, war Mme. de Mouchy, deren Sitten und Charakter dieser Freundschaft vollkommen entsprachen.

Madame war eine Fürstin alter Art, auf Ehre und Tugend, auf Rang und Größe bedacht, unerbittlich, was Schicklichkeit anlangte, es fehlte ihr nicht an Geist, und was sie sah, sah sie sehr genau. Sie war eine gute und treue Freundin, zuverlässig, aufrichtig, freimütig, leicht zu gewinnen, aber auch leicht zu verletzen und sehr schwer wieder zu versöhnen; barsch und gefährlich in ihren Zornesausbrüchen, sehr deutsch in ihrem Gehaben, offenherzig, voller Verachtung gegen jede Bequemlichkeit und feine Lebensart bei sich wie bei anderen, ungestüm und voller phantastischer Einfälle. Sie liebte Hunde und Pferde und ging leidenschaftlich gern auf die Jagd und ins Theater, man sah sie niemals anders als in großer Toilette oder mit Männerperücke im Jagdgewand; mit über sechzig Jahren hatte sie niemals einen Morgenrock getragen. Sie liebte ihren Sohn leidenschaftlich und war ganz vernarrt in den Duc de Lorraine und dessen Kinder, weil das für sie ein Stück Deutschland war, so wie sie all ihren deutschen Verwandten, auch wenn sie sie niemals gesehen hatte, innig zugetan war. Ich habe anläßlich des Todes von Monsieur erwähnt, daß sie ihre Tage damit zubrachte, diesen Verwandten zu schreiben, und habe gesagt, wie teuer sie das zu stehen kam. Sie hat sich zwar nie mit der illegitimen Herkunft, schließlich aber doch mit der Person ihrer Schwiegertochter ausgesöhnt, und sie behandelte sie zur Zeit, da Mme. d'Argenton eine große Rolle spielte, äußerst liebenswürdig; sie bedauerte, achtete, ja sie liebte die Duchesse d'Orléans beinahe, sie tadelte den schlechten Lebenswandel ihres Sohnes sehr heftig, und sie war äußerst entrüstet über das Betragen der Duchesse de Berry. Sie hatte also keinerlei Sympathie für letztere, den Duc du Maine aber haßte sie, wie sie die Bastarde haßte wegen des Ansehens, das sie genossen, und es verletzte sie, daß ihr Sohn so lässig darüber hinwegging.

Der Marschall de Villeroy ist so oft in Erscheinung getreten, daß man ihn unbedingt näher bekannt machen muß. Er war ein großer, gut gewachsener Mann mit einem sehr angenehmen, markanten Gesicht, er konnte aus seinem Körper alles herausholen, ohne zu ermüden. Fünfzehn oder sechzehn Stunden im Sattel machten ihm gar nichts aus, durchwachte Nächte ebensowenig. Sein ganzes Leben hatte sich in Kreisen der höchsten Gesellschaft abgespielt, als Sohn des Erziehers des Königs war er mit jenem erzogen worden und hatte seit frühester Jugend auf vertrautestem Fuße mit ihm gestanden; als ausgemachter Frauenheld, war er vollkommen auf dem laufenden über alle Liebeshändel am Hofe und in der Stadt, mit deren Erzählung er den König, den er genau kannte und aus dessen Schwächen er seinen Nutzen zog, zu erheitern verstand. Er war ungemein prachtliebend, sehr nobel im Auftreten, ein kühner und guter Spieler, ohne besonders aufs Spiel erpicht zu sein; nicht eigentlich boshaft, in Sprache und Gehaben ein Grandseigneur und ein ganz vom Hofe geprägter Mann; von Natur aus ruhmsüchtig bis zum Exzeß, aber auch kriecherisch bis zum Exzeß, wenn er nur das Geringste erreichen wollte; dem König und Mme. de Maintenon gegenüber ein Diener, der zu allem bereit war. Ich habe in kurzen Worten berichtet, wie sich sein plötzlicher Wiederaufstieg von der Ungnade zur Gnade vollzog. Er besaß jene höfische Gesinnung, die sich aus Gewohnheit ergibt und die sich durch Intrigen und Zielsetzung immer mehr verschärft, dazu jenen Jargon, dessen man sich bei Hofe bedient, der zwar nur Schein ist, der aber die Dummen blendet; das vertraute Verhältnis zum König, die Gunst, in der er stand, die Auszeichnungen, die er genoß, seine Stellung als Oberbefehlshaber verliehen ihm weiteres Prestige. Er war der rechte Mann, einen Ball zu eröffnen, Schiedsrichter bei einem Turnier zu sein und, hätte er Stimme genug gehabt, in der Oper die Königs- und Heldenrollen zu singen; sehr geeignet überdies, die Mode zu bestimmen, das war aber auch alles. Er besaß weder Menschen- noch Sachkenntnis, nicht einmal im Bereich der Vergnügungen kannte er sich aus, er sprach und er handelte stets auf Geheiß; bereit, jeden zu bewundern, der ihm Eindruck machte, wurde er immer hinters Licht geführt, wie es ihm denn sein ganzes Leben lang mit Vaudémont, mit Mme. des Ursins und anderen bemerkenswerten Persönlichkeiten erging.

Rolle Villeroys. – Der Duc de Noailles knüpft seine Netze für den Fall der Regentschaft.

Monsieur hatte von der Kindheit bis zum Tode in enger Freundschaft und Vertrautheit mit dem Marschall de Villeroy verbracht. Die von frühester Jugend an währende Gewohnheit, die durch den Chevalier de Lorraine und d'Effiat, seine intimsten Freunde, noch verstärkt wurde, hatte ihn eng an den Marschall gebunden. Bei allen kleinen Mißhelligkeiten zwischen dem König und Monsieur war Villeroy der Vermittler, und er hat mir erzählt, zu welch seltsamen Auftritten Monsieurs lasterhafte Neigung oft führte, eine Neigung, die der König nicht dulden wollte, was er Monsieur durch den Marschall mitteilen ließ, wobei er mit seinen Drohungen so weit ging, daß er de La Carte, Monsieurs Liebling und Gardehauptmann, nicht mehr in Marly zu sehen wünschte und den Marschall beauftragte, Monsieur auszurichten, er würde de La Carte, wenn jener ihn mitbrächte, aus dem Fenster werfen lassen. Der Marschall hatte bei diesen Zwistigkeiten, die sich immer wieder ergaben, einige Mühe, zwischen den beiden zu vermitteln; einmal mußte er Monsieur hindern, seinen Liebling mitzuschleppen, dann wieder mußte er den König um Erlaubnis bitten, daß de La Carte Monsieur doch nach Marly begleiten dürfe.

Ich berichte diese Dinge nur, um begreiflich zu machen, daß der Duc d'Orléans, seit er denken konnte, daran gewöhnt war, mit dem Marschall zu rechnen, und daß Villeroy, da er von dem verstorbenen Monsieur sowie von dessen Sohn immer mit Auszeichnung behandelt worden war, letzterem einigen Dank schuldete; gleichviel verhielt er sich dementsprechend. Geltungsbedürfnis und die Mode, der er sklavisch unterworfen war, gestatteten ihm nicht, sich so zu verhalten, wie Ehre, Pflicht und Dankbarkeit es von ihm erheischt hätten. Schließlich war er sogar nur noch darauf bedacht, sich mehr und mehr von einem Prinzen zu distanzieren, mit dem der König unzufrieden und mit dem er infolgedessen noch unzufriedener war, und als dann Mme. de Maintenon ihre Abneigung gegen den Duc d'Orléans bekundete, erwies sich Villeroy als zu serviler Höfling, als daß er nicht geflissentlich dieselben Gefühle zur Schau getragen hätte. Darüber hinaus war er meist der Betrogene, so in seiner Verbindung mit den Rohans, Tallards, die sich über ihn lustig machten, sobald sie ihn nicht mehr brauchten; M. de Vaudémont und dessen Nichten, die, eng mit Madame la Duchesse verbunden, emsig bemüht waren, Monseigneurs Haß zu schüren und die es nach dessen Tod dem Duc d'Orléans nicht verzeihen konnten, daß er etwas gegen sie unternommen hatte, fanden es nunmehr an der Zeit, sich bei Mme. de Maintenon einzuschmeicheln. Sie hatten die Duchesse de Ventadour auf ihre Seite gebracht, die, da sie von Monsieur und Madame mit allen erdenkbaren Freundschafts- und Gunstbeweisen überhäuft und vom Duc d'Orléans stets mit derselben Rücksichtnahme behandelt worden war, also keineswegs seine Feindin hatte werden dürfen, sich aber dennoch dazu überreden ließ. Sie lebte seit mehr als fünfzig Jahren ganz öffentlich in einer Liebesbeziehung mit dem Marschall de Villeroy, ohne daß den beiden von irgendeiner Seite der geringste Zwang auferlegt wurde und ohne daß die Gesellschaft an dieser Freiheit irgendeinen Anstoß nahm. Als sie jung war, hatte Mme. de Ventadour bezaubernd ausgesehen, sie hatte sich eine gewisse Schönheit bewahrt und war vorzüglich gewachsen. Sie besaß keinerlei Geist, aber Güte, sie wurde ihr Leben lang beherrscht und war wie geschaffen dafür. Im übrigen war sie durch ihre Abenteuer und ihre Ansprüche dem Hofe versklavt. Sie mußte also wohl oder übel den Rohans und den Weisungen ihres einstigen Liebhabers nachgeben, zumal aber mußte sie sich dem fügen, was, wie man sagte, des Königs und Mme. de Maintenons Meinung war.

D'Harcourt war mit ihr und mit Mme. des Ursins zu gut befreundet, dazu ein zu gerissener Höfling und überdies ein zu geschickter Taktiker, um etwas zu verteidigen, das seinen eigenen Interessen zuwiderlief.

Der Duc de Tresmes war zu platt, zu oberflächlich, um nicht der Mode und der Mehrheit bei Hofe zu folgen, die gegen den Duc d'Orléans war.

Die besondere Redlichkeit des Marschalls de Boufflers hatte diesen veranlaßt, der Mehrheit Widerstand entgegenzusetzen, inzwischen aber war er verstorben, und Charost, der seine Charge übernommen hatte, stand zwar ganz auf meiner Seite, war jedoch kein Mann, auf den man sich verlassen konnte.

D'Antin war ganz auf Seiten von Madame la Duchesse, und da er sich stets in nächster Nähe des Königs aufhielt, mußte er dessen Gefühle und die der Mme. de Maintenon berücksichtigen; so hielt er sich abseits und dachte, da er sich nicht in zwei Teile zerreißen konnte, voll Schmerz an die Zukunft.

Villars, der skrupelloser und offensichtlich frivoler war, hielt sich geschickt zwischen beiden Polen und traf alle nur möglichen Maßnahmen.

Berwick, der, da er in Saint-Germain wohnte, nur selten auftauchte, versuchte das nachzuahmen und verhielt sich im übrigen, wie sich eben ein Mann verhalten mußte, der in Spanien unter dem Duc d'Orléans das Kommando gehabt hatte und dabei nicht schlecht gefahren war.

D'Uxelles, dieser niedere Sklave der Gunst, den man bei der Verherrlichung der Bastarde sich öffentlich hatte entehren sehen, dieser Diener des Ersten Präsidenten und von dessen Vetter, dem Ersten Stallmeister, mit dem er ein Herz und eine Seele war, stand ganz auf seiten des Duc du Maine und aller Feinde des Duc d'Orléans; aber da er die Zukunft nicht voraussehen konnte, nur im geheimen und ohne sich je diesem Prinzen zu nähern, währenddessen er sich ihm durch Maisons empfehlen ließ.

Der Marschall d'Estrées und der Abbé, sein Bruder, waren ehrbare Leute und hielten treu zum Duc d'Orléans; aber sie waren so schwach, so höfisch, so schüchtern, daß sie gar nichts bewirken konnten.

Der Duc de Guiche, ein Mann ohne jede Substanz, ohne einen Funken Verstand, der nur über Großsprecherei und einen wichtigen Posten verfügte, stand, da er arm, geizig und verschwenderisch war, zu jedem, der ihm genügend gab, und wurde vollkommen von Contade, Major des Garderegiments, gegängelt.

Der Duc de Noailles, auf den ich nun zu sprechen kommen muß, ist ein Mann, den zu beschreiben meine Eigenliebe noch härter ankommt als die Beschreibung der Duchesse de Berry. Die Schlange, die Eva in Versuchung führte, um durch sie Adam den Sinn zu verwirren und so das ganze Menschengeschlecht zu verderben, ist das Original, dessen getreueste und vollkommenste Kopie – soweit ein Mensch die Eigenschaften eines solch erstrangigen Dämons und Hauptes aller gefallenen Engel überhaupt annehmen kann – ist der Duc de Noailles. Ungeheuerlichster und unersättlichster Ehrgeiz, äußerste Hoffart, unerschütterliche hohe Selbsteinschätzung und unbedingte Verachtung alles dessen, was nicht er ist, zehrende Begier nach Reichtum, vorgetäuschte Kenntnisse, der Wahn, allwissend zu sein, die Sucht, sich in alles einzumischen, und folglich alles zu regieren.

Der Duc de Noailles hatte sich, wie gesagt, an mich herangemacht und versäumte nicht, mich an sich zu fesseln. Mein Plan war schon seit langem ausgearbeitet, ich mußte ihn nur noch mit dem Duc d'Orléans durchsprechen; aber abgesehen davon, daß alles, was zwischen mir und ihm beredet wurde, noch mehr sein Geheimnis war als das meinige, war ich weit davon entfernt, irgend jemand auch nur das geringste davon mitzuteilen. Diese betonte Zurückhaltung schreckte den Duc de Noailles keineswegs ab, aber seine Ungeduld sowie seine Unwissenheit über diesen Plan peinigten ihn lange Zeit. Er versuchte nicht nur durch mich an den Duc d'Orléans heranzukommen; er hatte sich aus verschiedenen und weit zurückliegenden Absichten an Contade gebunden, und Contade wurde nun eingesetzt, um die Verbindung zwischen ihm und Maisons herzustellen. Da nun also Noailles meiner sicher war und da er sich ohne mein Wissen auch noch mit Maisons verständigt hatte, um sich durch diesen Verwaltungsbeamten des Parlamentes zu versichern, kann man sich vorstellen, welchen Aufschwung seine ehrgeizige Einbildungskraft nahm. Doch dieses Verbindungsnetz genügte ihm noch nicht. Es gab da einen Faden, der für ihn wie für jedermann schwer zu fassen war. Es war dies der Marquis de Canillac. Dieser weilte fast täglich bei M. und Mme. de Maisons, mit denen er in aller Freiheit über die zukünftigen Ereignisse politisierte. Er war ein Mann, der sich durch Lobreden und Anerkennung vollkommen einfangen und bis zur Torheit blenden ließ. Er bekannte ganz offen, die Noailles, vornehmlich den Duc de Noailles als Neffen der Mme. de Maintenon, zu hassen. Von jeher hatte er den Duc d'Orléans in Paris aufgesucht, hatte häufig an seinen Gelagen teilgenommen, blieb aber dabei seinerseits immer recht kaltblütig. Die Bissigkeit seiner Kritik und seiner Späße unterhielt den unzufriedenen und mithin gelangweilten Prinzen, so daß daraus eine gewisse Achtung, ja sogar vielleicht etwas mehr erwuchs.

Der Duc de Noailles war zu aufmerksam und zu gut unterrichtet, um nicht zu wissen, welche Stellung Canillac einnahm, und sich nicht über die Ablehnung, die jener ihm entgegenbrachte, zu beunruhigen. Seine Dickfelligkeit war so groß, daß auch die gepfefferten Witzworte und unmißverständlichsten Beleidigungen an ihm abrannen wie das Wasser an der Ente, sobald er nur den geringsten Anlaß hatte zu glauben, daß dies seinem Interesse diene. Canillac hatte ihm keinen Spott erspart, aber Noailles ließ sich durch nichts abschrecken. Er wollte Canillac einfangen und erobern. Er war sich über dessen Schwäche im klaren, doch Erniedrigungen und Prostitution kosteten ihn nichts. Er erhoffte sich alles von diesem Vorgehen und täuschte sich nicht. Auf irgendeine Weise mußte er Canillac nahekommen, um ihn dann so weit zu bringen, daß er sich zähmen ließ. Er wandte sich über Contade an Maisons. Maisons wurde der Zwischenträger und Vermittler, und Maisons arbeitete nicht vergebens. Contade machte Canillac begreiflich, welche Macht ihr gut geeintes Triumvirat über einen schwachen und schüchternen Regenten haben würde.

Nachdem Noailles alle diese Maßnahmen getroffen hatte, konnte es ihm an nichts mangeln, um seine Pläne zu begünstigen. Doch auch das genügte ihm nicht. Schöngeisterei, Dichtung und der Glanz von Bücherrücken sollten ihm dazu dienen, auch noch Longepierre in sein Netz zu locken; eine Hofratte, ein Ungeziefer, ein Pedant, dem ein Mann wie der Duc de Noailles leicht vollends den Kopf verdrehen konnte.

Saint-Simons Zukunftsperspektiven: Mazarins verderbtes System ändern, dem Adel wieder zu Ansehen und Macht verhelfen. – Schwierigkeit: die absolute Unfähigkeit der zu Hofmarionetten gewordenen Aristokraten. – Gremien sollten bestimmte Staatssekretäre ersetzen. – Noailles für den Finanzrat vorgesehen, Saint-Simon als Mitglied im Regentschaftsrat.

Seit langem schon dachte ich an die Zukunft und hatte mir einige Überlegungen über diese ebenso wichtige wie kritische Zeit durch den Kopf gehen lassen. Ich hatte es mit einem aufgeklärten und wohlunterrichteten Fürsten zu tun. Tausendmal hatten wir zusammen die Fehler und Versäumnisse der Regierung besprochen und das Unheil, das sich daraus ergab. Jedes Ereignis, sogar die Geschehnisse bei Hofe, lieferte uns unaufhörlich Stoff. Er und ich waren über Ursache und Wirkung der gleichen Ansicht. Es handelte sich also nur darum, genau und folgerichtig eine praktische Nutzanwendung daraus zu ziehen und in einer Weise zu regieren, daß solche Fehler unterblieben, und alles der Möglichkeit anzupassen, die einem Regenten zur Verfügung stand.

Was mir am wichtigsten und dringendsten erschien war die vollkommene Umwandlung des innenpolitischen Systems, mit dem der Kardinal Mazarin den König und das Königreich verseucht hatte. Ein Fremder aus der Hefe des Volkes, dem an nichts etwas gelegen ist, der keinen anderen Gott kennt als seine eigene Größe und Macht, denkt an den Staat, den er leitet, nur im Hinblick auf sich selbst. Er mißachtet die Gesetze, die Eigenart, die Vorteile des Staates, er kennt dessen Spielregeln nicht, weiß nichts von deren Folgen: er ist einzig bestrebt, alles zu unterwerfen, alles zu vermengen, damit alles zu einer unterschiedslosen Volksmasse werde; da sich dies jedoch nur im Namen des Königs bewerkstelligen läßt, schreckt er weder davor zurück, den Fürsten verhaßt zu machen, noch davor, dessen Vorstellungswelt mit seiner gefährlichen Politik zu durchsetzen. Die Zeit der Minderjährigkeit, während deren ein König schwach ist, reizte die Großen und die Körperschaften, sich der angemaßten Stellungen, die ihnen entrissen worden waren, wieder zu bemächtigen, was angesichts der niederen und sonderbaren Herkunft jenes Herrn, den die Regentin ihnen und sich selber gegeben hatte, sowie durch die Betrügereien, die Gemeinheiten, Schikanen und Sproposito seiner ebenso habgierigen wie furchtsamen und tyrannischen Regierung, wenn auch nicht nötig, so doch verständlich zu sein schien. Es bedurfte gar nicht solch großen Aufwandes, damit Mazarin es für richtig erachtete, alle Größe und alle Autorität, außer der seinen, zu vernichten. Seine ganze Bemühung und all sein Eifer richteten sich auf die Abschaffung der Würden und des Geburtsadels. Mit allen Mitteln wollte er die Standesherren jeder Autorität berauben und sie dadurch ganz aus der Politik ausschalten; um sie durch Leute zu ersetzen, die ebenso niederer Abkunft waren wie er, um deren Stellungen durch Machtbefugnisse, Ansehen und Reichtümer zu erhöhen, um den König zu überzeugen, daß jeder Standesherr von Natur aus der Feind seiner Autorität und es ratsam sei, auf allen Gebieten Leute zu bevorzugen, die aus dem Nichts kamen und die man bei der geringsten Unzufriedenheit in das Nichts zurückstoßen konnte, da man ihnen ihr Amt mit derselben Leichtigkeit wieder nehmen durfte, mit der man sie, als man es ihnen gegeben, aus dem Nichts ans Licht gezogen hatte; wohingegen die Standesherren, die bereits durch ihre Herkunft, ihre Verbindungen und oft auch durch ihren Besitz groß waren, durch das Ministerium und die Ämter, die damit verbunden, eine furchtbare Macht bekämen und aus denselben Gründen gefährlich würden, wenn sie sich ihrer nicht mehr bedienten. Daher der Aufstieg von Kanzlei und Verwaltungsbürokratie und die gradweise Vernichtung des Adels bis zu dem, was man heute sieht und erlebt, diesem Zustand, dem die Verwaltungsbürokratie so gut Nahrung zu geben verstanden hat, daß der größte Standesherr zu nichts mehr taugt und auf tausenderlei Art von dem niedrigsten Schuft abhängig ist. So schwanken die Dinge von einem Extrem zum anderen.

Ich litt, seit ich denken konnte, unter dem bodenlosen Abgrund, in den der ganze Adel herabgesunken war. Es war also meine Absicht, damit zu beginnen, den Adel auf Kosten der Kanzlei und des Advokatenstandes mit all der Würde und Autorität in das Ministerium einzusetzen. Die Sache war behutsam und je nach den Umständen so durchzuführen, daß allmählich diese Krämerseelen außer den Richterämtern alle Verwaltungsposten verlören und daß nach und nach die Standesherren und der gesamte Adel wieder in ihre Ämter eingesetzt würden. Der Zusammenbruch, die Verarmung und die Mesalliancen des Adels, seine mangelnde Eintracht, seine mehr als einhundert Jahre währende Entmachtung, die Kabalen, die Parteiungen, das Einverständnis mit fremden Herrschern und die Verschwörungen im Innern machten diesen Wechsel für den Staat ungefährlich, und es gab genügend Mittel, solcher Gefahr für die Zukunft mit Sicherheit vorzubeugen. Die Schwierigkeit lag in der Unwissenheit, der Leichtfertigkeit, der mangelnden Ausbildung dieses Adels, der sich daran gewöhnt hatte, zu nichts mehr zu taugen, als aus Tradition in den Krieg zu ziehen und sich töten zu lassen und im übrigen in der traurigsten Nutzlosigkeit zu verkümmern, so daß er dem Müßiggang anheimgefallen war und – durch die grundsätzliche Unmöglichkeit, jemals davon Gebrauch zu machen – einem Widerwillen gegen jede Unterweisung, außer der militärischen. Doch ehe man auch nur einen Schritt tat, um das geplante Ziel zu erreichen, mußte man das Ungeheuer beseitigen, das den Adel verschlungen hatte, das heißt den Generalkontrolleur und die Staatssekretäre, die zwar untereinander oft uneins, aber immer vollkommen einig gegen den Adel waren. In dieser Absicht hatte ich die Bildung der Räte vorgeschlagen. Die Zusammenstellung solcher Gremien war eines der ersten Dinge, die ich mit dem Duc d'Orléans besprach. Er war nicht weniger gekränkt als ich über die Tyrannei empört, die diese fünf Könige Frankreichs nach ihrem Gutdünken im Namen des wirklichen Königs und beinahe ohne sein Wissen ausübten, sowie über die unerträgliche Machtfülle, zu der sie aufgestiegen waren. Ich schlug also vor, zwei der Staatssekretärsämter, das des Krieges und das des Auswärtigen, und dann auch den Staatssekretär der Marine abzuschaffen, und diese Ämter durch Gremien verwalten zu lassen. Der Duc d'Orléans billigte diesen Plan, der mehrfach zwischen ihm und mir beraten wurde, außerordentlich.

»Aber Sie«, fragte er mich eines Tages, »Sie schlagen mir stets alle möglichen Leute vor, nur von sich selbst sprechen Sie gar nicht, was wollen Sie denn nun werden?« Ich antwortete ihm, es stünde mir nicht zu, mich in Vorschlag zu bringen oder eine Wahl zu treffen, sondern er müsse befinden, ob er mich, falls er mich dazu befähigt glaube, verwenden wolle, und er müsse die Stellung bestimmen, die er mir zu geben gedächte; diese Unterhaltung, an die ich mich stets erinnern werde, fand in seinem Zimmer in Marly statt. Nach einigem Hin und Her schlug er mir die Präsidentschaft des Finanzrates vor: das war eben die Stellung, die ich dem Duc de Noailles zugedacht hatte. Der Duc d'Orléans war sehr erstaunt und tat alles, mich zu überreden. Ich erwiderte ihm, daß ich nicht die geringste Eignung für die Finanzen besäße, daß dies ein Fachgebiet geworden sei, das meine Fähigkeiten übersteige, daß der Handel, das Bankwesen, der Geldumlauf, die Wechselgeschäfte, alle diese für die Finanzverwaltung entscheidenden Dinge mir kaum dem Namen nach bekannt seien, daß ich nicht einmal die Grundregeln der

Arithmetik beherrschte, daß ich mich niemals in meine Vermögensverwaltung noch in die Berechnung der Haushaltskosten eingemischt hätte, weil ich dazu nicht imstande sei, um wieviel weniger also in die Finanzen eines ganzen Königreiches, die noch dazu derart darniederlägen und in Ordnung zu halten seien.

Ich bin nicht so töricht zu behaupten, nicht damit gerechnet zu haben, daß der Duc d'Orléans mich an der Regierung beteiligen würde, aber die Finanzen widerstanden mir aus den Gründen, die ich dem Duc d'Orléans darlegte, und aus einigen anderen mehr, wobei die Arbeitslast die geringste war. Aber die Ungerechtigkeiten, die sich notwendigerweise mit den Maßnahmen dieses Amtes verbanden, machten mich schaudern: ich konnte mich nicht dazu verstehen, für das Volk und die Öffentlichkeit den Hammer abzugeben und die Wehklagen der Unglücklichen und die, zumal auf diesem Gebiet oft falschen, aber zuweilen begründeten Einwände der Betrüger, der Böswilligen, der Neidischen anzuhören. Was mich indes vor allem bestimmte, war die Zwangslage, zu der die Kriege und andere übermäßige Ausgaben den Staat heruntergewirtschaftet hatten, so daß ich nur die Wahl zwischen zwei Möglichkeiten sah: entweder die Steuern abermals zu erhöhen, um die immensen Schulden abzudecken und also weiterhin alles zu erdrücken; oder aber auf dem Wege der Autorität den Staatsbankrott zu erklären, um damit den künftigen König von allen Verpflichtungen und allen Schulden des Königs, seines Großvaters und Vorgängers loszusprechen, eine ungeheure Ungerechtigkeit, die auf der Stelle zahllose Familien zugrunde richten würde. Der Abscheu, den ich angesichts der einen wie der anderen Unzumutbarkeit empfand, verbot es mir, mich mit diesem Amt zu belasten.

Der Duc d'Orléans fand mich also nach der Bedenkzeit, die er mir gewährt, am nächsten Tag nicht geneigter, die Finanzen zu übernehmen. Er ereiferte sich, aber damit erreichte er nichts. Sein Ärger zeitigte eine Art Entfremdung zwischen uns, so daß ich ihn selten und immer nur kurze Zeit sprach, zwar ohne daß er mich diese Zurückhaltung spüren ließ, aber auch ohne daß wir über andere als über beiläufige Dinge, über Regen und schönes Wetter redeten. Dies kühle Schmollen seinerseits und die gelassene Zurückhaltung meinerseits dauerten drei Wochen. Er gab als erster nach. Eines Tages rief er plötzlich mitten in einer sich hinschleppenden Unterhaltung aus: »Nun also, wie steht's, sind Sie immer noch fest entschlossen, die Finanzen abzulehnen?« Er sah mich an. Ich schlug respektvoll die Augen nieder und entgegnete leise, ich hätte gedacht, daß davon nicht mehr die Rede sein würde. Er konnte sich des Bedauerns nicht enthalten, aber er wurde weder bitter noch ärgerlich. Dann erhob er sich wortlos und begann, wie er es, wenn er verwirrt war, stets zu tun pflegte, mit gesenktem Kopf im Zimmer umherzugehen. Plötzlich wandte er sich mir zu und sagte: »Aber wem geben wir dann dieses Amt?« Ich ließ ihn ein wenig zappeln, dann erwiderte ich, daß ich jemanden wüßte, der sehr geeignet sei, jemanden, der meiner Ansicht nach nicht ablehnen würde. Ich nannte ihm den Duc de Noailles. Da wurde er ungehalten und antwortete mir, daß sei gerade das Rechte, um die Taschen der Marschallin de Noailles und der Duchesse de Guiche zu füllen, die von Berufs wegen Schachergeschäfte betrieben, denen sie unablässig nachgingen; auf diese Weise würde man nur die habgierigste und weitverzweigteste Familie des Hofes bereichern, eine Familie, die man schon beinahe als Volksstamm bezeichnen könnte. Ich wartete, bis er sich wieder beruhigt hatte, dann gab ich ihm zu bedenken, daß, wie er nicht leugnen könne, der Duc de Noailles persönlich mehr Geist besäße als nötig, um dieses Amt glänzend auszufüllen, auch besäße er genug Posten, Statthalterschaften, Verbindungen und Vermögen, um gegen jede Versuchung gefeit zu sein und seiner Verwaltungstätigkeit alles Ansehen und die nötige Autorität zu verleihen. Überdies sei kaum anzunehmen, daß die Marschallin de Noailles besonderen Einfluß auf ihren Sohn ausübe, noch daß die Duchesse de Guiche mit ihrem Bruder anfangen könne, was sie wolle; und irgend etwas sei wohl an jedermann auszusetzen.

Die Diskussion endete damit, daß der Duc d'Orléans sich schließlich herbeiließ, den Duc de Noailles zum Präsidenten des Finanzrates zu ernennen. Ich war in der Tat sehr überzeugt, daß er seine Sache gut machen würde, zumal wenn er weiterhin Rat annähme, so wie er sich bisher eifrig von Desmaretz hatte unterweisen lassen; überdies war ich sehr zufrieden, den Kardinal de Noailles durch die Stellung seines Neffen stützen zu können. Nachdem dies zwischen dem Duc d'Orléans und mir also beschlossen war, fragte mich der Duc d'Orléans abermals: »Und Sie, was wollen denn Sie nun werden?« Er drängte mich so sehr zu einer Äußerung, daß ich schließlich eine Erklärung abgab: ich sagte ihm, daß, wenn er mich in den Rat für Innenpolitik einsetzen würde, ich dort wohl mehr als irgendwo sonst etwas bewirken könne.

»Als Präsident also«, antwortete er mit Lebhaftigkeit.

»O nein, das nicht«, entgegnete ich.

»Aber mit einer Stimme in diesem Rat.«

»Nur eine Stimme im Rat für Innenpolitik wäre ein Hohn und bliebe ungehört. Da Sie absolut nicht Präsident sein wollen, so gibt es nur eine

Stelle, die Ihnen angemessen und die auch mir sehr gelegen käme, nämlich, ein Platz in dem Rat, in dem auch ich bin, d. h. im Regentschaftsrat.«

Das nahm ich an und dankte ihm.

Vorteile bei der Einberufung der Generalstände nach dem Regierungswechsel? – Pläne über Pläne ...

Lange schon erwog ich in Gedanken die Einberufung der Generalstände, und ich bedachte das Für und Wider einer so wichtigen Entschließung. Es gab keine Parteien mehr im Staat, denn die des Duc du Maine war nichts weiter als eine abscheuliche Kabale, die nur noch im Schutze der Dunkelheit einige Schrecken verbreiten konnte und die ihren Rückhalt nur noch in der Unkenntnis, in der augenblicklichen Gunst und den Machenschaften hatte und deren erbärmliches, furchtsames Oberhaupt sowie die wahnwitzigen Entwürfe einer Gemahlin, die nur aufgrund ihrer Herkunft etwas darstellte, niemanden beeindrucken konnte. Es gab keinerlei Reste der alten Parteien, der Orléans und der Bourgogne; niemand im Hause Lothringen, dessen Verdienste, Talente und Ansehen noch an die Liga erinnerten, keine Hugenotten mehr, nirgends, in keinem Stand eine wirkliche Persönlichkeit, derart hatte die lange Herrschaft der niedrigen Bürgerschicht – die so darauf aus war, allein zu regieren und den König durch seine Schwächen zu fangen – es vermocht, alles zu vernichten und die Menschen zu hindern, Menschen zu sein, da sie jeden Wettstreit ausschloß, jede Fähigkeit und jede Frucht der Bildung unterdrückte, indem sie vorsätzlich jeden Menschen, der irgendein Streben und irgendeine Regsamkeit an den Tag legte, entfernte und vernichtete. Diese traurige Wahrheit, die den Duc d'Orléans und mich bewogen hatte, geeignete Leute für den Regentschaftsrat auszusuchen, diente mir nun als Schutzwall gegen die mögliche Gefahr einer Generalständeversammlung und veranlaßte mich, dem Duc d'Orléans diesen Vorschlag zu machen. Ich bat ihn, sich nicht zu erzürnen, bevor er meine Gründe angehört hätte. Ich sagte ihm, wenn man jene Gefahren, die ich ihm aufgezeigt, die aber eben nicht mehr vorhanden seien, ausschlösse, die einzige Bedrohung seitens einer Generalständeversammlung nur jene beträfe, die die Staatsgeschäfte verwaltet hätten, nicht aber Seine Königliche Hoheit. Man müßte den

Generalständen erklären, daß, da der Niedergang außergewöhnlich weit gediehen, auch die Heilmittel nur außergewöhnlich sein könnten; daß Seine Königliche Hoheit nun glaube, es dem Volke schuldig zu sein, ihm anheimzustellen, selbst diesen Niedergang zu beheben, er seinerseits begnüge sich damit, dessen ganzen Umfang aufzudecken und die drei einzigen Heilmittel zu nennen, die seiner Ansicht nach bei dieser Krankheit angewendet werden könnten, wobei er dem Volke die Freiheit ließe, diese Mittel zu diskutieren und die Wahl zu treffen, welcher es sich bedienen wolle; sich selber würde er nur die genaue und getreue Ausführung vorbehalten, dessen was sie in dieser Angelegenheit beschlossen hätten. »Ich glaube nicht«, fügte ich hinzu, »daß es weiterer Argumente bedarf, um Sie zu überzeugen, welch günstige Wirkung eine solche Rede für Sie haben wird. Die unwissende Mehrheit, die glaubt, daß die Generalstände mit großer Macht begabt seien, wird selig sein und wird Sie als den Wiederhersteller der Rechte der Nation feiern. Die kleine Zahl derer, die weiß, daß die Generalstände dem Wesen nach machtlos und nur Abgeordnete ihrer Wähler, mit einem Wort: nur einfache Bittsteller sind, diese kleine Zahl wird Ihr Entgegenkommen als Pfand für eine gerechtere und gemäßigte Regierung nehmen; und jene, die einen schärferen Blick haben als die anderen, werden sich darüber im klaren sein, daß Sie im wesentlichen nichts anderes tun als das, was unsere Könige in allen Versammlungen, sowohl der Generalstände wie der Notablen, getan haben, die alle prinzipiell immer nur zu Finanzbesprechungen einberufen wurden, Sie werden wissen, daß Sie nichts anderes tun, als dem Volk die Wahl der Mittel zu überlassen, Mittel, die ohnehin nur grausam und verabscheuenswert sein können, über die jedoch nach Entscheidung der Generalstände niemand mehr sich beklagen, zumindesten nicht Ihnen die Verarmung des Volkes und den Niedergang des Staates zur Last legen kann.«

Eine Idee ohne Durchführung bleibt ein Traum, und ihre detaillierte Darlegung wird ein Roman. Ich hatte das begriffen, ehe ich es niederschrieb: Aber ich glaubte es mir selber schuldig zu sein, zu beweisen, daß ich keiner Schimäre nachhänge, und Roman wäre vielleicht auch nicht die rechte Bezeichnung für den Versuch, eine weise und gemäßigte Regierung zu bilden, den ruinierten, vernichteten, mit Füßen getretenen Adel wiederaufzurichten, der Kirche den Frieden wiederzugeben, das drückende Joch abzuschütteln, ohne die königliche Autorität anzugreifen, ein Joch, das man zu sehr spürt, als daß nicht ein Wort darüber zu verlieren wäre, und das Ludwig XIV. an den Rand des Abgrunds gebracht hat; da es nicht möglich ist, die Nation von Leiden zu befreien, sollte man ihr wenigstens freistellen, die Art ihrer Leiden selber zu wählen, sollte man, um die Krone vor ehrgeizigen Attentaten zu schützen, dem regierenden Hause den Glanz seiner so einzigartigen und besonderen Vorrechte erhalten, um das innere Gleichgewicht des Staates vor dem Titanismus zu schützen und vor den gefährlichen Erschütterungen, die nicht ausbleiben können, da man bei so ungeheuerlichen Neuerungen gezwungen ist, sie durch Worte auszudrücken, die eigens dazu geschaffen sind. Wenn Projekte von solcher Tragweite, deren Durchführung unerläßlich gewesen wäre, ohne Erfolg geblieben sind, so weil sich im gegebenen Augenblick kein Regent fand, der genügend Entschlußkraft und Folgerichtigkeit besaß. Man wird im Laufe dieses und der folgenden Jahre von weiteren Plänen erfahren, denen dasselbe Los beschieden war. Doch ich war immer der Ansicht, daß nicht der Erfolg über den Wert geplanter Dinge entscheide, zumal wenn der Erfolg von einem anderen abhängt, der es verabsäumt, die Ratschläge zu befolgen, oder der sie nicht einmal ernsthaft verwirklichen will.

Das langsame Dahinscheiden Ludwigs XIV. – Er beauftragt den Duc du Maine, statt seiner eine Revue abzunehmen.

Seit mehr als einem Jahr nahm die Gesundheit des Königs ständig ab. Seine Kammerdiener wurden dessen am ehesten gewahr und verzeichneten jede weitere Verschlechterung, aber ohne daß auch nur einer es wagte, ein Wort darüber verlauten zu lassen. Die Bastarde, oder genauer gesagt der Duc du Maine, bemerkten es gleichfalls. Und er ergriff, unterstützt von Mme. de Maintenon und ihrem Kanzler-Staatssekretär, alle ihm günstigen Maßnahmen; nur Fagon, der Leibarzt, dessen körperliche und geistige Kräfte immer mehr nachließen, stellte keinerlei Veränderungen fest. Mareschal, der Erste Chirurg, machte ihn mehrmals darauf aufmerksam und wurde stets mit barschen Worten zurückgewiesen. Aus Pflicht und Zuneigung für den König wagte Mareschal eines Morgens gegen Pfingsten bei Mme. de Maintenon vorstellig zu werden. Er teilte ihr mit, was er beobachtet habe und wie gröblich Fagon sich täusche. Er versicherte, daß der König, dem er des öfteren den Puls gefühlt habe, seit langem an einem schleichenden, inneren Fieber litte; seine Konstitution sei jedoch so gut, daß mit den entsprechenden Heilmitteln und einiger Umsicht noch viele Möglichkeiten bestänen, doch daß, wenn man dem Übel keinen Einhalt geböte, nichts mehr zu machen sei. Mme. de Maintenon wurde ungehalten, und alles, was Mareschal für seinen Eifer erntete, waren Zornesausbrüche; so würden, sagte sie, nur die persönlichen Feinde Fagons über die Gesundheit des Königs reden: die Fähigkeit, die Pflichttreue und die Erfahrung des Leibarztes könne keinerlei Zweifel an dessen Urteil zulassen.

Die Gicht, die dem König seit Jahren zu schaffen machte, hatte Fagon bewogen, ihn geradezu einzupacken, das heißt ihn Abend für Abend in einen Haufen von Federkissen zu betten, wodurch er Nacht für Nacht derart zum Schwitzen kam, daß man ihn jeden Morgen vor Eintritt des Kämmerers und der Ersten Kammerherren gründlich abfrottieren mußte. Statt des Champagners, das einzige Getränk, an dem er sich zeit seines Lebens gelabt hatte, trank er schon seit Jahren nur mehr mit Wasser vermischten Burgunder, der so alt war, daß er ganz fade schmeckte. Ausländische Gäste, meinte der König zuweilen lachend, wären oft enttäuscht gewesen, wenn sie von seinem Wein hatten kosten wollen. Niemals hatte er unvermischten Wein getrunken noch irgendein geistiges Getränk, nicht einmal Tee, Kaffee, Schokolade. Beim Lever nahm er seit langem statt Brot und etwas Wein nichts als zwei Tassen Salbei- oder Ehrenpreistee zu sich. Tagsüber und immer, bevor er sich schlafen legte, trank er eisgekühltes Orangenblütenwasser; zwischen den Mahlzeiten nahm er niemals etwas zu sich außer ein paar Zimtplätzchen, die er stets für seine Hündinnen in der Tasche hatte. Da er in seinen letzten Lebensjahren mehr und mehr an Verstopfung litt, verordnete ihm Fagon, zu Beginn der Mahlzeiten viel Obst zu essen, Maulbeeren, Melonen und überreife Feigen auf Eis und zum Nachtisch abermals viel Obst, worauf er dann noch eine Menge Zuckerwerk verspeiste. Das ganze Jahr über aß er zum Abendbrot sehr viel Salat. Seine Suppen, von denen er abends und mittags etliche verzehrte, waren wie alles, was man ihm vorsetzte, sehr kräftig, ungemein stark gewürzt und schwer verdaulich. Diese und das Zuckerwerk entsprachen nicht Fagons Anweisungen, der oft darüber spottete, aber keinen Einspruch zu erheben wagte. Schließlich überfüllte dieses nach der Suppe gegessene Obst den Magen, da es die Verdauungssäfte unwirksam machte und so dem König den Appetit nahm; das viele, durch keine geistigen Getränke aufgebesserte Wasser und Obst, das ihm das Blut verdarb, dessen Substanz schwächte und es überdies durch die nächtlichen Schweißausbrüche verdünnte, wurde, wie man bei der Leichenöffnung feststellte, somit zur Ursache seines Todes.

Am Mittwoch, dem 14. August, ließ er sich zum letztenmal zur Messe tragen, hielt Staatsrat, aß üppig, hörte bei Mme. de Maintenon ein Konzert. Er nahm das Abendessen in seinem Zimmer ein, wobei ihm, wie beim Mittagessen, der Hof zusah. Er weilte nur kurz mit seiner Familie im Kabinett und legte sich bald nach zehn Uhr schlafen.

Donnerstag, Mariä Himmelfahrt, hörte er die Messe in seinem Bett, die Nacht war wechselnd und unruhig gewesen. Er nahm das Mittagessen vor aller Augen in seinem Bett ein, erhob sich um fünf Uhr und ließ sich zu Mme. de Maintenon tragen, wo er ein Kammerkonzert hörte. Zwischen der Messe und dem Mittagessen hatte er getrennt mit dem Kanzler, mit Desmaretz und Pontchartrain gesprochen. Das Abendessen und das Coucher vollzogen sich wie am Abend zuvor. Das blieb so, solange er noch aufstehen konnte. Die Nacht zum Freitag, dem 16., war nicht besser gewesen, mit viel Durst und viel Getränken. Er empfing erst um zehn Uhr, blieb fortan stets während der Messe und des Diners im Bett, gab in seinem Arbeitszimmer einem Gesandten aus Wolfenbüttel Audienz, ließ sich zu Mme. de Maintenon tragen, spielte dort mit den vertrauten Damen und hörte danach ein Konzert.

Die Nacht zum Samstag, dem 17. August, verlief wie die vorhergehende. Er hielt in seinem Bett Finanzrat ab, speiste in Anwesenheit vieler Leute, erhob sich dann, gab dem General des Heilig-Kreuz-Ordens Audienz und arbeitete bei Mme. de Maintenon und dem Kanzler. Am Abend nächtigte Fagon zum erstenmal in seinem Zimmer.

Sonntag, der 18. August, verging wie die vorigen Tage. Der König habe, behauptete Fagon, kein Fieber gehabt. Vor und nach dem Diner hielt er Staatsrat, beriet sich darauf wie gewöhnlich mit Peletier über Fragen der Festungsbauten, danach hörte er bei Mme. de Maintenon Musik.

Am Montag, dem 19. August, war die Nacht wieder unruhig gewesen, ohne daß Fagon einsehen wollte, daß der König Fieber hatte. Er wollte Wasser aus Bourbonne für ihn holen lassen. Der König arbeitete mit Pontchartrain, hörte Kammermusik bei Mme. de Maintenon, erklärte, daß er nicht nach Fontainebleau fahre, und sagte, daß er am folgenden Mittwoch die Schwere Reiterei von seinem Balkon aus besichtigen wolle. Er hatte sie aus ihren Kasernen kommen lassen, um Revue abzunehmen. Erst am festgesetzten Tage merkte er, daß er nicht auf den Balkon gehen konnte und sich darauf beschränken müßte, sie vom Fenster aus auf dem großen Hof von Versailles anzusehen.

Dienstag, den 20., war die Nacht wie die vorigen verlaufen. Er arbeitete mit dem Kanzler und wollte bei seinem Diner nur wenige Würdenträger und einige ausländische Gesandte sehen, die sich den Dienstag ausgesucht hatten – und es noch haben –, um nach Versailles zu gehen. Er hielt dann Finanzrat ab und arbeitete danach mit Desmaretz allein. Er konnte Mme. de Maintenon nicht besuchen und ließ sie holen. Kurz darauf wurden, um zur Unterhaltung beizutragen, auch Mme. de Caylus und Mme. de Dangeau hereingebeten. Er aß, mit dem Hausrock bekleidet, in seinem Sessel zu Abend.

Er verließ seine Gemächer nun nicht mehr und zog sich auch nicht mehr an. Die Soirée war so kurz wie die vorigen. Endlich schlug Fagon vor, eine Versammlung der namhaften Ärzte aus Paris und vom Hofe einzuberufen.

Am Mittwoch, dem 21. August, untersuchten vier Ärzte den König, sie hüteten sich, nur die geringste Kritik an Fagon zu üben, der ihm ein

Abführmittel gab. Der König verschob die Besichtigung der Schweren Reiterei auf den Freitag, hielt nach dem Diner Staatsrat und arbeitete dann mit dem Kanzler. Danach kam Madame de Maintenon und später die vertrauten Damen, und man hörte Musik. Er aß im Hausrock zu Abend. Seit einigen Tagen sah man, wie schwer es ihm fiel, Fleisch zu kauen, sogar Brot, von dem er stets nur sehr wenig und nur das Innere gegessen, weil er seit langem keine Zähne mehr hatte. Er nahm eine größere Menge Suppe zu sich, gehacktes Fleisch und Eier, aber er aß nur widerwillig.

Am Donnerstag, dem 22. August, ging es dem König noch schlechter, er empfing vier weitere Ärzte, die genau wie die vier ersten ganz des Lobes voll waren ob der großen Gelehrsamkeit und der weisen Maßnahmen Fagons, der ihm für den Abend in Wasser aufgelöste Chinarinde und für die Nacht Eselsmilch verordnete. Da der König seit dem Vorabend wußte, daß er sich nicht auf den Balkon begeben konnte, um die Parade abzunehmen, ließ er diese seine Schwäche dem Duc du Maine zugute kommen. Er beauftragte ihn, an seiner Stelle und mit all seiner Königlichen Autorität die Revue dieses Elitekorps abzunehmen, um die Truppen noch bei seinen Lebzeiten daran zu gewöhnen, den Duc du Maine so wie ihn selbst zu achten und zu ehren. Ein Angebot, das dieser schwächliche Abklatsch eines Cromwell und der Guise sich zunutze zu machen verstand, aber da es ihm gänzlich an deren Mut fehlte, überkam ihn Angst vor dem, was ihm in diesen letzten Stunden des Königs geschehen konnte, sofern der Duc d'Orléans seine natürlichen Kräfte erkannte und sich entschlösse, Gebrauch von ihnen zu machen. Er suchte also nach einer Deckung, die ihn abschirmen sollte, und es fiel ihm leicht, diese mit Hilfe Mme. de Maintenons zu finden. Mme. de Ventadour, die von ihrem einstigen Liebhaber und intimen Freund, dem Marschall de Villeroy, aufgehetzt worden war, legte dem Dauphin nahe, zu der Revue zu gehen. Dieser bestieg also ein kleines Holzpferd und begab sich zum König, um die Erlaubnis hierfür zu erbitten. Die Komödie war offenkundig, als sich herausstellte, daß die Reiterhauptmannsuniform dem kleinen Dauphin wie angegossen paßte. Der König fand dieses Verlangen des Kindes ganz nach seinem Geschmack und gestattete ihm die Teilnahme.

Der Zustand des Königs hatte bewirkt, daß sich die Einöde der Gemächer des Duc d'Orléans in ein Menschengewimmel verwandelte. Ich schlug ihm vor, zu der Revue zu gehen, dem Duc du Maine unter dem Vorwand, in ihm die Autorität des Königs zu ehren, mit der jener für diese Revue bekleidet war – ihm also genauso wie er es beim König getan hätte, als Höfling zu folgen, sich ihm wider dessen Willen anzuschließen, ihn geflissentlich und mit betonter Absicht, nur mit dem Hut in der Hand anzureden, so wie er es mit dem König getan hätte; ihm auf fünfzig Schritte vorauszugehen, sich seiner Reiterkompanie zu nähern, um ihn dort an deren Spitze zu grüßen, ihn dann einzuholen und ihm mit gezogenem Hut in deren Reihen zu folgen, aber des öfteren einen Blick auf die Suite und die Truppen zu werfen und durch sein respektvoll beleidigendes Gebaren stets den Sarkasmus durchblicken zu lassen, um damit auf diesen schreckensbleichen Pappkönig hinzuweisen. Abgesehen von dem Vergnügen, diesen mitten in seinem Triumph zu mißhandeln, hätte der Duc d'Orléans den Vorteil gehabt, mit dem Offenbarwerden solcher Ängstlichkeit den Truppen und den Zuschauern und durch diese wiederum dem Hof und der Stadt den Beweis zu erbringen, wie sehr die Naturkraft der Usurpation überlegen ist. Der Duc d'Orléans hatte nichts zu fürchten; der König hatte mit seinen Dispositionen gegen ihn und für seine Bastarde alles getan, was er konnte, niemand zweifelte daran, niemand konnte daran zweifeln, schon gar nicht der Duc d'Orléans selbst. Es gab nichts zu verlieren bei solchem Verhalten, und so ironisch solch ein Auftritt auch gewesen wäre, er hätte keinen Anlaß zur Klage geboten, und wem auch? Denn was hätte dieser sterbende Jupiter noch tun können? Dagegen wäre alles zu gewinnen gewesen, indem man den Duc du Maine und die Seinen eingeschüchtert und ihn ganz Frankreich so gezeigt hätte, wie er in Wirklichkeit war. Ich gestehe, daß ich, wenn das möglich gewesen, es mich damals hätte viel kosten lassen, um für vierundzwanzig Stunden der Duc d'Orléans sein zu können, und ich bin nicht sicher, ob der Duc du Maine, so wie er gebaut war, auf der Stelle gestorben wäre. Aber der Duc d'Orléans war in seiner Schwäche zu solch köstlicher Komödie nicht imstande. Er ging zur Revue, besichtigte seine Kompanien, begrüßte an deren Spitze den Dauphin und näherte sich dem Duc du Maine, der, als er seiner ansichtig wurde, erblaßte und dessen Angst und Verwirrung niemandem entging. Jeder, der bei der Revue zugegen war, zeigte sich entrüstet, daß diese in Anwesenheit des Duc d'Orléans vom Duc du Maine abgenommen wurde. Selbst die Reiterei war empört und verbarg das auch nicht.

Ich als kleiner Privatmann machte mir das Vergnügen, das der Duc d'Orléans als künftiger Regent des Königreiches sich nicht zu machen getraut hatte. Ich besuchte Pontchartrain, den ich fast niemals besuchte. Ich platzte wie eine Bombe herein, so etwas ist immer mißlich und noch ärgerlicher für die Bombe selbst als für diejenigen, auf die sie fällt. Diesmal aber war es nur für die Anwesenden peinlich, was mir doppeltes Vergnügen bereitete. Die Minister waren sehr um ihre Zukunft besorgt. Noch standen sie unter der Willkürherrschaft des Königs: keiner von ihnen hätte gewagt, sich dem Duc d'Orléans zuzuwenden; die Wachsamkeit des Duc du Maine und die Furcht vor Mme. de Maintenon hielt sie kurz, weil der König noch immer lebendig genug war, sie davonzujagen, und weil sie sich in diesem Falle nicht hätten schmeicheln können, von dem Duc d'Orléans als Märtyrer angesehen zu werden, höchstens als Märtyrer ihrer veralteten Politik. Ich wollte mich also an Pontchartrains Verwirrung ergötzen und mir das Vergnügen gönnen, meinerseits mit diesen scheußlichen Zyklopen mein Spiel zu treiben. Er hatte sich mit Bezons und d'Effiat eingeschlossen, aber seine Leute wagten nach einem kurzen Zögern doch nicht, mir die Türe zu versperren. Ich betrat also sein Arbeitszimmer. Der erste Eindruck, der sich mir bot, waren drei Männer, die, die Köpfe zusammengesteckt, so dicht beieinander hockten, daß sie bei meinem Eintritt hochschraken und mit einem Ruck in die Höhe fuhren. Sie waren offensichtlich verärgert, doch alsbald ergingen sie sich in Komplimenten, die aus dem Unbehagen entstanden, das meine werte Gegenwart ihnen bereitete. Je deutlicher ich merkte, wie sehr sie sich in ihrer Ratssitzung gestört und unterbrochen fühlten, desto mehr erfreute ich mich daran und desto weniger war ich geneigt, mich zurückzuziehen, wie ich das zu jeder anderen Zeit getan hätte. Sie hofften darauf, aber als sie sahen, daß ich wie jemand, der gar nicht darauf kommt, ihnen zur Last fallen zu können, von gleichgültigen Dingen zu reden begann, verabschiedete sich d'Effiat kurzerhand und bald auch Bezons.

Als sie gegangen waren, war ich so boshaft, Pontchartrain zu sagen, mir schiene fast, ich hätte sie unterbrochen, ich hätte wohl besser getan, sie weiterreden zu lassen. Pontchartrain gestand es mir unter ständigen Komplimenten, so daß er mir Anlaß gab, ihm zu sagen, die beiden seien gerade die rechten Männer, ihm zu Diensten zu sein. Das drohende Ende seiner glückhaften Laufbahn verblendete ihn derart, daß er nicht merkte, wie ich versuchte, ihn nur zum Reden zu bringen, um mich über ihn lustig zu machen, und daß er seine Schandtaten und alles, was sich zwischen ihm und mir abgespielt hatte, so weit vergaß, um sich über meinen Besuch zu freuen und mit mir in einem ihm bisher unbekannten respektvollen Vertrauen zu sprechen. Ich brauchte mir nicht einmal die Mühe zu machen, ihn durch vage Komplimente anzulocken, er geriet in sinnloses Schwätzen, freiwillig erzählte er mir von seinen Schwierigkeiten, seiner Unruhe, seiner Verwirrung, und schließlich sprach er von seiner Bewunderung für den Duc d'Orléans; hie und da ließ er mit halben Worten durchblicken, wie sehr er meine Protektion wünschte. Nachdem ich etliche Zeit lang die Genugtuung gehabt, ihn sich derart kriecherisch erniedrigen zu sehen, erwiderte ich ihm, ich sei erstaunt, daß ein so geistreicher Mann wie er, der den Hof und die Gesellschaft so gut kenne, sich beunruhigen könne über das, was nach dem Tode des Königs geschehen würde (dabei sah ich ihn fest an); bei seiner Fähigkeit und bei seiner Erfahrung in der Marine müsse der Duc d'Orléans nur allzu geneigt sein, ihn in einem so wichtigen und unerläßlichen Amt zu erhalten. Mir schien, daß ich ihm das Leben zurückgab, aber da er sehr umständlich war, verfiel er alsbald wieder in seine Ängste, und ich machte mir den Spaß, ihn zur Hälfte darin zu bestärken, um den Burschen erblassen zu sehen, um ihn dann wieder zu beruhigen mit der Behauptung, daß er auf seinem Posten sehr notwendig und daß man ihn keinesfalls entbehren könne. Diese saftige Komödie, die ich da veranstaltete, dauerte eine gute Dreiviertelstunde. Ich vermied es sorgfältig, auch nur ein Wort zu äußern, aus dem das Angebot, ihm zu helfen, herauszuhören gewesen wäre, noch gab ich Rat oder machte Anspielungen auf die einstige Freundschaft. Tagtäglich hatte mir der Duc d'Orléans versichert, daß er Pontchartrain nicht auf seinem Posten lassen wollte, indem er mir die Wahl der Mitglieder des Marinerats klarmachte, und ich beglückwünschte mich also meiner heimlichen Verspottung und der Tatsache wegen, daß ich nun ganz nahe daran war, das Wort, das ich seinerzeit Pontchartrain gegeben, einlösen zu können.

An eben jenem Donnerstag, dem 22. August, als der Duc du Maine statt des Königs die Revue der Schweren Reiterei abnahm, trug der König bei seinem Coucher dem Duc de La Rochefoucauld auf, er möge ihm am nächsten Morgen Gewänder zeigen, damit er sich das auswählen könne, das er tragen wolle, wenn er die Trauer um den sechsundzwanzigjährigen Sohn der Duchesse de Lorraine, den Prince François, ablegen würde. Man sieht also, daß er, obwohl er keinen Schritt mehr gehen konnte, obwohl er sich die letzten Tage nicht einmal mehr ankleidete, obwohl er sich zu Mme. de Maintenon tragen ließ, obwohl er sein Bett nur mehr verließ, um im Hausrock zu Abend zu essen, obwohl die Ärzte in seinem Zimmer und in den anschließenden Räumen nächtigten und obwohl er schließlich nichts Festes mehr zu sich nehmen konnte, dennoch damit rechnete, wieder gesund zu werden, da er meinte, sich noch ankleiden zu können, und sich ein Gewand dafür aussuchen wollte. Deshalb die unveränderte Folge von Ratssitzungen, Arbeit und

Zerstreuung; die Menschen wollen eben nicht sterben, und sie verbergen es sich so sehr und so lange sie können.

Am Freitag, dem 23., verlief die Nacht wie gewöhnlich. Der König besprach sich nur mit dem Pater Tellier, und da er nicht mehr hoffte, die Reiter noch einmal sehen zu können, schickte er sie in ihre Kasernen zurück. Das Besondere dieses Tages war, daß der König nicht in seinem Bett zu Mittag aß, sondern im Sessel in seinem Hausrock. Danach plauderte er heiter mit Mme. de Maintenon, dann mit den vertrauten Damen.

Ich muß jetzt diese täglichen Aufzeichnungen über das Ende des Königs unterbrechen und etwas zurück- und dann wieder vorgreifen, um danach dieses Tagebuch wiederaufzunehmen und bis zum Tode des Königs fortzuführen.

Noailles offenbart seine Gelüste, Premierminister zu werden, und sucht Saint-Simon, als dieser ablehnend reagiert, zu Fall zu bringen. – Der König macht durch einen Zusatz zu seinem Testament auf Betreiben des Duc du Maine den minderjährigen Thronfolger vollkommen vom Duc du Maine und von Villeroy abhängig. – Der König nimmt tagelang Abschied. – Mme. de Maintenon zieht sich nach Saint-Cyr zurück. – Tod des Königs.

Vor einiger Zeit hatte mir der Duc de Noailles einen absurden Vorschlag gemacht, den ich auf der Stelle abgelehnt hatte; daß nämlich beim Tode des Königs sämtliche Herzöge, die sich in Versailles befänden, zusammen mit dem Duc d'Orléans und den Prinzen von Geblüt den neuen König begrüßen sollten.

Als ich mich eines Abends zeitig zu ihm begab, begann er mit mir zu diskutieren, um mir den Plan der Einberufung der Generalstände auszureden, und unter tausend Lobeshymnen über ein an sich so treffliches Vorhaben – von dem er wohl wußte, wie sehr es ihn hemmen und wie sehr es ihn von dem Ziel abbringen würde, das er sich in seiner Leidenschaft für die Finanzverwaltung gesetzt hatte – versuchte er mir dessen Schwierigkeiten und Hindernisse vor Augen zu führen. Dann gedachte er mir begreiflich zu machen, wie gefährlich die Menge bei Prinzen wie dem Duc d'Orléans und wie vorteilhaft die Einsamkeit mit ihm, Noailles, sein würde. Er redete lange, ohne etwas Wesentliches zu sagen; nach und nach geriet er scheinbar in Harnisch, wobei er jedoch seine Gemütserregung, seine Worte und sogar seine Blicke völlig in der Gewalt hatte. »Sie haben die Finanzen abgelehnt«, meinte er (der Duc d'Orléans hatte es ihm mitgeteilt). »Sie wollen sich offiziell mit gar nichts beladen. Sie haben recht, Sie bewahren sich auf, um für alles bereit zu sein, und Sie binden sich einzig und allein an den Duc d'Orléans; so wie Sie mit ihm stehen, können Sie nichts Klügeres tun. Und wenn wir, Sie und ich, uns gut verstehen, könnten wir alles machen, was wir wollen. Aber«, fügte er hinzu, »dafür reicht der Finanzrat nicht aus, ich brauche mehr; es wäre unzuträglich, wenn wir mit irgend jemandem rechnen müßten.«

Mit tiefem Staunen vernahm ich eine derart persönliche, derart ungeschminkte und maßlose Äußerung über den Duc d'Orléans wie über das Wohl des Staates, und ich spitzte die Ohren, um zu erraten, wohinaus er mit seinen seltsamen Reden wollte, als er mir weiteres Grübeln ersparte. »Generalstände«, fuhr er fort, »das ist ein Wirrwarr, aus dem Sie niemals herauskämen, ich liebe die Arbeit. Ich will ganz offen mit Ihnen reden, mir ist ein Gedanke gekommen, der mir vorzüglich scheint: Nochmals, wir müssen zusammenhalten! Stimmen wir uns aufeinander ab; bewirken Sie, daß man mich zum Premierminister macht, dann werden wir die Herren sein.« – »Premierminister«, unterbrach ich ihn mit einer Entrüstung, die ich bisher unterdrückt und die nun durch diesen Schluß ihren Siedepunkt erreichte. »Premierminister! Ich will Sie nicht im unklaren lassen, wenn es diesen Posten zu besetzen gäbe und ich Lust darauf hätte, dann würde ich Premierminister. Aber weder ich noch Sie, noch irgend jemand wird jemals Premierminister werden, weil ich dessen Stellung und Machtbefugnis für eine Geißel und für die Pest, für den Ruin eines Staates und seine Person für das Schandmal und den Kerkermeister eines Königs oder eines Regenten halte.« Der Duc de Noailles besuchte mich anderntags so, als ob vom Premierminister niemals die Rede gewesen sei. Zwischen sechs und sieben Uhr abends betrat er mein Zimmer, wo wir, Mailly, der Erzbischof von Reims, der Duc de Sully, Charost und de La Force miteinander beratschlagten. Wir ließen uns nicht stören. Der Duc de Noailles hatte nichts Besonderes mitzuteilen; plötzlich aber brachte er jene Begrüßung des künftigen Königs, von der er mir schon erzählt hatte, in Vorschlag. Ich war um so erstaunter darüber, als er, nachdem er mich vierzehn Tage lang fortwährend mit dieser Sache belästigt hatte, nicht mehr darauf zu sprechen gekommen war, so daß ich dachte, meine Einwände hätten ihn überzeugt. Ich gab ihm also meine Verwunderung zu verstehen und erklärte ihm abermals, wie sehr mir eine derartige Neuerung mißfiele. Ich muß hier hinzufügen, daß sich seit einigen Tagen unter dem Adel eine starke Unruhe bemerkbar gemacht hatte, so daß dieser Vorschlag nun das Hauptthema aller Gespräche wurde.

Saint-Hérem war der erste unter vielen anderen, der Mme. de Saint-Simon mitteilte, diese ganze Geschichte würde mir angelastet. Ich gälte als der Urheber dieses Begrüßungsprojektes. Alle warnten Mme. de Saint-Simon und meinten, daß ich bei einer so allgemeinen und wütenden Erregung nicht in Sicherheit wäre und daß Mme. de Saint-Simon gut daran täte, auf mich zu achten. Ihre Überraschung war um so größer, als sie ganz genau wußte, was sich zwischen dem Duc de Noailles und mir abgespielt hatte; wie überrascht aber war sie erst, als sie – ebenfalls von Saint-Hérem und vielen anderen – erfuhr, daß Noailles dieses Feuer schürte, daß er es war, der mich als Urheber und einzigen Befürworter dieses Begrüßungszeremoniells hinstellte und sich selbst als denjenigen, der sich mit allen Kräften widersetzt habe.

Ich wurde erst spät über diese scheußliche Gemeinheit und deren Auswirkungen unterrichtet. Da erst fielen mir die Schuppen von den Augen. Langsam begann ich zu begreifen, weshalb Noailles auf diesen merkwürdigen Einfall der Begrüßung gekommen und weshalb er trotz all meiner Gegengründe mit so erstaunlicher Hartnäckigkeit daran festgehalten hatte. Alles, was ich im Laufe der Zeit zu seinen Gunsten getan hatte, erregte statt Dankbarkeit nur seine Eifersucht, er spürte, daß er mit mir rechnen müsse, aber er wollte mit niemandem rechnen, sondern der alleinige Herr, mit einem Wort, er wollte Premierminister sein. Ich kann nicht daran zweifeln, da er mir ja vorschlug, ihm zu diesem widerwärtigen Posten zu verhelfen. Kurz darauf faßte er den Plan, mich auszuschalten in der Hoffnung, dann auf weiter Flur allein zu sein: daher kam er auf den Einfall mit dem Begrüßungszeremoniell. Er wollte vor allem versuchen, mir eine Falle zu stellen, also unternahm er in meinem Zimmer den letzten Versuch, mich in seine Netze zu locken, und als ihm das nicht gelang, zögerte er keinen Augenblick, seine Perfidie durch das abscheulichste Verbrechen zu vollenden, durch die übelste Verleumdung, die der Teufel einem Menschen, den er besessen hält, einzugeben vermag. Er trug sich mit den angenehmsten Hoffnungen und war ganz sicher, daß ich so oder so seinem Anschlag erliegen würde. Sollte ich wider Erwarten dennoch aus diesem gefährlichen Labyrinth herauskommen, so könne, meinte er, der Duc d'Orléans einen Mann, der den ganzen Adel gegen sich hätte, niemals in den Staatsgeschäften und in einer Vertrauensstellung behalten.

Ich behandle diese ganze Angelegenheit etwas ausführlicher, um nicht wieder darauf zurückkommen zu müssen und um einiges zu erklären, was sich während und sogar nach der Régence zugetragen hat. Noailles litt als überführter Sünder unter dem Gewicht seines Vergehens. Die öffentlichen Beleidigungen, denen ich ihn unaufhörlich aussetzte, schreckten ihn jedoch nicht ab. Er unterließ es nicht, bei dem Regenten immer wieder vor mir stehenzubleiben oder mich vor Beginn und zum Ende des Regentschaftsrates mit betonter Ehrerbietung zu grüßen. Ich aber ging stets geradenwegs an ihm vorbei, ohne ihn jemals zu grüßen, was jedoch niemals die Regierungsgeschäfte beeinträchtigte, denn das hatte ich mir zum Gesetz gemacht, gegen das gefehlt zu haben ich mir niemals vorzuwerfen brauche. Auch vertrat ich Noailles' Meinung, wenn ich sie für richtig hielt; es ist sogar vorgekommen, daß ich ihn gegen andere unterstützt habe.

Doch kehren wir jetzt wieder zu dem Tag zurück, von dem wir ausgegangen, zum Donnerstag, dem 22. August, der bemerkenswert ist wegen der von dem Duc du Maine im Namen des Königs abgenommenen Revue, während deren der Monarch sich damit unterhielt, ein Gewand auszusuchen, in das er sich kleiden würde, wenn er sich wieder anziehen könnte.

Am Freitag, dem 23. August, war die Nacht wie gewöhnlich. An eben diesem Tag erfuhr der König, daß Maisons gestorben war, und er gab auf Bitten des Duc du Maine das Amt dessen Sohn. Am Samstag, dem 24., war die Nacht nicht schlechter als sonst, denn jede Nacht war nun schlecht; aber das Bein schien sich merklich zu verschlimmern und verursachte stärkere Schmerzen. Er hörte wie stets die Messe, aß in seinem Bett zu Mittag, wobei alle zugelassenen Höflinge ihn besuchten, hielt dann Finanzrat, darauf arbeitete er allein mit dem Kanzler: später erschien Mme. de Maintenon mit den vertrauten Damen. Zum letztenmal aß er im Hausrock und in Gegenwart der Höflinge zu Abend. Ich sah, daß er nur noch Flüssiges herunterschlucken konnte und daß es ihm peinlich war, beobachtet zu werden. Er vermochte die Mahlzeit nicht zu beenden und bat die Höflinge hinauszugehen. Er ließ sich wieder zu Bett bringen: man untersuchte sein Bein, das schwarze Flecke aufwies. Er ließ den Pater Tellier holen und beichtete. Die Ärzte waren äußerst bestürzt. Sie hatten es mit Milch und aufgelöster Chinarinde versucht, aber da sie sich keinen Rat mehr wußten, gaben sie beides auf.

Am Sonntag, dem 25. August, am Fest des Heiligen Ludwig, war die Nacht merklich schlechter gewesen. Man verhehlte sich nun die unmittelbar bevorstehende Gefahr nicht mehr. Gleichviel verlangte der König ausdrücklich, daß nichts an der üblichen Festordnung geändert würde, das heißt, daß die unter seinem Fenster versammelten Trommler und Pfeifer bei seinem Erwachen Musik erklingen ließen, auch die vierundzwanzig Geiger mußten wie stets an diesem Tag während des Mittagessens in seinem Vorzimmer spielen. Alsdann hatte er eine Unterredung mit Mme. de Maintenon, dem Kanzler und dem Duc du Maine. Mme. de Maintenon und der Duc du Maine, der nur an sich dachte, fanden beide, daß der König für jenen in seinem Testament nicht genug getan habe, ein Kodizill sollte dem abhelfen. Das bewies den ungeheuren Mißbrauch, den sie mit der Schwäche des sterbenden Königs trieben, und bewies gleichzeitig, wohin übermäßiger Ehrgeiz einen Menschen zu bringen vermag. Durch dieses Kodizill unterwarf der König den gesamten privaten und militärischen Haushalt unmittelbar und ohne Einschränkung dem Duc du Maine und unter dessen Befehlen dem Marschall de Villeroy, die beide durch diese Anordnung zu den alleinigen Herren über die Person und den Aufenthaltsort des jungen Königs wurden; durch zwei Garderegimenter und zwei Musketierkompanien wurden sie ferner Herren über Paris und über die Garderegimenter, so daß der Regent nicht mehr über den kleinsten Schatten Autorität verfügte und vollkommen von den beiden abhängig war, ja sogar ständig fürchten mußte, verhaftet zu werden, wann immer es dem Duc du Maine belieben würde.

Kurz nachdem der Kanzler den König verlassen hatte, schickte Mme. de Maintenon nach den vertrauten Damen, und um sieben Uhr kamen die Musiker. Indes war der König während des Gespräches der Damen eingeschlafen; er erwachte mit benommenem Kopf, was die Anwesenden erschreckte und sie veranlaßte, die Ärzte herbeizurufen. Diese fanden den Puls so matt, daß sie dem König, der inzwischen seinen Ohnmachtsanfall überwunden hatte, empfahlen, unverzüglich die Sakramente zu empfangen. Man ließ den Pater Tellier rufen und benachrichtigte den Kardinal de Rohan, der ohne das Geringste zu argwöhnen, Gäste zu sich geladen hatte. Inzwischen schickte man die Musiker, die bereits ihre Notenbücher und Instrumente bereit hatten, wieder weg. Auch die Damen verließen den König. Zufällig kam ich in diesem Augenblick durch die Galerie und die Vorzimmer, um von meiner Wohnung im neuen Flügel in den anderen Flügel zur Duchesse d'Orléans und danach zum Duc d'Orléans zu gehen. Ich sah einige der Musiker, die ich für Nachzügler hielt, denn ich dachte, die übrigen seien schon drinnen. Als ich mich dem Saal der Garden näherte, kam Pernost, der Pförtner des Vorzimmers, auf mich zu und fragte mich, ob ich wüßte, was geschehen sei, darauf erklärte er es mir.

Ich fand die Duchesse d'Orléans mit einer leichten Migräne zu Bett, sie war von ihren Damen umgeben, die Konversation machten, und dachte an nichts Böses. Ich näherte mich dem Bett und erzählte der Duchesse d'Orléans, was vorgefallen. Sie wollte es nicht glauben und versicherte mir, daß gerade Konzert sei und der König sich recht wohl befinde; dann fragte sie, da ich nur leise mit ihr gesprochen hatte, laut ihre Damen, ob sie irgend etwas hätten läuten hören. Keine hatte auch nur das geringste vernommen, und die Duchesse d'Orléans zweifelte noch immer. Ich sagte ihr zum zweitenmal, daß ich der Sache ganz sicher sei, sie solle sich doch wenigstens die Mühe machen, Erkundigungen einzuholen und sich inzwischen zu erheben. Sie folgte meinem Rat, und ich ging zum Duc d'Orléans, den ich ebenfalls ins Bild setzte und der, da er nicht benachrichtigt worden war, es mit gutem Grund für ratsam hielt, zu Hause zu bleiben. Eine Viertelstunde nachdem man die Musiker und die Damen fortgeschickt hatte, war bereits alles geschehen. Der Pater Tellier nahm dem König die Beichte ab, während der Kardinal de Rohan das Allerheiligste aus der Kapelle holen ließ. Der Kardinal wies den König mit einigen Worten auf die Bedeutung dieser letzten erhabenen Handlung hin, während deren der König sehr standhaft schien, aber sehr durchdrungen von dem, was er tat. Unmittelbar darauf, und gerade dies unmittelbar war ein wenig befremdend, brachte man ein kleines Tischchen an sein Bett. Der Kanzler legte ihm das Kodizill vor, unter das der König vier oder fünf eigenhändige Zeilen setzte und das er dann dem Kanzler zurückgab.

Er verlangte etwas zu trinken, dann ließ er den Duc d'Orléans holen, aber, und das ist schrecklich, den Leib Christi, den er soeben empfangen, noch auf den Lippen, versicherte er seinem Neffen, daß er nichts in seinem Testament fände, womit er unzufrieden sein würde, dann empfahl er ihm den Staat und die Person des zukünftigen Königs. Es war zwischen der Kommunion und der Letzten Ölung bis zu diesem Gespräch keine halbe Stunde vergangen; er konnte also unmöglich die befremdenden Verfügungen vergessen haben, die man ihm mit so vieler Mühe entrissen und die er soeben durch sein Kodizill noch verschärft hatte, womit er dem Duc d'Orléans ein Messer an die Kehle setzte, dessen Griff er dem Duc du Maine in die Hand gab.

Am Montag, dem 26. August, verlief die Nacht auch nicht besser. Er wurde verbunden, dann hörte er die Messe. Nur die unabkömmlichsten Personen blieben im Zimmer und gingen nach der Messe. Der König hieß die Kardinäle de Rohan und de Bissy bleiben. Wie stets blieb auch Mme. de Maintenon und ebenfalls der Marschall de Villeroy, der Pater Tellier und der Kanzler. Der König rief die beiden Kardinäle zu sich, beteuerte, daß er im Glauben und in Unterwerfung unter den Willen der Kirche stürbe; dann fügte er, während er sie ansah, hinzu, er sei sehr betrübt, daß er die Angelegenheiten der Kirche in dem Zustand, in dem sie sich befänden, zurücklassen müsse; er sei jedoch in diesen kirchlichen Fragen ein vollkommener Laie, wofür er sie als Zeugen anrufe. Er habe nichts anderes getan als das, was sie von ihm gewollt, er habe alles getan, was sie gewollt hätten, es sei an ihnen, ihn vor Gott zu entlasten für alles, was in dieser Angelegenheit zuviel oder zuwenig getan worden sei. Er beteuerte von neuem, daß sie vor Gott für ihn bürgen müßten, daß er als Laie, der sich in der ganzen Angelegenheit auf sie verlassen, ein reines Gewissen habe.

Welch furchtbarer Donnerschlag! Aber die beiden Kardinäle ließen sich dadurch nicht aus der Ruhe bringen, ihre Verhärtung hielt jedem Angriff stand. An eben jenem Montag, dem 26. August, aß der König, nachdem die beiden Kardinäle gegangen waren, in Gegenwart aller, die zugelassen waren, in seinem Bett zu Mittag. Er hieß die Anwesenden näher treten und sagte ihnen Worte, die noch zur gleichen Stunde notiert wurden: »Messieurs, ich bitte Sie um Verzeihung für das schlechte Beispiel, das ich Ihnen gegeben habe, ich muß Ihnen danken für die Treue und für die Anhänglichkeit, mit der Sie mir gedient haben, es macht mich traurig, daß ich nicht alles für Sie getan habe, was ich hätte tun wollen. Die schlechten Zeiten sind schuld daran. Ich bitte Sie, meinem Enkel mit demselben Eifer und derselben Treue zu dienen wie mir; er ist ein Kind und wird viel Schweres zu überwinden haben. Mögen Sie ein Beispiel für alle meine übrigen Untertanen abgeben. Folgen Sie den Befehlen, die mein Neffe Ihnen erteilen wird, er wird das Königreich regieren, und ich hoffe, daß er das gut machen wird! Ich hoffe gleichfalls, daß Sie alle zur Eintracht beitragen und daß Sie demjenigen, der sich von ihr entfernt, helfen werden, wieder zu ihr zurückzufinden. Ich fühle, daß mich Rührung überkommt und daß ich auch Sie in Rührung versetze, ich bitte Sie dafür um Verzeihung. Adieu, Messieurs, ich bin gewiß, daß Sie sich zuweilen meiner erinnern werden.«

Bald nachdem alle hinausgegangen waren, ließ er den Marschall de Villeroy kommen und sagte folgende Worte, die jener im Gedächtnis behielt und seitdem stets wiederholte: »Monsieur le Maréchal, ich gebe Ihnen einen neuen Beweis meiner Freundschaft und meines Vertrauens. Ich ernenne Sie zum Erzieher des Dauphins, das ist das wichtigste Amt, das ich zu vergeben habe. Sie werden durch mein Testament erfahren, wie Sie sich dem Duc du Maine gegenüber zu verhalten haben. Ich zweifle nicht, daß Sie mir nach dem Tode mit derselben Treue dienen werden, wie Sie es während meines Lebens getan haben. Ich hoffe, daß mein Neffe Ihnen die Achtung und das Vertrauen entgegenbringt, die er einem Manne schuldet, den ich immer geliebt habe. Adieu, Monsieur le Maréchal, ich hoffe, daß Sie sich stets meiner erinnern werden.«

Nach einer kleinen Pause ließ der König Monsieur le Duc und den Prince de Conti, die sich im Nebenzimmer aufhielten, zu sich rufen. Ohne daß er sie näher herankommen ließ, empfahl er ihnen die zwischen den Prinzen notwendige Eintracht und widerriet ihnen, dem von ihren Familien während der inneren Wirren des Staates und der Kriege gegebenen Beispiel zu folgen. Mehr sagte er ihnen nicht. Als er dann Frauenstimmen im Arbeitszimmer vernahm, wußte er gleich, wer da war, und ließ sie eintreten. Es waren die Duchesse de Berry, Madame, die Duchesse d'Orléans und die Prinzessinnen, die alle laut schluchzten und die der König bat, sie möchten dieses Weinen unterlassen. Er sagte ein paar freundliche Worte zu ihnen, ganz besonders zu Madame, und ermahnte schließlich die Duchesse d'Orléans und Madame la Duchesse, sich wieder miteinander auszusöhnen. Das Ganze dauerte nicht lange, er schickte sie alle bald wieder fort. Unter lautem Wehklagen gingen sie durch die Gemächer, was, da die Fenster offenstanden, draußen den Glauben erweckte, der König sei bereits gestorben, ein Gerücht, das sich bis nach Paris und bis in die Provinzen verbreitete.

Eine kleine Weile später bat der König, die Duchesse de Ventadour möge den Dauphin bringen. Er ließ ihn nahe an sein Bett kommen und sagte in Gegenwart von Mme. de Maintenon zu ihm: »Mein Kind, Sie werden ein großer König sein; ahmen Sie mich nicht nach, weder in meiner Bauleidenschaft noch in meiner Freude am Kriegführen, versuchen Sie, Frieden mit Ihren Nachbarn zu halten. Erweisen Sie Gott die Ehre, die Sie ihm schulden, vergessen Sie nie Ihre Verpflichtung gegen ihn, und halten Sie Ihre Untertanen an, ihn zu ehren. Folgen Sie stets guten Ratschlägen: suchen Sie die Lasten Ihres Volkes zu erleichtern, was ich unglücklicherweise nicht habe tun können, bleiben Sie der Duchesse de Ventadour stets dankbar«, und indem er ihn küßte, sagte er: »Mein liebes Kind, ich segne Sie von ganzem Herzen.« Als man den kleinen Prinzen vom Bett des Königs entfernen wollte, verlangte jener nochmals nach ihm, küßte ihn abermals und segnete ihn, indes er Hände und Augen zum Himmel erhob, aufs neue. Dieses Schauspiel war unendlich rührend. Die Duchesse de Ventadour beeilte sich, den Dauphin wegzubringen und ihn in sein Gemach zurückzuführen.

Kurze Zeit darauf ließ der König den Duc du Maine und den Comte de Toulouse zu sich rufen, er befahl allen, hinauszugehen und die Türen zu schließen. Diese geheime Unterredung dauerte ziemlich lange. Danach ließ er dann den Duc d'Orléans kommen, sprach nur kurz mit ihm, rief ihn dann aber noch einmal zurück und ordnete an, er möge nach seinem Tode den zukünftigen König nach Vincennes bringen, wo die Luft gut sei, und ihn dort lassen, bis die Trauerfeierlichkeiten in Versailles beendet und das Schloß wiederhergerichtet sei, denn dieses Schloß bestimmte er als Aufenthaltsort für den jungen König.

Am Dienstag, dem 27. August, betrat niemand das Zimmer des Königs außer dem Pater Tellier und Mme. de Maintenon sowie dem Kardinal de Rohan, der die Messe las. Um zwei Uhr ließ dann der König den Kanzler holen und veranlaßte ihn, als er mit ihm und Mme.

de Maintenon allein war, zwei Kassetten zu öffnen, die mit Papieren gefüllt waren, von denen er viele verbrennen ließ, und ordnete dann an, was mit den übrigen zu geschehen habe.

Als all dies geregelt war, sagte er zu Mme. de Maintenon, er habe so oft gehört, daß es schwer sei, sich zum Sterben bereit zu machen, er jedoch, der nun vor diesem den Menschen so schrecklichen Augenblick stünde, fände es gar nicht so peinvoll, diesen Entschluß zu fassen. Sie entgegnete ihm, es wäre wohl schwer, sofern man noch an der Kreatur hinge, Haß im Herzen trüge oder Unrecht wiedergutzumachen habe. »Ach«, rief der König aus, »was das gutzumachende Unrecht betrifft, so schulde ich dem einzelnen nichts, was ich jedoch an dem Königreich gutzumachen habe, so hoffe ich auf die Barmherzigkeit Gottes.«

Die folgende Nacht war sehr unruhig. Man sah ihn alle Augenblicke die Hände falten, man hörte ihn die Gebete murmeln, die er aus gesunden Tagen gewohnt war, und hörte, wie er sich beim Confiteor an die Brust schlug.

Am Mittwoch, dem 28. August, bedachte er Mme. de Maintenon am Morgen mit einer Bemerkung, die jener gar nicht gefiel und auf die sie kein Wort erwiderte. Er sagte, wenn er sie nun verließe, so tröste ihn doch die Hoffnung, daß bei dem Alter, in dem sie stehe – sie war immerhin vier Jahre älter als er –, sie beide sehr bald wieder miteinander vereint sein würden. Um sieben Uhr ließ er den Pater Tellier rufen und sah, während jener ihm von Gott sprach, in dem Spiegel über dem Kamin zwei seiner jungen Lakaien, die weinend zu Füßen seines Bettes saßen. Er sagte zu ihnen: »Warum weint ihr? Habt ihr geglaubt, daß ich unsterblich wäre, ich habe es niemals geglaubt, und bei meinem Alter hättet ihr darauf vorbereitet sein müssen, mich zu verlieren.«

Auf der Reise von Marseille nach Paris erfuhr ein grobschlächtiger Provenzale von dem bedrohlichen Gesundheitszustand des Königs und kam an jenem Morgen nach Versailles mit einem Heilmittel, das, wie er sagte, den Brand aufhalten würde. Der König war so krank und die Ärzte so ganz am Ende ihrer Weisheit, daß sie in Gegenwart von Mme. de Maintenon und des Duc du Maine einwilligten. Fagon wollte etwas erwidern, aber der Bauer, der sich Le Brun nannte, herrschte ihn derart an, daß Fagon, der gewöhnt war, die anderen anzuherrschen, bis sie zitterten, wie betäubt dastand. Man gab also dem König gegen elf Uhr morgens zehn Tropfen dieses Lebenselixiers in Alicantewein. Bald darauf ging es ihm entschieden besser. Da aber der Pulsschlag zurückgegangen und ganz schwach geworden war, gab man ihm eine weitere Dosis und sagte ihm, das geschehe, um ihn wieder ins Leben zu rufen.

Er nahm das Glas und antwortete: »Zum Leben oder zum Tod, ganz wie Gott will.«

Als Mme. de Maintenon den König verließ, ging sie tief verschleiert, vom Marschall de Villeroy begleitet, an ihren Gemächern vorbei, schritt die Freitreppe hinunter, wo sie den Schleier emporhob. Ohne eine Träne zu vergießen, umarmte sie den Marschall de Villeroy und sagte: »Adieu, Monsieur le Maréchal« zu ihm, stieg in eine Karosse des Königs, die ihr stets zur Verfügung stand und in der Mme. de Caylus sie bereits erwartete, um sich, gefolgt von ihrer eigenen Karosse, in der ihre Frauen saßen, nach Saint-Cyr zu begeben.

Am Donnerstag, dem 29. August, schien sich der König morgens viel wohler zu fühlen. Das Gerücht von Besserung, das maßlos übertrieben wurde, verbreitete sich allenthalben. Der König aß sogar mit einigem Appetit zwei in Alicantewein aufgeweichte Biskuits. An diesem Tag begab ich mich um zwei Uhr nachmittags zum Duc d'Orléans, in dessen Gemächern sich die Menge seit acht Tagen zu jeder Stunde so drängte, daß buchstäblich keine Nadel zu Boden fallen konnte. Jetzt begegnete ich dort keiner Menschenseele. Sobald der Herzog meiner ansichtig wurde, begann er zu lachen und sagte, ich sei der erste, der ihn an diesem Tag besuche, bisher sei es völlig öde bei ihm gewesen, so ist die Welt.

Der Abend entsprach nicht den Hoffnungen, die man sich den Tag über gemacht hatte. Während der König seine Anordnungen traf, pflegte er häufig vom Dauphin als von dem jungen König zu sprechen. Er sah, daß das ein gewisses Unbehagen bei seiner Umgebung auslöste. »Aber warum denn«, fragte er die Anwesenden, »das macht mir wirklich nichts aus.« Um acht Uhr abends nahm er wieder ein paar Tropfen von dem Elixier des Provenzalen, er sagte selbst, daß er sich sehr elend fühle. Gegen elf Uhr abends wurde sein Bein untersucht, der Fuß und das Knie waren ganz vom Brand befallen, und der Schenkel war völlig entzündet. Während der Untersuchung verlor er das Bewußtsein. Es bereitete ihm Kummer, Mme. de Maintenon nicht im Zimmer zu sehen, die sich endgültig hatte zurückziehen wollen. Er hatte mehrfach nach ihr gefragt, man konnte ihre Abreise nicht verbergen. Er schickte einen Boten nach Saint-Cyr, und sie kam am Abend zurück.

Am Freitag, dem 30. August, verlief der Tag ebenso schlecht wie die Nacht. Völlige Ermattung, von Zeit zu Zeit Bewußtseinstrübung. Ab und an nahm er ein wenig Gelee und klares Wasser zu sich, da er Wein nicht mehr vertragen konnte. Um fünf Uhr nachmittags ging Mme. de Maintenon in ihre Gemächer, verteilte alles, was sie an Möbeln besaß, unter ihrer Dienerschaft. Dann begab sie sich abermals nach Saint-Cyr, um es nun nie mehr zu verlassen. Die Nacht zum Samstag, dem 31. August, sowie der Tag waren schrecklich. Er war nur ein paar kurze Augenblicke bei Bewußtsein.

Der Brand hatte über das Knie den ganzen Schenkel erfaßt. Man verabreichte ihm jene Arznei des verstorbenen Abbé d'Aignan, die ihm die Duchesse du Maine hatte schicken lassen; es war dies ein vorzügliches Mittel gegen die Blattern, aber die Ärzte willigten, da sie keinerlei Hoffnung mehr hegten, in alles ein. Gegen elf Uhr abends fand man den Zustand des Königs so schlecht, daß man mit den Sterbegebeten begann. Die Zeremonie brachte ihn wieder zu Bewußtsein. Er sprach die Gebete mit so lauter Stimme, daß er die zahlreich anwesenden Geistlichen übertönte. Als die Gebete beendet waren, erkannte er den Kardinal de Rohan und sagte zu ihm: »Das also sind die letzten Gnadengeschenke der Kirche.« Rohan war der letzte, mit dem er sprach, er wiederholte mehrere Male: »*nunc et in hora mortis*«, dann rief er: »O mein Gott, komm mir doch schnell zu Hilfe.« Das waren seine letzten Worte. Die ganze Nacht kam er nicht mehr zu Bewußtsein und verharrte im langen Todeskampf, der am Sonntag, dem 1. September 1715, um Viertel nach acht in der Frühe endete, drei Tage bevor er sein siebenundsiebzigstes Lebensjahr vollendet hätte und im zweiundsiebzigsten Jahre seiner Regierung.

Er heiratete im Alter von zweiundzwanzig Jahren, als er 1660 den berühmten Pyrenäen-Frieden unterzeichnet hatte. Er war dreiundzwanzig Jahre alt, als der Tod Frankreich vom Kardinal Mazarin befreite. Er war siebenundzwanzig Jahre, als er 1666 die Königin, seine Mutter, verlor. Er wurde 1683 mit vierundvierzig Jahren Witwer, verlor 1701 im Alter von dreiundsechzig Jahren Monsieur, seinen Bruder, und überlebte alle seine Söhne und Enkel, mit Ausnahme seines Nachfolgers sowie des Königs von Spanien und dessen Kinder. Europa hat niemals eine so langwährende Regierungszeit und Frankreich noch niemals einen so betagten König erlebt.

Würdigung Ludwigs XIV.

Ludwig XIV. war ein Monarch, dem man viele gute und sogar große Eigenschaften nicht absprechen kann, dessen schlechte Eigenschaften und kleinliche Enge jedoch nicht zu verkennen sind, wobei schwer zu unterscheiden ist, was zu ihm selber gehörte und was er von anderen angenommen hatte. Es gibt nur wenige Schriftsteller, die darüber genaue Auskunft geben könnten, und es ist nichts schwieriger, als Menschen zu finden, die den König aus eigener Erfahrung kannten und die sich so in der Gewalt haben, daß sie ohne Haß und Schönfärberei über ihn zu schreiben vermöchten, um im Guten wie im Bösen nichts als die nackte Wahrheit zu sagen. Der ersten Forderung werde ich, glaube ich, Genüge tun, was die zweite betrifft, so will ich versuchen, nach bestem Gewissen jede Leidenschaft auszuschalten.

Von den ersten Jahren Ludwigs XIV. zu sprechen erübrigt sich hier. Als Kind schon war er König, aber unterdrückt durch die Politik einer Mutter, die herrschen wollte, und vor allem durch das selbstsüchtige Verbrechen eines verderblichen Ministers, der um der eigenen Größe willen tausendmal den Staat aufs Spiel setzte, und da der König, solange jener Minister lebte, diesem Joch unterworfen war, müssen die ersten Regierungsjahre des Monarchen abgezogen werden. Dennoch gedieh er unter diesem Joch. Er stürzte sich in Liebesabenteuer; aber er begriff, daß Müßiggang der Feind des Ruhmes ist. Wenn es ihm auch an Kraft fehlte, sich beizeiten von der Unterdrückung zu befreien, so besaß er doch gesundes Empfinden genug, den Tod Mazarins als Befreiung anzusehen. Es war dies sogar einer der schönsten Augenblicke seines Lebens, aus dem er zumindest die seitdem unerschütterliche Maxime zog, keinen Premierminister und erst recht keinen Kleriker in seinem Staatsrat zu dulden. Er stellte alsdann eine zweite Maxime auf, die er jedoch nicht mit der gleichen Festigkeit zu befolgen vermochte, weil er sich nicht bewußt wurde, daß er sie tatsächlich niemals einhielt; dies war die Maxime, allein zu regieren, darauf tat er sich am meisten zugute, dafür pries und rühmte man ihn besonders, aber gerade dies gelang ihm in Wirklichkeit so gut wie gar nicht.

Seine Geistesgaben waren unterdurchschnittlich, aber er besaß die Gabe, sich zu bilden, sich zu vervollkommnen und anderen etwas abzugucken, ohne sie nachzuahmen.

Es kam ihm ungeheuer zustatten, daß er sein Leben lang von den klügsten und mannigfachst begabten Menschen, von Männern und Frauen allen Alters und verschiedenster Art umgeben war. So hatte der dreiundzwanzigjährige König das Glück, bei seinem ersten Auftritt in der Gesellschaft den hervorragendsten Geistern zu begegnen. Seine Minister waren damals in der Innen- und Außenpolitik allen anderen Europas entschieden überlegen, seine Generale waren die weitaus bedeutendsten, sie hatten treffliche Offiziere, die sich in ihrer Schule zu Feldherrn heranbildeten, und die Namen wie die Verdienste dieser Minister und Generale sind von der Nachwelt einstimmig anerkannt worden. Die Erschütterungen, denen der Staat innen- und außenpolitisch nach dem Tode Ludwigs XIII. ausgesetzt war, hatten eine stattliche Anzahl Menschen geprägt, deren vornehmste und geschickteste Persönlichkeiten den raffiniertesten Hofkreis bildeten.

Der Mittelpunkt dieser erlesenen Gesellschaft war das Haus der Comtesse de Soissons, die als Oberhofmeisterin der Königin in den Tuilerien wohnte, wo sich auch der Hof befand, welchen sie in Erinnerung an den Glanz des verstorbenen Kardinals Mazarin, aber mehr noch aufgrund ihres Geistes und ihrer Geschicklichkeit zu beherrschen verstand. Hier trafen sich die vornehmsten Männer und Frauen, und so wurde dieses Haus zum Brennpunkt aller höfischen Liebesintrigen, aller ehrgeizigen Machenschaften und Unternehmungen, bei welchen die heute ganz in Vergessenheit geratenen, damals aber sehr ernst genommenen Verwandtschaftsbeziehungen eine entscheidende Rolle spielten. In diesen machtvoll glänzenden Strudel stürzte sich der junge König, und dort machte er sich jene höflichen Umgangsformen und jene Zuvorkommenheit zu eigen, die er sein Leben lang beibehielt und die er so vorzüglich mit hoheitsvoller Würde zu verbinden wußte. Man könnte sagen, daß er angeborene Majestät besaß, daß sein Wuchs, seine Haltung, seine Stimme, seine Erhabenheit, die später die Schönheit ersetzte, kurz, die natürliche majestätische Anmut seiner ganzen Person ihn bis zu seinem Tode als den Bienenkönig kennzeichneten; auch als Privatmann hätte er die gleichen Talente zum Festefeiern und zu Lustbarkeiten bewiesen, hätte sich in bewegte Liebesabenteuer gestürzt und dabei größtes Durcheinander gestiftet. Doch muß man zugeben, daß der König wegen seiner Liebesaffären weit mehr zu bedauern als zu tadeln war und daß er Lob verdient, weil er sich ihrer zugunsten des Ruhmes doch immer wieder zu entreißen vermochte.

Die Intrigen und Abenteuer, denen er sich trotz seiner königlichen Würde in dem gesellschaftlichen Wirbel bei der Comtesse de Soissons nicht entziehen konnte, hinterließen, da sie stärker waren als er, Eindrücke in ihm, die unheilvolle Folgen zeitigen sollten. Geist, Überlegenheit, Selbstachtung, Tapferkeit, Großmut, Bildungsstreben, all das schien ihm verdächtig und schließlich sogar verabscheuungswürdig. Je älter er wurde, desto mehr verstärkte sich diese Abneigung; er übertrug sie, wie man noch sehen wird, auch auf seine Minister und Generale. Er wollte allein regieren; die Eifersucht, mit der er darauf erpicht war, grenzte an Schwäche. Im Kleinen herrschte er in der Tat, im Großen konnte er es niemals erreichen, und selbst im Kleinen wurde er oft beherrscht. Sein erster Griff nach den Zügeln der Herrschaft ist gekennzeichnet durch außerordentliche Härte einerseits und außerordentliche Verblendung andererseits. Foucquet war der Unglückliche, an dem jene Härte sich erprobte; Colbert leistete der Verblendung Vorschub, indem er sich der Leitung des Finanzministeriums bemächtigte und den König glauben machte, dieses liege nun völlig in dessen Hand, da er die Unterschrift der Finanzintendanten, deren Ämter er abgeschafft hatte, weil er selbst sie nicht mehr bekommen konnte, ihm überließ.

Bald darauf bot der Tod des Königs von Spanien diesem jungen, ruhmbegierigen Fürsten Anlaß, den Krieg zu erklären, woran ihn auch die erst unlängst abgegebene, eigens in seinen Heiratsvertrag aufgenommene Verzichterklärung nicht hindern konnte. Er brach in Flandern ein, Eroberung folgte auf Eroberung, der Übergang über den Rhein erregte Aufsehen; die Tripelallianz England–Schweden–Holland gab ihm nur weiteren Auftrieb. Er vereinnahmte mitten im Winter die ganze Franche-Comté, was ihm später beim Frieden von Aachen zustatten kam, da er, um die flandrischen Eroberungen behalten zu können, die Franche-Comté zurückgab.

Alles im Staat erfreute sich besten Gedeihens, überall herrschte Wohlstand. Colbert hatte die Finanzen, den Handel, die Marine, die Manufakturen sowie Wissenschaften und Künste zur höchsten Blüte entwickelt, gleich dem Augusteischen Zeitalter brachte dieses Jahrhundert die überragendsten Männer hervor, selbst solche, die sich nur bei Lustbarkeiten hervortaten. Aber Le Tellier und sein Sohn Louvois, die das Kriegsministerium innehatten, zitterten vor den Erfolgen und dem

Ansehen Colberts, und sie machten sich kein Gewissen daraus, den König zu einem neuen Krieg zu überreden, dessen Auswirkungen Europa mit Grauen erfüllten, so daß Frankreich, nachdem es später fast selber an diesem Krieg zugrunde gegangen wäre und noch lange an dessen lästigen Folgen zu tragen hatte, die Völker nun nicht mehr zu beruhigen vermochte.

Das also war die eigentliche Ursache jenes berühmten Holländischen Krieges, zu dem der König sich antreiben ließ und welcher infolge seiner Liebe zu Mme. de Montespan seinem Staat wie seinem Ruhm zu solchem Unheil gereichte, denn, als alles erobert, alles eingenommen und Amsterdam gewillt war, die Schlüssel zu überreichen, gibt der König seiner Ungeduld nach, verläßt die Armee, eilt nach Versailles und zerstört so in einem einzigen Augenblick den ganzen Erfolg seines Heeres. Er glich diese Schlappe dann wieder aus durch eine zweite Eroberung der Franche-Comté, die diesmal Frankreich erhalten blieb.

Im Jahr 1676 wandte er sich abermals nach Flandern. Er nahm Cambrai, während Monsieur mit der Belagerung von Saint-Omer begann; der Prinz von Oranien lieferte diesem bei Cassel eine Schlacht, Monsieur trug einen vollkommenen Sieg davon, nahm Saint-Omer ein, um sich dann mit dem König zu vereinigen. Dieser Erfolg reizte den Monarchen so sehr, daß er Monsieur nie wieder den Oberfehl einer Armee übergab. Der äußere Schein blieb völlig gewahrt; aber von diesem Augenblick an stand der Entschluß fest und wurde niemals wieder geändert.

Das Jahr darauf leitete der König persönlich die Belagerung von Gent, deren Planung und Durchführung Louvois' Meisterwerk war. Der Friede von Nymwegen beendete in diesem Jahr den Krieg mit Holland, Spanien usw., und zu Beginn des nächsten Jahres den mit dem Kaiser und dem Reich. Amerika, Afrika, seine Inselgruppen und Sizilien bekamen Frankreichs Macht empfindlich zu spüren, und 1684 wurde Luxemburg der Preis, den die Spanier für ihr Zögern beim Erfüllen der Friedensbedingungen zu zahlen hatten. Genua wurde bombardiert und sah sich zu Beginn des folgenden Jahres gezwungen, seinen Dogen, von vier Senatoren begleitet, persönlich um Frieden bitten zu lassen. Von da an bis ins Jahr 1688 verbrachte der Monarch seine Zeit kaum mehr mit Festlichkeiten, sondern im Arbeitszimmer und mit Andachtsübungen. Damit hatte dieses Regnum seinen Höhepunkt und den Gipfel seines Ruhms überschritten. Die großen Feldherrn, die großen Innen- und Außenminister waren tot; aber es blieben noch deren Schüler. Wir werden nun den zweiten Abschnitt betrachten, der sich zwar nicht mehr mit dem ersten vergleichen läßt, sich indes noch immer beträchtlich von dem letzten unterscheidet.

Der Krieg von 1688, der Pfälzische Krieg, hatte einen seltsamen Anlaß, und da die Geschichte auch für den Charakter des Königs und seines Ministers Louvois besonders kennzeichnend ist, muß sie hier erwähnt werden. Louvois hatte nach dem Tode Colberts die Oberverwaltung der Bauten übernommen. Das einst für Mme. de Montespan aus Porzellan errichtete »Petit-Trianon« verdroß den König, der nun allenthalben Paläste zu sehen wünschte. Er war ungemein baulustig. Er hatte zwar einen sicheren Blick für Maßstäbe und Symmetrie, aber sein Geschmack ließ, wie man noch sehen wird, einiges zu wünschen übrig. Als sich das Schloß gerade über dem Boden erhob, bemerkte der König an einem fast schon fertiggestellten Fensterkreuz einen Fehler. Louvois, der ein aufbrausendes Temperament hatte und der so verwöhnt war, daß er es nur schwer ertrug, von seinem Herrn getadelt zu werden, widersprach heftig und behauptete, das Fenster habe die richtigen Maße. Der König wandte ihm den Rücken und besichtigte einen anderen Teil des Gebäudes. Anderntags begegnete er Le Nôtre, der nicht nur die Gartenanlagen in Frankreich eingeführt und zur höchsten Vollendung gebracht, sondern überdies auch ein guter Architekt war. Der König fragte ihn, ob er Trianon gesehen habe. Le Nôtre verneinte es. Der König erzählte ihm also von dem störenden Fehler, den er dort bemerkt habe, und forderte ihn auf, sich die Sache anzusehen. Am folgenden Tag fragte er Le Nôtre abermals und erhielt die gleiche ausweichende Antwort; am nächsten Tag dasselbe Spiel. Der König begriff sehr wohl, daß Le Nôtre sich der Peinlichkeit entziehen wollte, entweder ihm, dem König, unrecht zu geben oder Louvois tadeln zu müssen. Er wurde zornig und befahl Le Nôtre, sich anderntags nach Trianon zu begeben, wo er selbst und Louvois sich ebenfalls einfinden würden. Nun gab es also kein Ausweichen mehr. Am nächsten Morgen traf der König beide Männer in Trianon. Er kam sofort auf das Fenster zu sprechen; Louvois verteidigte sich; Le Nôtre sagte kein Wort. Schließlich befahl der König Le Nôtre, das Fenster mit einem Zollstock auszumessen. Während Le Nôtre damit beschäftigt war, brach Louvois, den dieses Vorgehen zu äußerster Wut reizte, in heftiges Zetern aus und behauptete steif und fest, dieses Fenster unterscheide sich in nichts von den übrigen. Der König schwieg und wartete, aber es war ihm offensichtlich unbehaglich zumute. Als alles ausgemessen und nachgeprüft war, fragte er Le Nôtre, zu welchem Ergebnis er gekommen sei, aber Le Nôtre stammelte nur ein paar unverständliche Worte. Der König wurde zornig und befahl ihm, sich klar und deutlich auszudrücken. Worauf Le Nôtre zugab, daß er tatsächlich einen Fehler gefunden und daß der König recht habe. Kaum daß er schwieg, wandte sich der König zu Louvois und warf ihm vor, wie unangebracht seine Starrköpfigkeit sei, denn wenn er selbst nicht ebenso starrköpfig geblieben wäre, hätte man krumm und schief weitergebaut und am Ende das fertige Gebäude wieder einreißen müssen; kurz, er wusch Louvois gehörig den Kopf. Wutschnaubend – zumal dieser Auftritt sich in Gegenwart der Höflinge, Arbeiter und Diener abgespielt hatte – langte Louvois im Zustand hochgradiger Erregung zu Hause an. Dort traf er Saint-Pouenge, Villacerf, den Chevalier de Nogent und noch einige andere seiner getreuen Anhänger, die alle sehr erschrocken waren, ihn in solcher Verfassung zu sehen. »Es ist alles aus!« rief er ihnen entgegen. »Ich bedeute dem König nichts mehr, hätte er mich sonst wegen eines Fensters so angeherrscht? Mir bleibt nur ein rettender Ausweg, ein Krieg, um ihn von seiner Bauwut abzulenken und mich unentbehrlich zu machen, in Teufels Namen also, er soll ihn haben, diesen Krieg!« Und Louvois hielt Wort, gegen die Absichten des Königs und aller anderen Großmächte entfachte er einige Monate später einen allgemeinen Krieg. Dieser Krieg ruinierte Frankreich im Innern, verhalf ihm aber trotz allen Waffenglücks zu keiner Gebietserweiterung, brachte ihm vielmehr nur Schmach und Schande ein.

Der Friede, nach welchem der König und der völlig ausgepumpte Staat schon seit langem lechzten, war ein ehrloser Friede. Um den Herzog von Savoyen von seinen Bundesgenossen zu trennen, mußte man sich nach so vielen Anstrengungen und nach all dem Haß und der persönlichen Mißachtung am Ende dazu verstehen, den Prinzen von Oranien als König von England anzuerkennen, und man mußte seinen Gesandten Portland sogar noch wie eine Gottheit empfangen. Unsere Übereilung kostete uns Luxemburg; und die militärische Unkenntnis unserer Bevollmächtigten, die vom Kabinett kaum Aufklärung bekamen, gereichte den Feinden bei ihrer Grenzfestsetzung zum größten Vorteil. Das war der im September 1697 geschlossene Friede von Ryswijk. Die Waffenruhe währte keine drei Jahre, zu den Schmerzen über die Herausgabe der bereits von uns eroberten Gebiete und festen Plätze empfand man die ganze Last dieses Krieges, der uns teuer zu stehen gekommen war. Damit endete die zweite Phase dieses Regnums.

Die dritte Phase begann mit höchstem Ruhmesglanz und unerhörtem Wohlstand. Das währte indes nur kurze Zeit. Schon braute sich das schrecklichste Unheil zusammen, dem wir nur durch eine Art Wunder entgangen sind. Weitere Heimsuchungen trafen den König und begleiteten ihn bis an sein Lebensende; er wäre glücklich zu preisen gewesen, hätte er den Aufstieg seines Enkels zum allmächtigen Herrscher der ungeteilten spanischen Monarchie nur um wenige Monate überlebt. Diese letzte Phase ist der Gegenwart noch so nahe, daß man hier nicht länger auf sie einzugehen braucht. Diese kurzen Hinweise jedoch waren zum besseren Verständnis der folgenden Ausführungen über den König unerläßlich, wobei man sich das, was an verschiedenen Stellen dieser Memoiren zu lesen steht, immer ins Gedächtnis rufen muß, ohne ungeduldig zu werden, wenn man hie und da auf Wiederholungen stößt, deren es zur Zusammenfassung und Gestaltung des Ganzen bedarf.

Es muß abermals betont werden, daß der König zwar von unterdurchschnittlicher geistiger Begabung war, aber fähig, sich zu bilden. Er liebte den Ruhm, er strebte nach Ordnung und Gesetz. Er war im Grunde vorsichtig, gemäßigt, zurückhaltend und verschwiegen. Er hatte seine Gemütsbewegungen und seine Zunge stets in der Gewalt, und er war – wird man es glauben – von Natur aus gutartig und gerecht. Gott hatte ihm Gaben genug verliehen, um ein guter, ja vielleicht sogar ein großer König zu werden. Alles Übel kam von außen an ihn heran. Man hatte seine erste Erziehung derart vernachlässigt, daß es niemand wagte, sich seinen Gemächern überhaupt zu nähern. Er hat oft mit Bitterkeit von dieser Zeit gesprochen. Er erzählte zum Beispiel, daß man ihn eines Abends im Garten des Palais Royal gerade noch zufällig aus einem der Bassins herausgefischt habe. Man lehrte ihn kaum einmal ordentlich lesen und schreiben. Er blieb so unwissend, daß er von vielen geschichtlichen Ereignissen gar keine Ahnung hatte.

Seine Abneigung gegen vornehme Gesinnung und seine Schwäche für seine Minister, die, um aufzusteigen, alles, was sie nicht waren und nicht sein konnten, haßten und herabsetzten, hatte ihn auch zur Ablehnung vornehmer Herkunft gebracht. Er fürchtete den Adel ebenso wie den Geist; und wenn bei einer Person diese beiden Eigenschaften zusammentrafen und im das zu Ohren kam, war es um den Betreffenden geschehen.

Kaum daß er die Macht in Händen hielt, wurden seine Minister, seine Generale, seine Mätressen, seine Höflinge seiner Schwäche inne, eher noch als seiner Ruhmsucht. Sie lobten ihn und priesen ihn um die Wette und verdarben ihn dadurch. Ihre Lobpreisungen, oder sagen wir besser ihre Schmeicheleien, gefielen ihm dermaßen, daß selbst die plumpsten hoch willkommen waren und sogar die niedersten mit größtem Behagen geschlürft wurden. Nur auf diese Weise kam man ihm näher, und diejenigen, die er liebte, verdanken seine Zuneigung nur glücklichen Fügungen und der Tatsache, daß sie niemals müde wurden, ihn zu bewundern. Wenn seine Minister so ungeheure Macht gewannen, so nur, weil sie fortwährend Gelegenheit nahmen, ihm Weihrauch zu streuen, und ständig bestrebt waren, alle Taten und Erfolge ihm zuzuschreiben, kurzum alles als sein Werk zu bestaunen, ganz als seien sie seine Schüler. Anpassung, Unterwürfigkeit, bewunderndes Staunen, willenlose Kriecherei und vor allem der Anschein, als sei man ohne ihn eine völlige Null, das waren die einzigen Mittel, sein Gefallen zu erregen. Sobald man im geringsten von diesem Weg abwich, ging man seiner Gnade auf immer verlustig, und das führte dann auch zu Louvois' endgültigem Sturz. Dieses Gift fraß stets weiter um sich; es übte auf den Monarchen, der nicht ganz dumm war und einige Erfahrungen besaß, die allerverheerendste Wirkung aus. So pflegte er, ohne die geringste musikalische Begabung und ohne stimmliche Mittel zu haben, in seinen Gemächern all jene Opernarien zu singen, die ihn aufs überschwenglichste priesen; das ging so weit, daß er sich sogar bei öffentlichen Soupers, wo zuweilen ein Orchester spielte, daran berauschte, eben jene Preislieder leise vor sich hin zu summen.

  Daher rührte diese Ruhmsucht, die ihn zeitweilig der Liebe entriß; daher wurde es Louvois so leicht, den König in große Kriege zu verwickeln, was Louvois übrigens auch tat, um Colbert Schaden zuzufügen und um sich selbst zu bereichern und ihn zu überzeugen, daß er nicht nur in der Planung, sondern auch in der Durchführung ein weit größerer Feldherr sei als alle seine Generale; was dann die Generale, um dem König zu gefallen, auch bereitwillig zu bestätigen pflegten. Wenn schon ein Condé und ein Turenne das taten, wieviel begreiflicher wird es bei ihren Nachfolgern! Er nahm das alles für bare Münze, und mit einer schier verblüffenden Selbstsicherheit sah er sich so, wie sie ihn darzustellen beliebten, wenn sie mit ihm sprachen. Daher rührte sein Hang zu Militärparaden, denen er so unmäßig frönte, daß seine Feinde ihn den Paradenkönig nannten, daher seine Vorliebe für Belagerungen, sie boten ihm Gelegenheit, gefahrlos seine Tapferkeit zu beweisen, seine Fähigkeit, seinen Scharfblick, seine Wachsamkeit und Ausdauer zur Schau zu stellen; seine robuste Gesundheit befähigte ihn, klaglos Hunger, Durst, Kälte, Hitze, Unwetter und schlimmste Regengüsse zu ertragen. Auch tat es ihm wohl, im ganzen Lager seine männliche Würde, seine Gelassenheit, seine Gewandtheit zu Pferde und all seine Bemühungen rühmen zu hören. Seinen Mätressen und zuweilen auch seinen Höflingen erzählte er meist von seinen Feldzügen und seinen Truppen. Er war sehr redegewandt, hatte eine angenehme Ausdrucksweise und wußte eine Anekdote oder eine Begebenheit besser zu Gehör zu bringen als jeder andere; selbst seine alltäglichsten Äußerungen entbehrten nie einer natürlichen und deutlich spürbaren Majestät.

Sein Denken, das sich immer aufs Kleine richtete, blieb an allerlei Einzelheiten hängen, unaufhörlich mischte er sich bei den Truppen in jede Kleinigkeit ein, er kümmerte sich um die Kleidung, die Bewaffnung, die Dienstpläne, das Exerzierreglement, die Disziplin, kurz, um jedes Detail. Mit derselben Emsigkeit kümmerte er sich um seine Bauvorhaben, die öffentlichen wie die privaten, und um die Ausgaben in seinem Haushalt; er bildete sich immer ein, Männern, die sich auf diesen Gebieten besser auskannten, eine Lehre erteilen zu müssen, und diese Fachleute lauschten seinen Weisheiten, die sie selber seit langem auswendig kannten, als seien sie blutige Anfänger. Solche Zeitvergeudung, die dem König ebenso verdienstvoll erschien wie ausdauernde Zielstrebigkeit, gereichte seinen Ministern zum Triumph, da sie sich so zu drehen wußten, daß er das, was sie selber wollten, für seine eigene Absicht hielt, indes sie wichtige Entscheidungen stets nach ihrem persönlichem Gutdünken und ihrem Vorteil zu treffen pflegten. Mit Freuden sahen sie zu, wie er sich in tausend Nichtigkeiten verlor. Die zunehmende Eitelkeit und der Dünkel, die, fast ohne daß er es bemerkte, sogar von Predigern auf den Kanzeln gefördert wurden, dienten seinen Ministern als Grundlage für ihren unerhörten Aufschwung. Mit großem Geschick hatten sie ihn davon überzeugt, daß ihre Größe nur die seine sei, die in ihm als der höchsten Spitze keine Steigerung mehr erfahre, während sie in ihnen, die sie selber nichts seien, in deutlich sichtbarer und überdies nützlicher Weise zunehme.

So feindlich sie einander auch gesinnt sein mochten, in diesem Punkt verband sie das gemeinsame Interesse eng miteinander, und dieser ihr auf Kosten des Staates angemaßter Glanz dauerte ebenso lange wie die Regierungszeit Ludwigs XIV. selbst. Er brüstete sich dessen und wachte nicht weniger eifersüchtig darüber wie sie; er duldete Größe nur als Abglanz seiner eigenen Größe. Jede andere war ihm verhaßt geworden.

Es gab überdies noch eine besondere persönliche Eitelkeit, die sie zu diesem Verhalten veranlaßte. Er wußte sehr wohl, daß er einen Standesherrn zwar mit dem Gewicht seiner Ungnade niederdrücken, daß er aber weder ihn noch die Seinen gänzlich auszulöschen vermochte, wenn er dagegen einem Staatssekretär oder einem anderen Minister der gleichen Art die Stellung nahm, dann stürzte er diesen samt den Seinen in die Dunkelheit des Nichts, aus der sein Amt ihn herausgezogen hatte, ohne daß die Reichtümer, die ihm verblieben, ihn aus diesem Nichts jemals wieder hätten emporheben können. Deshalb gefiel sich der König darin, seine Minister über seine vornehmsten Untertanen, über die Prinzen seines eigenen Blutes ganz so wie über alle anderen, wie über jeden, der weder einen Rang noch ein Kronamt innehatte, herrschen zu lassen.

Daher rührte dann auch die so mißtrauische Eifersucht der Minister, die es dem König fast gänzlich unmöglich machte, anderen außer ihnen Gehör zu schenken, indes er sich einerseits rühmte, für jeden leicht zugänglich zu sein, andererseits aber wähnte, es entspreche seiner Erhabenheit, der Verehrung und Furcht, die er selbst den Größten einzuflößen beliebte, sich nicht anders als im Vorübergehen ansprechen zu lassen. So stand es dem Grandseigneur wie dem niedersten Vertreter aller Stände frei, den König anzusprechen, während dieser zur Messe ging und wenn er aus der Kapelle zurückkehrte oder wenn er sich von einem Raum in den anderen begab oder auch, bevor er in seinen Wagen stieg; die Vornehmsten und übrigens auch einige andere durften sich zudem noch an der Tür seines Arbeitszimmers einfinden, es war ihnen jedoch nicht erlaubt, ihm nachzufolgen. Darauf beschränkte sich seine Zugänglichkeit. So mußte man sich also mit kurzen Worten und unter recht mißlichen Bedingungen verständlich machen, wobei stets alle, die den König umgaben, mit zuhören konnten. Wer ihn besser kannte, flüsterte ihm vielleicht etwas ins Ohr, was aber auch nicht viel weiterführte. Die immer gleiche Antwort lautete: »Ich werde sehen.« Sie gab ihm die Möglichkeit, Zeit zu gewinnen, war jedoch recht wenig befriedigend, denn nun nahm notwendigerweise alles seinen Weg über die Minister, ohne daß jemals eine wirkliche Klarstellung erfolgt wäre. Dadurch bekamen die Minister alles in die Hand, was der König ruhig zuließ oder gar nicht bemerkte. Privataudienzen waren nur in ganz seltenen Fällen zu erhoffen.

Man hat wahrlich Tränen des Jammers zu vergießen über die schreckliche Erziehung, die nur darauf abzielte, Herz und Geist des Fürsten zu ersticken; zu klagen über das abscheuliche Gift der unverhohlensten Schmeichelei, die ihn inmitten der Christenheit zur Gottheit erhob; über die ruchlose Politik, in der seine Minister ihn gefangenhielten, während sie es zuließen, daß er sich zur Festigung ihrer eigenen Größe, ihrer Macht und ihres Reichtums an seiner Autorität, seiner Erhabenheit, seinem Ruhm bis zum Verderben berauschte, und wenn sie auch nicht alle ihm von Gott gegebene Güte, Gerechtigkeit und Wahrheitsliebe in ihm zu ertöten vermochten, so stumpften sie ihn doch fast gänzlich ab und hinderten ihn zumindest unaufhörlich, jemals von diesen Tugenden Gebrauch zu machen, was sein Königreich und er selbst als erste Opfer zu sühnen hatten. Aus solch widrigen und verpesteten Quellen speiste sich seine Hoffart derart, daß er sich – wäre nicht seine Furcht vor dem Teufel gewesen, in welcher Gott ihn selbst während seiner schlimmsten Verirrungen erhielt – tatsächlich hätte anbeten lassen, und er hätte auch Anbeter gefunden; als Beweis dafür genügen seine, milde gesagt, maßlos übersteigerten Standbilder, seine Statue auf der Place des Victoires mit ihrer heidnischen Widmung, die ihm, wie ich selber gesehen habe, so großes Wohlgefallen bereitete; und dieser Dünkel, der ihn ins Verderben stürzte, zeitigte dann alles übrige.

Rückblick: Colberts und Louvois' Konkurrenzverhältnis als Ursache der Kriege unter Ludwig XIV. – Gestörtes Verhältnis Louvois' zu Mme. de Maintenon. – Sein Tod.

Eben dieser Dünkel, dessen sich Louvois glänzend zu bedienen wußte, bewirkte die Verarmung und Auszehrung des Königreichs durch nie enden wollende Kriege und Befestigungswerke. Louvois war der Anstifter und die Seele jener ersten Kriege, da er das Kriegsministerium verwaltete und da er eifersüchtig war auf Colbert; er wollte diesen zu Fall bringen, indem er die Finanzen erschöpfte und ihn damit außer Gefecht setzte. Colbert, der zu schwach war, einen Krieg abzuwenden, wollte nicht unterliegen, so riß er, als er sich mit seiner weisen, aber strengen Verwaltung und mit allen verfügbaren Hilfsmitteln am Ende sah, diese altgewohnten und ehrwürdigen Schranken ein; ihr Zerfall wurde notwendigerweise zum Zerfall des Staates und hat Colbert zu jenen unglückseligen Maßnahmen gezwungen, die, nachdem sie das Königreich ruiniert, unablässig die Untertanen ausgepumpt haben. Das war die Auswirkung jener zahllosen Festungsbauten und jener Ansammlung von Truppenmengen, die zwar den Feind zunächst niederschlugen, ihn jedoch schließlich veranlaßten, seinerseits ebenso große Armeen aufzustellen, zumal der Norden und Deutschland über unerschöpfliche Menschenmassen verfügten, während Frankreich sich mehr und mehr entvölkerte.

Eben diese Eifersucht vernichtete auch die Marine, die unter Colbert und seinem Sohn prachtvoll gediehen war, und verhinderte überdies die Ausführung des so weise geplanten Baus eines Hafens in La Houge, der die Zuflucht im Ärmelkanal hätte sein sollen; ein ungeheures Versäumnis, das Frankreich gerade in La Houge einige Jahre darauf mit dem Verlust einer stattlichen und unter großen Kosten erstellten Flotte bezahlen mußte. Dieser Schlag vernichtete die gesamte Marine und ließ Frankreich nicht viel Zeit, den nun einmal zerstörten Handel, der für einen Staat, welcher zwischen zwei Meeren liegt, die Quelle des Reichtums ist, wiederherzustellen.

So groß also war die Verblendung des Königs, die Anpassungsfähigkeit, die Kühnheit und die erstaunliche Machtfülle eines im Planen und Durchführen hervorragenden, aber an leitender Stelle höchst unheilvollen Ministers, der, ohne Premierminister zu sein, alle anderen unterdrückte und den König auf seine Weise und nach seinem Willen zu lenken verstand, so daß er in der Tat schließlich zum Herrn wurde. Es war ihm auch noch vergönnt, seine Feinde Colbert und Seignelay zu überleben, doch diese Freude war nur von kurzer Dauer.

Das Ereignis, das die Ungnade und den Tod dieses so berühmten Ministers herbeiführte, ist zu aufschlußreich, als daß man es übergehen könnte. Das Fenster von Trianon war ein bezeichnendes Beispiel für Louvois' aufbrausende Reizbarkeit. Zu dieser Reizbarkeit gesellte sich noch das leidenschaftliche Bemühen um die Größe, das Wohlergehen und vor allem den Ruhm des Königs, denn eben der Ruhm war die Grundlage und sicherste Gewähr seiner eigenen Position und seiner ungeheuren Machtfülle. Er hatte das Vertrauen des Königs in solchem Maße gewonnen, daß jener ihn einweihte und ihm von seinem abwegigen Entschluß, Mme. de Maintenon zu ehelichen, Mitteilung machte, ja ihn zu einem der Trauzeugen dieser abscheulichen Heirat erwählte. Louvois besaß sogar den Mut, sich dieses Vertrauens würdig zu erweisen, denn er stellte dem König vor, welche Schmach es sei, diese Heirat jemals bekanntzugeben, und verlangte ihm sein königliches Wort ab, sie nie in seinem Leben öffentlich erklären zu lassen. Der König gab ihm sein Wort und gab es auch Harlay, dem Erzbischof von Paris, der, um das Aufgebot und die Formalitäten zu ersparen, als Diözesanbischof der Trauung beiwohnte.

Einige Jahre später erfuhr Louvois, der über alles, was sich in der engsten Umgebung des Königs abspielte, stets genauestens Bescheid wußte und nichts verabsäumte, um sich auf dem laufenden zu halten, von den Ränken, die Mme. de Maintenon geschmiedet hatte, um die Bekanntgabe der Heirat durchzusetzen; der König, hieß es, sei so schwach gewesen, ihr diese zu versprechen, in Kürze sei es also soweit. Louvois bittet den Erzbischof von Paris, nach Versailles zu kommen; er greift nach dem Mittagessen seine Papiere und betritt wie gewohnt unverzüglich das Arbeitszimmer des Königs. Der König, der einen Spaziergang zu machen gedachte, erhob sich gerade von seinem Nachtstuhl und ließ sich nur noch die Schuhe bringen. Plötzlich sieht er Louvois vor sich, und da er ihn um diese Stunde nicht erwartet, fragt er ihn, was ihn zu ihm führe. »Eine dringende und höchst wichtige Angelegenheit«, antwortet Louvois mit so tieftrauriger Miene, daß der König voll

Erstaunen seinen Kammerdienern befiehlt, hinauszugehen. Sie gingen auch; aber sie ließen die Türen offen, so daß sie alles mit anhören und überdies in den Spiegeln beobachten konnten: das sind die gefährlichen Nachteile dieser Gemächer. Als sie hinausgegangen waren, hielt Louvois nicht länger hinter dem Berg und teilte dem König ohne Umschweife mit, weshalb er gekommen sei. Der Monarch pflegte sich zwar oft zu verstellen, aber er ersparte sich die Lüge. Es überraschte ihn, sich plötzlich entlarvt zu sehen, er verwickelte sich in Widersprüche, verschanzte sich hinter unglaubhaften, durchsichtigen Ausreden und wollte sich, von seinem Minister in die Enge getrieben, in das Nebenzimmer begeben, wo sich die Diener aufhielten, um sich so dem Ganzen zu entziehen; doch Louvois kommt ihm zuvor, wirft sich ihm zu Füßen, hält ihn zurück, greift nach seinem Galadegen, reicht ihn dem König und bittet, er möge ihn auf der Stelle töten, wenn er darauf bestünde, seine Ehe bekanntzugeben und wirklich ihm oder vielmehr sich selber das Wort zu brechen und sich in den Augen Europas mit einer solchen Schande zu bedecken, was er, Louvois, nicht mit ansehen könne. Der König windet sich, sucht sich zu befreien, fordert Louvois auf, ihn sofort loszulassen, Louvois aber klammert sich nur noch fester an seine Beine; er beschwört den König bei der Würde seiner Krone und dem Ruhmesglanz, den er selber ihr verschafft hat, dürfe er diesen abscheulichen Schritt nicht tun, ein solches Vorhaben könne ihm nichts als Scham und entsetzliche Reue bescheren; mit einem Wort, Louvois bestürmt den König derart, daß er ihm tatsächlich abermals das Wort abnimmt, diese Heirat niemals bekanntzugeben. Am Abend kommt der Erzbischof aus Paris; Louvois erzählt ihm, was er getan hat. Der höfische Prälat wäre dazu niemals imstande gewesen, und wahrlich, man muß diesen Widerstand Louvois' aufs höchste bewundern, es war eine in jeder Hinsicht erhabene Handlung, insbesondere für einen allmächtigen Minister, dem soviel an seiner Autorität und seiner Stellung gelegen war und der sehr wohl wußte, daß er sich durch dieses Verhalten den ganzen Haß und die Feindschaft Mme. de Maintenons zuziehen würde, denn er kannte den Hof zu gut, um sich etwa vorzumachen, daß ihr seine Einmischung verborgen bleiben könne. Der Erzbischof, der den König nur noch einmal an das ihm und Louvois gegebene Versprechen erinnern sollte, wagte es nicht, einen ebenso ehrenvollen wie gefahrlosen Auftrag abzulehnen; er sprach also am anderen Morgen mit dem König, und jener bestätigte ihm ohne weiteres sein gegebenes Versprechen. Aber die Zusage, die der König Mme. de Maintenon gegeben, blieb weiter bestehen; sie erwartete bereits jeden Augenblick, nun endlich öffentlich als

Königin anerkannt zu werden. Als jedoch der König nach einigen Tagen noch immer nichts hatte verlauten lassen, wurde sie unruhig und entschloß sich, vorsichtig bei ihm anzufragen. Die Verlegenheit, in die sie den König dadurch versetzte, erschreckte sie sehr. Gleichviel, sie ging das Thema an; der König schnitt ihr das Wort ab, erklärte ihr kurz, zu welchen Überlegungen er gekommen sei, und versüßte ihr die bittere Pille, so gut er konnte; doch dann bat er sie, sich ein für allemal jeden Gedanken an ihre offizielle Anerkennung aus dem Kopf zu schlagen und ihn niemals mehr damit zu behelligen. Als sie sich von der bestürzenden Enttäuschung über den Verlust dieser einzigartig köstlichen und fast schon verwirklichten Hoffnung ein wenig erholt hatte, setzte sie sofort alles daran, um zu erfahren, wem sie diese Wendung zu verdanken habe. Da sie über ebenso gute Auskunftsmittel verfügte wie Louvois, wußte sie bald, und zwar auf den Tag und die Stunde genau, was sich zwischen dem König und seinem Minister zugetragen hatte.

Man wird sich also nicht wundern, daß sie sich nun schwor, Louvois zu stürzen, und daß sie unermüdlich auf dieses Ziel hinarbeitete; allerdings war die Zeit dafür noch nicht reif. Bei einem so argwöhnischen und mißtrauischen König tat man gut, erst einmal Gras über die Sache wachsen zu lassen und sich in aller Ruhe und Muße die Umstände zunutze zu machen, um seinem Feind, der das größte Vertrauen genoß und mitten im Krieg seinem Herrn unentbehrlich war, ganz allmählich den Boden unter den Füßen wegzuziehen. Über die wiewohl unbedeutende Rolle, die der Erzbischof von Paris bei dem Vorfall gespielt hatte, war Mme. de Maintenon ebenfalls unterrichtet; es wurde dies der Anlaß zu dessen ständig wachsender Unbeliebtheit und den fortgesetzten Sticheleien, die nach einer so offenkundigen und langwährenden Gunst vielleicht zu seinem rascheren Ende beitrugen, obwohl er Louvois immerhin um drei Jahre überlebte.

Was diesen Minister angeht, den loszuwerden die verschmähte Sultanin es weit eiliger hatte, ließ sie keine Gelegenheit außer acht, seinen Sturz vorzubereiten. Die Brandschatzungen in der Pfalz paßten vorzüglich in ihren Plan. Sie war eifrig bemüht, dem König all diese Greuel vor Augen zu führen und in lebhaftesten Farben auszumalen, vor allem aber war sie bestrebt, den König mit heftigsten Gewissensbissen zu erfüllen – die er damals wenigstens noch ab und an zu empfinden vermochte. Sie berief sich auch auf den Haß, den dieses Vorgehen auslösen und dessen volle Wucht ihn, den König, und nicht seine Minister treffen würde, und sie sprach von den gefährlichen Wirkungen, die dieser Haß zeitigen könne. Schließlich gelang es ihr, den König seinem Minister zu entfremden und gegen ihn aufzubringen. Die furchtbaren Maßnahmen in der Pfalz reichten Louvois nicht aus, er wollte auch noch Trier in Schutt und Asche legen und erklärte dem König, es sei noch weit notwendiger als die Zerstörung von Worms und Speyer, denn da die Feinde diese Städte zum Sammelplatz ihrer Armeen gemacht hätten, würden sie nun auch Trier, das wegen seiner Lage für uns weit gefährlicher sei, in einen solchen verwandeln. Die Auseinandersetzung wurde sehr heftig, aber der König konnte oder wollte sich nicht überzeugen lassen. Man kann sich denken, daß Mme. de Maintenon anschließend nicht gerade Besänftigungsversuche unternahm. Einige Tage später kam Louvois, der ungemein starrköpfig war und der aus eigener Erfahrung zu wissen glaubte, er könne jederzeit seinen Willen durchsetzen, wieder zu Mme. de Maintenon, um wie gewöhnlich mit dem König zu arbeiten; als die Besprechung beendet war, sagte er, er habe wohl gemerkt, daß nur Gewissensgründe den König hinderten, einer so unumgänglichen Notwendigkeit wie der Brandschatzung Triers zuzustimmen, er glaube also, ihm einen guten Dienst zu erweisen, wenn er ihm diese Verantwortung abnähme und sich selber damit belade; deshalb habe er ohne weitere Rückfragen einen Kurier abgesandt mit dem Befehl, Trier unverzüglich in Flammen aufgehen zu lassen. Da wurde der König ganz gegen seine Gewohnheit von so heftigem Zorn übermannt, daß er zum Kamin stürzte, nach der Feuerzange griff und auf Louvois losschlagen wollte. Aber Mme. de Maintenon warf sich zwischen beide: »Ah, Sire, was wollen Sie tun!« rief sie und nahm ihm die Zange aus der Hand. Louvois hatte sich inzwischen zur Tür geflüchtet. Der König rief ihn zurück und erklärte ihm zornfunkelnden Auges: »Schicken Sie sofort einen Kurier mit dem Gegenbefehl nach Trier, und sorgen Sie, daß er sich sputet, denn wenn auch nur ein einziges Haus abbrennt, werden Sie mit Ihrem Kopf dafür zahlen.« Mehr tot als lebendig eilte Louvois davon; um den Gegenbefehl brauchte er sich allerdings nicht zu sorgen, er hatte sich wohl gehütet, den ersten Kurier überhaupt abzusenden, er hatte ihm zwar die Depeschen mit dem Befehl zur Brandschatzung ausgehändigt und angeordnet, er solle sich reisefertig halten, aber abwarten, bis er, Louvois, von der Besprechung mit dem König zurückkomme. Er hätte es niemals gewagt, diesen Befehl eigenmächtig abzuschicken, da er wußte, wie sehr der König sich sträubte, in diese Maßnahme einzuwilligen; aber er meinte, durch seine List ihn dahin zu bringen, daß er, wenn auch verärgert, doch nachgeben werde. Wäre der Plan gelungen, so hätte er den Kurier sofort auf den Weg schicken können, wogegen er ihm jetzt nur noch die Depeschen abzunehmen und ihn heimzuschicken brauchte. Den König allerdings ließ er in dem Glauben, daß sein erster Kurier abgesandt und der zweite gerade noch angekommen sei, um die Ausführung des Befehls zu verhindern.

Als der König dann von der Belagerung von Mons zurückkehrte, verhielt er sich so ablehnend gegen Louvois, daß dieser anmaßende Minister, der sich während der angespannten Kriegslage für gänzlich unabkömmlich hielt, das Schlimmste zu befürchten begann. Mme. de Rochefort, die stets seine vertraute Freundin geblieben, war eines Tages mit ihrer Tochter, Mme. de Blanzac, zum Mittagessen bei ihm; danach fuhr Louvois sie spazieren. Sie saßen, wie mir die beiden erzählten, zu dritt in einer leichten Kalesche, die Louvois selber kutschierte. Er sei ganz in Gedanken und Selbstgesprächen versunken gewesen, sie hätten ihn mehrfach vor sich hin murmeln hören: »Wird er es tun? Sollte man ihn wirklich soweit bringen? Nein – und doch – nein, er wird es nicht wagen.« Während dieses Monologs ließ er den Pferden freien Lauf. Mutter und Tochter blickten einander schweigend an. Plötzlich sah die Marschallin, daß die Pferde geradenwegs auf die Böschung eines Teiches zuliefen, sie konnte sich eben noch nach vorne beugen und Louvois in die Zügel fallen: »Wir werden alle ertrinken!« schrie sie auf. Bei diesem Schrei und bei dieser jähen Bewegung fuhr Louvois wie aus tiefem Schlummer empor, er hielt die Pferde an, lenkte das Gefährt wieder auf den Weg und meinte, er habe in der Tat geträumt und gar nicht mehr an den Wagen gedacht. In diesem Zustand völliger Ratlosigkeit pflegte er nun jeden Morgen ein Glas Brunnenwasser zu trinken. Ich war am 16. Juli nach Versailles gekommen wegen eines Streitfalles um Blaye, in den mein Vater verwickelt worden war; der König hatte den Fall zugunsten meines Vaters entschieden, gegen Louvois. Dennoch empfahl man mir, Louvois aufzusuchen, um ihm einige Dankesworte zu sagen. Er empfing mich mit solcher Höflichkeit und Zuvorkommenheit, als hätte er sich tatsächlich vorbehaltlos für meinen Vater eingesetzt. Aber so ist es eben bei Hofe! Ich hatte nie zuvor mit ihm gesprochen. Als ich dann von der Mittagstafel des Königs kam, sah ich Louvois noch einmal; er stand im Hintergrund eines winzigen Durchgangszimmers, sprach mit M. de Marsan, ging dann zu Mme. de Maintenon, um mit dem König zu arbeiten, der anschließend einen Spaziergang durch den Park machen wollte, wobei ihn die Höflinge begleiten konnten. Um vier Uhr nachmittags besuchte ich Mme. de Châteauneuf und erfuhr dort, Louvois habe sich bei Mme. de Maintenon so plötzlich unpäßlich gefühlt, daß der König ihm empfohlen habe, sich ein wenig auszuruhen; er sei zu Fuß nach Hause gegangen, dort habe sich sein Zustand alsbald derart verschlechtert, daß man ihm in aller Eile ein Klistier verabreichte, das er sofort wieder von sich gegeben habe, und darauf sei er gestorben; er habe noch nach seinem Sohn Barbezieux verlangt, ihn aber, obwohl dieser unverzüglich gekommen, nicht mehr erkannt.

Man denke sich die Verblüffung des ganzen Hofes! Ich war zwar erst fünfzehn Jahre alt, aber ich wollte unbedingt sehen, wie sich der König bei einem so außergewöhnlichen Ereignis verhalten würde. Ich entschloß mich also, ihn zusammen mit den anderen zu erwarten, und ich folgte ihm auf dem ganzen Spaziergang. Er erschien mir so majestätisch wie immer, aber in seinem Ausdruck lag ein schwer erklärbares, leichtes Behagen, es war ein Ausdruck, der mich derart überraschte, daß ich hernach noch darauf zu sprechen kam. Mir fiel überdies auf, daß er, statt seine Wasserspiele zu besichtigen und den Spaziergang auf die verschiedensten Wege auszudehnen, wie er es sonst in diesen Gärten zu tun pflegte, immer wieder vor der Orangerie auf und ab ging. Von dort aus sah man, wenn man sich zum Schloß umwandte, das Verwaltungsgebäude, in dem Louvois soeben gestorben war und das der König unablässig betrachtete. Louvois indes wurde mit keinem Wort erwähnt, auch sprach niemand von seinem so überraschenden plötzlichen Tod bis zur Ankunft eines Offiziers, den der König von England aus Saint-Germain schickte, um durch ihn seine Anteilnahme an dem erlittenen Verlust überbringen zu lassen. »Monsieur«, antwortete der König dem Offizier in einem mehr als lässigen Ton, »übermitteln Sie dem König und der Königin von England meine Grüße und meinen Dank, und sagen Sie ihnen, daß es fortan weder um ihre noch um meine Angelegenheiten schlechter bestellt sei.« Der Offizier machte eine Verbeugung und zog sich zurück, aber seine Miene und sein Gebaren ließen unverhohlenes Staunen erkennen. Ich beobachtete das alles mit größter Neugier, und ich sah, daß die vornehmsten Teilnehmer des Spaziergangs sich wortlos mit Blicken verständigten.

Rückblick: Bevorzugung der Mittelmäßigen unter Ludwig XIV. –
Abhängigkeit des alten Adels.

Es schien, als solle der so teuer erkaufte und nach so großen, so lange währenden Anstrengungen innig ersehnte Friede von Ryswijk Frankreich endlich ein wenig Ruhe gönnen. Der König war sechzig Jahre alt und hatte allen erdenklichen Ruhm erworben. Seine großen Minister waren tot und hatten nur Schüler hinterlassen, seine großen Feldherren waren ebenfalls tot, und auch jene, die von ihnen ausgebildet worden waren, hatten bereits das Zeitliche gesegnet oder waren zu alt oder zu krank, um in einem neuen Krieg Verwendung zu finden. Doch kaum war der Friede geschlossen, kaum hatte man Muße gefunden, sich seiner zu freuen, schon gedachte die Hoffart des Königs, Europa in Verblüffung zu setzen durch den Beweis seiner militärischen Stärke, die man zerschlagen zu haben glaubte. Das war der Anlaß zu dem berühmten Lager von Compiègne, wo er unter dem Vorwand, den Prinzen, seinen Enkeln, einen Eindruck vom Krieg zu vermitteln, eine Pracht entfaltete, wie man sie bei den glanzvollsten Heerschauen der ruhmreichsten Könige niemals gesehen hatte. Das war nach einem so langen und harten Krieg ein neuer schwerer Aderlaß. Alle Truppen hatten noch jahrelang die Auswirkungen zu spüren, es gab Regimenter, die noch nach zwanzig Jahren daran krankten. Man sollte bald genug Ursache haben, eine übermäßige und unangebrachte Verschwendung und zumal den soeben beendeten Krieg von 1688 zu bereuen; hätte man das Königreich sich neu bevölkern und in einer langen Entspannung zu Kräften kommen lassen, hätte man sich die Zeit genommen, die Kassen des Königs langsam wieder zu füllen, die Marine und den Handel wieder zu beleben, hätte man den Haß, die Panik wieder abklingen lassen und den Versuch gemacht, die durch ihren Zusammenschluß so mächtigen Alliierten unter Ausnutzung der verschiedensten Spannungen allmählich zu trennen, um dann mit Vorsicht die Auflösung dieser Liga zu bewirken, wozu der schlechte Gesundheitszustand zweier Fürsten die beste Voraussetzung schaffte; der eine von ihnen (Wilhelm von Oranien) hatte sich durch sein kluges Vorgehen und seine geschickte Politik so viel Autorität und Vertrauen in Europa erworben, daß er stets den Ausschlag gab, und der andere (Karl II. von Spanien) war Herrscher des größten Reiches, dabei ohne Onkel und Tante, ohne Bruder und Schwester, ohne jedwede Nachkommen. In der Tat starb der König von Spanien noch keine vier Jahre nach dem Frieden von Ryswijk, und König Wilhelm, der auch schon am Ende war, überlebte ihn nur sehr kurze Zeit. Damals also brachte die Eitelkeit des Königs Frankreich bis hart an den Abgrund, da ganz Europa sich infolge jener großen Demonstration veranlaßt fühlte, wieder zu den Waffen zu greifen.

Er war der Überlegenheit an Geist und Tapferkeit, die seine einstigen Minister, seine einstigen Generale und seine wenigen Günstlinge an den Tag legten, schon seit langem überdrüssig. Er selbst wollte, was Weitsicht und Tatkraft anlangt, in der Kabinettspolitik wie im Kriege der erste sein, so wie er allenthalben dominierte. Er spürte, daß ihm das mit seinen bisherigen Ministern und Feldherrn nicht gelungen war, und so fühlte er sich erleichtert, daß er sie nicht mehr hatte, und hütete sich wohl, sie durch Männer zu ersetzen, die ihm dieselbe Eifersucht hätten einflößen können. So kam es, daß er fortan bei der Besetzung von Staatssekretärsposten und Ministerämtern nur noch seinem Geschmack folgte und daß er mit Vorliebe höchst mittelmäßige Leute auswählte. Er beglückwünschte sich sogar noch dazu, das ging so weit, daß man ihn häufig sagen hörte, er nehme sich diese Leute, um sie auszubilden, und er glaubte tatsächlich, das auch zu bewerkstelligen. Diese Neulinge gefielen ihm gerade wegen ihrer Unwissenheit, und sie schmeichelten sich um so mehr bei ihm ein, je öfter sie ihm diese eingestanden und je eifriger sie vorgaben, sich bis in die kleinste Kleinigkeit von ihm unterrichten zu lassen. Deshalb gewann Chamillart sein Herz in solchem Maße, daß es all der Unglücksfälle und der schrecklichen Kabalen bedurfte, um den König zu zwingen, sich von ihm loszumachen. Mit der Wahl seiner Feldherren verhielt es sich ebenso wie mit der seiner Minister. Er tat sich etwas darauf zugute, sie von seinem Kabinett aus zu lenken; er wollte den Eindruck erwecken, als befehlige er von seinem Arbeitstisch aus seine sämtlichen Armeen.

So also war es bei Beginn des Spanischen Erbfolgekriegs mit der Mehrzahl der Minister und mit allen Generalen bestellt. Das Alter des Königs, diese Überlegenheit – nicht an Geist, Fähigkeiten oder Einsicht, sondern an Machtfülle, und zwar an beklemmender Machtfülle über Ratgeber und Praktiker dieser Sorte, sowie die Gewöhnung an das

Gift des verderblichsten Weihrauchs – stellten von Anbeginn alle glückhaften Siege in Frage. Die gesamte spanische Monarchie fiel seinem Enkel ohne einen Schwertstreich in die Hände, und Puységur, der so spät erst – 1735 – Marschall von Frankreich geworden war, hatte das Verdienst, die Besetzung aller festen Plätze der Spanischen Niederlande geplant und entworfen zu haben; sie wurden alle im gleichen Augenblick genommen, alle, ohne eine Zündschnur abzubrennen, alle, indem man sich der holländischen Truppen bemächtigte und diese entwaffnete. Im Taumel dieses überraschenden Erfolges erinnerte sich der König kaum mehr des Vorwurfs, den er sich durch die Ungerechtigkeit seiner Kriege zugezogen hatte, und daran, daß erst das Entsetzen, das er in ganz Europa verbreitet hatte, jene großen Bündnisse bewirkte, deren Übermacht er zuweilen fast zu erliegen glaubte. Er wollte allen Mißlichkeiten aus dem Wege gehen, und anstatt von der Betäubung zu profitieren, in die dieses unerwartete Ereignis sämtliche kriegführenden Mächte versetzt hatte, anstatt die Holländer von den Truppen ihrer zahllosen Garnisonen abzuschneiden, sie als Gefangene zurückzuhalten und dann, selbst vollbewaffnet, all diese entwaffneten und noch nicht vereinigten Großmächte durch Verträge zu zwingen, den Duc d'Anjou als legitimen Erben all der Staaten, die im Besitz des verstorbenen Königs von Spanien gewesen, anzuerkennen, statt dessen gefiel er sich in der wahnwitzigen Großzügigkeit, diese holländischen Truppen abziehen zu lassen, und wiegte sich in der unsinnigen Hoffnung, das die Verträge allein dieselbe Wirkung täten. Er ließ sich von seinen Feinden an der Nase herumführen, und zwar lange genug, um ihnen Zeit zu geben, sich zu bewaffnen und sich eng zusammenzuschließen, was unausweichlich den Krieg zur Folge hatte, den der König, nachdem er sich so gröblich verrechnet hatte, dann notgedrungen weiterführen mußte.

Er begann ihn mit einem Mißgriff, der einem Kind nicht widerfahren wäre; und zwar verdankte er diesen Chamillart, dem Marschall de Villeroy, der mächtigen Intrige der beiden Töchter der Mme. de Lillebonne und seinem uneingeschränkten Vertrauen in Vaudémont.

Aus Schwäche für Chamillart, dem der König einen Gefallen tun wollte, ernannte er dessen Schwiegersohn La Feuillade, obwohl er ihn so lange Zeit von sich ferngehalten und obwohl er ihn an seiner Heirat hatte hindern wollen, nun mit einem Schlage zum General und betraute ihn mit der Belagerung von Turin, das heißt mit einem hochwichtigen Staatsgeschäft. Tallard, der zwar für den Hof wie geschaffen, aber so gänzlich ungeeignet für alles war, was über die Intrige hinausging, wurde bei Höchstädt geschlagen. Eine ganze Armee wurde mitten aus dem Reich verjagt, und drei Viertel der anderen mußte über den Rhein zurück, wo sie kurz darauf Landau einnahmen. Diesem Unheil war die Befreiung des Marschalls de Villeroy vorausgegangen, dem der König nun unbedingt wieder alle Ehren zukommen lassen wollte. Er wurde bei Ramillies geschlagen, und zwar mit einem Verlust von zweitausend Mann, wurde aus den Niederlanden verjagt bis hinein nach Frankreich, ohne daß irgend etwas ihn aufzuhalten vermochte. Blieb die Hoffnung auf Italien, wo der Duc d'Orléans schließlich Vendôme ersetzte, während letzterer ausgesandt wurde, um die Trümmer in Flandern zu retten. Aber der Neffe des Königs bekam einen Aufseher, ohne dessen Einsprache er nichts unternehmen konnte, und dieser Aufseher war ein kopfloser Tor, der dringend selber einer Aufsicht bedurft hätte.

Nach den wunderbaren Erfolgen auf allen Kriegsschauplätzen trugen uns also die unermüdliche Begünstigung Villeroys, die Bevorzugung Tallards, das blinde Vertrauen in Vaudémont, die irrsinnigen und albernen Widersätzlichkeiten La Feuillades schließlich den Verlust Deutschlands und Italiens ein; und dies in drei Schlachten, die insgesamt nur viertausend Tote kosteten. Des Königs verblendete Neigung zu Vendôme besiegelten den Ruin in Flandern. Tessé hatte 1706 durch die Aufhebung der Belagerung von Barcelona – im Jahr der Niederlagen von Ramillies und Turin – den König von Spanien genötigt, Roussillon und Navarra zu durchqueren und mitansehen zu müssen, wie der Erzherzog persönlich in Madrid anerkannt wurde. Der Duc de Berwick brachte die Dinge in Spanien wieder ins Lot, und nach ihm der Duc d'Orléans. Durch die Niederlage bei Saragossa, die den Thron Philips V. abermals erschütterte, ging alles wieder verloren, während man uns in Flandern die festen Plätze wegnahm und die Grenzlinien dort immer enger wurden.

Wie ein Kranker, der ständig die Ärzte wechselt, hatte der König die Minister gewechselt, hatte er Desmaretz die Finanzen gegeben und Voysin schließlich das Kriegsministerium; dennoch fand er ganz wie ein Kranker keine Genesung. Die politische Lage war damals derart zugespitzt, gespannt, daß der König sich außerstande sah, den Krieg länger durchzuhalten, aber auch zu keinem annehmbaren Frieden gelangen konnte. Er war zu allem bereit: Spanien aufzugeben, an seinen Grenzen alles abzutreten, was man von ihm verlangen würde. Seine Feinde freuten sich seines Zusammenbruchs und verhandelten nur, um sich lustig zu machen. Am Ende erlebte man, wie der König mit tränenden Augen vor seinem Ministerrat stand, wie Torcy sich achselzuckend nach Den

Haag begab, um sich persönlich zu überzeugen, ob und was man noch zu erhoffen habe. Man erinnert sich auch der traurigen und beschämenden Erfolge dieses Versuches, der unwürdigen Schmach der darauffolgenden Verhandlungen in Gertruydenberg, wo man vom König, abgesehen von den mehr als sonderbaren Restitutionen, nichts Geringeres forderte, als den feindlichen Armeen Durchzug durch Frankreich zu gewähren, damit sie seinen Enkel aus Spanien verjagen könnten.

Soweit also führt die Verblendung bei der Stellenbesetzung, die Hoffart, alles selber tun zu wollen, die Eifersucht auf die einstigen Minister und Feldherren, die Eitelkeit, fortan, um den Ruhm mit niemandem teilen zu müssen, nur solche zu wählen, denen man nichts zutrauen kann, die unbedingte Abgeschlossenheit, die jeden Zugang unmöglich macht und die den König in die finsteren Netze Vendômes trieb, dazu kam die ganze jämmerliche Art zu regieren, die ihn in die offenkundigste Gefahr einer endgültigen Niederlage stürzte und bis in die äußerste Verzweiflung trieb; ihn, den Herrn über Krieg und Frieden, diesen Verteiler von Kronen, diesen Zuchtmeister der Nationen, diesen Eroberer, dieses Musterbild eines Großen, diesen unsterblichen Mann, für den man nicht Marmor genug aufbringen konnte und dem der Weihrauch niemals zuviel wurde.

Nachdem die Hand des Allmächtigen ihn mit zermürbender Langsamkeit bis an den Rand des Abgrunds geführt, daß er dessen ganze Tiefe erkennen konnte, verhinderte sie, die nur einiger Sandkörner bedarf, um den wildesten Stürmen des Meeres Einhalt zu gebieten, mit einem Schlag den endgültigen Zusammenbruch dieses so anmaßenden, so stolzen Königs, nachdem sie ihn zuvor seine Schwäche, sein Elend und sein Nichts in langen Zügen hatte auskosten lassen. Sandkörner anderer Art, doch ob ihrer Winzigkeit eben auch nur Sandkörner, bewirkten diese Wendung. Am Hofe der Königin von England war ein Weiberstreit um Nichtigkeiten entbrannt; daraus erwuchs eine Intrige und das unbestimmte Bedürfnis, ihre Sippe zu begünstigen, worauf sich England von der großen Allianz trennte. Die tiefe Verachtung, die der Prinz Eugen für unsere Generale hegte, sollte für Frankreich die Ursache dessen werden, was man das Wunder von Denain nennen könnte, und diese fast unblutige Schlacht hatte zur Folge, daß man endlich Frieden schloß, einen Frieden, der sehr anders aussah als jener, den man mit Freuden willkommen geheißen hätte, wenn die Feinde geruht hätten, vor diesem Ereignis darein zu willigen; ein Ereignis, bei dem sich unschwer das Eingreifen Gottes erkennen läßt, denn Er erhöht, Er erniedrigt, Er befreit, wann und wie es Ihm gefällt. Gleichviel war dieser

Friede, der Frankreich sehr teuer zu stehen kam und der Spanien die Hälfte seiner Monarchie kostete, die Frucht all der dargelegten Fehler und jener Unfähigkeit, sich von Anbeginn unserer politischen Niederlagen an in den rechten Maßen zu sehen; immer war man der Meinung, alles wieder ins Lot bringen zu können, und mit sturer Hartnäckigkeit weigerte man sich, auch nur eine einzige Spanien gehörende Windmühle herauszugeben; ein weiterer Wahnwitz, den man bald genug zu bereuen hatte unter einem Joch, das noch immer spürbar ist und es noch lange sein wird.

Diese wenigen historischen Begebenheiten einer so langen und ereignisreichen Regierungszeit sind so eng mit der Persönlichkeit des Königs verbunden, daß man sie, wenn man den Monarchen wahrheitsgetreu darstellen will, nicht übergehen kann. Man hat den König mächtig und reich gesehen, als Eroberer gefürchtet und als Schiedsrichter ganz Europas bewundert, so lange Minister und Generale am Werke waren, die diesen Namen wirklich verdienten. Nach ihrem Tode lief die Maschine noch eine Weile in der Richtung, die sie ihr gegeben hatten, doch bald schon machten sich erste Schwankungen bemerkbar; die Fehlentscheidungen und Irrtümer häuften sich; unaufhaltsam nahm der Verfall seinen Lauf, ohne indes diesem despotischen Herrscher die Augen zu öffnen; alles wollte er selber bewirken, alles allein in Händen behalten und lenken; es schien, als wolle er sich durch die Furcht und den Terror, die er im Innern des Landes erzeugte, für die Verachtung des Auslands schadlos halten.

Er war vom Glück begünstigt wie nur jemals ein Fürst; eine stattliche Erscheinung, verfügte er über körperliche Kraft und robuste Gesundheit; war hineingeboren in ein besonders fruchtbares Jahrhundert, das ihm auf allen Gebieten die größten Entfaltungsmöglichkeiten bot und das man in dieser Hinsicht mit der Augusteischen Epoche vergleichen kann; gesegnet mit anbetungswilligen Untertanen, die, um ihm zu dienen und oft genug nur um ihm zu gefallen, alles zum Opfer brachten, ihr Vermögen, ihr Blut, ihre Begabungen, die meisten auch noch ihren Ruf, einige sogar ihre Ehre und viel zu viele selbst ihr Gewissen und ihre Religion. Vom Glück begünstigt, vor allem was die Familie betrifft – hätte es nur die legitime gegeben –; eine Mutter, die sich mit ein wenig Ehrerbietung und Ansehen begnügte; ein Bruder, dessen ohnehin spielerisches, durch bejammernswerte Laster zerstörtes Leben in Belanglosigkeiten zerrann, der sich mit Geld abfinden ließ, dem seine eigene Furcht sowie die seiner Günstlinge die größte Zurückhaltung auferlegte und der ein ebenso unterwürfiger Höfling war wie all jene, die ihr Glück machen wollten; eine sittsame, ihn liebende, unendlich geduldige, ganz zur Französin gewordene, sonst aber vollkommen unbedeutende Ehefrau; ein einziger Sohn, der sein Leben lang am Gängelband blieb und mit fünfzig Jahren nichts anderes vermochte, als unter dem Joch und der Mißachtung zu ächzen, der, von allen Seiten überwacht und belauert, nichts tat, als was ihm erlaubt war, und der, da er ganz der Materie zugewandt war, nicht die leiseste Unruhe verursachen konnte; Enkel, deren Jugend sowie das Beispiel des Vaters und die engen Fesseln, die ihnen auferlegt waren, dem König Sicherheit boten vor den Talenten des ältesten, vor der Stellung des zweiten, der auf seinem spanischen Thron stets nur den Anordnungen des Großvaters folgte, und vor dem kindlichen Toben des dritten, der bald keinen Anlaß zur Sorge mehr gab; ein Neffe, der trotz heftiger Ausschweifung und manch kühner Bemerkung vor ihm zitterte und dessen Geist, dessen Talente, dessen kleine Aufsässigkeiten schon bei dem leisesten Wort, oft sogar bereits bei einem Blick des Königs vollkommen zu erlöschen schienen; die nächstverwandten Prinzen von Geblüt verhielten sich nicht viel anders, angefangen bei dem großen Condé, der seit dem Pyrenäen-Frieden nur noch aus Angst und kriechender Unterwürfigkeit bestand; Monsieur le Prince, sein Sohn, war der gemeinste und käuflichste Höfling, Monsieur le Duc, der Enkel, war zwar beherzter, aber grausam und ungebärdig, daher außerstande, sich Achtung zu verschaffen, und also vor dem König und der Regierung ebenso verängstigt wie die ganze übrige Familie; von den beiden so liebenswerten Conti starb der ältere sehr jung, der andere war trotz seiner geistigen Gaben, seiner Tapferkeit, seiner Kenntnisse, seiner Anmut und der Gunst, deren er sich in der Öffentlichkeit sowie in Hofkreisen erfreute, ständig von Angst erfüllt und niedergedrückt von dem Haß des Königs, dessen Feindseligkeiten ihn das Leben kosteten; die großen Feudalherren durch die endlosen Wirren und Unruhen ausgepumpt und zugrunde gerichtet, in die Enge getrieben und zwangsläufig unter Botmäßigkeit geraten; ihre Nachkommen uneins, entzweit, der Unwissenheit, der Oberflächlichkeit, der Vergnügungssucht und der aberwitzigen Verschwendung verfallen; die besser gearteten widmeten sich ihrem Fortkommen und somit der Knechtschaft und dem strikten Höflingsehrgeiz; die Parlamente waren durch mehrfach harte Maßnahmen unterdrückt und völlig verarmt, der alte Richterstand mit seiner Gelehrsamkeit und seiner Sittenstrenge schwand langsam dahin, an seine Stelle traten Söhne von Spekulanten, geschniegelte hübsche Dummköpfe oder unwissende Pedanten, Geizhälse, Wucherer, die in ihre Tasche arbeiteten und allzuoft Recht und Gerechtigkeit verkauften, dazu ein paar von dreister Ruhmsucht erfüllte, sonst aber ganz und gar öde Vorgesetzte; nirgends der Zusammenhalt einer Körperschaft, und binnen kurzem fast niemand mehr, der von sich aus einen eigenen Entschluß zu fassen oder gar sich freimütig gegen andere auszusprechen gewagt hätte. Allmählich wurden alle Pflichten aufgesogen von der einen einzigen aus der Not geborenen Pflicht: zu fürchten und Gefallen zu suchen. Daher jene Ruhe im Lande, die durch nichts erschüttert wurde als durch jene tollkühne Rebellion des Chevalier de Rohan, der mit seinem Kopf dafür zahlte, und durch jenen Aufstand der protestantischen Fanatiker in den Cevennen, der jedoch bedrohlicher erschien, als er war, der rasch beigelegt wurde und, obwohl er mitten im Krieg ausbrach, keinerlei Folgen nach sich zog.

Daher jene unumschränkte Macht, die alles vermochte, was sie wollte, und nur allzuoft tatsächlich alles wollte, was sie vermochte, und die, abgesehen von den mehr scheinbaren als wirklichen Schwierigkeiten mit Rom und der Konstitution, niemals auch nur auf den leisesten Widerstand stieß. Und so etwas nennt sich leben und herrschen; dennoch muß man zugestehen, daß – wenn man die Führung des Staatsrats und der Armee ausnimmt – kein Fürst die Kunst des Regierens in so hohem Maße beherrschte. Am Hofe der Königinmutter hatte er eine erlesene Höflichkeit angenommen, eine gemessene Ernsthaftigkeit, die er selbst bei seinen Liebschaften beibehielt, eine Würde und Majestät, die er sein Leben lang zu bewahren wußte, selbst noch in seinen späten Jahren, als er den Hof seinen eigenen Trümmern überantwortete. Doch diese Würde sollte nun für ihn selbst und nur in Beziehung auf ihn gültig sein; und auch diese nur relative Würde unterhöhlte er fast gänzlich, um jede andere desto gründlicher zerstören und gleichmachen zu können, indem er die Zeremonien und Auszeichnungen weitgehend beschnitt und verstümmelte und sie mit so viel Eigentümlichkeiten durchsetzte, daß sie zur Charge oder gar zur Lächerlichkeit herabsanken. Auch dieses Verfahren bot ihm Gelegenheit, die Abhängigkeit zu festigen und die Trennungen und Teilungen zu verstärken; indem er die Ämter und Auszeichnungen vervielfachte, wurden Dinge, die sich sonst den Regeln gemäß vollzogen, ohne Streitigkeiten zu erzeugen, nunmehr zum Anlaß, Erkundigungen und Bestätigungen bei ihm einzuholen. Nach und nach zwang er jeden, auch Leute, an denen ihm durchaus nichts gelegen war, ihm zu dienen und seinen Hof zu vergrößern.

Wer das entsprechende Alter erreicht hatte, mußte sich unverzüglich zum Heeresdienst melden. Das war ein weiteres Mittel, die Standesherren zugrunde zu richten und sie an Gleichheit zu gewöhnen. Eine Erfindung des Königs und Louvois', der ebenfalls den hohen Adel beherrschen und von sich abhängig machen wollte.

Rückblick: Die Verlegung des Hofes von Paris nach Saint-Germain, später Versailles. – System der Auszeichnungen. – Spitzelsystem. – Das Abfangen und Öffnen von Briefen. – Luxus. – Kritik an des Königs Baulust und an seinem Geschmack.

Mehrere Umstände bewogen den König, Paris zu verlassen und den Hof für immer aufs Land zu verlegen; die Unruhen und die Revolten, die sich während seiner Minderjährigkeit abgespielt, hatten ihm Paris verleidet, auch war er überzeugt, daß sein Aufenthalt dort gefährlich sei und daß eine abgelegene Residenz das Entstehen von Kabalen in Paris erschweren werde; ein weiterer Grund war die Mätressenwirtschaft und die Befürchtung, in einer so übervölkerten und von so verschiedenen Strömungen erfüllten Hauptstadt möglicherweise einen Skandal zu erregen; überdies fühlte er sich von der Volksmenge belästigt, die jedesmal, wenn er ausging, in den Straßen zusammenlief; ebenso lästig waren ihm die Besucherscharen, die aus der Stadt herbeiströmten und ihn bei weiterer Entfernung kaum mehr so eifrig aufsuchen würden, und schließlich konnte er auf dem Lande seinem Bedürfnis nach langen Spaziergängen und seiner Jagdleidenschaft eher frönen als in Paris; die Baulust, die ihn dann später überkam und die dann ständig zunahm, hätte ihm in der Stadt nur wenig Vergnügen bereitet; und nicht zuletzt glaubte er auch, sich verehrungswürdiger zu machen, wenn er sich den Blicken der Menge und dem gewohnheitsmäßigen täglichen Betrachtetwerden entzog; all diese Überlegungen bestimmten den König, die Residenz bald nach dem Tode der Königinmutter nach Saint-Germain zu verlegen. Dort begann er durch Veranstaltung prächtiger Feste und Lustbarkeiten die Gesellschaft anzulocken und zu erkennen zu geben, daß er häufig besucht sein wolle.

Die Liebesbeziehung zu Mme. de La Vallière, die zunächst noch geheim blieb, veranlaßte häufige Ausflüge nach Versailles; damals nur ein kleines Kartenschloß, das Ludwig XIII. erbaut hatte, weil er es müde war, nach Jagden durch den Forst von Saint-Léger in dem elenden Gasthaus oder der Windmühle von Versailles übernachten zu müssen. Dieser Monarch blieb jedoch nur selten und nur, wenn es sich nicht anders einrichten ließ, länger als eine Nacht in Versailles, indes der König, sein Sohn, dort verweilte, um ungestört seine Mätresse liebkosen zu können; Vergnügungen, die dem Gerechten, dem würdigen Nachfahr des Heiligen Ludwig, der dieses kleine Versailles erbaut hatte, allerdings unbekannt waren. Diese privaten Lustbarkeiten Ludwigs XIV. legten gleichsam den Grundstein zu den riesigen Gebäuden, die der König dort nach und nach errichten ließ, und da diese für einen zahlreichen Hofstaat Raum boten, verlegte er dann bald nach dem Tode der Königin seine Residenz nach Versailles. Er ließ dort viele Wohnungen einrichten, und man schmeichelte ihm, wenn man ihn um eine bat, während in Saint-Germain alle Welt mit unbequemen Stadtwohnungen vorliebnehmen mußte.

Indem er eigens die Namen derer nannte, die daran teilnehmen durften, benutzte der König diese ständigen Feste, die Reisen und die Spaziergänge in Versailles, an denen nur einige wenige teilnehmen durften, um Auszeichnungen zu verleihen oder Zurückweisungen spürbar werden zu lassen und als Mittel, jeden zu ermuntern, sich eifrig und unablässig um seine Gunst zu bemühen. Er wußte nur allzu gut, daß er bei weitem nicht genug tatsächliche Gnaden zu spenden hatte, um eine dauernde Wirkung zu erzielen; er ersetzte also die Realität durch Einbildung, durch Eifersucht, durch kleine Bevorzugungen, die ihm dank seiner Gewitztheit tagtäglich, ja, man könnte sagen, jeden Augenblick zur Verfügung standen. Wie viele Hoffnungsträume ließen sich mit solch kleinen Bevorzugungen und Auszeichnungen wecken! Niemand war in dieser Hinsicht erfinderischer als er, und Marly bot ihm später die beste Gelegenheit dazu; auch Trianon, wo ihm zwar jedermann seine Aufwartung machen konnte, wo jedoch den Damen die Ehre vorbehalten blieb, mit ihm speisen zu dürfen, Damen, die zu jeder Mahlzeit besonders ausgewählt wurden. Die Justaucorps à brevet waren eine weitere dieser Erfindungen: blau- und rotgefütterte Überröcke mit roten Aufschlägen und roter Weste, in prachtvollen goldenen und silbernen Mustern bestickt, die einzig diese Gewänder zierten. Es gab nur eine bestimmte Anzahl davon, für den König, seine Familie und die Prinzen von Geblüt; aber diejenigen, die wie die meisten Höflinge danach strebten, fühlten sich sehr geehrt, wenn ihnen einer zuteil wurde. Die durch Herkunft oder durch Gunst ausgezeichneten Personen des Hofes pflegten sich diesen Rock vom König zu erbitten, und es galt als eine ganz besondere Gnade, ihn zu erhalten. Er war erfunden worden für die wenigen, denen es zustand, ohne eigens dazu aufgefordert zu sein, den König auf seinen Spaziergängen in Saint-Germain und in Versailles zu begleiten; aber als diese Gewohnheit außer Brauch kam, verliehen diese Gewänder auch keinerlei Privileg mehr außer dem, sie auch bei Hof- oder Familientrauer zu tragen und zu Zeiten, wo es ausdrücklich verboten ist, sich mit Gold oder Silber zu schmücken. Es ist unglaublich, was der König alles auf diesem Gebiete ersann; je älter er wurde und je mehr sich die Feste veränderten oder verringerten, wechselten die Methoden und änderten sich, doch die Lockmittel, die er anwandte, um einen zahlreichen Hof um sich zu versammeln, lassen sich gar nicht alle aufzählen und erläutern.

Der König forderte die ständige Gegenwart nicht nur des gesamten hohen, sondern auch des niederen Adels bei seinem Lever, bei seinem Coucher, bei seinen Mahlzeiten, wenn er durch die »Appartements« ging, oder bei den Spaziergängen in den Gärten von Versailles, auf denen ihn nur einige Höflinge begleiten durften, immer und überall ließ er die Blicke wachsam nach rechts und nach links schweifen, er sah und bemerkte einen jeden, keiner entging seiner Aufmerksamkeit, selbst jene nicht, die nicht die geringste Hoffnung hegten, gesehen zu werden; er registrierte genauestens die Abwesenheit derer, die zum Hof gehörten, oder derer, die nur vorübergehend zu erscheinen pflegten: er rechnete die allgemeinen und besonderen Ursachen dieses Nichterscheinens zusammen, und er versäumte keine Gelegenheit, die Betreffenden dementsprechend zu behandeln. Es wurde den Vornehmen übel vermerkt, wenn sie den Hof nicht zu ihrem ständigen Aufenthaltsort machten, den anderen, wenn sie nur selten erschienen, und jene, die sich nie oder fast niemals blicken ließen, konnten der vollkommenen Ungnade gewiß sein. Wenn einer von diesen irgendeinen Wunsch äußerte, antwortete der König mit eisigem Stolz: »Ich kenne ihn nicht!« War es jemand, der sich nur gelegentlich zeigte, dann hieß es: »Ich habe den Mann nie gesehen!« Und eine solche Verurteilung war unwiderruflich. Nicht nach Fontainebleau zu kommen galt gleichfalls als Verbrechen; bestimmte Leute machten sich überdies strafbar, wenn sie nicht baten, in Marly zugelassen zu werden; für Männer und Frauen, die zugelassen waren, bedurfte es einer stichhaltigen Entschuldigung, um fernzubleiben. Leute, die sich in Paris wohl fühlten, konnte er ganz und gar nicht leiden, mehr Nachsicht übte er mit jenen, die das Landleben liebten, wenn man sich allerdings für etwas längere Zeit entfernen wollte, tat man gut, einige Vorkehrungen zu treffen, und das beschränkte sich nicht etwa nur auf Personen, die ein Amt innehatten oder zu Vertrauten und Bevorzugten gehörten, auch war es unabhängig vom Alter und von dem, was die einzelnen darstellten.

Ludwig XIV. legte größten Wert darauf, über alles, was sich auf öffentlichen Plätzen sowie in Privathäusern zutrug, unterrichtet zu werden, er wollte wissen, mit was sich der Gesellschaftsklatsch befaßte, wollte Auskunft über Familienverhältnisse und intime Beziehungen haben. Er verfügte über zahlreiche und ganz verschiedene Spione und Berichterstatter; viele von ihnen wußten nicht einmal, daß ihre Mitteilungen und Auskünfte bis zu ihm gelangten, andere wiederum wußten es sehr genau, und einige schrieben sogar direkt an ihn, das heißt, sie ließen ihr Material auf ganz bestimmtem und vorgeschriebenem Wege zu ihm gelangen, diese Berichte kamen dann nur ihm allein zu Gesicht und wurden jeweils sofort zur Kenntnis genommen. Schließlich gab es auch Berichterstatter, die zuweilen heimlich durch die Hintertür in seine Privatgemächer geführt wurden. Dieses undurchsichtige Spitzelsystem brach vielen Leuten den Hals, oft ganz ungerechterweise und ohne daß sie jemals die Ursache zu entdecken vermochten, aber wenn der König einmal gegen jemanden eingenommen war, ließ er sich fast niemals wieder davon abbringen.

Seine Neugier bewog ihn, dem Polizeipräfekten unerhörte Vollmachten zu gewähren. Die Polizeibeamten wurden in Frankreich mehr als die Minister – ja sogar von diesen selbst – gefürchtet, und jedermann, auch die Prinzen von Geblüt, nahmen die größte Rücksicht auf sie. Der König erhielt von ihnen nicht nur sachliche Berichte, er ließ sich zu seinem Vergnügen auch noch sämtliche Pariser Liebeshändel und Skandalgeschichten erzählen.

Aber das schlimmste Auskunftmittel, dessen sich der König bediente, war das Öffnen der Privatbriefe; dies geschah lange Zeit, ohne daß man das geringste davon ahnte, und die Ignoranz und Unvorsichtigkeit vieler Leute arbeiteten ihm dabei ständig in die Hände. Es ist schier unglaubhaft, mit welchem Geschick und welcher Geschwindigkeit man hierbei verfuhr. Der König bekam einen Auszug aus all jenen Briefen, die irgend etwas enthielten, was den Postdirektoren und dem Postminister wichtig genug erschien, übermittelt zu werden; auch ganze Briefe wurden dem König vorgelegt, sofern ihr Inhalt oder ihr Absender von besonderer Bedeutung waren. Die hohen Postbeamten waren somit in der Lage, jedem Beliebigen, der ihnen mißfiel, etwas anzuhängen, und da schon eine Geringfügigkeit ausreichte, um jemanden unwiderruflich zugrunde zu richten, brauchten sie nicht erst Intrigen zu ersinnen und auszuspinnen. Ein abfälliges Wort über den König oder über die Regierung, ein Witz, eine aus dem Zusammenhang gerissene Bemerkung, irgendwelche speziellen Zitate genügten, um den Schreiber hoffnungslos schuldig zu sprechen, und dieses Mittel stand den Postbeamten jeden Augenblick zur Verfügung. Es ist unfaßbar, wie viele Menschen aus allen Ständen auf diese Art mit oder ohne Grund mehr oder minder ins Verderben gerieten. Das Geheimnis blieb streng gewahrt, es kostete den König keinerlei Überwindung, zu schweigen und sogar sich zu verstellen. Die Geheimnisse anderer hütete er ebenso streng wie seine eigenen. Er konnte sich sogar schmeicheln, im Besitz gewisser Geständnisse, ja sogar Beichten zu sein, und weder eine Mätresse noch ein Minister, noch ein Günstling hätten, selbst wenn sie persönlich betroffen gewesen wären, auch nur das geringste zu erfahren bekommen; auch tat er sich etwas darauf zugute, stets Wort zu halten, weshalb er es also fast niemals gab.

Niemand verstand es, Gunstbeweise mit größerer Anmut zu spenden und dergestalt den Preis seiner Wohltaten zu erhöhen; niemand vermochte seine Aussprüche, sein Lächeln, ja sogar noch seine Blicke so teuer zu verkaufen wie er. Durch die Unterschiede, die er machte, und durch sein majestätisches Gebaren verlieh er allem eine gewisse Kostbarkeit, wozu die Seltenheit und die Kürze seiner Bemerkungen nicht wenig beitrugen. Sobald er sich mit der belanglosesten Frage jemandem zuwandte, richteten sich die Blicke aller Umstehenden auf den Betreffenden; es war dies eine Auszeichnung, die man zur Kenntnis nahm und die stets zur Erhöhung des Ansehens beitrug. So verhielt es sich mit all den Aufmerksamkeiten, den Auszeichnungen und Bevorzugungen, die er nach Maßgabe verteilte. Niemals ließ er sich hinreißen, jemandem ein beleidigendes Wort zu sagen, und wenn er jemanden zu ermahnen oder zu tadeln hatte – was selten der Fall war –, so tat er es immer in freundlichem Ton, niemals barsch oder im Zorn.

Kein Mensch verfügte über soviel selbstverständliche, geschweige denn über eine so abgestufte, so fein bemessene, jeweils so genau dem Alter, dem Verdienst, dem Rang angepaßte Höflichkeit, das zeigte sich in den Antworten, die er erteilte, sofern er mehr sagte als: »Ich werde sehen«, und auch in seinem Gehaben. Diese verschiedenen Abstufungen wurden besonders deutlich, wenn er jemanden begrüßte oder wenn er Verbeugungen erwiderte. Zumal Frauen gegenüber war er unvergleichlich. Niemals ging er auch nur an der geringsten Haube vorüber – ich meine, an den Kammerfrauen, was in Marly häufig geschah –, ohne den Hut zu lüften. Vor den Damen nahm er den Hut ganz ab, aber stets mit ein wenig mehr oder weniger Betonung. Vor den Herzögen und Pairs halb, wobei er ihn dann einen Augenblick kürzer oder länger in der Schwebe hielt; vor den Seigneurs begnügte er sich, die Hand an den Hut zu legen, und nur vor den Prinzen von Geblüt nahm er ihn ab wie vor den Damen.

Seinen Dienern, zumal seinen Kammerdienern, ließ er die beste Behandlung angedeihen. In ihrer Gesellschaft fühlte er sich am wohlsten, und mit ihnen plauderte er am ungezwungensten. Ihre Zuneigung und Abneigung ist oft von entscheidender Wirkung gewesen. Da sie jederzeit in der Lage waren, gute oder üble Dienste zu erweisen, weckten sie oft die Erinnerung an jene mächtigen Freigelassenen des römischen Kaiserhofes, vor denen der Senat katzbuckelte und vor denen sich sogar die hohen Würdenträger zur niedersten Kriecherei herabließen, ebenso wurden auch die Kammerdiener während der ganzen Regierungszeit Ludwigs XIV. beachtet und hofiert.

Unvergleichlich war der König bei militärischen Paraden und Festlichkeiten und überall dort, wo die Gegenwart der Damen seine liebenswürdige Ritterlichkeit erheischte. Aber auch bei ernsteren Anlässen, bei Empfängen fremder Gesandter, bei Zeremonien konnte kein Fürst eindrucksvoller wirken als er, man mußte sich erst an seinen Anblick gewöhnen, um nicht ins Stottern zu geraten, wenn man ihn ansprach, die Antworten, die er bei diesen Gelegenheiten erteilte, waren stets kurz, knapp und treffend, meist enthielten sie eine Verbindlichkeit, zuweilen auch eine Schmeichelei, sofern der Angesprochene es verdiente. Der Respekt, den seine Gegenwart allerorts einflößte, verbreitete Schweigen, ja sogar beinahe Schrecken.

Er machte sich gerne Bewegung in frischer Luft. In seiner Jugend war er ein vorzüglicher Federballspieler und ausgezeichneter Tänzer gewesen, und auch noch im Alter saß er glänzend zu Pferd. Er sah es gern, wenn jemand dergleichen Künste mit Anmut beherrschte, ohne jedoch solchen Leistungen entscheidenden Wert beizumessen. Er war ein eleganter und sicherer Schütze, auch hielt er sich stets sieben bis acht Hunde, die er selber zu füttern pflegte. Besonders gern ging er auf Parforcejagd, diese betrieb er, seit er sich kurz nach dem Tode der Königin beim Jagen in Fontainebleau den Arm gebrochen, in einem leichten, von vier kleinen Pferden in Windeseile gezogenen Wagen, den er selber lenkte mit einer Sicherheit und Gewandtheit, die der beste Kutscher schwerlich hätte überbieten können.

Über alles liebte er Pracht, Glanz, verschwenderische Fülle und üppigen Aufwand. Aus Politik erhob er diese Neigung zum Grundsatz und flößte sie seinem ganzen Hof ein. Um ihm zu gefallen, stürzte man sich in Riesenausgaben für festliche Gelage, Gewänder, Pferde, Karossen und verausgabte sich bei der Errichtung von Bauwerken und beim

Spiel. Das gab ihm Anlaß, mit jemandem zu sprechen; was er in Wirklichkeit erstrebte und auch erreichte, war, die Geldmittel der Gesellschaft zu erschöpfen. Indem er den Luxus zur Ehrenpflicht und teils sogar zur Notwendigkeit machte, gedachte er allmählich jedermann in vollkommene Abhängigkeit von seinen Gunstbezeugungen und Zuwendungen zu bringen. Auch befriedigte er seine Hoffart durch einen prunkvollen Hof und durch das stetig wachsende Durcheinander, das mehr und mehr alle natürlichen Unterschiede zum Erlöschen brachte. Nachdem diese Sucht erst einmal ihren Anfang genommen hatte, ist sie zu einem Krebsgeschwür geworden, das an jedem einzelnen zehrt, weil es vom Hof nach Paris und von dort in die Provinzen und damit bis in die Armee übertragen wurde, so daß fortan Leute, die irgendeinen Posten haben, nur noch nach ihren Gelagen und nach ihrem Aufwand eingeschätzt werden – ein inneres Krebsgeschwür, das an jedem einzelnen zehrt, da es jene, denen die Möglichkeit offensteht, geradezu zum Diebstahl zwingt, weil sich die meisten, um ihre Ausgaben zu bestreiten, gar nicht anders verhalten können; ein Krebsgeschwür, das von der Unterschiedslosigkeit der Stände, das von dem Dünkel und sogar von der Wohlanständigkeit gespeist wird, das durch die Haltlosigkeit der großen Menge ständig zunimmt, dessen Folgen unabsehbar sind und das mit nichts anderem als mit dem Ruin und dem allgemeinen Umsturz endigen kann.

Niemand konnte mit der Zahl und der Pracht seiner Karossen und Jagdwagen wetteifern. Wer hätte je vermocht, all seine Bauten aufzuzählen? Wer aber würde nicht alsbald die offensichtliche Prunksucht, die Ausgefallenheit und die Geschmacklosigkeit beklagen? Er zog sich aus Saint-Germain zurück und bedachte Paris mit keinerlei Schmuck, mit keinerlei praktischer Annehmlichkeit außer dem Pont Royal, so daß Paris trotz seiner einzigartigen Ausdehnung so vielen Städten Europas in dieser Hinsicht entschieden nachsteht. Das herrlich gelegene Saint-Germain mit der wundervollen Aussicht über weite Ebenen, mit den nahen riesigen Forsten voll der schönsten Bäume, mit den wasserspendenden Quellen, den Hängen und Terrassen, zur Anlage von Gärten wie geschaffen, versehen überdies mit einer selbständigen Stadt; dieses Saint-Germain gab er auf für Versailles, eine denkbar trostlose, kärgliche Stätte, ohne Aussicht, ohne Wald, ohne Wasser, ohne festes Erdreich sogar, denn hier besteht der Boden nur aus Flugsand oder Sumpfgelände, und mithin mangelt es auch an frischer Luft, denn sie kann hier nur schlecht sein. Er aber gefiel sich darin, die Natur zu unterjochen, sie durch Aufwand von Geld und Kunstfertigkeit zu zähmen und zu bändigen. Er baute ohne festen Plan, ließ ein Gebäude neben dem anderen entstehen, Schönes und Häßliches, Formen von Riesenausmaßen und ganz winzige Gebilde wahllos durcheinander, wie es sich gerade ergab. Die Gemächer des Königs und der Königin sind von größter Unbequemlichkeit, mit dem Blick auf Abtritte und sämtliche düsteren, eingepferchten, übelriechenden Rückgebäude. Die Gärten, die durch ihren prächtigen Anblick zunächst verblüffen, enttäuschen, sobald man sie betritt, und bezeugen gleichfalls wenig Geschmack. Will man kühlen Schatten genießen, muß man erst eine weite, dürre und heiße Fläche überqueren, der Kies brennt an den Sohlen, aber ohne diesen Kies würde man entweder im Sand oder im schwärzesten Morast versinken. Die Vergewaltigung, die der Natur hier überall angetan wurde, wirkt abstoßend und erfüllt einen unwillkürlich mit Widerwillen. Das Wasser, das in Mengen von allen Seiten mühsam herbeigeleitet und aufgestaut werden muß, ist grünlich, dickflüssig, modrig und schleimig; es verbreitet eine höchst ungesunde, lästige Feuchtigkeit und einen nicht minder ungesunden faulen, üblen Geruch. Der Anblick der Wasserspiele, die immerhin Beachtung verdienen, ist unvergleichlich, aber die Umstände bewirken, daß man bewundernd die Flucht ergreift. Auf der Hofseite erstickende Enge, die riesigen Flügel fliehen ins Leere und haben kein Gegengewicht; auf der Gartenseite beeindruckt zwar die Schönheit der Gesamtanlage, doch glaubt man vor einem ausgebrannten Palast zu stehen, an dem noch ein Stockwerk und der Dachstuhl fehlen. Die Kapelle, die das Gebäude erdrückt – weil Mansart den König bewegen wollte, das Ganze um eine Etage zu erhöhen –, bietet von jeder Seite den trostlosen Anblick eines ungeheuren Katafalks. Ihre handwerkliche Ausführung ist erlesen: die Gesamtanordnung, die Raumgestaltung nichtig und öde; alles ist hier im Hinblick auf die Tribüne gemacht, weil der König sich fast niemals hinunterbegab, die Seitentribünen unzugänglich, da es nur einen einzigen schmalen Durchgang gibt. Man würde kein Ende finden, wollte man all die erschreckenden Mängel dieses so ungeheuer großen und ungeheuer teuren Palais benennen. Dazu kommen noch die Nebengebäude; Orangerie, Küchengärten, Seidenraupenzucht, große und kleine Pferdeställe, Verwaltungsgebäude, zahllose Beamtenwohnungen, kurzum, eine ganze Stadt dort, wo zuvor nur ein erbärmliches Gasthaus und eine Windmühle gestanden hatten und jenes kleine Kartenschloß, das Ludwig XIII. hatte errichten lassen, um nicht mehr auf Stroh schlafen zu müssen. Und dennoch ist dieses Versailles Ludwigs XIV., dieses so aufwendige, so geschmacklose Meisterwerk, bei dem die vollständige Veränderung der Wasserspiele und Baumgruppen soviel Gold verschluckt hat, das nirgends zum Vorschein kommt, auch heute noch nicht vollendet; trotz all der aneinander gedrängten Salons gibt es weder ein Theater noch einen Parkett- oder Ballsaal, und vorn wie hinten bleibt noch vieles zu tun. Die künstlich gepflanzten Alleen und Gärten können nicht gedeihen. Der Wildbestand muß beständig erneuert werden; ringsum ziehen sich zahllose Gräben von vier bis fünf Meilen Länge; und dann die Mauern, die mit ihrem gewaltigen Ausmaß diese kleine Provinz umschließen, dieses traurigste und schmutzigste Land der Welt.

Im gleichen Park, beim Tor von Versailles, stand Trianon, zuerst ein Porzellanhaus, um darin kleine Imbisse einzunehmen, dann vergrößert, so daß man dort auch übernachten konnte, und schließlich ein Palais aus Marmor, Jaspis und Porphyr mit herrlichen Gartenanlagen; gegenüber der Kreuzung des Kanals die Menagerie mit allen Arten des seltensten vier- und zweibeinigen Getiers. Schließlich noch Clagny, für Mme. de Montespan erbaut, dann an den Duc du Maine übergegangen; ein prächtiges Schloß mit seinen Wasserspielen, seinen Gärten, seinen Parkanlagen, wohin man auch blickt, Aqädukte, der Römer würdig; weder Asien noch die Antike bieten eine solch weiträumige und mannigfache Anlage, voll der erlesensten Kunstwerke aller Jahrhunderte, Schöpfungen aus verschiedenstem Marmor, aus Bronze; vollkommenste Gemälde und Skulpturen der jüngst vergangenen Zeit.

Aber es fehlte an Wasser, sosehr man sich auch bemühte, und diese so kunstreichen Fontänen versiegten – wie sie es auch heute noch jeden Augenblick tun – trotz all der im voraus herbeigeschafften riesigen Wasservorräte, die anzulegen und durch den Treibsand und durch die Sümpfe herzuleiten so viele Millionen gekostet hat. Es ist unglaublich, aber eben dieser Wassermangel sollte der Infanterie zum Ruin gereichen. Mme. de Maintenon, von der bald die Rede sein wird, herrschte bereits, und Louvois stand damals noch gut mit ihr; man freute sich des Friedens. Da kam Louvois auf den Einfall, das Wasser aus der Eure zwischen Chartres und Maintenon abzuleiten und ganz nach Versailles lenken zu lassen. Nie wird man erfahren, wieviel Gold, wieviel Menschenleben dieser hartnäckige Versuch im Laufe der Jahre verschlang, das ging so weit, daß es in dem Lager, das man dort für lange Zeit aufgeschlagen, bei harter Strafe verboten war, die Erkrankungen und vor allem die Todesfälle auch nur zu erwähnen, die sich aufgrund der harten Arbeit und vornehmlich der giftigen Ausdünstungen fortwährend häuften! Wie viele Menschen brauchten Jahre, um sich von dieser Anstrengung zu erholen! Wie viele haben ihre Gesundheit niemals wiedererlangt! Und bei alledem hatten weder die einfachen Offiziere noch die Hauptleute oder Obersten die Freiheit, sich eine Viertelstunde von der Arbeit zu entfernen oder ihrerseits ein Weilchen von der Arbeit abzulassen. Schließlich aber unterbrach der Krieg von 1688 diese Bauarbeiten, ohne daß sie je wiederaufgenommen wurden; alles, was blieb, sind einige ungestalte Trümmer, die diesen schrecklichen Wahnwitz verewigen.

Des Schönen und der Menge überdrüssig, meinte der König nunmehr, er bedürfe zuzeiten kleiner Räumlichkeiten und der Einsamkeit. Er suchte rings um Versailles nach einem geeigneten Platz, nach etwas, das dieser Laune entsprechen könne. Er besichtigte etliche Gegenden; er durchstreifte die weinbestandenen Hügel um Saint-Germain und diese breite Ebene hinter Paris, wo sich die Seine durch so viele stattliche, reiche Ortschaften schlängelt. Man empfahl ihm, sich in Luciennes niederzulassen, wo Cavoye schon seit langem ein reizendes Landhaus besaß, dessen Aussicht bezaubernd ist, aber er erwiderte, diese köstliche Lage würde ihn ruinieren, und da er nichts Großes beabsichtige, suche er auch eine Gegend, die ihn gar nicht auf den Gedanken brächte, große Pläne zu entwickeln.

Hinter Luciennes fand er ein enges, tiefes Tal mit abschüssigen Hängen, durch seinen Morast unzugänglich, ohne Aussicht, allseits von Hügeln eingeschlossen, vollkommen eingeklemmt, an einem der Hügel lag ein armseliges Dorf, das Marly hieß. Diese Abgeschlossenheit, ohne Aussicht und ohne Möglichkeit, solche zu schaffen, war sein ganzes Verdienst; die Enge des Tals, die keine Ausdehnung erlaubte, tat ein übriges. Er handelte, als habe er einen Minister, einen Günstling, einen Feldherrn zu wählen. Es bedurfte gewaltiger Arbeit, diese Kloake, die der ganzen Gegend als Schindanger diente, auszutrocknen und mit Erde aufzufüllen. Es wurde eine Eremitage errichtet. Nur um dort zwei oder dreimal im Jahr mit höchstens einem Dutzend der unerläßlichsten Höflinge von Mittwoch bis Samstag zu nächtigen. Allmählich wurde die Eremitage erweitert; Ausdehnung folgte auf Ausdehnung, die Hügel wurden abgetragen, um Platz zum Bauen zu schaffen, der Ausgang des Tals abgeflacht, um wenigstens etwas Aussicht freizugeben. Am Ende ist Marly so geworden, wie man es – trotz der Beeinträchtigungen nach dem Tode des Königs – heute noch sieht: mit seinen Gebäuden, seinen Gärten, seinen Gewässern, seinen Aquädukten, seiner hernach so bekannt gewordenen Maschine von Marly, seinen Parks, seinen gestutzten Sträuchern, seinen Statuen, seinen kostbaren Möbeln: da gab es dicht belaubte Wälder, die man als große Bäume aus Compiègne und von noch weiter her pausenlos herbeigeschleppt hatte, von denen mehr als drei Viertel eingingen, um alsbald wieder ersetzt zu werden; dichtes Buschwerk und dunkle Alleen wurden jählings in ungeheure Wasserflächen verwandelt, auf denen man sich in Gondeln erging, wurden dann wieder in Wälder zurückverwandelt, die so düster waren, daß man die Hand vor Augen nicht sah; ich spreche von dem, was ich im Lauf von sechs Wochen gesehen habe; hundertmal veränderte Wasserbecken; Kaskaden, die einen immer neuen Anblick gewährten; mit erlesener Vergoldung und Malerei gezierte Karpfenteiche, die, kaum vollendet, von den gleichen Künstlern wieder umgestaltet und anders hergerichtet wurden, und das unzählige Male; dann diese erstaunliche Maschine, von der ich sprach, mit ihren immensen Aquädukten, ihren Leitungen und ungeheuren Wasserbehältern, sie war einzig für Marly bestimmt, ohne jemals Wasser nach Versailles zu bringen; es ist nicht übertrieben, daß Versailles, so wie man es kennt, nicht annähernd soviel gekostet hat wie Marly. Wenn man noch die Ausgaben für die fortwährenden Reisen hinzufügt, die am Ende ebenso aufwendig, zumindest ebenso häufig wurden wie Aufenthalte in Versailles, kann man wohl behaupten, daß Marly allein Milliarden verschlang. Zu solcher Ehre gelangte ein Schlupfwinkel von Schlangen und Aas, Kröten und Fröschen, den man einzig erwählt hatte, um sich größere Ausgaben zu ersparen. In allem bekundete sich der schlechte Geschmack des Königs und jenes eitle Begehren, die Natur zu zwingen, das weder der härteste Krieg noch die Frömmelei zu mildern vermochte.

Rückblick: Liebschaften Ludwigs XIV.

Soll man von solchen Mißbräuchen der Macht übergehen zu anderen, der Natur gemäßeren, die indes in ihrer Art noch unheilvoller wirkten? Es sind dies die Liebschaften des Königs. Ihr Skandal hat ganz Europa erfüllt, hat Frankreich in Verruf gebracht, hat den Staat erschüttert, hat ohne Zweifel die Verwünschungen heraufbeschworen, unter deren Last der König sich bis hart an den Abgrund geraten und seine legitime Nachkommenschaft in Frankreich bis auf ein einziges Kind ausgelöscht sah. Das sind Plagen, die sich in Geißeln aller Art verkehrten und die noch lange Zeit zu spüren sein sollten. Ludwig XIV. war in seiner Jugend zu Liebschaften geschaffen wie keiner seiner Untertanen; des Umherflatterns und der flüchtigen Abenteuer müde, band er sich schließlich an die La Vallière. Man weiß, wie es weiterging, und kennt die Früchte dieser Verbindung.

In der Folge, und zwar noch während der Herrschaft der Mme. de La Vallière, betörte ihn die eigenartige Schönheit der Mme. de Montespan. Sie bemerkte das bald; vergeblich drängte sie ihren Gemahl, sie in die Guyenne zu bringen; ein aberwitziges Vertrauen machte ihn taub. Sie meinte es damals ganz aufrichtig. Am Ende jedoch fand der König Gehör, ungeachtet des schrecklichen Skandals, der bei allen Nationen Abscheu erregte, entriß er sie ihrem Gemahl und bot der Welt das ungewöhnliche Schauspiel zweier gleichzeitig nebeneinander lebender Mätressen. Er nahm beide mit auf seine Reisen an die Grenze, wenn er die Lager und die Armee besuchte, sie saßen in der Karosse der Königin, überall kam das Volk herbeigerannt, um in seiner Einfalt die drei Königinnen zu bestaunen. Schließlich triumphierte Mme. de Montespan, und mit schamloser Selbstverständlichkeit verfügte sie fortan über den Herrscher und dessen Hof. Um den Verstoß gegen Anstand und Sitte würdig zu krönen, wurde M. de Montespan, weil er aufzubegehren versuchte, in die Bastille gesteckt und dann in die Guyenne verbannt, während seine Frau anstelle der in Ungnade gefallenen Comtesse de Soissons zur Oberhofmeisterin der Königin ernannt wurde, und überdies, da sie als verheiratete Frau nicht Herzogin werden konnte, auch noch ein Taburett bekam.

Bald darauf trat die Königin aller Äbtissinnen in Erscheinung, sie kam aus ihrem Kloster Fontevrault, noch klüger und noch schöner als Mme. de Montespan, ihre Schwester, nahm sie im Schutze des Schleiers, gebunden an ihre Gelübde, nun teil am Ruhm dieser Niquée, zusammen mit ihrer anderen Schwester, Mme. de Thiange, gehörte sie zu den bezauberndsten und geistreichsten aller Festteilnehmer. Die Schwangerschaften und Geburten wurden von jetzt an öffentlich bekanntgegeben. Der Kreis um Mme. de Montespan wurde zum Mittelpunkt des Hofes, zum Mittelpunkt aller Vergnügungen, aller Erfolge, aller Hoffnung und Furcht der Minister und Generale und zu einer Schmach für ganz Frankreich. Er wurde gleichfalls ein Mittelpunkt des Geistes, es herrschte dort ein ganz besonderer Umgangston, so anmutig, so fein, dabei stets so angenehm natürlich, daß er sich ob seiner Einzigartigkeit stets herauskennen ließ; das war das Verdienst dieser drei Schwestern, die alle drei ungewöhnlich begabt waren und das Talent besaßen, auch anderen geistige Anregung zu vermitteln. Noch heute bemerkt man bei den wenigen Überlebenden, die in diesem Kreis und unter dem Einfluß der Schwestern heranwuchsen, voll Freude etwas von diesem ganz besonderen, so bezaubernden und dennoch so schlichten Umgangston; man würde diese Leute in der belanglosesten Unterhaltung unter Tausenden herauskennen.

Mme. de Fontevrault war die klügste und vielleicht auch die schönste der drei Schwestern, sie verfügte zudem über ungewöhnliche und umfassende Kenntnisse, sie beherrschte die antiken Sprachen, war in allen theologischen Fragen bewandert, hatte die Heilige Schrift und die Kirchenväter gründlich studiert; sie wußte diese Themen mit hinreißender Beredsamkeit zu behandeln. Selbst im Alltag zeigte sie Geist, doch hätte man nicht ohne weiteres angenommen, daß sie soviel mehr wußte als der Durchschnitt ihres Geschlechts. Auch als Schriftstellerin zeichnete sie sich aus, und sie hatte eine besondere Gabe, als Äbtissin zu fungieren, sie wurde von ihren Nonnen, obwohl sie sie unter genauester Einhaltung der Ordensregel leitete, ungemein verehrt und geliebt, auch sie selbst hielt sich, obzwar sie nur durch Zufall Nonne geworden, in ihrer Abtei stets streng an die Regeln. Ihre Besuche bei Hofe – wo sie übrigens stets bei ihren Schwestern weilte – taten ihrem Ruf keinerlei Abbruch, höchstens daß es Verwundern erregte, sie als Ordensfrau an einer Gunst dieser Art teilhaben zu sehen. Mme. de Thiange beherrschte ihre beiden Schwestern und sogar den König, den zu erheitern ihr noch besser gelang als jenen. Sie beherrschte ihn, solange sie lebte, und erfreute sich auch noch, nachdem Mme. de Montespan vom Hofe verbannt war, außerordentlicher Bevorzugungen und Privilegien.

Mme. de Montespan selbst war boshaft, launisch, Stimmungen unterworfen und von einer geradezu göttlichen Anmaßung, die jedermann und insbesondere der König zu spüren bekam. Die Höflinge vermieden es, unter ihrem Fenster vorüberzugehen, vor allem wenn der König sich bei ihr aufhielt, sie sagten, das sei ein Spießrutenlaufen, eine Bemerkung, die bei Hofe sprichwörtlich wurde. In der Tat gab es niemanden, den sie verschonte, oft nur, um den König zu unterhalten; und da sie alle Register des Witzes, der Ironie und des feinen Spottes zu ziehen verstand, war nichts gefährlicher, als von ihr der Lächerlichkeit preisgegeben zu werden. Der Königin fiel es schwer, ihre hochfahrende Art zu ertragen, die so ganz anders war als die Rücksichtnahme und Ehrerbietung, die sie von der Duchesse de La Vallière gewohnt war, der sie auch stets herzlich zugetan blieb, während Mme. de Montespan ihr oft den Seufzer entriß: »Diese Hure wird mich noch ins Grab bringen.« Ich habe seinerzeit von der Einkehr, von der strengen Bußfertigkeit und dem gottseligen Ende der Mme. de Montespan berichtet.

Während ihrer Herrschaft hatte sie des öfteren Grund zur Eifersucht. Mlle. de Fontanges gefiel dem König so sehr, daß sie zur *Maîtresse en titre* wurde, und so befremdlich solche Doppelbesetzung auch sein mag, sie war keineswegs neu, aber Mlle. de Fontanges besaß nicht das rechte Talent: weder für das Laster noch für das Glück, noch für die Buße. Ihre Schönheit kam ihr eine Zeitlang zustatten, ihre Geistesgaben entsprachen indes dieser Schönheit nicht. Es bedurfte eines anderen Temperaments, um den König zu unterhalten und an sich zu fesseln.

Doch diesmal blieb ihm nicht die Zeit, völligem Überdruß zu verfallen; ein plötzlicher Tod setzte dieser Liebschaft ein rasches Ende. Fast alle übrigen waren nur flüchtige Abenteuer. Zu erwähnen wäre noch die schöne Ludres, eine Lothringerin, Edelfräulein von Madame, doch diese Liebe flammte nur auf wie ein Blitz, und Mme. de Montespan trug abermals den Sieg davon.

Nun aber muß ich auf ein ganz andersartiges Verhältnis zu sprechen kommen, ein Verhältnis, das die Völker Europas nicht minder verblüffte, als die vorhergehende Liebschaft ihre Entrüstung erregte, ein Verhältnis, das der König bis zum Grabe aufrechterhielt. Es handelt sich, wie man schon nach diesen wenigen Worten erkennt, um Françoise d'Aubigné, Marquise de Maintenon, deren ununterbrochene Herrschaft nicht weniger als zweiunddreißig Jahre gewährt hat. Sie war auf der Insel Martinique geboren, wohin ihr Vater, möglicherweise ein Edelmann, mit ihrer Mutter ausgewandert war, um seinen Lebensunterhalt zu verdienen, und von wo sie, nachdem ihre Eltern dort in armseligen Verhältnissen gestorben, allein und aufs Geratewohl nach Frankreich zurückgekehrt war. Glücklich in La Rochelle gelandet, wurde sie aus Mitleid von Mme. de Neuillan, der Mutter der Duchesse de Navailles, aufgenommen. Sie war bettelarm und wurde von der geizigen alten Dame gezwungen, die Schlüssel zum Speicher zu verwahren und den Pferden täglich ihren Hafer zuzumessen; als sie dann jung, gewandt, geistig begabt, aber eltern- und brotlos in Begleitung ihrer Tante, Mme. de Neuillan, nach Paris kam, lernte sie durch glückliche Fügung den berühmten Scarron kennen. Er fand sie liebenswert, und seine Freunde fanden sie vielleicht noch liebenswerter. Sie hielt es für ein großes und unverhofftes Glück, diesen heiteren und gelehrten Krüppel heiraten zu können, und Leute, die eine Frau vielleicht nötiger hatten als er, legten ihm den Gedanken an diese Heirat nahe und brachten ihn schließlich zu der Überzeugung, er würde dieses bezaubernde, unglückliche Wesen somit dem Elend entreißen. Die Ehe wurde geschlossen; die junge Frau gefiel jedem, der bei Scarron verkehrte. Er empfing die beste Gesellschaft; Scarron zu besuchen war große Mode; da er nicht imstande war, sein Haus zu verlassen, machten die vornehmsten Leute vom Hof sowie aus der Stadt sich auf und kamen zu ihm. Sein lebendiger Geist, sein Wissen, seine Einbildungskraft und seine trotz aller Leiden einzigartige und unerschöpfliche Heiterkeit, sein sprühender Witz, den man noch heute in seinen Werken bewundert, zogen die Leute an, so daß sie ihn immer wieder besuchten.

Mme. Scarron lernte also die verschiedensten Menschen kennen, gleichviel war sie nach dem Tode ihres Mannes auf die Mildtätigkeit der Pfarrgemeinde von Saint-Eustache angewiesen. Sie mietete dort in einem Dachstock ein Zimmer für sich und ihre Dienerin und lebte in kärglichen Verhältnissen, ihre Reize indes verhalfen ihr zur allmählichen Besserung ihrer Lage: Villars, der Vater des Marschalls, Beuvron, der Vater d'Harcourts, und Villarceaux sowie etliche andere hielten sie aus. So gewann sie wieder Boden unter den Füßen; man empfahl sie ins Hôtel d'Albret und von dort aus ins Hôtel de Richelieu, und so von einem Haus ins andere. Doch verkehrte Mme. Scarron in diesen Häusern durchaus nicht als gesellschaftlich gleichberechtigt, sie hatte alles mögliche zu besorgen, bald mußte sie Holz bestellen, bald mußte sie fragen, ob das Essen schon fertig oder der Wagen schon vorgefahren sei, und hatte tausend andere derartige Aufträge zu erledigen.

Der nahen Verwandtschaft zwischen dem Marschall d'Albret und M. de Montespan verdankte Mme. Scarron die entscheidende Schicksalswendung und den Beginn des unglaublichen Aufstiegs, den sie dann vierzehn oder fünfzehn Jahre später erlebte. M. und Mme. de Montespan weilten regelmäßig beim Marschall d'Albret, der in Paris eines der schönsten und größten Häuser führte und bei dem die vornehmste und erlesenste Gesellschaft des Hofes ein und aus ging. Die taktvollen Manieren, die Anpassungsfähigkeit und die Gewandtheit Mme. Scarrons gefielen Mme. de Montespan ungemein. Sie befreundete sich mit ihr, und als sie ihre ersten Kinder vom König bekam – den Duc du Maine und Madame la Duchesse –, die man verbergen wollte, schlug sie dem König vor, diese der Witwe Scarron in Pflege zu geben. Man stellte ihr ein Haus im Marais zur Verfügung, wo sie mit ihren Pfleglingen wohnen sollte, gab ihr überdies die nötigen Unterhaltsmittel, um die Kinder ganz im geheimen großzuziehen. Bald darauf wurden diese zu Mme. de Montespan gebracht, dann dem König gezeigt, mehr und mehr aus ihrem Dunkel hervorgeholt und schließlich offiziell anerkannt. Ihre Gouvernante, die mit den Kindern an den Hof übergesiedelt war, gefiel Mme. de Montespan immer mehr, und sie erwirkte für sie des öfteren Gehaltsaufbesserungen beim König. Er hingegen mochte Mme. Scarron gar nicht, und wenn er ihr ab und an etwas zukommen ließ, so tat er das in einer Aufwallung von Mitleid und mit einem Unbehagen, das er nicht verhehlte. Als die Domäne Maintenon zum Verkauf stand, meinte Mme. de Montespan, dieser Landsitz sei wegen der Nähe zu Versailles wie geschaffen für Mme. Scarron, und sie redete dem König so lange zu, bis er ihr die nötigen Mittel gab, um dieser Frau, die alsbald den Namen de Maintenon annahm, den Erwerb der Domäne zu ermöglichen.

Der Duc du Maine hinkte sehr stark, man behauptete, daß seine Amme ihn als Kind habe fallen lassen. Da alles, was man bisher unternommen hatte, erfolglos geblieben war, entschloß man sich, ihn zu verschiedenen Heilkundigen nach Flandern und anderswo hinzuschicken und später dann in die Bäder, so zum Beispiel auch nach Barèges. Die Briefe, in denen seine Gouvernante Mme. de Montespan von dieser Reise berichtete, wurden dem König gezeigt; er fand sie vorzüglich geschrieben, sie gefielen ihm gut; und mit dem Eintreffen des letzten Briefes begann seine Abneigung entschieden zu schwinden. Die Launenhaftigkeit Mme. de Montespans tat ein übriges. Sie ließ sich immer häufiger gehen, sie hatte sich ganz daran gewöhnt, sich keinerlei Zwang aufzuerlegen. Vornehmlich bekam der König ihre Gereiztheit zu spüren; noch war er in sie verliebt; aber er litt unter diesen Launen, und das machte Mme. de Maintenon Mme. de Montespan wiederholt zum Vorwurf. Ihre Bemühungen, seine Mätresse zu besänftigen, über die ihm von anderer Seite berichtet wurde, gewöhnten ihn also daran, hin und wieder mit ihr zu sprechen; ihr darzulegen, was er Mme. de Montespan zu vermitteln wünschte, ja ihr schließlich anzuvertrauen, was er gegen jene auf dem Herzen hatte, und sie am Ende sogar um Rat zu fragen. Nachdem sie dergestalt durch den König selber zur engsten Vertrauten des Liebhabers und der Mätresse geworden war, verstand die geschickte Gesellschafterin, dieses Vertrauen sorglich zu pflegen, was ihr dank ihres Eifers und ihrer Umsicht so gut gelang, daß sie allgemach an die Stelle der Mme. de Montespan rückte, die zu spät wahrnahm, daß die andere dem König unentbehrlich geworden. Als Mme. de Maintenon es soweit gebracht hatte, beschwerte sie ihrerseits sich beim König über all das, was sie zu erdulden hatte von dieser Mätresse, die ihn selber so wenig schonte; und indem sie gegenseitig über Mme. de Montespan klagten, eroberte Mme. de Maintenon vollends deren Platz, und sie wußte sich diese Eroberung gut zu sichern. Das Schicksal, um nicht zu sagen die göttliche Vorsehung, die dem hoffärtigsten aller Könige die tiefste, die öffentlichste, die düsterste und unerhörteste aller Demütigungen zudachte, stärkte ihn mehr und mehr in seiner Neigung zu dieser geschmeidigen, wohlerfahrenen und beschlagenen Frau, einer Neigung, die noch an Festigkeit gewann durch die fortgesetzten Eifersüchteleien der Mme. de Montespan, durch die häufigen Ausbrüche ihrer Gereiztheit, die sie ohne alle Hemmung an dem König und an Mme. de Maintenon ausließ, was Mme. de Sévigné in ihren Briefen an Mme. Grignan, in denen sie zuweilen über diese Vorgänge bei Hofe plauderte, auf so charmante Weise darzustellen verstand, denn Mme. de Maintenon war Mme. de Sévigné, Mme. de Coulanges und Mme. de La Fayette des öfteren in der Gesellschaft begegnet und hatte sie bereits mit hinlänglicher Deutlichkeit auf ihre Stellung hingewiesen.

Die göttliche Vorsehung, diese unumschränkte Beherrscherin der Zeiten und der Ereignisse, fügte es weiterhin, daß die Königin lange genug lebte, um diese Neigung sich bis zum Höhepunkt entwickeln, jedoch nicht lange genug, um sie wieder erkalten zu sehen. Das Unglück, das also dem König und – wie die Folgen hinzuzufügen zwingen – dem Staat widerfahren konnte, war der unerwartet plötzliche Tod der Königin; verursacht durch die völlige Unwissenheit und Halsstarrigkeit des

Leibarztes d'Aquin, kam er dem Gedeihen jener neuen Bindung zugute, die angeknüpft worden war aus Verdruß über die immer unerträglicher werdenden Launen der Mätresse. Diese gebieterische Schönheit war derart daran gewöhnt, zu herrschen und angebetet zu werden, daß sie widerstandslos der Verzweiflung über den steten Zerfall ihrer Macht erlag, und was sie vollends außer sich brachte, war das Bewußtsein, daß eine niedere Rivalin, die sie selbst in Brot und Arbeit gesetzt, der sie zu allem verholfen hatte und die sogar die königliche Gunst nur ihr verdankte, jetzt die Rolle ihres Henkers übernahm, nur weil sie zu sehr an ihr gehangen und sich, sooft der König sie auch dazu gedrängt, nicht hatte entschließen können, diese Person davonzujagen, eine Rivalin überdies, die ihr an Schönheit sehr unterlegen und die um Jahre älter war als sie; zu spüren, daß der König jetzt meist wegen dieser Gesellschafterin, um nicht zu sagen Dienerin, zu ihr kam, daß er nur diese bei ihr zu finden hoffte, daß er seine Enttäuschung, wenn er sie nicht antraf, nur schwer zu verbergen vermochte und daß er oft genug von ihr, seiner Geliebten, fortging, um sich ungestört mit dieser Frau allein unterhalten zu können; zu guter Letzt noch die Tatsache, daß sie selber ständig jener bedurfte, um den König herbeizulocken, um sich nach ihren Zwistigkeiten wieder mit ihm auszusöhnen, um die Vergünstigungen zu erhalten, die sie von ihm erbat. Und zu diesem jener Zauberin so gelegenen Zeitpunkt wurde der König also Witwer. Er verbrachte die ersten Tage bei Monsieur in Saint-Cloud, von dort aus begab er sich nach Fontainebleau, wo er sich den ganzen Herbst über aufhielt.

Man behauptet – denn es gilt zu unterscheiden zwischen dem, was ganz sicher, und dem, was weniger sicher ist –, man behauptet also, daß der König nach seiner Rückkehr aus Fontainebleau ganz offen mit Mme. de Maintenon gesprochen habe und daß sie, die es wagte, ihre Macht auf die Probe zu stellen, sich geschickt hinter der Devotion und der Prüderie ihres bisherigen Standes verschanzte, daß der König sich nicht abschrecken ließ, daß sie ihm Moral predigte, ihm Angst vor dem Teufel einjagte und seine Liebe und sein Gewissen mit solcher Geschicklichkeit gegeneinander auszuspielen verstand, daß sie schließlich dahin gelangte, wo wir sie mit eigenen Augen gesehen haben. Tatsache und ganz gewiß wahr ist, daß mitten in jenem Winter, der dem Tod der Königin folgte, kurze Zeit nach der Rückkehr des Königs aus Fontainebleau der Pater La Chaise, der Beichtvater des Königs, um Mitternacht in einem der Gemächer des Königs die Messe las. Bontemps, der Gouverneur von Versailles und des Königs erster Kammerdiener, amtierte als Meßdiener, während der Monarch und die Maintenon miteinander vermählt wurden in Gegenwart Harlays, des Erzbischofs von Paris, und Louvois', die beide, wie wir berichtet haben, dem König das Versprechen abnahmen, diese Heirat niemals bekanntzugeben.

Der Überdruß an Liebesnächten, der dieser Art Verbindungen meist zum Verhängnis gereicht, festigte die Gunst der Mme. de Maintenon um so mehr. Bald darauf prunkte sie in den Gemächern, die ihr in Versailles oberhalb der großen Treppe gegenüber den Gemächern des Königs eingeräumt wurden. Fortan verbrachte der König, solange er lebte, täglich einige Stunden bei ihr. In Versailles, und wo immer er sich aufhielt, mußte sie stets in größtmöglicher Nähe untergebracht werden. Alles wurde nur mit ihrer Einwilligung entschieden, und was sie nicht billigte, wurde abgelehnt; Menschen, Staatsgeschäfte, Ämtervergabe, Rechtsurteile, Gunstbezeugungen, Religion, kurz, alles lag in ihren Händen, und der König als auch der Staat wurden ihre Opfer. Wer sie war, diese unglaubliche Fee, auf welche Weise sie ohne Unterbrechung, ohne Widerstand und ohne die leiseste Beeinträchtigung mehr als dreißig, ja zweiunddreißig Jahre hindurch regierte, dieses unvergleichliche Schauspiel, das ganz Europa mit ansehen konnte, gilt es nun zu vergegenwärtigen.

Rückblick: Herrschaft der Mme. de Maintenon. – Aufhebung des Edikts von Nantes. – Egozentrismus des Königs.

Sie war eine sehr gescheite Frau, die sich in den vornehmsten Kreisen, wo sie zunächst nur geduldet wurde, bald aber größter Beliebtheit erfreute, die besten Umgangsformen angeeignet hatte. In den Wechselfällen ihres Lebens war sie schmeichlerisch, wendig und äußerst anpassungsfähig geworden, unablässig bestrebt zu gefallen. Die Notwendigkeit zu intrigieren, die mannigfachen Intrigen, die sie miterlebt und in die sie im eigenen Interesse oder um anderer willen oft genug selber verwickelt gewesen, hatten ihr Wesen geprägt, sie hatte Geschmack an diesem Spiel gefunden, das sie nun mit großem Geschick fast gewohnheitsmäßig betrieb. Ihre unvergleichliche Anmut, ihr unbefangenes, dennoch stets zurückhaltendes, ehrerbietiges Betragen, das ihr durch ihr langes Abhängigkeitsverhältnis zur zweiten Natur geworden, kamen ihren Fähigkeiten außerordentlich zugute, überdies verfügte sie über eine sanfte und gewählte Ausdrucksweise und viel natürliche Beredsamkeit. Ihre besten Jahre – denn sie war drei oder vier Jahre älter als der König – fielen in die Epoche der schöngeistigen Unterhaltung, der Galanterien, mit einem Wort des »Alkoven«, das hatte ihr Verhalten so beeinflußt, daß dieser unverkennbare Geruch immer an ihr haften blieb. Das Preziöse und Gezierte – eine Eigentümlichkeit jener Epoche – war bei ihr durch den Anstrich von Würde besonders auffällig und verstärkte sich noch durch die zur Schau getragene Devotion, die allmählich ihr Hauptwesenszug wurde und offensichtlich alles übrige aufsog; letztere war ihr unerläßlich, um ihre Stellung zu erhalten und zu regieren; regieren, das war der Inbegriff ihres Daseins; dem wurde alles übrige rücksichtslos aufgeopfert. Redlichkeit, Freimut ließen sich mit solchem Streben zu schwer vereinen, als daß man hätte glauben dürfen, sie habe davon mehr als den puren Schein beibehalten. Sie war nicht gerade von Natur aus falsch, doch die Not hatte sie derart an dieses Verhalten gewöhnt, und ihre angeborene Sprunghaftigkeit verlieh ihr sogar den Anschein doppelter Falschheit. Stetigkeit erlangte sie nur unter Zwang und Gewalt. Sie wechselte gern ihre Freunde, ihre Bekannten sowie ihre Vergnügungen, mit Ausnahme einiger alter Freunde aus früherer Zeit, denen sie treu blieb, und einiger neuer, die sie nicht zu entbehren vermochte. Was die Vergnügungen anlangt, bot sich ihr, als sie quasi Königin war, kaum Abwechslung mehr. Ihre Unbeständigkeit machte sich also nur bei wichtigen Entscheidungen bemerkbar und richtete deshalb großes Unheil an. Sie war rasch zu begeistern, dann aber ebenso rasch ernüchtert und bis zum Überdruß angewidert und beides ohne ersichtlichen Grund. Das Abhängigkeitsverhältnis, die Dürftigkeit und Armut, in der sie so lange gelebt, hatten ihren geistigen Horizont verengt und ihre Empfindungsfähigkeit abgestumpft. Sie dachte und fühlte derart kleinlich, daß sie tatsächlich noch weniger war als Mme. Scarron, als die sie sich immer wieder erwies. Nichts wirkte abstoßender als die niedere Gesinnung in Verbindung mit ihrer glänzenden Stellung; nichts war so widerspruchsvoll und gefährlich wie diese Leichtfertigkeit, mit der Freunde und Vertraute ausgewechselt wurden.

Sie verfügte zudem noch über einen weiteren trügerischen Köder. Wenn man einmal zur Audienz bei ihr zugelassen und sie gerade gut aufgelegt war, kam sie einem mit einer Offenheit entgegen, die einen überraschte und die größten Hoffnungen weckte, doch schon bei der zweiten Audienz zeigte sie sich unzugänglich, wurde lakonisch und trocken. Man zerbrach sich den Kopf, um die Ursache der jeweils so unvermittelten Gnade und Ungnade herauszufinden; eine Zeitverschwendung; die Sprunghaftigkeit war die einzige Ursache, eine Sprunghaftigkeit, von der man sich schwerlich eine Vorstellung machen konnte. Es gab wohl den einen oder anderen, der diesem üblichen Wankelmut entging, aber diese wenigen Personen bestätigen nur die Regel. Sie besaß überdies die Schwäche, sich durch Vertrauensseligkeiten und besonders durch persönliche Bekenntnisse gewinnen zu lassen, wobei sie in ihrer gänzlichen Abgeschlossenheit häufig hinters Licht geführt wurde. Sie hatte ferner eine krankhafte Sucht zu schulmeistern, was ihr das bißchen Freiheit, das sie genoß, auch noch beschnitt; es ist nicht zu glauben, wieviel Zeit sie in Saint-Cyr und hundert anderen Klöstern vergeudet hat. Sie hielt sich für die Universaläbtissin, besonders in geistlichen Fragen, daher mischte sie sich ständig in die Verwaltung der Diözesen, es war dies ihre Lieblingsbeschäftigung; sie bildete sich ein, eine Kirchenmutter zu sein.

Sowohl die Frömmelei, die ihr zum Aufstieg verholfen und durch die sie ihre Stellung zu halten wußte, als auch der Hang zum Schulmeistern, zu dem sich noch die Herrschsucht gesellte, veranlaßte sie zu derlei Beschäftigungen, woraus die Eigenliebe, die in dieser Sphäre einzig auf Schmeichler stieß, ihre Nahrung zog. So traf sie sich mit dem König, der sich für einen Apostel hielt, weil er den Jansenismus, oder was ihm als solcher hingestellt worden war, zeitlebens verfolgt hatte. Und hier glaubte Mme. de Maintenon das rechte Feld gefunden zu haben, um den Monarchen mit ihrem Eifer zu mästen und sich selbst in alles hineinzudrängen. Die gröbste Unwissenheit, in der man den König bewußt hatte aufwachsen lassen und in der man ihn aus verschiedenen Absichten dann auch weiter verharren ließ, das Mißtrauen, das man ihm beizeiten einflößte, die vollkommene Abgeschlossenheit, in der er sich hielt, indem er sich einerseits hinter seine Minister und andererseits hinter seine Beichtväter verschanzte, hatten ihn schon früh die verderbliche Gewohnheit annehmen lassen, in theologischen Fragen und verschiedenen Lehrmeinungen auf Treu und Glauben Partei zu ergreifen. Vollkommen von den Jesuiten eingenommen, hatten sich die Königinmutter und – mehr noch als sie – später der König entgegen allen wirklichen Tatsachen von diesen einreden lassen, daß jede nicht jesuitische Lehrmeinung der königlichen Autorität feindlich sei und gefährliches republikanisches Unabhängigkeitsstreben bekunde. Der König verstand davon wie von so vielen anderen Dingen nicht mehr als ein Kind. Die Jesuiten wußten sehr wohl, mit wem sie es zu tun hatten, sie behielten sich vor, dem König die Beichtväter zu stellen und über die Verteilung der Pfründe zu wachen; der Ehrgeiz der Höflinge und die Furcht, die diese Mönche den Ministern einflößten, gaben ihnen freie Hand; die strenge Aufmerksamkeit, mit der der König sein Leben lang alle Welt von den Staatsgeschäften fernhielt, bot ihnen einen sicheren Schutzwall, erleichterte ihnen den Zugang zu ihm und gab ihnen Gewähr, als einzige in religiösen Fragen angehört zu werden. Es fiel ihnen also nicht schwer, dem König einzuhämmern, daß jeder, der eine andere Ansicht vertrete als sie, ein Jansenist sei und daß Jansenismus gleichbedeutend sei mit Feindschaft gegen den König und gegen seine Autorität; und das war gerade der Punkt, in dem der König so außerordentlich empfindlich reagierte.

Auf diese Weise also verjagten sie jene berühmten heiligmäßigen Einsiedler, die sich zum Studium und zu Bußübungen in Port-Royal versammelt hatten, die so hervorragende Schüler ausbildeten, denen die Christenheit ewig Dank schuldet für jene erleuchteten Werke, in deren hellem und klarem Licht sich deutlich Wahrheit und Schein, Kern und

Rinde unterscheiden lassen, Männer, die es unternahmen, ein so verdunkeltes, so wenig bekanntes und überdies völlig verschleiertes Gebiet zu erforschen, um den Glauben zu erhellen, um Barmherzigkeit zu entflammen, das Herz des Menschen zu reinigen, seine Sitten zu ordnen, ihm einen getreuen Spiegel vorzuhalten und ihn zwischen gerechter Furcht und vernünftiger Hoffnung zu leiten. In ihrer Verfolgung und gänzlichen Ausrottung also bekundete sich die Frömmigkeit des Königs und die der Mme. de Maintenon; doch nun schien es, daß man diesem Fürsten ein weitaus geeigneteres Tätigkeitsfeld zu eröffnen vermöchte. Der Jansenismus begann allmählich an Interesse zu verlieren, es bedurfte nur eines geringen Anstoßes, um nunmehr den Eifer des Königs aufzustacheln gegen eine Religion, die von der katholischen Kirche aufs schwerste verdammt worden war und die sich, da sie sich in allen grundlegenden Glaubensartikeln getrennt, als erste gebrandmarkt hatte.

Der König war der Frömmigkeit verfallen, und dies bei völliger Ignoranz. Und mit der Frömmelei verband sich die Politik. Man packte ihn bei diesen Dingen, die ihm am meisten am Herzen lagen, Frömmelei und Autorität. Man malte ihm die Hugenotten in den schwärzesten Farben; sie seien durch Übergriffe, Revolten, Bürgerkriege, Bündnisse mit dem Ausland, bewaffneten und offnen Widerstand gegen seine königlichen Vorfahren und ihn ein Staat im Staate geworden und hätten eine solche Freiheit erworben, daß er selber aufgrund von Verträgen nun gezwungen sei, mit ihnen auszukommen. Man hütete sich wohlweislich, ihn über die Quelle all dieser Übel aufzuklären, man verschwieg ihm die Ursprünge ihres Anwachsens, ihrer Verbreitung und sagte nicht, von wem und weshalb die Hugenotten zuerst bewaffnet und unterstützt worden waren; man verlor vor allem kein Wort über die von so langer Hand vorbereiteten Pläne, über die Greuel und über die Attentate der Liga gegen seine Krone, gegen sein Haus, gegen seinen Vater, gegen seinen Großvater und gegen alle die Seinen. Man verhehlte ihm vorsätzlich, was das Evangelium und was laut diesem göttliches Gebot sei, was die Apostel und in deren Nachfolge alle Kirchenväter lehren, über die Art, in der Jesus Christus zu verkündigen und in der die Ungläubigen und Häretiker zu bekehren seien. Man bot einem Frömmler die süße Lockung, sich auf Kosten anderer eine leichte Buße einzuhandeln, deren Entgelt man ihm für das Jenseits zusicherte. Man kitzelte den Dünkel eines Königs, indem man ihn zu einem Unterfangen aufrief, das über die Macht all seiner Vorgänger hinausging. Man bestimmte ihn, der sich soviel darauf zugute tat, allein zu regieren, zur Ausführung eines sowohl religiösen wie politischen Meisterwerks, das der wahren Religion durch Vernichtung jeder anderen zum Triumph verhelfen und das dem König unumschränkte Gewalt verleihen sollte, indem er jede Bindung zu den Hugenotten abbrach und indem er diese Rebellen, die stets darauf aus waren, ihre eigene Partei zu stärken und die der Könige zu schwächen, auf immer beseitigte und unschädlich machte.

Die großen Minister waren damals nicht mehr am Leben, Le Tellier lag im Sterben, sein Unheil stiftender Sohn war der einzige, der übrigblieb, denn Seignelays Stimme hatte noch kein Gewicht. Kriegslüstern und verdüstert ob des soeben auf zwanzig Jahre unterzeichneten Waffenstillstands gab Louvois sich der Hoffnung hin, ein so gewaltiger Schlag gegen die Hugenotten würde die Protestanten ganz Europas in Aufruhr versetzen, was er freudigst erwartete, da er wußte, daß der König die Hugenotten nur mit Waffengewalt bezwingen könne und daß diese Aufgabe ihm, Louvois, zufallen und sein Einfluß weiterhin wachsen würde. Mme. de Maintenons Verstand und Ingenium reichten in Staatsgeschäften nicht über die Intrige hinaus. Sie war weder durch Herkunft noch durch Erziehung imstande und befähigt, politische Fragen unter einem höheren Gesichtspunkt zu beurteilen, und es wäre ihr vollends unmöglich gewesen, diese schöne Gelegenheit vorübergehen zu lassen, um des Königs Gefallen zu erregen, ihn zu bewundern und sich durch eifrige Frömmelei weiterhin zu festigen und zu bestätigen. Wer übrigens hätte jemals ein Wort erfahren von dem, was damals zwischen dem Beichtvater, dem in diesem Augenblick sozusagen einzigen Minister, und der neuen geliebten Gemahlin beratschlagt wurde, und wer vor allem hätte zu widersprechen gewagt? So werden Könige, die sich aus Ruhmsucht, aus Argwohn, aus Vertrauen auf ihre Parteigänger, aus Trägheit oder aus Hoffart nur mit zwei oder drei Personen zu verständigen pflegen und die zwischen sich und ihre übrigen Untertanen eine unüberschreitbare Schranke setzen, auf diesem oder jenem Weg zu allem gebracht.

Ohne den geringsten Anlaß und ohne jede Notwendigkeit kam es zum Widerruf des Edikts von Nantes, und die verschiedenen Proskriptionen, die ihm folgten, waren die Frucht jener abscheulichen Verschwörung, die ein Viertel des Königreichs entvölkerte, die seinen Handel zugrunde richtete, die es in allen Teilen schwächte, die es auf so lange Zeit der öffentlich zugestandenen Plünderung der Dragoner aussetzte, die zu Folterungen und Todesstrafen ermächtigte, bei denen tatsächlich zahllose Unschuldige beiderlei Geschlechts umkamen, jener Verschwörung, die ein so großes Volk zugrunde richtete, Familienbande zerriß,

Verwandte gegen Verwandte aufhetzte, um sich ihres Vermögens bemächtigen und sie Hungers sterben zu lassen, unsere Manufakturen den Ausländern überließ und deren Staaten auf Kosten der unseren zu wirtschaftlichem Aufschwung und zum Bau neuer Städte verhalf, ihnen das Schauspiel bot, ein so fleißiges Volk in Scharen verbannt, flüchtig, von allem entblößt, schuldlos umherirrend, fern seiner Heimat Asyl suchen zu sehen; jener Verschwörung, die Vertreter des Adels, Inhaber großer Reichtümer, würdige Greise, ob ihrer Frömmigkeit, ihrer Kenntnisse, ihrer Tüchtigkeit hochgeachtete Leute, gebrechliche Menschen und wirklich Kranke auf die Galeeren schickte – einzig aus Gründen der Religion; jener Verschwörung, die dann, um das Maß der Greuel vollzumachen, all jene Provinzen, in denen das Wehklagen dieser unglücklichen Opfer des Irrtums widerhallte, mit Meineidigen und Gotteslästerern füllte, während viele andere, um ihres Vermögens und ihrer Bequemlichkeit willen, ihr Gewissen opferten und sich beides durch erheuchelte Abschwörung erkauften; ohne Umstände schleppte man sie dann zur Anbetung dessen, woran sie nicht glaubten, sie mußten, obwohl sie überzeugt blieben, sie äßen nur Brot, den Leib des Herrn tatsächlich empfangen, das allerheiligste Altarsakrament, das sie nun erst recht verabscheuen sollten. Dergestalt äußerte sich die allgemeine, durch Schmeichelei und Grausamkeit erzeugte Verderbtheit. Zwischen Folter, Abschwörung und Kommunion waren meist keine vierundzwanzig Stunden verronnen, und die Henker dienten als Paten und Zeugen. Jene, die hernach den Eindruck erweckten, sich mit mehr Einsicht bekehrt zu haben, beeilten sich, durch ihre Flucht oder ihr Verhalten ihre vorgebliche Umkehr Lügen zu strafen.

Fast alle Bischöfe beteiligten sich an diesem gewaltsamen und gottlosen Tun. Viele gossen noch Öl ins Feuer, die meisten trieben die Henker an, erzwangen Bekehrungen und nötigten die unfreiwillig Bekehrten zur Teilhabe am göttlichen Geheimnis, um auf diese Weise die Zahl ihrer Eroberungen zu erhöhen, die sie in Listen verzeichnet an den Hof übermittelten, weil sie dadurch an Ansehen gewannen und sich Belohnungen zu sichern gedachten.

Die Intendanten der Provinzen setzten ihren Ehrgeiz darein, es ihnen und den Dragonern gleichzutun und sich ebenfalls mit ihren Listen bei Hofe zur Geltung zu bringen. Die wenigen Statthalter und Generalleutnante, die es in den Provinzen noch gab, die kleine Zahl der Edelleute, die noch auf ihren Gütern lebten, taten ihr möglichstes, den Bischöfen und Intendanten nicht nachzustehen.

Der König erhielt von allen Seiten Berichte und Schilderungen über diese Verfolgungen und Bekehrungen. Es hieß, diejenigen, die abgeschworen und kommuniziert hätten, seien nach Tausenden zu zählen, zweitausend an einem, sechstausend an einem anderen Tag, und alle schlagartig und zur selben Zeit. Der König sonnte sich im Gefühl seiner Macht und seiner Frömmigkeit. Er wähnte sich zurückversetzt in die Zeit der Heidenapostel und maß sich all deren Verdienste und Ehren zu. Die Bischöfe verfaßten die überschwenglichsten Lobeshymnen; die Jesuiten priesen ihn auf den Kanzeln und in den Missionen. Ganz Frankreich war von Schrecken und Wirren erfüllt, doch niemals hatte man solch freudiges Frohlocken, solch tönende Triumphgesänge vernommen. Der Monarch glaubte fest an die Aufrichtigkeit dieser Massenbekehrungen, die Bekehrer hatten es sich angelegen sein lassen, ihn davon zu überzeugen und ihn schon im voraus selig zu sprechen. Er schlürfte dieses Gift mit dem größten Behagen. Niemals zuvor hatte er sich vor den Menschen so erhaben gedünkt, noch vor Gott der Sünden und der Ärgernisse seines Lebens derart entsühnt. Stets kam ihm nur Lob und Beifall zu Ohren, indes die guten und aufrichtigen Katholiken und die frommen Bischöfe es aus tiefstem Herzen beklagten, daß sich die Rechtgläubigen gegen die Irrgläubigen und Häretiker genauso verhielten, wie sich die häretischen und heidnischen Tyrannen gegen die christlichen Bekenner und Märtyrer verhalten hatten. Sie waren besonders untröstlich über die himmelschreienden Meineide und Gotteslästerungen, und sie vergossen bittere Tränen über den unwiederbringlichen Leumund, in den die wahre Religion durch diese abscheulichen Mittel geriet; während unsere Nachbarn, die schadenfroh zusahen, wie wir uns selber ausbluteten und zerfleischten, sich unseren Wahnwitz zunutze machten und auf dem Haß, den wir uns bei allen protestantischen Mächten zuzogen, ihre Pläne aufbauten. Aber für diese offensichtlichen Wahrheiten war der König unzugänglich und blind, selbst die Haltung, die Rom gegen ihn einnahm, vermochte ihm keineswegs die Augen zu öffnen, denn dieser Handstreich gegen die Hugenotten fand bei Innozenz XI. nicht die geringste Billigung.

Kurz nach dem Widerruf des Edikts von Nantes wurde mit großem Pomp die Anstalt Saint-Cyr gegründet. Mme. de Montespan hatte ehedem in Paris den Töchtern des Hl. Joseph ein schönes Haus gebaut, dort wurden junge Mädchen erzogen und in den verschiedensten Handarbeiten unterwiesen, und in dieses Haus zog Mme. de Montespan sich dann zurück, als sie den Hof endgültig verlassen mußte. Der Wetteifer stachelte Mme. de Maintenon zu weit hochfliegenderen Plänen an; sie beschloß, den armen Adel zu unterstützen und sich damit in den Ruf einer Schutzherrin zu bringen, für die der gesamte Adel sich interessieren müßte. Mit der Schöpfung eines solchen Werkes, durch das sie dem König Unterhaltung und Anregung zu bieten vermochte, das ihr selber Anregung bot und, sofern ihr das Unglück zustieße, den König zu verlieren, als Zufluchtsstätte dienen sollte, mit diesem Werk hoffte sie überdies, sich einen Weg zu eröffnen, doch noch die Bekanntgabe ihrer Ehe zu erreichen. Da sie die reichen Einkünfte der Abtei von Saint-Denis auf den Bau von Saint-Cyr verwandte, verringerten sich die Ausgaben für diese gewaltige Anstaltsgründung in den Augen des Königs und der Öffentlichkeit ganz beträchtlich, und da das Unternehmen als solches so sinnvoll war, hieß man es höchst willkommen.

Offiziell als Königin anerkannt zu werden war noch immer Mme. de Maintenons sehnlichster Wunsch. Nach dem Tode der Dauphine lebten all ihre Hoffnungen wieder auf. Monseigneur und Monsieur wären ihr zwar hinderlich gewesen, aber sie waren derart vom König abhängig, daß ihre möglichen Einwände keinerlei Gewicht gehabt hätten. So wäre ihr damals die Bekanntgabe beinahe gelungen, doch der König erinnerte sich noch allzu deutlich seiner Versprechen und wandte sich an den berühmten Bossuet, Bischof von Meaux, und an Fénelon, Erzbischof von Cambrai, die ihm beide abrieten und die damit den Plan für immer zum Scheitern verurteilten.

Als sie die Bekanntgabe ihrer Ehe zum zweiten Mal scheitern sah, begriff Mme. de Maintenon, daß sie niemals mehr darauf zurückkommen dürfe, und sie besaß Selbstbeherrschung genug, lächelnd darüber hinwegzugehen. Der König, der sich ungemein erleichtert fühlte, wußte ihr Dank für dieses Verhalten, verdoppelte seine Zuneigung, seine Achtung und sein Vertrauen. Sie hätte sich in dem hellen Glanz, in dem sie erscheinen wollte, vielleicht nicht zu behaupten vermocht, wogegen sie unter dem durchsichtigen Schleier des Geheimnisses zusehends mehr an Boden gewann. Doch man darf sich nicht einbilden, sie hätte ihre Stellung ohne Geschicklichkeit halten und nutzen können; im Gegenteil, ihr Regime war ein beständiges Ränkespiel und das des Königs eine immerwährende Täuschung.

Von wenigen Ausnahmen abgesehen, empfing sie keinen Besuch bei sich und machte auch ihrerseits keinen. Es war mindestens so schwer, bei ihr zu Audienzen zugelassen zu werden wie beim König. Die wenigen, die sie bewilligte, fanden fast immer in Saint-Cyr statt, wo man sich zur bestimmten Stunde bei ihr einzufinden hatte. Wer ihr kurz etwas sagen wollte – einfache, ja selbst arme Leute sowie Personen von Stand –, erwartete sie in Versailles, wenn sie ausging oder wenn sie nach

Hause zurückkam. Die Marschälle de Villeroy, d'Harcourt und zumal Tessé, später dann auch Vaudémont haben sich ihr stets auf diesem Wege genähert. Einige wenige Damen, ihre vertrauten Freundinnen, an die der König gewöhnt war, kamen manchmal, wenn der König anwesend war, zu ihr zu Besuch und aßen ausnahmsweise auch einmal bei ihr zu Mittag.

Ihr Vormittag, der sehr früh begann, war ausgefüllt von irgendwelchen Besprechungen über Armenpflege oder über Regelungen kirchlicher Angelegenheiten. Zuweilen erschien auch ein Minister, ab und an sogar ein Marschall. Meist pflegte sie selbst sich schon um acht Uhr oder noch früher zu irgendeinem Minister zu begeben. Manchmal, aber nur sehr selten, aß sie bei einem von ihnen im engsten Kreise zu Mittag. Das galt als besondere Gunst. Der Duc de Beauvillier wurde, wie gesagt, lange Zeit in dieser Weise ausgezeichnet, bis Godet, der Bischof von Chartres, das Zerwürfnis herbeiführte. Die engsten Beziehungen unterhielt sie stets mit dem Kriegs- und zumal mit dem Finanzminister; andere Minister suchte sie nur selten auf und auch nur, um etwas mit ihnen auszuhandeln. Gewöhnlich fuhr sie schon in aller Frühe nach Saint-Cyr; dort gab sie einige wenige Audienzen, dort schulmeisterte sie im Hause, und dort lenkte sie von außen die Kirche, dort las und beantwortete sie Briefe, von dort aus leitete sie die Nonnenklöster, dort empfing sie ihre Auskünfte und Spionageberichte, und von dort kam sie schließlich genau zu der Zeit zurück, um die der König bei ihr zu erscheinen pflegte.

In Fontainebleau hatte sie ein Haus in der Stadt, wo sie genauso lebte wie in Saint-Cyr, in Marly bewohnte sie ein kleines Gemach, aus dessen Fenster man in die Kapelle sah, auch hier behielt sie alle ihre Gepflogenheiten bei, aber in Marly nannte man das Le Repos, und es war nur der Duchesse de Bourgogne zugänglich. Wenn kein Staatsrat gehalten wurde und wenn sie nicht nach Saint-Cyr fuhr, begab sich der König in Marly, in Trianon und in Fontainebleau des Morgens zu ihr. In Fontainebleau kam er, wenn er nicht auf Parforcejagd ging, nach der Messe und blieb bis zum Diner. In Trianon und Marly waren seine Besuche kürzer, weil er anschließend in den Gärten spazierenging. Vormittags blieben die beiden fast stets allein, während nachmittags meist noch die Minister erschienen, um mit dem König zu arbeiten. Freitags wurde nicht gearbeitet, dann setzte sich der König mit den Damen des vertrautesten Kreises zum Spiel, oder man hörte Musik. Gegen neun Uhr abends kamen zwei Kammerfrauen, um Mme. de Maintenon auszukleiden, alsbald servierten der Haushofmeister und der Kammerdiener ihr das Abendessen, eine Suppe und irgendein leichtes Gericht. Nachdem sie gegessen, brachten ihre Kammerfrauen sie zu Bett; all das geschah in Gegenwart des Ministers und des Königs, der weder seine Arbeit unterbrach noch seine Stimme dämpfte. Das währte bis zehn Uhr, dann ging der König zum Abendessen, und zur selben Zeit wurden die Vorhänge an Mme. de Maintenons Bett zugezogen.

Während der Besprechung las oder stickte Mme. de Maintenon, sie hörte alles, was zwischen dem König und dem Minister verhandelt wurde. Selten äußerte sie etwas, noch seltener war ihre Äußerung von Belang. Oft fragte der König sie nach ihrer Meinung; dann antwortete sie mit großer Zurückhaltung. Stets schien es, als vertrete sie keine bestimmte Meinung und hege für niemanden besonderes Interesse: aber sie war sich bereits mit dem Minister einig, der weder hinter ihrem Rükken, geschweige denn in ihrer Anwesenheit sich ihrem Plan zu widersetzen gewagt hätte. Sofern es sich also um irgendeine Gunst oder ein Amt handelte, war die Sache zwischen ihnen beiden schon abgemacht, ehe die Besprechung stattfand, in der die Entscheidung getroffen werden sollte, die sich deshalb auch zuweilen hinauszögerte, ohne daß der König oder sonst jemand wußte, warum. Gewöhnlich ließ sie dem Minister mitteilen, daß sie ihn vorher zu sprechen wünsche. Der Minister wagte die betreffende Angelegenheit nicht zu erörtern, ohne nicht ihre Weisungen empfangen zu haben und ohne daß die laufenden Tagesgeschäfte nicht Gelegenheit gegeben hätten, sich miteinander zu verständigen. Erst dann machte der Minister Vorschläge und legte eine Liste vor. Wenn zufällig der König auf den von Mme. de Maintenon gewünschten Kandidaten verfiel, ließ es der Minister dabei bewenden und vermied es, die Listen weiter durchzugehen. Nannte der König einen anderen, schlug der Minister vor, sich auch die Namen derer anzusehen, die überdies noch zur Wahl stünden, ließ den König reden und strich währenddessen einen nach dem anderen. Selten schlug er ausdrücklich den Kandidaten vor, den er haben wollte, sondern nannte immer mehrere, deren Verdienste er gleich hoch zu stellen suchte, um dem König die Wahl zu erschweren. Nun fragte ihn der König nach seiner Meinung, worauf er noch einmal das Für und Wider jedes einzelnen erwog, um schließlich den herauszugreifen, den er im voraus ausgesucht hatte. Der König, der meist noch immer schwankte, wandte sich an Mme. de Maintenon und fragte sie, wer ihr am geratensten schiene. Mme. de Maintenon lächelte, erklärte sich für unzuständig, erwähnte beiläufig irgendeinen ganz anderen, kam dann just auf jenen zurück, den der Minister empfohlen hatte, und gab damit den Ausschlag. Dergestalt verfügte sie über drei Viertel aller Vergünstigungen und Ernennungen. Es kam auch vor, daß, wenn sie gerade niemanden bevorzugte, der Minister sich seinerseits durch Vorteil und Eifersucht leiten ließ, ohne daß der König auch nur den geringsten Argwohn hegte. Er glaubte allein und unabhängig alles selber zu verfügen und verfügte doch nur über den kleinsten Teil und auch dann nur aus Zufall, es sei denn, daß er ausnahmsweise an jemandem einen Narren gefressen hatte oder daß jemand, den er zu begünstigen gedachte, ihm einen besonderen Kandidaten empfahl. Wollte Mme. de Maintenon politische Beschlüsse unterstützen, zum Scheitern bringen oder in eine andere Richtung lenken – was allerdings seltener der Fall war als in Fragen der Ämterbesetzung und Gunstbeweise –, so verständigte sie sich mit dem Minister auf ganz dieselbe Art und entwickelte das gleiche Ränkespiel. An diesem Beispiel sieht man, daß die geschickte Frau fast alles durchsetzte, was sie erreichen wollte, aber eben nur fast alles und nicht immer zu dem von ihr gewünschten Zeitpunkt.

Wenn der König sich sperrte, bediente man sich noch einer weiteren List; man wich der Entscheidung aus, man verwickelte die Angelegenheit, bauschte sie auf, zog sie hinaus, stürzte sich auf ein anderes Thema, als sei es untrennbar mit jenem verbunden, kam von dem eigentlichen ab oder behauptete, es bedürfe da zuvor noch einiger Aufklärung. So bewirkte man, daß die ersten Einwände ihre Schlagkraft einbüßten, und kam – meist erfolgreich – mit der gleichen Geschicklichkeit ein anderes Mal auf die Sache zurück. Dieselbe Methode wandte man an, um Verfehlungen zu vergrößern oder zu verringern, um Briefe oder Verdienste zur Geltung zu bringen oder fragwürdig erscheinen zu lassen und dergestalt den Aufstieg oder den Untergang vorzubereiten. Deshalb bekamen diese bei Mme. de Maintenon abgehaltenen Besprechungen für die einzelnen solche Wichtigkeit, deshalb war es für Mme. de Maintenon so notwendig, die Minister in ihrer Abhängigkeit zu halten, deshalb bot sich hier den Ministern ein so beachtliches Hilfsmittel, ihr Ansehen, ihren Einfluß, ihre Macht sowohl für sich als auch für die Ihrigen unablässig zu steigern und zu erweitern, denn Mme. de Maintenon ließ ihnen, um sie an sich zu fesseln, persönlich den weitesten Spielraum. Kurz ehe sie zur Beratung kamen oder kurz nachdem sie gegangen waren, nutzte Mme. de Maintenon die Zeit, um des Königs Meinung über sie zu erforschen; sie je nachdem zu entschuldigen oder herauszustreichen, sie ob ihrer Arbeitslast zu beklagen, ihre Verdienste zu rühmen oder, wenn sie irgendeinen Vorteil für sie erlangen wollte, ihnen den Weg zu ebnen oder das Eis für sie zu brechen. Auf diese Weise entwickelte sich zwischen Mme. de Maintenon und den Ministern ein reger Austausch von Diensten und Gegendiensten, ohne daß der König auch nur im entferntesten etwas davon ahnte. Aber so wie Mme. de Maintenon nichts oder fast nichts ohne die Minister ausrichten konnte, so vermochten sich die Minister wiederum nicht ohne Mme. de Maintenon und schon gar nicht gegen sie im Amte zu halten. Sobald sie auf Widerstand stieß oder sobald ein Minister bei ihr in Ungnade gefallen war, war sein Untergang besiegelt. Sie bedurfte dazu geraumer Zeit, eines gewissen Versteckspiels, einiger und manchmal – wie im Falle Chamillarts – sogar beträchtlicher Ausdauer. Vor diesem war ihr Louvois zum Opfer gefallen; was Pontchartrain davor bewahrte, war seine Geistesgegenwart, die dem König gefiel, überdies die drückende Finanzlage während des Krieges und nicht zuletzt der gesunde Menschenverstand und die Aufmerksamkeit seiner Frau, die mit Mme. de Maintenon noch in bestem Einvernehmen stand, während er sich schon recht sehr mit ihr entzweit hatte. Der Duc de Beauvillier wäre zweimal, zu ganz verschiedenen Zeiten, an dieser Klippe gescheitert und entrann dem Untergang, wie man seinerzeit sah, nur durch ein Wunder. Wenn schon die Minister und sogar die Bestangeschriebenen derart von Mme. de Maintenon abhängig waren, kann man sich denken, was sie gegen Personen vermochte, die weit weniger in der Lage waren, sich zu schützen oder gar zu verteidigen. So sahen sich etliche Leute zugrunde gerichtet, ohne auch nur zu ahnen, weshalb, und wie sehr sie sich auch bemühten, die Ursachen zu entdecken und zu beheben, all ihre Anstrengungen blieben vergebens.

Die kurzen und seltenen Besprechungen mit Generalen der Armee fanden gewöhnlich in ihrer und des Staatssekretärs Gegenwart statt. Durch die Berichte, die Pontchartrain montags gab, erfuhr sie alle Ergebnisse der Spionage sowie alle Skandale, die sich in Paris und am Hofe zugetragen, und war dadurch in der Lage, viel Gutes, aber auch viel Böses zu bewirken. Die außenpolitischen Fragen jedoch wurden im Staatsrat behandelt, und nur wenn ein sehr dringender Fall vorlag, trug ihn Torcy sofort und sogar außer der Zeit vor. Mme. de Maintenon hätte sehr gewünscht, daß auch diese Beratungen regelmäßig bei ihr stattfänden, damit sie auf die Außenpolitik und auf jene, die sie betrieben, den gleichen Einfluß gewänne, wie sie ihn auf anderen Gebieten besaß. Aber Torcy verstand es mit viel Geschick, dieser gefährlichen Falle auszuweichen. Er pflegte bescheiden abzuwehren und meinte, er habe bei weitem nicht genug Unterlagen für eine solch abendliche Sitzung. Schon früh, und zwar lange ehe er Kanzler wurde, hatte Le Tellier den König durchschaut. Einer seiner besten Freunde hatte ihn einmal gebeten, er möge wegen einer Sache, die dieser dringend wünschte, Fürsprache beim König einlegen. Le Tellier versprach ihm, er werde sein möglichstes tun. Seinem Freund mißfiel diese Antwort, er sagte ihm frei heraus, er fände sie angesichts Le Telliers Einfluß und Stellung reichlich kümmerlich, und er hätte sich einen anderen Bescheid erwartet.

»Sie kennen das Terrain nicht!« erwiderte ihm Le Tellier.

»Wir sind sicher, daß der König in zwanzig Fällen, die wir ihm vortragen, neunzehnmal unseren Vorschlag befolgt; wir sind indes ebenso sicher, daß er im zwanzigsten Fall gerade das Gegenteil beschließt, doch in welchem dieser zwanzig Fälle er nach seinem Gutdünken entscheidet, das können wir niemals voraussehen, oft ist es gerade der, an dem uns am meisten gelegen ist. Der König behält sich diese Möglichkeit vor, um uns zu beweisen, daß er Herr und Meister ist. Wenn er sich zufällig etwas in den Kopf gesetzt hat, worauf er besteht, was aber auch uns so wichtig erscheint, daß wir aus sachlichen oder persönlichen Gründen gleichfalls darauf bestehen, dann erfolgen – wiewohl es selten zu solchen Zuspitzungen kommt – erst einmal die heftigsten Vorwürfe, danach ist der König, den es befriedigt, uns unsere Ohnmacht bewiesen, und dem es leid tut, uns gekränkt zu haben, um vieles nachgiebiger und lenksamer, und das ist dann der Zeitpunkt, an dem wir alles durchsetzen, was wir wollen.« In der Tat, ganz so verhielt sich der König sein Leben lang gegen seine Minister, stets ließ er sich – sogar von den jüngsten und mittelmäßigsten – vollkommen lenken, und stets war er darauf bedacht, daß gerade dies nicht geschehe, und stets überzeugt, nirgends und in keiner Weise gelenkt zu werden.

Nicht viel anders verhielt er sich auch gegen Mme. de Maintenon, die er ab und zu mit heftigsten Vorwürfen zu überschütten für notwendig hielt; manchmal brach sie sogleich in Tränen aus und lief tagelang wie auf Nadelspitzen herum; als sie dann Fagon, einen klugen, ihr ganz ergebenen Mann an Stelle d'Aquins zum Leibarzt hatte ernennen lassen, spielte sie, sobald solche Szenen sich ankündigten, die Kranke und hatte damit gewöhnlich am meisten Erfolg. Allerdings hätte weder ein solcher Kunstgriff noch die krasseste Wirklichkeit den König jemals dazu gebracht, sich auch nur den geringsten Zwang aufzuerlegen. Er war ein ganz und gar ichbezogener Mensch, für den alle anderen nur in Beziehung auf ihn vorhanden waren. Niemals, selbst zu der Zeit, als er am heftigsten verliebt war, ersparte er seinen Mätressen, auch wenn sie sich noch so unpäßlich fühlten, die Reise in großer Toilette – denn ehe Marly die Etikette lockerte, erschienen selbst die privilegiertesten Damen nie anders gekleidet, weder im Wagen noch sonst irgendwo bei Hofe –, ob sie krank oder in anderen Umständen waren, ob sie gerade erst eine Niederkunft hinter sich hatten oder an anderen Beschwerden litten, sie mußten in großer Toilette, geschnürt und festlich geschmückt erscheinen, mußten mit nach Flandern und noch weiter reisen, mußten tanzen, nächtelang aufbleiben, feiern und tafeln, heiter und gesellig sein, durften keinen Ortswechsel scheuen, sich weder vor Hitze noch Kälte fürchten, weder vor Zugluft noch Staub, und hatten sich überdies ohne die geringste Verzögerung streng an die Tagesordnung zu halten. Auch seine Töchter wurden nicht anders behandelt; man hat seinerzeit gesehen, daß er weder der Duchesse de Berry noch der Duchesse de Bourgogne mehr Schonung angedeihen ließ.

Ging er auf Reisen, war sein Wagen stets voller Frauen, wenn er jedoch auf die Jagd gehen, einen Spaziergang machen oder nur gerade in Marly oder Meudon übernachten wollte, setzte er sich allein in eine leichte Kalesche. Jedenfalls richtete er es immer so ein, daß keiner seiner Beamten im Wagen ein Gespräch mit ihm hätte anknüpfen können; man behauptete, der alte Charost, der mit Vorliebe diese Gelegenheit benutzte, um ihm allerlei Unliebsames zu sagen, habe ihn vor mehr als vierzig Jahren auf diese Lösung gebracht. In seinem Reisewagen gab es stets alles mögliche zu essen; Fleisch, Pasteten und Früchte. Kaum hatte man eine Viertelmeile zurückgelegt, schon fragte der König, ob man nicht etwas zu sich nehmen wolle, er selbst aß niemals etwas zwischen den Mahlzeiten, nicht einmal Obst; aber er sah es gern, wenn man aß und sich möglichst bis zum Platzen vollstopfte. Die Damen mußten Hunger haben, heiter sein und mit Appetit und fröhlicher Miene essen, sonst wurde er mißvergnügt und gab das auch recht deutlich zu verstehen; man wolle vornehm tun, hieß es dann, und sei eine Zierpuppe; gleichviel waren alle diese Damen und Prinzessinnen verpflichtet, am selben Abend an seiner Tafel abermals solche Mengen zu sich zu nehmen, als hätten sie den ganzen Tag lang noch keinen Bissen gegessen. Über irgendwelche Bedürfnisse ein Wort zu verlieren war verboten, abgesehen davon, daß es für die Frauen auch recht beschwerlich gewesen wäre, mit den Abteilungen der königlichen Garde vor und hinter dem Wagen und den Offizieren und Stallmeistern rechts und links an den Wagenschlägen, die alle miteinander solchen Staub aufwirbelten, daß man die Karosse fast nicht mehr sah. Da der König frische Luft haben wollte, mußten stets alle Wagenfenster geöffnet sein, er hätte es sehr übel vermerkt, wenn eine Dame den Vorhang heruntergezogen hätte, um sich vor der Sonne oder vor der Kälte zu schützen; sich unpäßlich zu fühlen war ein Vergehen, das man nicht wiedergutmachen konnte.

Die Duchesse de Chevreuse, die der König besonders schätzte und auszeichnete und die er bei seinen kleinen Geselligkeiten immer dabeihaben wollte, hat mir erzählt, sie habe, als sie einmal in der Karosse mit ihm von Versailles nach Fontainebleau fuhr, nach zwei Meilen Weges eines jener dringenden Bedürfnisse verspürt, denen man glaubt nicht widerstehen zu können. Die Reise ging ohne Unterbrechung vor sich, und der König hielt unterwegs nur an, um, ohne aus dem Wagen zu steigen, zu Mittag zu essen. Solche Bedürfnisse, die jeden Augenblick zunehmen, machen sich meist nie zur rechten Zeit bemerkbar, wie zum Beispiel bei diesem Mittagessen, wo Madame de Chevreuse hätte kurz aussteigen und in das gegenüberliegende Haus gehen können; nach der Mahlzeit aber konnte sie sich kaum mehr zurückhalten, sie war nahe daran, ihren Zustand einzugestehen, fast hätte sie das Bewußtsein verloren, hielt sich jedoch mit äußerster Kraft aufrecht bis nach Fontainebleau, wo sie völlig erschöpft anlangte. Beim Aussteigen sah sie den Duc de Beauvillier, der schon am Vorabend mit den königlichen Enkeln eingetroffen war, am Wagenschlag stehen. Anstatt sich dem Gefolge des Königs anzuschließen, nahm sie den Herzog am Arm und gestand ihm, daß sie sterben würde, wenn sie sich nicht sofort erleichtern könnte. Sie überquerten das Ende des ovalen Hofes und traten in die Kapelle, die glücklicherweise offenstand, da man dort jeden Morgen die Messe las. Not kennt kein Gebot: Madame de Chevreuse erleichterte sich ohne Umstände in dieser Kapelle hinter dem Rücken des Duc de Beauvillier, der die Tür bewachte. Ich berichte von diesem Mißgeschick nur, um zu zeigen, welche Scheu selbst diejenigen vor dem König empfanden, die sich der größten Gunst und der größten Freiheiten erfreuten, und die Duchesse de Chevreuse stand damals auf dem Gipfel ihrer Gunst. Solche offenbaren und tatsächlichen Nichtigkeiten sind zu bezeichnend, als daß man sie unerwähnt lassen könnte. Wenn der König selbst zuweilen ein Bedürfnis verspürte, dann stieg er ganz einfach aus; während die Damen sich nicht aus dem Wagen zu rühren pflegten.

Mme. de Maintenon, die sich sehr vor Zugluft und anderen Unbequemlichkeiten fürchtete, durfte ebenfalls keine Ausnahme machen. Alles was sie unter dem Vorwand und durch sonstige Ausflüchte erreichen konnte, war die Erlaubnis, allein reisen zu dürfen; aber wie immer sie sich befinden mochte, sie mußte sich auf den Weg machen, schon am Ziel angekommen und empfangsbereit sein, wenn der König eintraf und sie besuchen wollte. Bei vielen Fahrten nach Marly war sie in einem Zustand, in dem man keine Dienstmagd ausschicken würde; auf einer der Reisen nach Fontainebleau ging es ihr so schlecht, daß man befürchtete, sie würde unterwegs sterben. Sie konnte sich noch so unpäßlich fühlen, der König besuchte sie zur gewohnten Stunde und hielt wie üblich seine Sitzungen bei ihr ab, es war schon ein Zugeständnis, wenn sie im Bett bleiben durfte. Oft, wenn sie mit hohem Fieber darniederlag, ließ der König, der, wie gesagt, frische Luft liebte und den es erstaunte, bei seinem Eintritt alles geschlossen zu finden, augenblicklich sämtliche Fenster öffnen, und obwohl er sah, daß Mme. de Maintenon unter der kühlen Nachtluft litt, blieben sie offen, bis er um zehn Uhr zu Tisch ging. Wenn er Musik hören wollte, kümmerten ihn weder ihr Fieber noch ihre Kopfschmerzen, und ohne Rücksicht zu nehmen, ob das Licht ihren Augen weh tat, ließ er hundert Kerzen anzünden; so tat der König immer das, wonach ihm der Sinn stand, ohne sie auch nur je zu fragen, ob es ihr angenehm sei.

Rückblick: Die letzten Jahre.

Unter der Last eines unheilvollen Krieges fast zusammengebrochen, fand Ludwig XIV. in den letzten Jahren einer langen Regierungszeit – die so wenig seine eigene und so häufig und ausgiebig die der anderen gewesen – wegen der Unfähigkeit seiner Minister und Generale niemanden, der ihn unterstützte; umgarnt von den Netzen eines undurchsichtigen, häuslichen Lügengespinstes, von bitterstem Gram erfüllt, nicht ob seiner Verfehlungen, die er gar nicht kannte und gar nicht kennen wollte, sondern ob seiner Ohnmacht angesichts des ganzen gegen ihn vereinigten Europa, in seinen Finanzen und in seinen Grenzen aufs jämmerlichste eingeengt und beschränkt, sah er keinen anderen Ausweg, als sich auf sich selbst zurückzuziehen und seine Familie, seinen Hof, die Gewissen seiner Untertanen, sein ganzes unglückseliges Königreich mit dem Joch dieser harten Herrschaft zu belasten, einer Herrschaft, deren Schwäche sich nun offenbarte, weil er sie zu weit und mit zu widersprüchlichen Mitteln hatte ausdehnen wollen, wodurch seine Feinde nun Gelegenheit bekämen, höhnisch zu triumphieren.

Während der Staat all diesem Ungemach ausgesetzt war, erlitt der König die schmerzlichsten Verluste in der Familie. Durch die Erfahrungen seiner jungen Jahre belehrt, hatte er die Prinzen von Geblüt mit Bedacht an jedem Aufstieg gehindert. Ihr Rang wurde nur erhöht, um den der Bastarde zu erhöhen. An Statthalterschaften und Ämtern besaßen sie nur jene, die dem großen Condé beim Pyrenäen-Frieden zurückgegeben worden waren, die jedoch nicht ihm persönlich gehörten, sondern seinem Sohn, dem letzten Monsieur le Prince, die dieser wiederum seinem Sohn weitergab, dem sie aber nur aufgrund der Heirat mit der Bastardtochter des Königs verblieben, um dann bei seinem Tode an den Sohn dieser Ehe überzugehen. Sie hatten keinen freien Zutritt zum König, keinerlei Sonderrechte, es sei denn durch diese Heirat; was den Oberbefehl der Armee anlangt, so hat man gesehen, mit welchem Eifer alle Prinzen von ihm ferngehalten wurden. Um es auch nur zu wagen, den Prince de Conti als Befehlshaber vorzuschlagen, bedurfte es der schwersten Niederlagen sowie der persönlichen Gunst, in der Chamillart stand; und eines beträchtlichen Zugeständnisses im Falle des Duc d'Orléans, gegen den der König, nicht weil er sein Neffe, sondern weil er sein Bastardschwiegersohn war, etwas weniger Abneigung hegte; und als sich dann der König durch die äußerste Not gezwungen sah, die flandrische Armee schließlich doch dem Prince de Conti zu geben, war es zu spät, und dieser Prinz, der sein Leben lang im Schatten der Ungnade gestanden hatte, starb, von Kummer verzehrt, weil ihm eine Stellung vorenthalten geblieben, die er so oft und so vergebens ersehnt hatte und in der ihn, wie er zu seiner Genugtuung erfuhr, sowohl der Hof als auch die Truppen, ja ganz Frankreich, deren aller Freud und Hoffnung er war, dringend zu sehen gewünscht hätten. Ich habe seinerzeit von den Widrigkeiten berichtet, die der Duc d'Orléans in Italien zu erdulden hatte; man erinnert sich des Aufruhrs, den Mme. des Ursins in Spanien – auf französischer Seite von Mme. de Maintenon böswillig unterstützt – gegen ihn schürte. Seit dem Jahre 1709 mehrten sich die familiären Todesfälle Jahr für Jahr und beschränkten sich nicht mehr auf die königliche Familie allein. Im Abstand von nur sechs Wochen wurden der Prince de Conti und Monsieur le Prince dahingerafft. Keine zwölf Monate später folgte ihnen Monsieur le Duc, und der älteste überlebende Prinz von Geblüt zählte damals noch keine siebzehn Jahre. Monseigneur starb wenig später. Aber bald darauf sollte der König von den härtesten Schicksalsschlägen getroffen werden: sein Herz, das er bislang gar nicht zu spüren schien, durch den Tod der bezaubernden Dauphine, seine Seelenruhe durch den Verlust des unvergleichlichen Dauphin; acht Tage darauf seine Sorglosigkeit hinsichtlich der Thronfolge, da auch der älteste Erbe starb und das zarte Alter sowie die gefährdete Gesundheit des letzten Sprosses dieser Königsfamilie besorgniserregend war; alle diese Schläge folgten jäh aufeinander, alle vor dem Frieden, fast alle, während das Königreich in bedrohlichsten Gefahren schwebte. Doch wer vermöchte eine Erklärung zu finden für die Greuel, von denen diese drei letzten Schläge begleitet waren, für ihre Ursachen und die so diametral entgegengesetzten und so arglistig ausgestreuten Verdächtigungen, wer vermöchte die verheerenden Wirkungen dieser Verdächtigungen darzustellen, die Feder sträubt sich vor dieser abgrundtiefen Verworfenheit! Beklagen wir deren unheilvolle Folgen als Quelle weiterer Ereignisse, die sich daraus ergeben sollten; beklagen wir sie als Krönung höllischer Machenschaften, als Gipfel aller

Verbrechen, die sich zur Besiegelung all der Plagen und Leiden des Königreiches auf alle kommenden Generationen in Frankreich auswirken sollten, wofür jede französische Zunge unablässig Gottes Strafgericht erflehen müßte.

Es waren die langen und schmerzlichen Heimsuchungen, die die Standhaftigkeit des Königs auf die Probe stellen, die indessen der Stärkungen seines Rufes weit dienlicher sein sollten als aller Glanz seiner Eroberungen und die lange Blüte seines Wohlstands. Trotz dieser unablässigen Rückschläge und häuslichen Zerrüttungen bewies der König erstaunliche Seelengröße; er, der an soviel persönlichen und politischen Erfolg gewöhnt war, sah sich am Ende allenthalben vom Glück verlassen. Nun da er von ergrimmten Feinden geschlagen war, die, als sie ihn bar aller Hilfsmittel sahen, sich seiner Ohnmacht freuten und sich für seinen vergangenen Ruhm schadlos hielten, nun konnte er nirgends Beistand finden, weder bei seinen Ministern noch bei seinen Generalen, weil er sie nach Gutdünken und Laune ernannt und gehalten und weil er in verderbenbringender Hoffart sie selber auszubilden gewähnt hatte. Innerlich zerrissen durch geheime, tödliche Katastrophen, Beute seiner eigenen Schwäche, ohne menschlichen Trost; gezwungen, allein gegen Schreckbilder anzukämpfen, die tausendmal ärger waren als all die drastischen Unglücksfälle, Schreckbilder, die ihm unablässig vor Augen geführt wurden, von dem teuersten und nächsten Hinterbliebenen, der ganz offen und hemmungslos die Abhängigkeit mißbrauchte, in die der König hineingeraten und aus der er sich, wiewohl er unter ihr ächzte, weder mehr befreien konnte noch wollte; hinzu kam seine unbezwingbare Neigung und seine schon zur zweiten Natur gewordene Gewohnheit, sich niemals ernstlich Gedanken zu machen über die Absichten und die Verhaltensweise seiner Gefangenenwärter; inmitten dieser häuslichen Marter bewies er standhafte Ausdauer, Seelenstärke, äußeren Gleichmut, eine stete Bemühung, das Staatsruder trotz allem in Händen zu behalten; dieses noch immer königliche Gehaben, diese Hoffnung wider alle Hoffnung – aus Tapferkeit, nicht aus Verblendung –: das ist eine Haltung, zu der nur wenige Menschen fähig gewesen wären; dadurch hätte er den ihm so vorschnell verliehenen Ehrentitel »der Große« wirklich verdienen können. Dadurch erwarb er sich die Bewunderung ganz Europas und die Bewunderung jener seiner Untertanen, die das aus der Nähe miterlebten, und dadurch erwarb er sich viele Herzen zurück, die sein so langes und hartes Regime ihm entfremdet hatte. Er gewann es über sich, sich insgeheim unter der Hand Gottes zu demütigen, Gottes Gerechtigkeit anzuerkennen, Gottes Barmherzigkeit anzuflehen, ohne in den Augen der Menschen seine Person und seine Krone zu erniedrigen. Er wäre glücklich zu preisen, hätte er in Verehrung der Hand, die ihn schlug und deren Schläge er mit so nobler Würde hinnahm, nun seine Augen auf die greifbaren und noch zu heilenden Übel gerichtet, statt nur jene zu betrachten, für die es kein Heilmittel gab außer Eingeständnis, Gram und nutzlose Reue.

Welch erstaunliche Verbindung! Licht und düsterste Finsternis! Eine Begierde, alles zu erfahren, eine gegen alles wachsame Aufmerksamkeit, ein Bewußtsein seiner Fesseln; eine deutliche, von ihm selbst formulierte, was sag' ich, herausgeschrieene Überzeugung seiner Ungerechtigkeit und seiner Ohnmacht gegenüber seinen Bastarden, und dennoch diese Auslieferung an sie und an ihre Gouvernante, die zu der seinen und der des Staates geworden war, eine so gänzliche Auslieferung, daß es ihm unmöglich war, auch nur in einem einzigen Punkt von ihren Plänen abzuweichen; in der Meinung, sich abgeschirmt zu haben, da er sie seine Zweifel und seine Abneigung hatte spüren lassen, opferte er ihnen alles, seinen Staat, seine Familie, seinen einzigen Nachkommen, seinen Ruhm, seine Ehre, seinen gesunden Menschenverstand, seine geheimsten Gewissensregungen, kurz, seine Person, seinen Willen, seine Freiheit, und das alles ganz und gar. Ein so vollkommenes Opfer, daß es, wäre es nicht so schändlich gewesen, nur Gott allein hätte dargebracht werden dürfen. Er brachte ihnen dieses Opfer, wobei er sie dessen Nichtigkeit sowie dessen ganze Bürde fühlen ließ, um auf diese Weise wenigstens eine kleine Befriedigung davonzutragen und sich seine Knechtschaft ein wenig zu erleichtern. Dieser so hoffärtige Monarch stöhnte in seinen Ketten, er, der ganz Europa in Ketten gelegt, er, der seine Untertanen aller Stände, seine Familienmitglieder allen Alters derart eingeengt, er, der alle Freiheit so weit unterdrückt, bis er sogar die frömmsten, gewissenhaftesten und rechtgläubigsten Seelen darum gebracht hatte.

Welch ein Gegensatz! Diese trotz aller Zusammenbrüche überlegene Kraft und Größe und diese Kleinheit und Schwäche unter einem schmählichen, finsteren, tyrannischen, häuslichen Regiment! Oh, welch schlagender Beweis für die Wahrheit dessen, was der Heilige Geist verkündet, was in den weisen Büchern des Alten Testaments zu lesen steht vom Geschick jener, die sich den Fleischesfreuden und der Lenkung der Weiber anheimgeben! Welch Abschluß einer so lange bewunderten Herrschaft, die noch in ihren letzten Niederlagen soviel Größe, Hochherzigkeit, Mut und Kraft gezeigt hat! Und welch ein Abgrund an Schwäche, Elend, Schande und Hinfälligkeit, in vollem Bewußtsein ausgekostet, geschlürft und verabscheut, und dennoch in seinem ganzen Ausmaß erduldet, außerstande, sich Luft zu schaffen und die Ketten abzustreifen: Oh, Nebukadnezar, wer vermöchte die Ratschlüsse Gottes zu erforschen, und wer wollte sich angesichts ihrer noch seiner Nichtigkeit rühmen!

Man hat gesehen, wie die Kinder des Königs und der Mme. de Montespan nach und nach aus dem tiefen, düsteren Nichts des doppelten Ehebruchs hervorgezogen, wie sie schließlich den Prinzen von Geblüt gleichgestellt und durch Anwendung von List, von offener Gewalt oder durch zum Gesetz erklärte Verordnungen sogar bis zur Würde der Thronfolger erhoben wurden. Die monströse Heirat des Duc de Chartres – nachmaligem Duc d'Orléans und Regenten –, die Heirat von Monsieur le Duc sowie die Heiraten der diesen beiden Ehen entstammenden Töchter mit dem Duc de Berry und mit dem Prince de Conti bewirkten das, was der König mit eigenen Augen und was er mit Wohlgefallen gesehen hat, daß es nämlich in der ganzen königlichen Familie kein einziges männliches oder weibliches Mitglied mehr gab, das nicht unmittelbar der Liebschaft des Königs und der Mme. de Montespan entstammte, mit Ausnahme seines einzigen Nachfolgers und der spanischen Linie (die jedoch von der Thronfolge durch Verzichtserklärungen und Verträge ausgeschlossen ist).

Diese Vermischung des reinsten Blutes unserer Könige, ja wie man kühniglich behaupten kann, des ganzen Universums mit dem stinkenden Abhub doppelten Ehebruchs ist also der Lebenszweck dieses Königs gewesen. Das waren die Früchte einer grenzenlosen Hoffart, die den König bewog, seine Bastarde, die Kinder, die seiner Liebe entsprungen waren, stets mit ganz anderen Augen anzusehen als die Prinzen von Geblüt, die Kinder, die durch Generationen legitim dem Thron entstammten und die ihrerseits Anspruch auf die Thronfolge hatten; er betrachtete letztere als Kinder des Staates und der Krone, deren Rang auch ohne sein Zutun gegeben war, wohingegen er in ersteren seine persönlichen Nachkommen hätschelte, die, da sie von sich aus nichts waren, laut allen Gesetzen nur durch seine Macht und seine Beihilfe etwas werden konnten. Der Dünkel und die Zuneigung vereinigten sich zu ihren Gunsten; die anmaßende Schöpferlaune vermehrte diese Gunst beständig und wurde durch den eifersüchtigen Blick auf die gegebene, von seinem Zutun unabhängige Stellung der anderen stets aufs neue angefacht. Es beleidigte ihn, die Natur nicht zwingen zu können, so suchte er seine Bastarde durch den Rang und die Stellungen, die er ihnen verlieh, wenigstens den Prinzen von Geblüt anzugleichen. Er strebte alsdann, sie durch monströse, unziemliche und vielfache Heiraten miteinander zu verschmelzen, um eine völlig unterschiedslose Familie aus ihnen zu machen. Der einzige Sohn seines einzigen Bruders wurde unter offener Gewaltanwendung diesem Verfahren zum Opfer gebracht. Durch einige erfolgreiche Maßnahmen kühner geworden, stellte er seine Bastarde den Prinzen von Geblüt vollkommen gleich; kurz vor seinem Tode endlich ging er so weit, ihnen den Namen und das Recht der Thronfolge zuzusprechen, als ob er darüber hätte verfügen und als ob er die Menschen zu etwas hätte machen können, was sie von Geburt aus nicht sind. Das war noch nicht alles. Seine letzten Sorgen und seine letzten Verfügungen galten ausschließlich ihnen. Nachdem er durch Geschick und List seinem Neffen entfremdet worden war und vom Duc du Maine und Mme. de Maintenon in dieser Haltung bestärkt wurde, beugte er sich dem Joch, das er sich von ihnen hatte auferlegen lassen, und trank den bitteren Kelch, den er sich selbst bereitete, bis zur Neige aus. So brachte er seine Nachfolger – und soweit es in seiner Macht stand, auch sein Königreich – diesen Machenschaften gänzlich zum Opfer. Aufgrund dieser letztwilligen Verfügung war die zivile und militärische Verwaltung des königlichen Hauses einzig und allein dem Duc du Maine und nebst diesem dem Marschall de Villeroy unterstellt; völlig unabhängig von dem Duc d'Orléans, der nunmehr weder Anerkennung noch Gehorsam beanspruchen konnte, während die beiden Männer, die die Erziehung des Thronfolgers in Händen hatten, somit zur Herrschaft über den Hof und Paris gelangten. Laut Testament war der Regentschaftsrat derart ernannt und geregelt, daß es den Duc d'Orléans aller Regentschaftsautorität enthob und daß dieser Rat sich ausschließlich aus Leuten zusammensetzte, die völlig dem Duc du Maine ergeben waren, denen zu mißtrauen der Duc d'Orléans mithin berechtigte Gründe hatte. Das also waren die letzten vom König getroffenen Maßnahmen, das die letzten Bekundungen seiner Macht oder vielmehr seiner Ohnmacht. In welch bejammernswertem Zustand muß man sein, um seinen Nachfolger und sein Königreich einem Mann auszuliefern, der niemals hätte hervortreten dürfen, und auf diese Weise den Staat durch die unheilvollsten Spaltungen der ärgsten Gefährdung auszusetzen, indem man gerade diejenigen gegen den Regenten bewaffnet, die ihm als erste zu Gehorsam verpflichtet gewesen wären, und ihn somit vor die Notwendigkeit zu stellen, sein Recht und seine Autorität zurückzufordern. Ein Makel, von dem sich die Erinnerung an den König weder vor Gott noch vor den Menschen reinwaschen läßt.

Das also war die Reue, die Buße und das öffentliche Schuldbekenntnis nach einem so himmelschreienden, so lange währenden und angesichts ganz Europas so skandalösen Ehebruchs, das also waren die letzten Regungen einer Seele, die sich, derart mit Sünden beladen, anschickt, vor Gott zu treten, belastet zudem mit Verantwortung für seine sechsundfünfzigjährige Regierung, für deren Hoffart, Luxus, Bauwut, mannigfache Verschwendung und fortgesetzte Kriege sowie für die Anmaßung, die deren Quelle und Nahrung war, eine Regierung, die innerhalb und außerhalb des Landes soviel Blut vergossen, so viele Milliarden verschleudert hatte, die unablässig ganz Europa in Brand gesteckt, alle Ordnungen verwirrt und vernichtet, die ältesten und heiligsten Gesetze des Staates erschüttert und zunichte gemacht, das Königreich in unheilbares Elend gestürzt und so hart an den Rand des Abgrunds geführt hat, daß es nur durch ein Wunder des Allmächtigen davor bewahrt blieb.

Rückblick: Tageslauf Ludwigs XIV. – Die Ehre, an der Königstafel teilzunehmen. – Nach dem Tod Ludwigs XIV. kaum Trauer bei Hofe.

Nachdem ich alles geschildert habe, was ich aus eigener Anschauung kennengelernt oder was ich von jenen Männern, die die letzten zweiundzwanzig Jahre Ludwigs XIV. miterlebten, erfahren – und zwar wahrheitsgetreu und ohne Leidenschaft, wiewohl ich mir einige Folgerungen gestattete, die sich aus der Natur der Sache ergaben –, bleibt mir jetzt nur noch die äußere Schilderung des Rahmens, in dem das Leben dieses Monarchen sich abspielte. So belanglos und vielleicht überflüssig eine derartige Kleinmalerei nach allem, was man über die Hintergründe vernommen hat, erscheinen mag, könnte sich gerade aus dieser Darstellung für Könige, die geachtet werden und sich selbst achten wollen, manche Lehre ziehen lassen. Und so langweilig die Beschreibung dieser Äußerlichkeiten auch für diejenigen sein mag, die sie aus eigener Anschauung kennen, die Nachwelt, die nichts davon weiß, wird, wie die Erfahrung lehrt, bedauern, daß niemand diese damals so undankbare, aber für später Geborene so interessante und für die Charakterisierung eines Fürsten, der eine so große Rolle in der Welt gespielt, recht aufschlußreiche Darstellung übernommen hat.

Über die Lebensweise des Königs, wenn er sich bei der Armee aufhielt, ist nicht viel zu sagen; seine Tageseinteilung wurde dort von den Ereignissen bestimmt, was ihn allerdings nicht hinderte, regelmäßig seine Staatsratssitzungen abzuhalten; zu bemerken wäre noch, daß er auch dort des Morgens und des Abends seine Mahlzeiten nur mit Leuten einzunehmen pflegte, die diese Ehre beanspruchen konnten. Wer sich dessen für würdig hielt, ließ durch den ersten Kammerherrn beim König anfragen. War die Antwort zustimmend, so stellte man sich kurz vor dem Mittagessen dem König vor, worauf jener antwortete: »Kommen Sie zu Tisch, Monsieur!« Das galt dann für immer, und man hatte fortan die Ehre, an des Königs Tafel zu speisen, sooft man wollte, natürlich nicht bis zur Aufdringlichkeit. Der militärische Rang allein, selbst der eines Generalleutnants, gab einem noch keine Berechtigung; so hat Vauban, obwohl er sich schon viele Jahre als Generalleutnant ausgezeichnet hatte, am Ende der Belagerung von Namur zum ersten Mal an des Königs Tafel gegessen, eine Auszeichnung, die ihn entzückte. Der König erwies in Namur auch dem Abbé Grancey, der sich ein Verdienst daraus machte, den Verwundeten die Beichte abzunehmen und allenthalben die Truppen zu ermutigen, die gleiche Ehre. Das ist der einzige Abbé, dem diese Ehre zuteil wurde. Abgesehen von den Kardinälen und den Bischöfen, die Pairs waren, und Geistlichen, die den Rang eines fremden Fürsten besaßen, blieb der gesamte Klerus prinzipiell davon ausgeschlossen. Der Kardinal de Coislin, der, ehe er den Purpur erhielt, als Erster Almosenier und Bischof von Orléans den König auf allen Feldzügen begleitete, sah dort den Duc und den Chevalier de Coislin, seine Brüder, an des Königs Tafel sitzen, ohne selbst jemals Anspruch darauf zu erheben. Bei diesen Mahlzeiten erschien jeder mit einer Kopfbedeckung; seinen Hut nicht auf dem Kopf zu halten wäre sofort als mangelnder Respekt gerügt worden; sogar Monseigneur behielt den Hut auf dem Kopf, einzig der König war barhäuptig. Nur der König saß auf einem Sessel, jeder andere, selbst Monseigneur auf einem zusammenklappbaren Faltschemel. Außer bei der Armee hat der König mit keinem Mann zu Tisch gesessen, nicht einmal mit den Prinzen von Geblüt, mit denen er auch nur bei ihren Hochzeitsfeiern, sofern er sie ihnen selbst ausrichtete, zu essen pflegte; aber kehren wir jetzt an den Hof zurück.

Um acht Uhr morgens weckte der erste Kammerdiener den König. Der Leibarzt und der erste Chirurg und, solange sie lebte, die Amme des Königs traten zur gleichen Zeit ein. Die Amme küßte ihn, die anderen rieben ihn mit Tüchern ab, zogen ihm, weil er meist stark schwitzte, ein anderes Hemd an. Um Viertel nach acht rief man den Großkämmerer und in dessen Abwesenheit den ersten Dienst tuenden Kammerherrn, und mit ihnen begannen die großen Entrées. Einer von ihnen öffnete den Bettvorhang, der inzwischen wieder geschlossen worden war, und reichte dem König das Weihwasser aus dem Becken, das über seinem Bett hing; diese Herren verweilten einen Augenblick, sofern sie dem König etwas zu sagen hatten oder ihn um etwas bitten wollten. Derjenige, der den Vorhang geöffnet und das Weihwasser gereicht hatte, übergab dem König das Gebetbuch des Heilig-Geist-Ordens, dann gingen sie hinüber in den Sitzungssaal. Nach kurzem Gebet rief der König, und sie kamen alle wieder herein. Der Oberkämmerer brachte ihm seinen Morgenrock, während die zweiten Entrées begannen; nun erschien alles, was Rang und Namen hatte, dann der Troß, indes der König sich Strümpfe und Schuhe anzog, denn er kleidete sich fast ohne Hilfe der Diener mit viel Geschick und Anmut stets selber an. Ein um den anderen Tag sah man, wie ihm der Bart geschoren wurde. Er trug dabei eine kleine kurze Perücke, ohne die er sich niemals in der Öffentlichkeit zeigte, auch nicht, wenn er an den Tagen seiner Reinigungskuren im Bett lag. Häufig plauderte er über die Jagd, und manchmal richtete er an diesen oder jenen ein Wort. Er hatte keinen Toilettentisch vor sich stehen, man hielt ihm nur einen Spiegel hin.

Sobald er angekleidet war, kniete er vor seinem Bett nieder und betete, die anwesenden Kleriker knieten ebenfalls nieder, alle Laien blieben stehen, und der Hauptmann der Garde ging während des Gebetes auf die Balustrade, von wo aus der König sich dann in sein Arbeitszimmer begab. Alle, die Erlaubnis hatten, und es waren sehr viele, weil jeder von ihnen eine Charge innehatte, folgten ihm dorthin oder befanden sich schon dort. Alsdann gab er die Tagesordnung bekannt, so wußte man fast auf die Viertelstunde genau, was der König den Tag über tun würde. Nun gingen alle Anwesenden hinaus. Es blieben nur die Bastarde, deren ehemalige Erzieher, M. de Montchevreuil und M. d'O, Mansart und später statt seiner d'Antin, die alle, ebenso wie die Kammerdiener, nicht durch das Zimmer, sondern durch die Hintertüren hereinkamen. Es war dies für die einen wie für die anderen die gelegene Zeit und der rechte Augenblick, um über Gartengestaltung und Bauvorhaben zu sprechen; das dauerte mehr oder weniger lange, je nachdem was der König dann weiter zu tun hatte. Indes wartete der ganze Hof in der Galerie, nur der Hauptmann der Garde saß vor der des Arbeitszimmers, bis man ihm meldete, daß der König zur Messe gehen wolle, und er in das Arbeitszimmer eintrat.

Diese Zwischenzeit war Audienzen vorbehalten, wenn der König solche bewilligt hatte oder wenn er selbst irgend jemanden zu sprechen wünschte, oder auch wenn er ausländischen Ministern in Gegenwart Torcys Geheimaudienzen zu erteilen gedachte. Sie wurden geheim genannt im Unterschied zu jenen, die er ohne Zeremoniell an seinem Bett erteilte. Danach begab sich der König zur Messe, wo sein Kirchenchor stets eine Motette sang. In das Kirchenschiff hinunter ging er nur bei großen Festen oder um zu kommunizieren. Auf dem Hin- und Rückweg zur Messe konnte ihn jeder ansprechen, allerdings mußten Leute, die nicht von Stand waren, sich vorher beim Hauptmann der Garde anmelden. Während der Messe waren die Minister benachrichtigt worden und versammelten sich im Arbeitszimmer des Königs, wo die Leute von

Stand ihnen ihre Anliegen vorbrachten oder mit ihnen plauderten. Bei der Rückkehr von der Messe hielt der König sich nicht lange auf und rief alsbald den Ministerrat zusammen. Damit war der Vormittag beendet. Am Sonntag war Staatsrat und meist auch am Montag; Dienstag Finanzrat; Mittwoch wieder Staatsrat und Samstag Finanzrat. Es kam selten vor, daß zwei Sitzungen am Tag stattfanden oder daß sie auf Donnerstag oder Freitag fielen. Ein- oder zweimal im Monat fand montags morgens Depeschenrat statt, aber die Ordres, die die Staatssekretäre jeden Morgen zwischen dem Lever und der Messe erhielten, kürzten diese Art von Verhandlungen sehr ab. Der Donnerstagvormittag war fast immer unbesetzt, diese Zeit blieb den Sonderaudienzen vorbehalten, zu denen die Leute durch die Hintertüren hereinkamen. Das war überdies der große Tag der Bastarde, der Gebäudeverwalter und der Kammerdiener. Freitags nach der Messe kam der Beichtvater, die Zeit war nicht begrenzt, und das Gespräch mit ihm konnte sich bis zum Diner ausdehnen. In Fontainebleau ging der König wie gesagt an diesen Vormittagen, an denen kein Conseil stattfand, gewöhnlich nach der Messe zu Mme. de Maintenon, ebenso in Trianon und Marly, sofern sie nicht schon am Morgen nach Saint-Cyr gefahren war. Oft wurde an diesen Tagen das Diner etwas vorverlegt wegen der Jagd oder dem Spaziergang. Die übliche Stunde war ein Uhr; doch wenn die Sitzung noch nicht beendet war, wurde das Diner, ohne daß man dem König Meldung machte, aufgeschoben, das Diner wurde immer mit kleinem Gedeck eingenommen, das heißt, der König aß allein in seinem Zimmer an einem viereckigen Tisch gegenüber dem Mittelfenster. Die Mahlzeit war mehr oder minder reichlich, denn er ordnete am Morgen kleines oder ganz kleines Gedeck an, aber selbst beim letzteren wurden stets viele Gerichte serviert, drei Gänge ohne die Früchte. Sobald man den Tisch hereingetragen hatte, traten die vornehmsten Höflinge ein, dann jeder, der bekannt war, darauf meldete der erste Kammerdiener vom Dienst dem König, daß angerichtet sei; er bediente ihn auch bei Tisch, wenn der Großkämmerer nicht zugegen war.

Ich habe zuweilen, aber selten, Monseigneur und dessen Söhne beim kleinen Gedeck gesehen, sie standen, ohne daß der König sie jemals zum Sitzen aufgefordert hätte. Sehr oft habe ich Monsieur gesehen, wenn er aus Saint-Cloud kam, um den König zu besuchen, oder zuvor am Depeschenrat teilgenommen hatte, dem einzigen, zu dem er zugelassen war. Er reichte dem König die Serviette und blieb stehen, kurze Zeit darauf fragte der König ihn, ob er sich nicht setzen wolle, Monsieur verbeugte sich, und der König ordnete an, daß man ihm ein Taburett bringe, man stellte es hinter ihn. Dann sagte der König zu ihm: »Mein Bruder, setzen Sie sich.« Monsieur verbeugte sich abermals, setzte sich und präsentierte dem König am Ende der Mahlzeit die Serviette. Diner mit großem Gedeck fand nur selten statt, nur bei großen Festlichkeiten und manchmal in Fontainebleau, wenn die Königin von England aus Saint-Germain zu Besuch kam.

Nach Tisch begab sich der König sofort in sein Arbeitszimmer. Das war für Leute wieder eine Gelegenheit, mit ihm zu sprechen. Er blieb einen Augenblick an der Tür stehen, um sie anzuhören; dann ging er hinein, nur sehr selten folgte man ihm, und nie, ohne ihn eigens darum zu ersuchen, was allerdings kaum jemand wagte. Diese Stunde war abermals den Bastarden, manchmal auch der Gebäudeverwaltung und den Kammerdienern vorbehalten, und das war auch die Zeit, zu der sich Monseigneur einfand, wenn er den König noch nicht gesehen hatte.

Der König vergnügte sich zunächst damit, seine Hunde zu füttern, dann rief er seinen Garderobier, wechselte in Gegenwart der wenigen Anwesenden den Rock und ging alsbald über die kleine Stiege in den Marmorhof hinunter, um in die Karosse zu steigen. Vom untersten Absatz der Stiege bis zu dieser konnte ihn wiederum jedermann ansprechen.

Der König brauchte viel frische Luft; wenn sie ihm fehlte, bekam er Kopfschmerzen und litt unter Migräne. Da er gegen Hitze und Kälte, ja selbst gegen Regen unempfindlich war, hinderte ihn auch das schlechteste Wetter nicht, jeden Tag ins Freie zu gehen. Drei Dinge verlockten ihn dazu; die Parforcejagd, sie fand in Marly und in Fontainebleau mit etlichen Meuten – zumindest einmal in der Woche, oft auch häufiger statt; Schießübungen im Park, und es gab niemanden in Frankreich, der es ihm an Treffsicherheit und Anmut dabei gleichtat, diesen Sport betrieb er meist sonntags und an Festtagen, wenn er keine große Jagd veranstaltete und wenn die Erd- und Bauarbeiter nicht mehr am Werk waren; an anderen Tagen erging er sich in den Gärten, sah diesen Arbeiten zu und besichtigte seine Gebäude; ab und an Promenaden mit den Damen, denen dann im Wald von Marly und Fontainebleau eine kleine Erfrischung gereicht wurde; in Fontainebleau auch Spaziergänge mit dem ganzen Hof rings um den Kanal, das bot ein prächtiges Schauspiel, zumal sich etliche Höflinge zu Pferde beteiligten. Bei seinen übrigen Spaziergängen folgten ihm nur diejenigen, die dazu befugt waren und die ihm am nächsten standen, es sei denn, er lustwandelte, was recht selten geschah, in seinen Gärten von Versailles. Bei diesen Spaziergängen behielt er allein den Hut auf dem Kopf. In Marly dagegen begleitete ihn jeder, der an dem Ausflug beteiligt war, und jeder konnte ihn, wenn er wollte, ansprechen und ein Wort mit ihm reden. Dieser Ort hatte noch ein besonderes Privileg, das darin bestand, da. der König, wenn er aus dem Schloß kam, laut und vernehmlich rief: »Der Hut, meine Herren!« Und alsbald setzten sich die Höflinge, die Offiziere der Leibgarde, die Gebäudeverwalter, alles, was vor ihm, hinter ihm und ihm zur Seite stand, den Hut auf den Kopf, und er hätte es sehr übel vermerkt, wenn jemand auch nur einen Augenblick gezögert hätte.

Die Parforcejagd wurde besonders ausgiebig betrieben. In Fontainebleau beteiligte sich jeder, der wollte; an anderen Orten nur jene, die die Erlaubnis hatten, und jene, die im Besitz des Justaucorps waren. Der König sah es gern, wenn sich möglichst viele beteiligten, allzu viele wiederum störten ihn und beeinträchtigten die Jagd, es gefiel ihm, wenn man Freude an der Jagd hatte, aber er wollte nicht, daß man nur widerwillig mitmachte, das fand er lächerlich, und er war niemandem gram, der nicht daran teilnahm. Ebenso verhielt es sich mit dem Spiel, er wünschte, daß mit hohem Einsatz und pausenlos im Salon von Marly gespielt wurde; man spielte vornehmlich Landsknecht und, wenn genügend Tische vorhanden waren, auch andere Spiele in jedem Salon. Mit Vergnügen sah der König bei schlechtem Wetter den geschickten Federballspielern zu, eine Betätigung, in der er sich selber früher besonders hervorgetan hatte.

In Marly oder Trianon pflegte er, wenn kein Ministerrat stattfand und wenn nicht gerade Fastentage waren, zuweilen das Diner mit der Duchesse de Bourgogne, Mme. de Maintenon und den Damen einzunehmen, und das geschah in seinen letzten Lebensjahren des öfteren. Im Sommer erschien nach Tisch der Minister, der mit ihm zu arbeiten hatte, und nachdem die Besprechung beendet war, ging der König mit den Damen bis zum Abend spazieren, spielte mit ihnen oder veranstaltete eine Lotterie. Wenn die Tage kürzer wurden, pflegte er auch dort in Marly am Abend mit dem Minister bei Mme. de Maintenon seine Besprechung abzuhalten. Wenn er von seinen Spaziergängen zurückkam, konnte ihn wiederum jedermann ansprechen; dann kleidete er sich um und blieb in seinem Kabinett. Das war die beste Zeit für die Bastarde, die Kammerdiener und die Gebäudeverwalter; diese Zwischenpausen, die sich dreimal täglich ergaben, waren ihnen vorbehalten, zu dieser Zeit wurden auch die Berichterstatter empfangen oder deren schriftliche Darlegungen gelesen, und der König schrieb das, was er selber zu schreiben hatte. Er verweilte eine Stunde und mehr in seinen

Gemächern, dann suchte er Mme. de Maintenon auf. Um zehn Uhr wurde das Abendessen serviert. Der diensttuende Maître d'hôtel benachrichtigte den Hauptmann der Garde im Vorzimmer Mme. de Maintenons, der Hauptmann der Garde erschien an der Tür des Gemachs und sagte dem König, daß angerichtet sei. Eine Viertelstunde später setzte sich der König zu Tisch, immer mit großem Gedeck. Bei seinem Abendessen, das in Gegenwart der königlichen Familie, das heißt der Söhne, Töchter und Enkel des Hauses Frankreich stattfand, war auch stets eine große Zahl Höflinge anwesend und Damen, die teils saßen, teils standen. Nach dem Abendessen blieb der König noch einige Augenblicke mit dem Rücken an die Balustrade gelehnt vor seinem Bett stehen, dann zog er sich mit Verbeugungen gegen die Damen in sein Kabinett zurück, dort plauderte er ein kleines Stündchen mit seinen Kindern und seinen Bastarden, seinen legitimen und illegitimen Enkeln und deren Ehefrauen und Männern. Man unterhielt sich meist über Jagd oder andere ebenso belanglose Dinge. Ehe der König sich zurückzog, ging er noch seine Hunde füttern, dann sagte er gute Nacht, begab sich in sein Schlafgemach, wo er wie am Morgen niederkniete und betete und sich dann entkleidete. Der Gutenachtgruß war ein leichtes Neigen des Kopfes, er stand in einer Ecke neben dem Kamin, während die Anwesenden hinausgingen; nun begann das kleine Coucher: das war wieder einer der gelegenen Momente, um Privilegien von ihm zu erbitten.

An den Tagen der Reinigungskuren, die alle Monate wiederkehrten, blieb der König im Bett, nachdem er die Medizin und das Klistier bekommen, hörte er die Messe, um drei Uhr aß er im Bett zu Mittag, dann kam alle Welt herein, und er erhob sich. Er begab sich in sein Arbeitszimmer, wo er den Ministerrat hielt und dann wie üblich zu Mme. de Maintenon ging, um dann um zehn Uhr mit großem Gedeck zu Abend zu essen.

Nur ein einziges Mal in seinem Leben – während eines Gewaltmarsches bei der Armee – hat der König die Messe versäumt. Er ließ keinen Fastentag aus, es sei denn, daß er sich wirklich sehr unpäßlich fühlte. Einige Tage vor Beginn der Fastenzeit hielt er bei seinem Lever eine kleine Ansprache, um kundzutun, daß er es sehr übel vermerken würde, wenn irgend jemand, unter welchem Vorwand auch immer, es sich einfallen ließe, Fleischspeisen zu verabreichen, und er befahl dem Großprofos, genau darauf zu achten und ihm Rechenschaft abzulegen. Wenn er der Messe beiwohnte, war alle Welt verpflichtet, beim Sanktus niederzuknien, man durfte erst nach der Kommunion des Priesters wieder aufstehen; und sobald der König das geringste Geräusch vernahm oder sah, daß man sich während der Messe miteinander unterhielt, wurde er äußerst ungehalten.

Er trug meist einen mehr oder weniger bräunlich getönten, mit leichter Stickerei, zuweilen auch mit einem einzigen Goldknopf geschmückten Rock, manchmal war er auch aus schwarzem Samt, dazu eine rote, blaue oder grüne reichbestickte Weste aus Tuch oder Satin, niemals einen Ring, niemals Juwelen, außer an seinen Schuhen, am Strumpfband und am Hut, der auf spanische Art mit einer weißen Straußenfeder geziert war. Das blaue Ordensband trug er stets verdeckt, außer bei Hochzeiten oder anderen großen Festlichkeiten, wo er es, mit kostbaren Edelsteinen geschmückt, lang herabhängend, sichtbar über dem Rock trug.

Ludwig XIV. wurde nur von seinen Kammerdienern und von einigen wenigen anderen Leuten betrauert, sein Nachfolger war noch zu jung; Madame hatte nur Achtung und Furcht vor ihm empfunden; die Duchesse de Berry liebte ihn nicht und lechzte schon nach der Herrschaft; der Duc d'Orléans hatte keine Ursache, ihn zu beweinen, und diejenigen, die Ursache gehabt hätten, taten nichts dergleichen. Mme. de Maintenon war des Königs seit dem Tod der Dauphine nahezu überdrüssig, sie wußte nicht mehr, was sie mit ihm anfangen noch wie sie ihn unterhalten sollte. Sie hatte das Ziel, das sie sich gesteckt hatte, erreicht; und was sie auch immer durch den Tod des Königs verlor, sie fühlte sich befreit und war zu jeder anderen Empfindung außerstande. Später erweckten dann die Langeweile und die Leere Gefühle der Trauer in ihr, aber da sie in ihrer Zurückgezogenheit keinen Einfluß mehr ausübte, brauche ich nicht weiter von ihr zu berichten. Ich sprach von den Freudenausbrüchen und der rohen Schamlosigkeit, die der Duc du Maine ob der in Aussicht stehenden Allmacht bezeugte. Die eisige Gelassenheit seines Bruders blieb sich fortwährend gleich. Madame la Duchesse, längst von allen Banden befreit, bedurfte des Königs nicht mehr, sie hatte stets unter dem Zwang und der Einschüchterung gelitten; man pflegte ihr zeit ihres Lebens vorzuwerfen, sie trüge kein Herz, sondern einen Kieselstein im Leib; sie fühlte sich also nunmehr froh und zufrieden und machte keinerlei Hehl daraus. Die Duchesse d'Orléans überraschte mich; ich hatte echte Trauer erwartet, aber ich sah nur ein paar spärliche Tränen, wie sie ihr bei jeder Gelegenheit aus den Augen flossen und die bald getrocknet waren. Ihr vielgeliebtes Bett diente ihr als Zufluchtsort, dazu diese Abdunklung, die ihr so angenehm war; bald aber wurden die Fenstervorhänge wieder geöffnet, und sie bekundete nur gerade soviel Trauer, wie die Schicklichkeit erforderte. Die Prinzen von Geblüt waren noch Kinder. Die Duchesse de Ventadour und der Marschall de Villeroy versuchten, ein wenig Komödie zu spielen, die anderen gaben sich nicht einmal diese Mühe.

Der Hof teilte sich in zwei Lager; die einen voller Hoffnung, etwas darzustellen, sich beteiligen, sich einmischen zu können, und also beglückt über das Ende eines Regimes, unter dem sie nichts zu erwarten gehabt; die anderen, des lastenden, drückenden Jochs – mehr noch der Minister als des Königs – seit langem überdrüssig, seufzten erleichtert auf, sich der Fesseln ledig zu sehen; kurzum, alle waren froh, endlich von diesem fortwährenden Zwang erlöst zu sein, und harrten begierig der kommenden Ereignisse. Paris, der lähmenden Abhängigkeit seit langem müde, atmete in der Hoffnung auf einige Freiheit auf und war glücklich, die Macht all der Leute, die ihre Stellung mißbraucht hatten, nun endgültig schwinden zu sehen. Die Provinzen, die über ihren Ruin und ihr langsames Dahinsiechen bereits schier verzagten, schöpften neuen Mut und bebten vor Lebensfreude; die Parlamente sowie sämtliche Angehörige des Richterstandes, denen durch Edikte und Erlasse die Hände gebunden waren, schmeichelten sich, nun wieder Geltung und Ansehen zu erlangen. Das ausgeblutete, unterdrückte, verzweifelte Volk dankte Gott in fast schon anstößigen Kundgebungen für eine Befreiung, die seine heißesten Wünsche fast nicht mehr zu erhoffen gewagt hatten. Europa, das hochbeglückt war, nach so vielen Jahrzehnten endlich eines Monarchen ledig zu sein, der ihm so lange sein Gesetz aufgezwungen und der ihm in dem Augenblick, da es ihn endgültig unterworfen zu haben glaubte, dann noch wie durch ein Wunder entkommen war, dieses Europa befleißigte sich einer größeren Schicklichkeit als die Franzosen. Die erstaunlichen Erfolge der ersten drei Viertel dieser über siebzigjährigen Herrschaft und der persönliche Pomp dieses zunächst so glücklichen und dann im letzten Viertel seiner Regierung vom Glück so verlassenen Königs hatten das Ausland regelrecht geblendet. Es erwies ihm nach dem Tode eine Ehre, die es ihm zu seinen Lebzeiten hartnäckig verweigert hatte; kein fremder Hof frohlockte, alle wetteiferten miteinander, des Königs rühmend zu gedenken.

Unsere Minister sowie die Intendanten der Provinzen, die Finanzverwalter, kurz alles, was man als Kanaille bezeichnen kann, spürten das ganze Ausmaß ihres Verlustes. Wir werden sehen, ob das Königreich mit den Gefühlen, die es zur Schau trug, im Recht oder im Unrecht war und ob es dann später glaubte, gewonnen oder verloren zu haben.

Bitte beachten Sie
die folgenden Seiten

Theodor Fontane

Wanderungen durch die Mark Brandenburg

Vollständige Ausgabe
in 5 Bänden
zusammen 2468 Seiten

Herausgegeben von
Edgar Groß
unter Mitwirkung von
Kurt Schreinert

Bibliothek Ullstein

5 Bände in Kassette
Ullstein Buch 26206

Erster Teil
Die Grafschaft Ruppin
Band 1, Ullstein Buch 26201

Zweiter Teil
Das Oderland
Band 2, Ullstein Buch 26202

Dritter Teil
Havelland
Band 3, Ullstein Buch 26203

Vierter Teil
Spreeland
Band 4, Ullstein Buch 26204

Fünfter Teil
Fünf Schlösser
Band 5, Ullstein Buch 26205

Personen- und Ortsregister
für alle fünf Bände

Teuflische Bücher

Herausgegeben
und mit einem Nachwort
von Monika Handschuch

Bibliothek Ullstein

6 Bände in Kassette
Ullstein Buch 26213

Erster Band
Gustav Roskoff

Geschichte des Teufels 1
Satanologie
Ullstein Buch 26207

Zweiter Band
Gustav Roskopf

Geschichte des Teufels 2
Satanologie
Ullstein Buch 26208

Dritter Band
Wilhelm Hauff

Mitteilungen aus den Memoiren des Satan
Prosabuch
Ullstein Buch 26209

Vierter Band
Jean Paul

Auswahl aus des Teufels Papieren
Satire
Ullstein Buch 26210

Fünfter Band
Johann Kaspar Lavater

Predigten über die Existenz des Teufels
Belehrungen
Ullstein Buch 26211

Sechster Band
Friedrich Maximilian Klinger

Fausts Leben, Taten und Höllenfahrt
Roman
Ullstein Buch 26212